中国社会科学院当代中国马克思主义政治经济学创新智库文库
国家社科基金重大项目《中国特色社会主义政治经济学探索》(批准号:16ZDA002)阶段性成果

王立胜 主编

中国社会主义
政治经济学演变背景研究

ZHONGGUO SHEHUIZHUYI ZHENGZHI JINGJIXUE YANBIAN BEIJING YANJIU

武 力 著

山东城市出版传媒集团·济南出版社

图书在版编目(CIP)数据

中国社会主义政治经济学演变背景研究. / 武力著.
—济南：济南出版社，2019.1
（中国社会科学院当代中国马克思主义政治经济学创新智库文库/王立胜主编）
ISBN 978-7-5488-3451-9

Ⅰ.①中… Ⅱ.①武… Ⅲ.①中国特色社会主义—社会主义政治经济学—研究 Ⅳ.①F120.2

中国版本图书馆 CIP 数据核字（2018）第 233541 号

出 版 人	崔　刚
责任编辑	朱　琦　耿宗璘
封面设计	侯文英

出版发行	济南出版社
地　　址	山东省济南市二环南路 1 号（250002）
编辑热线	0531-82803191
发行热线	0531-86131728　86922073　86131701
印　　刷	济南龙玺印刷有限公司
版　　次	2019 年 1 月第 1 版
印　　次	2019 年 1 月第 1 次印刷
成品尺寸	170mm×240mm　16 开
印　　张	27.5
字　　数	410 千
定　　价	118.00 元

（济南版图书，如有印装错误，请与出版社联系调换。联系电话:0531-86131736）

中国社会科学院当代中国马克思主义政治经济学创新智库

顾问委员会

刘国光　中国社会科学院原副院长、学部委员、研究员
卫兴华　中国人民大学荣誉一级教授
张卓元　中国社会科学院经济研究所原所长、学部委员、研究员
吴易风　中国人民大学一级教授
逄锦聚　南开大学原副校长、教授
刘树成　中国社会科学院经济研究所原所长、学部委员、研究员
洪银兴　南京大学原党委书记、教授
顾海良　全国人大教科文卫委员会委员、教授
程恩富　中国社会科学院马克思主义研究部主任、学部委员、研究员
林　岗　中国人民大学原副校长、教授
裴长洪　中国社会科学院经济研究所原所长、研究员

编辑委员会

主　任　王立胜

委　员　（按姓氏笔画为序）

刘　刚　刘　岳　孙凤文　李连波
张　弛　张　磊　张元立　张彩云
陈　健　陈雪娟　武　志　周绍东
房洪琳　胡怀国　赵学军　姜长青
姚　宇　钱　跃　郭冠清　崔　刚
隋福民

前　言

自2015年习近平同志提出构建中国特色社会主义政治经济学以来，时贤新论层出不穷，形成了较为丰富的理论成果。习近平同志强调，坚持和发展中国特色社会主义政治经济学，要总结和提炼我国改革开放和社会主义现代化建设的伟大实践经验。应该说，没有改革开放四十年的伟大实践，没有中国共产党领导中国人民艰辛探索中国现代化和新中国成立以来的社会主义建设经验，中国特色社会主义政治经济学的形成和发展是不可能的。

恩格斯曾提出政治经济学本质上是一门历史科学。中国特色社会主义政治经济学离不开对改革开放以来的经济建设史、中华人民共和国经济史乃至中国经济史的研究。正如马克思曾指出："人们自己创造自己的历史，但是他们并不是随心所欲地创造，并不是在他们自己选定的条件下创造，而是在直接碰到的、既定的、从过去承继下来的条件下创造。"[①] 1949年新中国成立以来特别是改革开放以来的中国经济发展与制度变迁，为我们构建和发展中国特色社会主义政治经济学提供了不可或缺的资源和条件，同时也提供了历史经验。

一、新中国社会主义建设，特别是改革开放实践是理论创新之母

中国共产党作为一个马克思列宁主义政党，始终将建设社会主义伟大

[①] 马克思：《路易·波拿巴的雾月十八日》（1851年12月~1852年3月），《马克思恩格斯选集》第1卷，人民出版社1995年版，第603页。

国家作为自己的奋斗目标，在风雨如晦、贫穷落后、任人欺凌的旧中国，领导中国人民完成民主革命是首要任务，但是当1949年中华人民共和国成立和民主革命任务完成以后，如何建设新中国就成为摆在中国共产党和中国人民面前的首要任务。如何在内部经济落后和人民生活贫困，外部帝国主义战争威胁不断的条件下实现工业化和社会主义目标，不仅是紧迫的实践问题，也必然要反映到理论和思想层面，即需要把马克思主义的基本原理加以中国化，并用以指导中国的实践。这个工作，从毛泽东为核心的第一代党的领导集体到今天以习近平为核心的新领导集体，始终在实践和理论两个方面艰辛探索，从而形成了中国特色社会主义道路、制度和理论，为中国特色社会主义政治经济学的形成和发展提供了可能。伟大的时代、伟大的实践，需要伟大的理论总结和思想升华，在今天，中国特色社会主义政治经济学正在承担也必须承担好这个伟大任务，为丰富和发展马克思主义贡献中华民族的智慧，为人类社会解决许多共同的经济问题提供中国经验和方案。

众所周知，世界上第一个社会主义国家是苏联。苏联的建立，是列宁根据资本主义发展到帝国主义时代以后的革命形势变化而首先在资本主义不发达国家即帝国主义链条上最薄弱的环节取得的胜利。但是，这场社会主义革命胜利后，苏联所面临的社会主义建设，首先要解决两个问题：一是如何完成工业化，实现比现有资本主义国家更高的社会生产力；二是如何在帝国主义环伺、战争威胁不断的环境里，保证社会主义国家的安全。对于这两个紧迫和重要问题，马克思和恩格斯创立的政治经济学不可能提供现成的答案，于是苏联共产党创造了以单一"公有制"、行政性"计划经济"和"按劳分配"为三大基石和基本构成的社会主义政治经济学。在苏联工业化进程中，形成了高度集中的传统社会主义经济体制，其基本特征是指令性计划成为资源配置的主要手段，所有制结构上是单一的公有制，分配制度上是单一的按劳分配。在国际上，斯大林则强调"两个市场"，即国际经济中存在社会主义市场和资本主义市场两个平行发展的市场。高度集中的计划经济体制，在推动苏联工业化，赢得世界反法西斯战斗胜利中起到了重要的作用。二战后，高度集中的计划经济体系成为各社会主义国家模仿的样板。我国在新中国成立之初，也学习苏联建立了高度集中的计划经济体制，源于苏联的传统政治经济学成为我国经济理论的主流。虽然1956年毛泽东同志发表《论十大关系》，以此为标志，我国开始探索适合中国国情的道路，但由于实践经验不足，始终未能突破高度集中的传统社会主义经济体制，在理论上也一直未能突破传统政治经济学的框架。虽然传统社会主义经济体制有效推动了中国优先发展重工业，但随着现代化的推进，其弊端日益凸显。一方面宏观上存在的计划配置失灵，使得资源难以优化配置；另一方面经济微观主体的积极性未能充分发挥，严重制约了我国现代化建设。

1979年我国开始了改革开放，如何调整生产关系，改革经济体制，推动我国生产力的发展成为当时中国共产党所面临的重要任务。世界经济发展机遇稍纵即逝，但我国政治经济学建设又未能突破苏联传统社会主义政治经济学的框架，现有的经济理论难以满足指导改革开放实践的需要。邓小平同志提出了"不争论"，强调"不争论，是为了争取时间干"。在理论准备不充分的条件下，中国共产党没有拘泥于传统社会主义政治经济学的教条，而是带领广大人民群众解放思想、实事求是，不断进行制度创新。邓小平同志明确指出："我们改革开放的成功，不是靠本本，而是靠实践，靠实事求是。"[1] 在实践中，我国不断突破了旧有的经济体制。形成了"社会主义市场经济理论"，"公有制领导下，多种所有制共同发展"的基本经济制度，"按劳分配为主体，多种分配方式并存"的分配制度以及中国特色的对外开放战略。

二、历史经验是构建政治经济学的源泉之一

如果以1928年的《井冈山土地法》为标志，中国共产党探索适合中国

---

[1]《邓小平文选》第3卷，人民出版社1993年版，第382页。

国情的经济发展道路,至今已经有90年的历史了。在此期间,中国经历了新民主主义革命时期、社会主义革命和建设时期、改革开放以来的新历史时期,为我们构建中国特色社会主义提供了非常丰富的历史经验和思想智慧。

在新民主主义革命时期,我们提出了符合中国国情和革命道路的一系列经济思想和方针政策,充分展示了马克思主义基本原理与中国革命实践相结合的历史,提供了马克思主义中国化的成功典范。例如新民主主义革命的三大经济纲领、新民主主义经济的性质、所有制结构、发展国民经济的"十六字"方针等,即使在今天,都是珍贵的思想遗产。特别是将"劳资两利"作为恢复发展国民经济的总方针列入《共同纲领》,则是对马克思主义的重大发展,从马克思到斯大林,都没有讲过劳动和资本可以互利共赢。资本家与工人阶级在人民民主专政和国营经济领导下应该合作、可以互利共赢,这实际上是在无产阶级掌握政权后的所有制结构方面的重大创新。

在社会主义革命和建设时期,虽然受国际环境和国内资本匮乏的约束,为加快工业化步伐选择了苏联模式的社会主义经济,并且走了一段弯路,但是学费没有白交,积累了许多重要的经验和教训,使我们后来不再重蹈历史的覆辙。例如中国共产党提出改造资本主义工商业的"赎买"和妥善安排资方人员政策;毛泽东总结的《论十大关系》;刘少奇提出的"两种劳动关系"理论;陈云提出的"三个主体、三个自由"思想和"四大平衡"理论;邓子恢等提出的农业责任制主张;20世纪60年代提出的"以农业为基础、以工业为主导,稳步前进"的经济建设方针;经济学界提出的价值规律和商品经济理论等,都是在当时对传统社会主义经济理论的突破。

1978年改革开放以来,改革开放和经济发展每前进一步,都需要在理论上前进一步,及时总结。从党的十一届三中全会邓小平对过去历史经验和教训的总结以及在此前后提出的"科技是第一生产力",每次中国共产党的代表大会以及有关经济改革和发展的全会,中共中央都会对经验进行总结,对已有的理论创新给予肯定。改革开放以来,可以说,我们已经在中国特色社会主义经济理论的所有方面有了重大发展和创新，例如：经济发展、所有制结构、财富分配、经济运行、对外经济关系、生态文明建设、产业结构和区域经济等，而将这些理论创新收拢和归纳到政治经济学中去加以提炼、组合、升华，则是我们今天经济学界最大的任务。

三、构建中国特色社会主义政治经济学的历史启示

习近平同志提出："当代中国的伟大社会变革，不是简单延续我国历史文化的母版，不是简单套用马克思主义经典作家设想的模板，不是其他国家社会主义实践的再版，也不是国外现代化发展的翻版，不可能找到现成教科书。"[①] 中国特色社会主义经济学的建设和发展离不开对新中国历史的研究，离不开对历史经验的理论总结和思想升华。需要从本国的改革开放历史进程中吸取养分。回顾新中国69年的社会主义建设和发展经验，我认为对中国特色社会主义政治经济学来说，有以下几个问题需要高度重视。

第一，发展生产力应当成为中国特色社会主义政治经济学的主线。传统社会主义政治经济学的任务是如何建立和发展社会主义经济，其理论前提是资本主义世界已经为无产阶级建立社会主义生产关系提供了发达、甚至资本主义都无法容纳的社会生产力。因此其研究和阐释的重点多集中于生产关系的变革，集中于上层建筑与生产关系如何相适应的问题。这可以从苏联的社会主义政治经济学和中国改革开放以前的社会主义政治经济学教科书中得到证明。1978年改革开放以后，中国共产党将发展生产力、改变经济落后面貌作为第一要务，提出"以经济建设为中心"和"发展是硬道理"，从而改变了中国社会主义政治经济学的研究重心和发展方向，这也成为衡量改革开放的重要标尺。习近平总书记也在党的十八大以后多次重申"发展是党执政兴国的第一要务，是解决中国所有问题的关键。"[②] 经过

---

① 《习近平谈治国理政》第2卷，外文出版社2017年版，第344页。
② 《习近平谈治国理政》第2卷，外文出版社2017年版，第38页。

改革开放以来四十年的努力,我国走出了"贫困陷阱":由人均收入不到200美元的贫困国家,到2017年人均收入达到8700美元,中国上升为上中等收入国家和世界第二大经济体。这是中国共产党能够得到全国人民的拥戴,中国特色会主义道路、制度、理论成为全国人民共识,中国得到世界称赞的根本原因。社会主义在生产力方面比资本主义国家发展得更快、更好,并对此做出理论说明,正是中国特色社会主义政治经济学的核心。

第二,实现"共同富裕"是中国特色社会主义政治经济学的目标。中国共产党的领导是中国特色社会主义的本质特征,也是中国特色会主义政治经济学的基础。习近平总书记提出:"人民立场是中国共产党的根本政治立场,是马克思主义政党区别于其他政党的显著标志。"[①] 在市场经济和多种经济成分并存发展的条件下,国家如何驾驭和驯服资本,实现共同富裕是中国特色社会主义政治经济学的最终目标。是它要解决的发展与共享两大最主要任务之一。

第三,如何保证多种经济成分并存发展中的公有制经济领导地位,是中国特色社会主义经济的微观基础,也是中国共产党长期执政的经济基础。因此,如何处理好"两个毫不动摇"的关系、如何做大做强做优国有企业和国家资本,也就成为中国特色社会主义政治经济学要研究和阐释的基本理论。

第四,政府与市场关系是中国特色社会主义政治经济学的核心命题。中国特色社会主义政治经济学不仅要解决发展问题、目标问题、经济基础问题,还要解决经济运行问题,当然还有与资本主义世界共处的问题。这五大问题应该是社会主义政治经济学的基本构架,尤其是经济运行,是社会主义政治经济学能否立起来的关键所在,改革开放以来,也是中国理论和实践探索中难度最大、效果最突出的问题。

第五,对外开放是中国特色社会主义政治经济学的重要条件。马克思主义政治经济学的最大特点之一,就是紧紧抓住了工业革命的规律,将经

[①]《习近平谈治国理政》第2卷,外文出版社2017年版,第40页。

济全球化与科学社会主义联系在一起,揭示了资本主义经济全球扩张的特点以及未来结果,从而科学阐释了人类社会演进的历史趋势。但是,资本主义生产方式及其基础上的上层建筑,并没有像马克思列宁等经典作家所预测的那么快在全球灭亡,其中很重要的原因就是科技革命带来的经济全球化为其扩大了生存和发展的空间。今天的世界,就绝大多数国家而言,仍然是资本主义主导的世界,我们不仅不可能自我封闭于这个世界之外,而且必须顺应经济全球化的历史趋势,融入、利用和改造这个世界,使得社会主义能够在和平发展中胜出。应该看到,中国特色社会主义政治经济学存在的外部条件,就是资本主义世界。因此如何从理论上阐释和处理中国与外国的关系,就必然要成为中国特色社会主义政治经济学的基本问题,必须加强研究。

武 力

2018年3月29日于纽约

目 录

绪　论　/ 1

官僚资本概念及没收过程中的界定　/ 10

中华人民共和国成立前后的货币统一　/ 21

土地改革对国家与农民关系的重塑　/ 38

1949 年以来乡村政权职能与农民负担关系　/ 51

1978 年前后人力资源配置及效率的比较　/ 68

1949～1978 年中国"剪刀差"差额辨正　/ 86

社会主义改造的提前完成　/ 103

计划经济体制下的道德预设和"阶级斗争"　/ 117

毛泽东对马克思主义工业化理论的贡献　/ 138

毛泽东调动地方"积极性"的思想和实践　/ 155

陈云关于经济发展速度与效益关系的思想　/ 169

20 世纪 50 年代前期高度集中经济体制的形成　/ 187

20 世纪 50 年代市场萎缩及其原因　/ 199

中国计划经济的重新审视　/ 217

中国共产党对中国工业化道路认识的深化　/ 232

资本主义全球化与中国应对战略的演变　/ 245

国际环境与中国发展道路的选择　/ 261

陈云对中国社会主义政治经济学的贡献　/ 278

改革开放初期邓小平对中国经济发展目标的调整　／293

邓小平南方谈话的意义　／309

均衡与非均衡:邓小平关于经济发展的辩证思想　／317

1949～2017中国对外经济关系的演变　／327

中国与欧美政府经济职能演进的历史比较　／376

"全面建设小康社会"十年　／391

共同富裕:社会主义在中国的实践与发展　／405

中国特色社会主义进入新时代　／418

后　记　／424

绪　论

2015年12月23日，习近平同志在主持中央政治局第二十八次集体学习时指出，学习马克思主义政治经济学，是为了更好指导我国经济发展实践，既要坚持其基本原理和方法论，更要同我国经济发展实际相结合，不断形成新的理论成果。以上重要论述，对于我们进一步推动中国特色社会主义经济理论创新，尤其是建设中国特色社会主义政治经济学，既是鼓舞，也具有重要指导意义。

自从1859年马克思的《〈政治经济学批判〉序言》面世到今天，马克思主义政治经济学已经历了170余年的发展。在中国，马克思主义政治经济学也经历了一个曲折发展的过程，特别是经过1978年以来的理论探索和实践，基本形成了中国特色社会主义政治经济学。但是，就中国的社会主义政治经济学来看，也还需要进一步完善。笔者作为一个研究新中国经济史的学者，更加感到中国特色社会主义政治经济学的建设除了需要从充满活力的实践中汲取营养，还需要从历史中汲取养分。这样才能使其理论体系更加完整，更有说服力和影响力。已故著名经济史学家吴承明先生曾经说："经济史是经济学的源而不是其流。"马克思主义政治经济学就诞生于对人类社会历史的分析之中。正如恩格斯提出广义政治经济学的概念，计划将政治经济学的研究向前延伸到前资本主义社会一样，其后的马克思主义政治经济学的研究者一直在研究人类社会不同发展阶段的政治经济学，并将其定义为"广义政治经济学"。斯大林还据此提出了人类社会发展的五种社会形态。中国马克思主义广义政治经济学的研究，开始于1946年，是著名经济学家许涤新于1946年在周恩来同志的鼓励下进行的。新中国成立以后，由于缺乏理论准备和实践经验，一开始基本上是照搬苏联的政治经济学教科书。但是以毛泽东为代表的党的第一代领导集体很快就发现：不仅苏联教科书中有关社会主义政治经济学的论述有明显缺陷，而且其对于资本主义社会及前资本主义社会的政治经济学分析也主要是以欧洲为例的，没有展现出历史发展的多样性和复杂性。但是怎样纠正这种缺陷，以毛泽东为代表的第一代领导集体没有解决，整个国际共产主义运动也没有解决。改革开放以后，担任中国社科院副院长兼经济研究所所长的许涤新同志决心完成周恩来同志的嘱托，继续进行广义政治经济学研究，并于1986年写出带有中国历史的三卷本的《广义政治经济学》，其中第三卷是在他逝世以后于1988年才面世的。此后，随着中国的经济改革和发展如火如荼地展开以及西方经济学的"东渐"，马克思主义广义政治经济学基本上无人问津。

但是随着中国特色社会主义理论的发展和实践的不断深入，作为理论经济学重要分支的经济史研究也不断深入，由此带来了三个认识分歧：一是马克思主义的"五种社会形态"理论和研究范式还是否具有指导作用；二是中国特色社会主义从何而来；三是它与资本主义到底是一种什么关系。如果不能从理论上回答上述三个问题，中国道路、理论和制度自信就不能真正建立起来，共产党员的共产主义信仰就不能真正普遍地坚定起来。而广义政治经济学则是回答这三个问题的理论基础和历史验证。

一、中国特色社会主义政治经济学是马克思主义中国化的产物

中国特色社会主义政治经济学毫无疑问是马克思主义政治经济学的重要组成部分，进一步说，它是马克思主义基本原理在当代中国的实践与发展，是中国化的马克思主义政治经济学。从世界观和方法论来看，它具有普遍性，就中国特色社会主义来说，它又具有特殊性，即中国特色。为什么具有这种特殊性？它是怎样形成的？又将向何处发展？则需要从更广阔的历史视野和国情来分析。因此就中国特色社会主义政治经济学来说，如

果缺乏对中国历史的政治经济学解读，换句话说，如果没有中国广义政治经济学来支撑，理论将是不完整的，分析框架也是不牢固的。古人在《大学》中曾经说："物有本末，事有终始，知所先后，则近道矣。"就是这个道理。

说到中国社会主义政治经济学，就要说到它是从哪里来的。正如马克思所说，人们不能随心所欲地创造自己的历史。他们只能在直接碰到的、既定的、从过去承继下来的条件下进行创造。新中国改革开放前后两个历史时期就政治经济学来说是一种什么关系？进一步追问：中国共产党为什么能够建立新中国？中国为什么会在20世纪50年代选择单一公有制和计划经济的社会主义？再进一步追问：中国在1840年以后为什么没有向世界上大多数国家那样选择资本主义发展道路？更进一步追问：中国在18世纪之前曾经是世界上经济最发达的国家，为什么没有率先走上资本主义道路？中国从古代到今天，就社会形态及其演变来说，都与马克思主义经典作家以欧洲历史为典型的社会形态及其演变规律的论述有较大的差异。我们没有经历过欧洲那样的典型奴隶社会，封建社会也与欧洲有很大的不同；我们没有经历过欧洲那样的典型资本主义社会，是从半殖民地、半封建社会通过新民主主义革命直接过渡到社会主义社会的；同样，我们今天的中国特色社会主义与马克思、列宁所设想的社会主义也有很大的不同，怎样认识和解释这种差异？如果对于上述问题没有一个深入研究和科学合理的广义政治经济学解释，中国特色社会主义政治经济学就不能牢牢扎根于中国大地，就不能与中华民族的思想文化融为一体并真正发挥出习近平同志所期望的指导作用。

二、中国政治经济学面临的主要问题及成因

新中国成立以来，对于一个刚刚从半殖民地、半封建社会走过来的经济落后的农业大国来说，旧中国微弱的资本主义并没有为社会主义准备好物质条件。新中国面临的首要问题是实现本应由资本主义完成的工业化。

而在严峻的国际环境和积累率极低的国内经济条件下,为了国家安全和突破"贫困陷阱"的需要,以毛泽东为核心的第一代领导集体选择了社会主义工业化道路,中国经过和平方式的社会主义改造,跨越了资本主义这个历史阶段,直接进入了社会主义社会,但是对于"什么是社会主义,怎样建设社会主义"并不是很清楚,也没有前人的经验可资借鉴。经过曲折艰辛的探索,到1978年改革开放以后,我国逐渐摸索出中国特色社会主义道路、理论和基本制度,形成了邓小平理论、"三个代表"重要思想、科学发展观和"四个全面"战略布局,初步解决了什么是社会主义、怎样建设社会主义,建设什么样的党、怎样建设党,实现什么样的发展、怎样实现发展,以及实现什么样的发展目标、怎样实现发展目标的问题。但是,就我国的经济理论,特别是政治经济学建设来说,则还不尽如人意,滞后于实践,不仅不能指导实践,还往往在气象万千、生机勃勃和复杂多变的现实面前,或趑趄不前,或嗫嚅无语。

经过60多年的现代化建设,尤其是30多年的改革开放,我国取得了举世瞩目的成就,也积累了许多宝贵经验,但这些经验大多是局部的、零散的,没有很好地上升为系统理论,更谈不上在经济学学科体系中占据主导权。改革开放以来,马克思主义政治经济学的地位逐渐下降,西方经济学的影响力日益增强,但是西方经济学无法解释中国经济的许多问题。作为一个历史悠久的发展中大国,中国正在进行着前无古人的社会主义实践,她所面临的问题是前所未有的,尚无一套系统的政治经济学理论可以解释中国的历史和现实遇到的诸多问题。中国已经成为世界第二大经济体,成为世界第一大经济体也指日可待,仅靠零散的经验总结和照搬西方经济学,已经无法满足实践的要求。一方面,新常态下错综复杂的国内问题无法再单纯依靠"摸着石头过河"的办法来解决了,"牵一发而动全身"的系统性问题需要有效的顶层设计来解决,而顶层设计离不开系统理论的指导,这套理论要契合中国的实际,才能解决中国问题。另一方面,各国交往日益密切,而现有的国际秩序建立在西方经济理论基础之上,在这套秩序里,一些具有中国特色的东西难免受到无端指摘,致使我国在国际交往中陷入被动境地，因而我国迫切需要建立自己的经济学体系，从理论上掌握话语权，以扭转不利处境。

当前中国的经济学面临着零散化、碎片化的问题。大量的研究聚焦于局部性问题，而对根本性、全局性问题的关注较少，大视野下融会贯通的研究更为稀缺，理论研究呈现顾此失彼的局面。在经济史研究与现实问题研究的前后对接，中国问题研究与世界问题研究的彼此融合，以及马克思主义政治经济学研究与西方经济学研究的相互借鉴上，分歧仍然很多。对于理论研究来说，这些分歧导致了各领域的学者自说自话，许多研究从局部来看似乎很有价值，但是放在全局上则显得微不足道，甚至相互矛盾，由此浪费了许多宝贵的研究资源。对于改革实践来说，研究的零散化、碎片化必然导致政策的片面与无常，中国是一个地理和人口大国，并且在短短的几十年里经历了其他国家几百年才完成的市场化、工业化和全球化进程，问题空前复杂，基于局部研究所提出的政策可能无法适用于全局，离开了全局性的研究，改革难免进退失据、裹足不前。

导致当代中国经济研究碎片化的主要原因是研究视野的局限性。一方面，忽略历史，只就"当代"讲当代。中国有着灿烂辉煌的农业文明，这种文明持续之久、水平之高，必然导致了其影响之深、影响之远，以至于当代中国的许多问题都有着或深或浅的历史传统，只有看到这一点，才能正确认识问题的根源所在。而如果割断了历史的来龙去脉，以静止的眼光评判当代问题，就难免对问题的成因众说纷纭。这无益于问题的解决，更谈不上从中汲取经验，并升华为科学理论。另一方面，忽略世界，只就"中国"讲中国。当代中国的许多问题不只产生于中国，而是各个国家发展过程中普遍性的问题，尤其是市场化、工业化过程中的一些问题，往往是世界性的通病，那么先行国家的经验教训无疑值得我国借鉴。进一步来说，当代中国的许多问题恰恰是中国参与全球化过程中产生的问题，例如，在市场经济条件下，国内与国际市场的界线日渐模糊，中国经济越来越多地受到国际经济的影响。这种情况下，许多问题的根源本身就来自国际社会，解决它们的方法也理应从对国际问题的研究中产生。而如果仍以孤立的眼光看待中国问题,就会不明就里,更谈不上理论创新。综上所述,离开了历史和全球的视野,当代中国的许多问题就会显得千头万绪,研究也难免陷入盲人摸象、碎片化分散的境地。

由此可见,建立中国特色社会主义政治经济学需要同时熟悉中国历史和现状以及世界历史和现状,只有打通了古代和当代、中国和世界的壁垒,才能形成准确、全面的认识,进而提炼经验。此外,要想把经验升华为理论,还要具备扎实的马克思主义政治经济学功底,并熟悉西方经济学的方法。可见,中国特色社会主义政治经济学的构建对知识储备要求之高,超过了现有的所有经济理论,这是中国问题的复杂性和全球化时代里事物联系的普遍性所导致的,也是最大的困难所在。或许在知识爆炸的今天,很难出现这种"全才式"的人物,那么构建中国特色社会主义政治经济学就必须依靠学术界的共同努力。但是,由于过去没有树立全局观念,我国尚未建成一个可以有效整合各学科研究成果,群策群力、同心同德的机制。所以,中央提出"中国特色社会主义政治经济学",可以说是为整个经济学界树立了一个共同的奋斗目标。

三、 中国历史的特殊性决定了中国政治经济学的特殊性

其实不只中国,全世界主流经济学也都面临研究碎片化的问题。2008年全球金融危机爆发,主流经济学无论在事前预测还是在事后应对方面都拿不出一套系统有效的理论。在这种困境下,国外的一些学者开始把视野向历史和全球扩展,在更广的领域内探究经济发展规律,并取得了令人瞩目的成就。2014年出版的《21世纪资本论》分析了自18世纪以来全球财富的分配状况,从而发现了不加约束的市场经济会导致财富占有的两极分化问题。2015年出版的《国家为什么会失败》则在更长的历史时段里对比不同国家和地区贫富差距的原因,从而发现制度对经济发展至关重要。其实,关注历史、关注世界本身就是经济学的优良传统,经济思想史上的经典著作,无不兼具历史和全球的视野,经济学的开山之作《国富论》本身

也是一部关于经济史和世界经济的巨著。所以，当前经济学的发展是向传统的回归，而这也启示我们：向历史进军，向世界拓展，是中国特色社会主义政治经济学发展的必然方向。

历史研究是中国特色社会主义政治经济学的稳固基础。历史是认识当代中国问题的坐标系。当代中国的许多问题不只产生于当代，而是在历史发展中逐渐积累起来的。只有把问题放在历史的坐标系中进行考察，才能做出实事求是的评价，这是理论工作的前提。历史又是创建中国特色社会主义政治经济学的资料库。只有正确而充分地认识历史，才能总结经验教训，进而升华为理论。恩格斯在《资本论》第一卷英文版序言中说，马克思的全部理论是他毕生研究英国的经济史和经济状况的结果。西方经济学之所以能够成为经济学的主流，很大程度上也是因为它拥有西方资本主义国家几百年的历史实践作为支撑。同样的，中国特色社会主义政治经济学的"中国特色"，在某种意义上指的就是中国的历史传统，所以中国的经济学一定要植根于深厚的历史土壤，这是稳固的根基所在。

全球视野是中国特色社会主义政治经济学生命力、影响力的重要保证。一方面，全球化是不可逆转的趋势，我国正以空前的速度融入其中。随着"一带一路"倡议的实施和"开放"发展理念的落实，我国的各个领域都越来越多地受到国际社会的影响，国际规则、国际惯例日益深入到国内，这在经济领域尤其明显。在市场经济条件下，我国的经济基础日渐国际化，势必要求作为上层建筑的经济理论也开眼看世界，否则就将滞后于实践，失去其生命力。另一方面，中国无论在实践还是理论上，都是一个后发国家，而国际社会无论在实践规则还是理论研究方面都已经有了较为成熟的体系，中国既然在实践上不是这套体系的革命者，那么在理论上也就不可能颠覆现有理论体系而自成一统。掌握理论研究的话语权并不意味着抛开国际社会自说自话，正如习近平同志所强调的，我们要深入研究世界经济和我国经济面临的新情况新问题，为马克思主义政治经济学创新发展贡献"中国智慧"。中国应当为经济学的发展做出新贡献，而不是完全以中国话语取代原有的合理成分。闭门造车不可能产生国际影响力。

四、建设中国特色社会主义政治经济学必须加强对中国广义政治经济学的研究

如前所述，今天中国特色社会主义是从昨天的社会主义发展演变而来的，而昨天的社会主义又脱胎于近代中国的半殖民地、半封建社会和新民主主义革命，而近代中国半殖民地、半封建社会的形成和演变，又是以长达两千多年封建社会为起点并受其正反两个方面制约的。因此，要建立中国特色社会主义政治经济学，不仅要拓宽历史视野，从世界历史发展和社会形态演变的多样性、大格局中去研究，更要从中国的历史、特别是广义政治经济学方面去研究和建设。就中国广义政治经济学的研究来说，目前应注意以下几个问题。

第一，中国广义政治经济学既是政治经济学的基础理论研究，又是经济学、政治学与历史学的交叉学科，属于研究周期长、知识面要求宽、产出成果慢的学术领域，因此应该引起各个方面的高度重视，在研究课题设置、研究机制、合作方式方面探索一套科学合理的办法。首先，要把"中国广义政治经济学"作为建设"中国特色社会主义政治经济学"的重要组成部分，形成共识，把相关研究者关注的焦点凝聚到这一历史任务上来，为中国广义政治经济学研究制订出大体的任务和时间表，为各领域研究者的分工合作和任务树立短期、中期和长期的研究目标，并建立相应的激励机制。尽管我国提倡学术研究自由选题、百家争鸣，但构建中国广义政治经济学的任务仍需要我们动员全社会的智慧来共同努力。其次，要形成能够整合各领域研究成果的机制，建立中国广义政治经济学是一项横跨政治、经济、社会领域和纵贯中华五千年文明史的系统工程，它需要不断吸收各领域最新的研究成果，所以我们要建立一套更为有效的机制，实现研究成果的交流与整合。最后，在国际交流中扩大中国广义政治经济学的影响力，让我们的历史和理论"走出去"，并凭借历史和理论自身的魅力吸引更多世界级的优秀学者参与这项研究，由此形成我国在国际历史学和经济学领域的话语权。

第二，中国广义政治经济学的研究需要广阔的历史视野。首先，要具有全球视野。中华民族形成和发展的历史，是人类历史的重要组成部分，具有共同的发展规律，越是靠近当代，各个国家和民族之间的联系和相互影响越多，特别是在19世纪资本主义全球化以后，世界各国、各民族之间不仅联系和影响大大增加，而且在发展的步伐和社会形态的演变上，也趋于同步，差异越来越小。因此，如果没有全球视野和对整个人类历史发展共同规律的把握，没有对"五种社会形态"在不同地区、不同国家、不同民族中的形式多样化和时间上的不同步有基本的认识，就很难把握和准确评估中华民族五千年来的政治经济演变。其次，对中国历史要有"通古今之变"的决心。由于广义政治经济学属于经济学、政治学与历史学交叉研究，因此对研究者的知识结构就要求比较高，一般来说，研究现实经济和政治问题的学者往往缺乏历史知识和方法的训练，而研究历史的学者则往往缺乏对现实问题的了解和新理论方法的掌握。但是就目前来看，主要的问题还是对中国历史的整体把握和认识方面，即使是研究历史的学者，也往往受到断代史研究的局限，不能贯通历史。特别是目前在历史研究中有一种过于重视"细节"问题的倾向，即所谓"碎片化"，而忽略甚至轻视宏观和通史研究，这种倾向应该避免。

第三，中国广义政治经济学的研究需要深厚的马克思主义理论、经济学知识和方法。由于中国广义政治经济学是以马克思主义世界观、方法论和基本原理为指导的，是用政治经济学来剖析中国历史，从而形成具有中国历史和现实特色的广义政治经济学。因此对于研究者来说，首先，最需要的是深入系统学习马克思主义、毛泽东思想和中国特色社会主义理论体系，应充分认识到马克思主义的世界观、方法论和理论体系不是随便可以学好的，不是掌握几个词汇、运用几个观点就能解决问题的，要有吃苦和长期学习的思想准备。其次，经济学、政治学的理论和方法现在发展越来越快、越来越丰富。我们只有站到科学理论和方法的前沿，运用最新并被实践证明正确的理论和方法，才能使得我们对历史的研究达到一个高的起点，才能与中国特色社会主义政治经济学相匹配，才能显示出其价值，也才能发挥"资政育人"的作用。

官僚资本概念及没收过程中的界定

没收官僚资本归国家所有是新民主主义革命三大经济纲领之一，也是新中国顺利向社会主义过渡的重要经济因素。长期以来，对国民党官僚资本的研究一直是史学界探讨的重要课题，存在着不同的观点。本文现就中国共产党的"官僚资本"概念和界定标准以及没收过程中的具体情况简单介绍，希望能有助于这方面研究工作的深入。

一、中国共产党的"官僚资本"概念

早在大革命时期，就有人使用过"官僚资本"这个名词，用以指清末民初由政府官僚兴办或把持的企业。后来在中国社会史论战中又有人使用过这个名词，但是由于当时国民党的国家垄断资本刚形成，尚未充分暴露其腐败性和危害性，因此这个名词没有引起人们的注意和深入研究，自然也就没有成为中国革命对象之一的代名词。抗战爆发后，由于国民党实行政治独裁和经济统制的政策，国家资本迅速膨胀，垄断地位明显加强，以及因政治腐败而导致的政府官员假公济私、以权谋私、化公为私现象，不仅严重威胁了大后方民族资本的生存，而且激起了全国人民的愤怒。1937年发表在《新经济》的《国营事业与民营事业的关系》一文，就揭露了一些官僚假公济私或化公为私，形成了一种名义上是国营，实质上是私营的企业。1941年3月，陈伯达写了一本名为《中国工业与中国资产阶级》的小册子（该文于1942年2月在《解放日报》上连载），其中指出官僚与买办二位一体,从金融垄断向工业垄断发展,这类官办的企业,"官营就是'国营','国营'就是官营"①。同时期重庆《大公报》也刊登了题为《官僚资本与中国政治》的文章,谈到了历史上官僚资本积聚的几种途径,并认为今日官僚资本与之相同。1944年,王亚南在《中国经济论丛》一书中指出:"我们有些国营企业,在外形上似乎是国家资本,但骨子里,它何尝具有国家资本的属性?充其量也不过是私人资本的变相形态罢了。"② 在抗战后期,"官僚资本"这个名词已经成为批判国民党国家资本和官僚私人资本的一个通俗名词。中国共产党正式使用"官僚资本"这个名词来概括国民党政府的国家资本和官僚私人资本,是在抗战胜利前夕,国民党的政治独裁和经济统制导致了国统区政治腐败、经济凋敝,人民要求民主的呼声越来越高。为了揭露国民党独裁统治的本质和危害,毛泽东在党的七大政治报告中指出官僚资本"即大地主、大银行家、大买办的资本"③,它垄断了中国的主要经济命脉,残酷地压迫工农、小资产阶级和民族资产阶级,并将"取缔官僚资本"列入最低限度的具体纲领中。

抗战胜利后,在全国人民要求和平、民主的压力下,国民党被迫与中国共产党举行和平谈判,并同意召开政治协商会议。在这种情况下,为了适应和平斗争的需要,中国共产党在公开场合上用的"官僚资本"概念一般是指官僚的私人资本及他们利用权势地位从事的私人经济活动。1946年1月16日,参加政协会议的中共代表就提出要"防止官僚资本发展,严禁官吏用其权势地位,从事投机垄断,逃税走私,利用公款与非法使用交通工具的活动"④。在中国共产党和民主党派的要求下,上述内容被列入政协会议通过的《和平建国纲领草案》中,这是"官僚资本"名词第一次为国民党正式承认,并写入官方的文献中,当时将"官僚资本"用来专指官僚的私人资本及私人经济活动,是基于这样的前提:国民党政府将被改造成一

---

① 《解放日报》,1942年2月8日第3版。
② 王亚南:《中国工业建设论》,载于《中国经济论丛》,重庆五十年代书局1944年版,第188页。
③ 《毛泽东选集》第3卷,人民出版社1953年版,第995页。
④ 《新华日报》,1946年1月17日。

个民主政府。

1946年下半年，国民党撕毁政协决议，挑起内战，国内的阶级斗争形势要求我党揭露国民党国家资本的实质、结果以及与内战的关系。1946年10月，陈翰笙在英文刊物《远东观察》上发表《独裁集团与中国内战》一文，指出政治的独裁依赖经济的独裁，国民党对国营事业的统治，只是将资本集中在少数高级官僚之手。并第一次将官僚资本划分为蒋、宋、孔、陈、政学系五大集团。几天之后，陈伯达的《中国的四大家族》一书出版，这本小册子用大量的事实、辛辣的笔调揭露了官僚资本的实质，并为其做了如下定义："代表帝国主义和封建主义的利益而在政治上当权的人物，他们在大地主大买办的经济基础上，利用政治的公开强制手段，一方面加速掠夺农民及其他小生产者，一方面压迫民族工业而集中起来的金融资本。"他指出四大家族是官僚资本最集中的代表。陈伯达的著作与其说是一篇学术著作，不如说是一个战斗性、宣传性很强的小册子。1947年4月，王亚南发表《官僚资本的理论分析》，从经济学的角度，对官僚资本的形态、形成过程和社会条件、作用及后果都做了比较深入的分析。1947年7月，许涤新在上述论著的基础上，写了《官僚资本论》一书，吸收了陈著和王著的长处，从经济学的角度揭露了四大家族官僚资本的几种形态、活动方式及其反动本质。至此，"官僚资本"有了完整明确的概念，即官僚资本是一种具有封建性和买办性的国家垄断资本。从资本的所有权来看，它分为国民党国家资本和官僚私人资本；从资本的来源看，它是依靠政权和政治特权掠夺和剥削人民而积聚的，四大家族掌握的垄断资本是官僚资本的主体。同年底，中国共产党正式将"没收官僚资本归新民主主义国家所有"列为新民主主义革命的三大经济纲领之首。

从中国共产党的"官僚资本"概念的内容及形成过程来看，一方面它真实地反映出在国民党统治下，国家资本为少数人控制，以权谋私，公私不分，化公为私盛行，可以说这个名词是时代的产物；另一方面，它适应了政治斗争的需要，这个名词既能深刻揭露国民党的独裁统治和腐败，又通俗易懂，容易为人民大众所理解和接受。但是，如果从纯粹经济学的角度来看,"官僚资本"的概念又是不够科学、不够明确的,例如"官僚资本"的内涵,能否容纳国家资本,对"官僚资本"中属于私人所有那部分资本如何界定等。正是由于属于私人的那部分"官僚资本"存在着一些难以界定的问题,因而当把"没收官僚资本归新民主主义国家所有"纲领付诸实施时,就需要解决一系列具体问题。

二、划分私人资本中官僚资本与非官僚资本的标准

1948年,随着人民解放军转入战略反攻和节节胜利,一批城市先后回到人民手中,在没收这些城市的官僚资本过程中,如何划分私人资本中的官僚资本与非官僚资本,成为当时关系到政治、经济特别是统战工作的一个重要问题。1948年4月,中共中央在给洛阳前线指挥部的电报中指出:"对于官僚资本要有明确的界限,不要将国民党人经营的工商业都叫作官僚资本而加以没收。……对于著名的国民党大官僚所经营的企业,应该按照上述原则和办法处理。对于小官僚和地主所办的工商业,则不在没收之列。"[①] 这里明确了小官僚的私人资本不属于官僚资本,但是没有规定哪一级以下属于小官僚。1948年6月,中共东北局城工部提出:不得将与官僚、国民党政权机关有些联系的工商业,或在其政权机关担任不重要职位的工商业者都划为官僚资本。1949年4月,由中国共产党代表团提出的《国内和平协定(最后修正案)》中规定:"凡属南京国民政府统治时期依仗政治特权及豪门努力而获得或侵占的官僚资本企业(包括银行、工厂、矿山、船舶、商店等)及财产,应没收为国家所有;凡官僚资本属于南京国民政府统治时期以前及属于南京国民政府统治时期而为不大的企业且与国计民生无害者,不予没收。但其中若干人物,由于犯罪行为,例如罪大恶极的反动分子而为人民告发并审查属实者,仍应没收其企业及财产。"

这样,对于界定作为没收对象的私人官僚资本,就有了三条标准:

---

① 《毛泽东选集》第4卷,人民出版社1960年版,第1266页。

①看其是否属于国民党统治时期的官僚；②看其是否属于著名的大官僚；③看其是否于国民党统治时期犯有严重罪行。凡符合以上标准中的任何两项者，其私人资本及财产均在没收之列。但上述标准还不够详细具体，因而在解放战争后期，党和人民政府规定对那些一时难以确定是否属于官僚资本的企业和财产，不公开宣布没收，而是采取监管、代管及冻结的方式不使企业和财产受到损失及暗中转移，着手调查，留待以后处理。因此，在新中国成立以前，尽管没有形成详细具体的界定私人官僚资本的标准，但是并没有影响"没收官僚资本"这一纲领的施行。

新中国成立以后，随着清理私营及公私合营企业中公股公产工作的开展，如何区分私人资本中官僚资本与非官僚资本，再次成为亟待解决的问题。在这种情况下，1950年初，国家一方面将鉴定权限收归政务院，另一方面由中央财经委员会着手制定比较具体的标准。中财委根据考虑政治影响、不致影响私人生产积极性、更有利于台湾解放、争取外逃资金返回四个因素，提出"官僚资本"的定义应该是：凡利用政治特权积累巨大财富者谓之官僚资本，时间则从国民党反动统治时期起算，在此以前的官僚资本（除汉奸外）概不追究。根据上述原则，官僚资本的范围仅包括：①四大家族；②现行战犯；③虽不在战犯名单内，但其罪恶昭彰，作恶多端者；④既未起义亦未立功的各地方战犯豪门；⑤国民党党团特工假借私人名义经营的企业。①

在没收过程中，界定工作又采取了以下具体的标准：

1. 看其是否属于战犯或现行反革命分子。1948年11月，人民解放军总部发布惩处战犯命令，规定国民党政权方面的党、政、军各级官吏，凡犯有所列12项罪行之一者，均为战犯。1948年12月，中共中央以"陕北权威人士"的名义提出了一个战犯名单，这个43人的战犯名单包括了当时国民党方面重要而影响很坏的党政军官僚。1949年1月26日，中共中央发出"关于没收战犯财产的指示"，指出上述名单是以权威人士谈话名义公布的，

---

① 参见中央财经委员会：《关于处理官僚资本的初步意见》，1950年。

不具备法律效力，不能据以没收财产，但可据以着手调查，如有逃避转移，可明令冻结。由于战犯的标准比较明确，而且没收其财产能扩大政治影响，因此对国民党大官僚的私人资本主要是以战犯罪名没收的。例如对宋子文在中国银行的私人股份，就是于1953年11月经政务院批准以战犯身份予以没收的。1951年2月，中央人民政府公布施行《中华人民共和国惩治反革命条例》。同年6月，政务院根据上述条例，制定并公布了《关于没收反革命罪犯财产的规定》。这样，在应没收的官僚资本中，对于那部分不属于大官僚、著名战犯，但又犯有严重罪行而应予没收的资产，亦有了明确的标准。

2. 看其政治态度如何。解放战争时期和新中国成立以后，中国共产党和人民政府始终鼓励和欢迎国民党政府官僚弃暗投明、起义立功，并对起义立功的官僚采取既往不咎的政策，在界定是否属于应没收的私人官僚资本时，其所有者的政治态度是一个重要标准。从1947年11月的"惩处战犯命令"到新中国成立后制定的没收官僚资本范围，都将已经起义和回到人民方面的国民党党政军官僚的资产排除在外。例如傅作义、程潜都曾被列入头等战犯名单，但后来起义立功，成为功臣，因此其财产就不在没收之列。又如张轸，中共中央在1949年4月给洛阳前线指挥部的电报中以他为例，说明其资产属于官僚资本，应予没收，但1949年底，张轸在四川率部起义，因此张轸的资产就不再属于没收对象。另外，在新中国成立初期，对于流亡国外的原国民党高级官吏，凡政治态度不明朗，有可能争取回国者，对其留在国内的资本，一般采取代管的形式。

3. 看其是否属于四大家族成员。在四大家族中，除蒋介石、宋美龄、宋子文、孔祥熙、陈立夫、陈果夫被列入战犯名单，其资产应予没收外，其家族其他成员的私人资产亦属官僚资本，列入没收范围。例如蒋纬国夫人在西安大华纺织厂的股份（以蒋姓登记）、宋子良在中国银行的股份都是按官僚资本没收的。

4. 看其资产是否属于化公为私、侵吞公产形成的。对于官僚私人资产中来源于贪污、盗窃、隐瞒、侵吞公产或化公为私等非法行为的那部分资产，则不论所有者是否属于国民党大官僚或前述标准，一律予以清理追还。像凭借特殊地位及人事关系套购外汇或四行贷款而博取巨额利润较突出者，运用国家资金做私人投资者、廉价取得的敌伪资产数额巨大者，盗窃或隐匿公产（包括国民党国家资本和日伪资产）据为己有者等都属于这个范围。这类情况在清理公股公产过程中查出很多，后来在"五反"中又清查不少，对于这部分资产，一般都没收归国家所有。

借助上述四个方面的标准，对于界定和实施没收私人官僚资本就比较容易了。

三、 界定和没收私人官僚资本的程序

没收官僚资本的程序，因官僚资本的归属不同而分为两种。对于属于国民党政府及党团特工机构所有的国家资本，由于产权明确属于官僚资本，一般在城市刚解放时，由军管会遵照"自上而下、各按系统、原封不动、先接后分"的原则接收下来。而对于产权属私人所有的那部分"官僚资本"，则采取了非常慎重的态度。由于一开始缺乏详细具体的标准，为了避免各地或同一战犯、官僚在企业中的财产有不同的处理办法，中央曾多次强调在城市解放时，对这部分资产不要急于宣布没收，必要时可采取监管、代管或冻结的方式以维持或恢复生产和避免财产转移，至于是否没收则留待以后处理。

新中国成立以后，为了避免因标准和范围不够具体而引起处理过程中的差异及可能导致的不良政治影响，中央则规定了没收程序并将界定权收归政务院。

1951年2月，政务院发出《关于没收战犯、汉奸、官僚资本家及反革命分子财产的指示》，该指示规定：凡公私合营企业和私营企业中有战犯、汉奸、官僚资本家的股份和财产，应予没收时，必须报经大行政区人民政府（军政委员会）审核后转请政务院批准，才得执行。为了清理公私合营企业和私营企业中的公股公产，政务院还规定由中央财经委员会按照企业

性质及规模大小，分别指定主管机关或委托地方财经委员会指定主管机关负责进行。1951年10月，华东军政委员会颁布命令，规定了处理战犯、汉奸及官僚资本家在企业中股份财产的具体程序：当地人民政府或工商行政部门于查获或接到检举、报告后，应立即与该企业主管机关取得联系，进行调查，搜集材料，整理研究，拟具初步处理意见，填写"华东区企业中战犯、汉奸、官僚资本家的股份和财产调查报告表"，上报省（区）、市人民政府审核并报大区财委核转军政委员会，由军政委员会转报政务院核批。各级人民法院未结案件中，如查有战犯、汉奸及官僚资本家在企业中的股份和财产时，除其他财产部分照案进行审结外，应即将该项股份、财产，通知当地人民政府（或工商行政部门）按照上列程序填表上报。

1952年12月，政务院发出通知，重申各地在处理战犯、汉奸、官僚资本家在企业中的股份财产时，必须报经政务院批准没收后，方得执行，不得经由主管机关擅自核定没收。由于国家对这部分难以界定的私人官僚资本的处理制定了严格具体的程序，并将最后审定权收归中央掌握，因此尽管这部分官僚资本的标准仍不够详细具体，但是保证了没收工作的统一和最大限度地避免了偏差。

四、没收官僚资本时遇到的几个问题及处理办法

由于"官僚资本"内涵比较复杂而且牵涉面较广，能否正确处理官僚资本，不仅影响到新中国经济的恢复，而且涉及到对敌斗争的开展和统一战线的建立，因此在没收官僚资本的过程中，国家采取了公正合理而又慎重的态度，比较圆满地解决了牵涉到公私关系的以下三个问题。

1. 官僚资本企业中一般私股的处置问题。由于官僚资本企业的股份来源复杂，许多企业是官商合办或招收私股，因此在不少国民党国营企业和官僚资本私人企业中有不少商股，例如四行二局中的中国银行、交通银行都有不少私股，中国银行在接管时有1/3的商股，交通银行在接管时共有60万股，除属于依法没收及代管的以外，尚有62596股私股，占总股份的

10.43%。对于官僚资本企业中的商股,国家采取了明确的政策:承认其股权,保障其利益。例如中国银行和交通银行在接管后,都进行了认真的清理工作,向这部分私人股东发去公函,要求其重新登记,筹备并召开了董监联席会,并且根据经营情况和章程,发放了股息。对于国民党政府的国营企业与军政机关相互间的债权债务,中央已决定不再清偿。但是由于中国银行和交通银行含有私股,为了不使私股利益受损,中财委专门规定了清偿办法,并规定解放后中、交两行的财产不得没收解库或做其他处理;如已接收两行的财产,应予清理归还;使用两行的房屋、仓库等者,应合理交租,并订租约,以保证两行财产的完整。

在对待官僚资本企业中的私股方面,对前中纺公司售出股票的处理结果,最能体现国家公正合理解决问题的态度和政策。1949年8月,国民党政府在发行金圆券时,指定中纺公司资产的一部分为发行准备之一,将其估值为8亿元(金圆券),发行股票800万股,每股100元,并将其中的240万股上市。这项股票于1948年9月10日开始发行,截至11月8日因金圆券连续贬值而宣告停止,综计售出37130股,占上市股份的15.4%,占股份总额的4.6%。此项发行的股票,完全出于支持金圆券币值,股票出售所得之款,全部由国库掌握,并未充作公司资金,对公司经营未发生任何作用,该公司对于股票的发行及销售,均没做账务处理(即该公司的账面上无此项股票销售记载)。对于这种情况,政府一方面认定这是国民党政府对人民的骗局,该公司根本无商股存在,另一方面又认为股票持有人属于当时合法出资购得,与国民党政府发行的公债票性质有别,因此采用了折价收兑的办法,兼顾了公私两方面的利益。

2. 私营企业中官僚资本的处置问题。国民党统治时期,国家资本投入到私营企业中的情况很多,但是没有统一的专管机构予以集中掌握,因此国家资财遭受私人非法侵占和剥蚀的情况很普遍。解放后,再加上没收的战犯、官僚资本家的私人投资,因而私营企业中存在着相当数量的官僚资本。新中国成立以后,国家对存在于私人企业中的官僚资本做了认真的清理,颁布了专门的法规,指定了专门的主管机构。对于私营企业中官僚资本的清理，中央财经委员会制定了如下原则：①官僚资本以私人名义所办的企业，应加没收，如有化名隐匿或非法转移者，应彻底清查；②民营企业在国民党统治时期为应付环境，利用国民党要人出任公司董事长者，要分别情形，加以处理，若仅挂一空名，既未出资，亦未操纵公司行政者，不加清算，若实际出资者，应将官僚资本部分没收归公，或让原主备价收回，或由政府作为股款采取公私合营（未出资的"红股"亦应没收）；③凡利用其在国民党统治时期的特殊政治地位、经济地位与社会地位，运用国家资金作私人投资，应视为官僚资本，予以没收。1951年2月，政务院颁布《企业中公股公产清理办法》，对清理范围、主管机关、公股代表及董监任免、清理改组程序、清理期限做了详细规定，在清理过程中，中央财经委员会和交通银行总行还针对侵占股权问题（包括私侵公和公侵私）的9种具体情况，提出了不同的处理原则，做到了公平合理，既不使国家利益受损，又考虑到历史情况，使私营企业感到公平合理。例如中财委和交通银行制定的有关股权侵占问题处理原则就规定：对于有公股的私营企业将递延资产如开办费等，经呈准伪政府列作损失，在公股额内抵消者，虽属很不合理，但在当时如伪政府有鼓励私人投资意义，而私股并无侵蚀公股意图者，不再追究。此外，在清理过程中，政务院还规定所有公股股权归中央财政部，由中央财政部委托交通银行统一管理。

3. 关于官僚资本银行与私营企业及私人间的债权债务处置问题。在国民党统治时期，官僚资本垄断了全国的金融业，因此在没收官僚资本后，即存在着大量银行与私营企业及私人之间的债权债务问题，如何妥善处理这类问题，既关系到国家财产不受损失，又关系到保护和照顾人民和民族工商业者的权益。因此，国家在没收官僚资本银行后，对这类问题采取了慎重稳妥的处置办法。

对于私营企业所欠官僚资本银行的债务，中央财经委员会规定了如下处理原则：私人企业向官僚资本银行的借款尚未清偿者，应根据当时币值，加计利息，重新清理，或令其偿还，或作为公股视为国家投资。这项原则得到认真贯彻，例如重庆市军管会于1950年1月公布的《债权债务处理办法》（经中央同意），就对如何处置官僚资本银行各项未清偿的放款做了具体规定，并对同业存放、拆放、贴现等做了具体规定。

对于原官僚资本银行所负的债务，《债权债务处理办法》规定：凡债权人为私人及私营企业者，须等被接管的银行清理后，明了其实际状况再做处理，如实际财产不足偿付债务时，则按不同性质与不同对象比例偿还。1953年1月，政务院通过并颁布《关于解放前银钱业未清偿存款给付办法》和《解放前银钱业未清偿存款登记办法》，规定私人及私营企业解放前存在于官僚资本银行的存款，按照国民党统治时期各阶段金融变化情况，分三个阶段（1937年底以前为第一阶段，1938年1月1日至1948年8月18日为第二阶段，1948年8月19日至解放前为第三阶段）以不同的偿还标准偿还本金或转为国家银行的存款，原官僚资本银行已取消者，得向原存款地方的中国人民银行申请登记。

从"官僚资本"概念的形成到"没收官僚资本"纲领的实施，可以看出，从经济学角度来说，"官僚资本"是一个内涵和外延都不是十分明确并带有较强政治色彩的通俗名词，中国共产党采用这个通俗易懂的名词来揭露国民党政权的封建性、反动性和腐败程度，是卓有成效的。更为可贵的是，中国共产党在没收官僚资本过程中，对于这个不易界定的范畴，并没有采取简单的办法，而是采取了高度慎重、极为细致、程序严谨的稳妥办法，实施了"没收官僚资本归新民主主义国家所有"这个纲领。

中华人民共和国成立前后的货币统一

从中国历史上看，每一个新兴王朝在实现统一后的首要经济措施就是货币统一。从现代政府来看，货币统一更是其独立统一的前提和调控经济的首要条件。新中国成立前后，党和人民政府是在什么条件下、怎样实现货币统一的，应该是中华人民共和国国史研究的重要课题之一，可惜这方面的研究还很不够，有待进一步深入。本文试图对此做些初步论述，以期抛砖引玉。①

一、旧中国货币混乱状况

鸦片战争以后，由于帝国主义侵略和封建势力阻碍，中国的现代化道路十分坎坷，从衡量国家独立统一程度的货币发行和流通来看，在1949年以前，中国尚处于分裂、落后、政治经济发展极为不平衡的混乱状态。

清末以来，随着帝国主义的侵略和封建政治的解体，我国的币制即开始陷入混乱状态。1935年国民党政府币制改革以前，市场上除了银两、银元混用外，不少地方银行（主要为省行）、外国银行、私营行庄也都发行过在市场上流通的纸币（尚不包括各革命根据地和伪满蒙政权发行的货币）。仅就银元来说，就有鹰洋（因上有鹰的图案而得名，又称"墨西哥洋"）、龙洋（因上面有龙的图案而得名，清政府铸造）、大头银洋（又称"袁大

---

① 本文所用的人民币数字，均为1955年币制改革前的旧币值，即旧币值的1万元等于新币1元。

头",上有袁世凯头像,北洋政府铸造)、船洋(因上面有帆船图案而得名,南京国民党政府铸造),此外还有英国、法国、日本过去发行的银元;如果再算上地方政府铸造的成色低的各种银元,其种类达几十种之多。

1935年国民党政府的币制改革,试图结束混乱,实现货币统一,使我国的货币走上现代制度。但是不久后爆发的日本全面侵华战争,不仅使国民党的货币统一落空,而且法币(纸币)的发行,反而为国民党政府实行通货膨胀政策提供可能。从1936年6月到1949年5月,国民党政府的货币发行额增加了1445亿余倍。剧烈的通货膨胀必然导致物价飞涨。打个比方,1937年6月,全国法币发行量为14.1亿元,此时如果一个人有12亿元法币(按兑换比价折合银元),这笔钱几乎等于国民党政府的货币发行总量;但是到1942年,则变成中储券(汪伪政权发行的纸币,强迫人民按与法币1:2的比价兑换)6亿元,1945年10月又变成法币300万元(抗战胜利后,国民党政府在沦陷区按中储券与法币200:1的比价收兑中储券)。而到1948年8月国民党政府实行第二次币制改革时(用金圆券取代法币,按1:300万比价收兑),只变成1元金圆券了,按当时物价可买5升米;从1948年8月到1949年5月,物价又上涨了6441326倍,1元金圆券的购买力只相当于9个月前的0.000000155元,这时连一粒米也买不到了,一粒米的价格已变成130金圆券了。①

如此剧烈的通货膨胀,必然导致这种纸币被抛弃。抗战胜利以后,在国民党统治区,尽管国民党政府实行币制改革和禁止金银、外币流通,强迫人民将其兑换成国民党政府发行的纸币,但是并不能阻止金银、外币的广泛流通。在城市,金银、外币实际上已经取代了金圆券成为市场流通中的等价物;在乡村,由于银元、铜币等硬通货不足,以物易物在市场流通中的比重越来越大,粮食、布匹在许多地方成为市场交换的等价物。

剧烈的通货膨胀也为外国货币占领我国市场打开了大门。除了美钞、港币广为流通外,在市场上还流通着英镑、法郎、叨币(新加坡币)、越

---

① 叶善篷:《新中国价格简史》,中国物价出版社1993年版,第18页。

币、葡币、印度卢比、缅币等各式各样的外币，除苏联及东北亚国家外，几乎周边国家和华侨较多国家的货币在中国市场流通中都被派上用场。据估计，在1949年全国解放前夕，在中国流通的美钞约有3亿美元，港币约有5.8亿港元。港币发行量的半数流入了华南。

二、人民币的诞生和关内解放区货币的逐步统一

1. 人民币产生的背景。

1947年7月，人民解放军转入战略反攻，这是中国革命的历史性转折，全国性胜利已经为期不远。随着中国革命转入战略进攻，晋绥、晋察冀、晋冀鲁豫和山东解放区逐渐连成一片。为了适应革命形势的发展需要，在中共中央的领导下，筹划组建"中央银行，发行统一的货币"的工作遂提上议事日程。1947年10月8日，中共中央在批复华北财经办事处的报告中指出："目前建立统一的银行有点过早，进行准备工作是必要的，至于银行名称，可以用中国人民银行。"1947年11月，华北财经办事处确定有南汉宸负责组织中国人民银行筹备处。经过一年的调研、协商、准备，1948年12月1日，中国人民银行在河北省石家庄市宣告成立（由原华北银行、北海银行、西北农民银行合并而成），并从即日起发行中国人民银行钞票"人民币"。当时确定发行人民币的任务是统一各解放区的货币，同时作为新中国的本位币。人民币的发行方针是"适当稳定"。即要根据各地区生产和商品流通情况以及市场货币松紧的程度，有计划地慎重地将人民币投入市场。

2. 关内解放区货币的逐步统一。

中国人民银行成立和人民币发行以后，立即开展了关内解放区的货币统一工作。1948年12月1日，华北人民政府关于建立中国人民银行和发行人民币的布告即指出："于本年十二月一日起，发行中国人民银行钞票（下称新币），定为华北、华东、西北三区的本位货币，统一流通。所有公私款项收付及一切交易，均以新币为本位货币。新币发行后，冀币（包括鲁西

币)、边币(晋察冀)、北海币、西农币(下称旧币)逐渐收回。"①

为了在货币统一过程中不使人民群众的利益遭受损失,人民政府采取了"固定比价,混合流通,逐步收回,负责到底"的方针,有计划按步骤地将各解放区发行的货币逐步收回。统一的办法主要有以下两种:

(1) 固定比价,混合流通。1948年12月,发行人民币时,华北人民政府根据各解放区的物价水平,规定了人民币与冀南币、晋察冀边币、北海币、陕甘宁商业流通券的合理比价,并停止了上述各地区货币的发行,要求各地银行按照规定比价逐步收回上述货币。天津解放前后,华北人民政府再次公布人民币对各解放区货币的固定兑换比价(有的是重申,有的是新规定)。例如:对中州币是1∶3;对冀南币、北海币、华中币是1∶100;对长城银行券是1∶1200;对晋察冀边币、热河省银行券是1∶1000;对西农币、陕甘宁商业流通券是1∶2000;对冀热辽边币是1∶5000。这些比价,与当时市场流通中形成的自然比价基本上是一致的。

采取固定比价、混合流通的过渡办法,可使各地区之间原来被割断的经济关系得到迅速恢复和发展,既方便了群众兑换和货币流通,也不致引起市场震动。但是,这种办法又是灵活的。在平津战役期间,为了适应战争的需要,中国人民解放军曾规定暂准东北银行券、冀南币作为人民币的辅币在平、津地区流通,其他解放区的货币则不准进城流通使用。平津战役胜利结束后,华北人民政府于1949年4月15日宣布:停止东北银行券和冀南币在平、津地区流通,并限期进行收兑。与此同时,华北人民政府与东北人民政府在山海关建立了联合办事处,挂牌兑换华北、东北两地的货币,实行通汇,以便利两个地区之间的往来。

(2) 按规定比价全部收回各解放区发行的货币。为了消除一些人担心各解放区发行的货币过了兑换期限会停兑作废的疑虑,中国人民银行总经理南汉宸于1949年1月10日发表谈话保证:"人民政府不但对人民银行新币负责,而且对一切解放区银行过去发行的地方货币负责。将来我们收回

---

① 转引自《当代中国的金融事业》,中国社会科学出版社1989年版,第31页。

地方货币的时候,一定按照现在所规定的比价收兑,兑到最后一张为止。"①随后,中国人民银行对收兑各解放区货币的工作做了多次布置,并规定凡持有解放区货币者,在兑换期限以后仍可到人民银行按规定原比价兑换。以后,人民政府不但对抗日战争时期和解放战争时期解放区所发行的货币负责收回,而且对土地革命时期根据地银行发行的货币、期票、公债也按合理的比价收回。

到新中国成立前夕,人民政府通过银行业务、财政征收、贸易回笼等方式,陆续收回了关内各解放区发行的货币,华北、西北、华东和中南大部分地区的货币已经统一为人民币,为新中国的货币统一奠定了坚实的基础。

三、 收兑和肃清国民党政权发行的货币

早在人民币发行之前,各解放区即与国民党政府发行的纸币开展过有效的货币斗争。在1947年夏秋转入战略反攻至1948年11月沈阳解放前这段时间,解放区的对敌货币斗争主要表现为排挤蒋币,即限期禁止蒋币流通,同时组织力量将蒋币推向国民党统治区换回物资。

1949年1月,平津解放以后,对蒋币则以兑换为主,排挤为辅。1949年1月1日,天津解放后,市军管会立即于16日颁布通告,规定自即日起,金圆券可以流通10天,在此期间按人民币对金圆券1∶6的比价予以兑换。2月2日,北平军管会也发布通告,规定自即日起金圆券可以流通20天,在此限期内,人民群众有拒用金圆券及议定比价的自由。政府的收兑比价为1∶10,但是劳动人民可以按1∶3的优待比价每人兑换金圆券500元。为了做好收兑工作,北平市人民银行在市内设立了247处兑换点,组织了5000多人做收兑工作,结果仅用18天即顺利完成了收兑工作,共收兑金圆券8亿多元。在兑换期内,人民政府准备了大批粮食、食油、煤炭等物资,源源

---

① 《人民日报》,1949年1月13日。

不断地运进天津、北平，使广大人民可以用兑换到的人民币购买生活必需品，不仅树立了人民币的信誉，也安定了人民的生活。在限期收兑金圆券的同时，人民政府还采取了把金圆券排挤出解放区的办法。天津市人民政府规定，凡持有金圆券 10 万元以下者，可向人民银行申请登记，开给金圆券携带证，凭证可携带金圆券到国统区；同时放宽对进入解放区物资的限制，以鼓励人民群众把金圆券运到国统区换回物资。

随着金圆券的迅速贬值，人民政府在新解放区也将兑换比价不断调低，收兑期限也越来越短，一般不超过 10 天。4 月 23 日，南京解放后，兑换比价为 1:2500，期限为 10 天；5 月 27 日，上海解放时，鉴于国民党政府已土崩瓦解，人民政府遂采取了无限制无差别的收兑方针，规定人民币与金圆券的比价为 1:10000，并在市内设立了 369 个兑换点，仅用 7 天即完成收兑工作，共收兑金圆券 36 万亿元，占国民党政府金圆券发行总量的 53%。

1949 年 7 月，溃逃中的国民党政府又在广州、重庆发行"银圆券"，企图最后一次利用纸币劫掠大陆人民的财富。对此，中共中央以中国人民解放军的名义宣告，今后在新解放区，银圆券一律作废，不再收兑；并号召国统区人民团结一致，拒用银圆券，从而加速了银圆券的崩溃。但是，在华南和西南解放以后，为了减轻人民的损失，人民政府还是限期收兑了银圆券。如重庆解放以后，军管会宣布按人民币 100 元兑换银圆券 1 元的比价收兑，仅 10 天即收兑完毕。共收兑银圆券 1017 万元，折合人民币 101700 万元。①

1949 年 4 月，人民解放军胜利渡江后，解放战争改变了过去先解放乡村后占领城市的办法，而是随着人民解放军的迅速推进，首先占领处于统治地位的城市。而此时的江南广大农村，由于对国民党政府的恶性通货膨胀深恶痛绝，金圆券、银圆券等纸币基本被排斥，代之以银元、铜元甚至以物易物。因此，江南解放以后，对农村来说，只是人民币如何去占领的问题。

---

① 《重庆金融》下卷，重庆出版社 1991 年版，第 7~8 页。

四、 禁止金银计价流通和私相买卖

1. 金银计价流通情况及原因。

新中国成立以前,由于国民党政府实行了恶性通货膨胀政策,其发行的法币、金圆券等纸币在解放战争后期信誉一落千丈,金、银等硬通货重新回到流通领域;尤其是银元,由于过去曾广泛流通、民间贮藏较多,遂重新成为市场上计价流通的主要货币,其需要量也越来越大。由于银元自1948年以后逐渐成为主要流通手段,其价格也不断上涨,速度往往超过一般商品。以上海为例:1949年1~5月,批发物价上涨78307倍,而银元则上涨了112971倍,黄金上涨60682倍,美钞上涨80553倍。就全国看,银元的价格是其本身价值的2~3倍,这在旧中国的历史上是空前的。抗战前一两黄金可换110枚银元,而1949年5月只能换30至40枚银元了。

1949年各大城市解放后,由于解放战争正在进行,人民政府的支出大于收入,人民币也不得不实行逐渐膨胀的办法。1949年4月底人民币发行总量为607亿元,7月底达到2800亿元,11月达到20000亿元,1950年2月底达到41000亿元,3月份则达到49100亿元。虽然人民币的流通范围不断扩大,但通货膨胀仍然不可避免,从1949年1月到1950年2月(3月统一财经后物价即下降),全国13个大城市批发物价指数上涨91.11倍;天津1949年2月至1950年2月,面粉、小米、小麦、20支纱、白细布五种商品价格综合上涨103.7倍。由于人民币币值不稳,加上旧中国造成的人民不信任纸币的心理,人们仍然愿意使用和保存金银等硬通货。同时,国民党政府的长期恶性通货膨胀还造成了一个庞大的金融投机势力,即当时所谓的"农不如工,工不如商,商不如囤,囤不如金",据估计,1948年仅上海一地参与金融投机活动的人数就达50余万(主要为买卖金银,即俗称"黄牛"和银元贩子),北平市的街头,也到处都是银元贩子。各大城市解放之初,众所周知,这些金融投机势力仍很活跃。因此,人民币的主要对手不是国民党发行的货币,而是金银美钞,尤其是银元。

2. 禁止金银计价流通，严厉打击银元投机活动。

为了有效制止金融投机，使人民币尽快驱逐金银，占领市场，同时又不引起人民币过量发行，人民政府采取了禁止金银流通和低价兑换的冻结政策。

为了制止金融投机，稳定物价，各地人民政府在颁布禁止金银计价流通私相买卖的法令后，即组织行政力量和人民群众严厉查缉金银投机活动。1949年3月4日，北平市军管会查缉银元黑市，在3天内拘捕银元贩子380人。而人民币与银元的最大较量则发生在江南解放以后的华东地区。早在人民解放军渡江以前，以南京、上海、杭州为重心的华东地区已经成为银元的天下，金圆券事实上成为银元的辅币。江南解放以后，金圆券"不打自倒"，而盘踞市场已久的银元则成为人民币的主要敌人。

1949年6月初，江苏、浙江城市以上海为中心，金融投机分子掀起银元涨价风。上海的投机分子以证券大楼为大本营，利用电话网与全市各个据点进行联络，报喊行情，哄抬价格，从6月1日至10日的10天内将银元价格抬高了两倍，从而带动了物价的上涨。在这种情况下，根据中共中央"关于打击银元使人民币占领市场阵地的指示"，上海市人民政府经过周密调查和部署，于6月10日颁布《华东区金银管理暂行办法》，同时立即行动，在投机分子集中活动的高峰时刻，一举查封了证券大楼，缉获现行投机分子1000余人，拘捕其中情节严重的200余人，对其他的投机据点也一并取缔。在此前后，人民政府还广泛开展宣传教育，发动人民群众声讨银元投机，坚决拒用银元，取缔了街头巷尾的银元黑市交易。终于使人民币完全占领了市场。随后，南京、武汉、杭州等其他大城市也开展了打击银元的斗争，并取得胜利。同年12月5日，广州市人民政府组织了2000余人，对地下钱庄和炒卖金银、外币摊档（当地称其为"剃刀门楣"）集中的地段进行了大清查，查获地下钱庄170家、"剃刀门楣"498个，对1016个投机分子分别给予惩处或教育释放。

在解决取缔银元买卖和严禁金银计价流通的同时，各地人民政府还采取了由人民银行挂牌收兑金银的办法。由于社会上金银较多，为了不致因兑换而大量增加市场上的人民币，加剧通货膨胀，人民政府实行了低价冻结政策（西南地区解放以后，由于该区金银较多而人民政府掌握的物资不够多，为避免冲击市场，索性暂时不予收兑金银），即人民银行的兑换牌价较大幅度低于黑市价格，从而使富人不愿将手中的金银去兑换人民币而愿意保存起来。但是这种低价也不是低到不合理的程度，同时也考虑到兑换者的利益，随着物价上涨，几次调高兑换牌价。到1949年底，上海收兑银元108万多枚，北京收兑22万多枚。1950年3月，物价趋于稳定以后，国家适当提高了金银兑换比价，加上人民币币值稳定，国家收兑的金银数量大增。以广东省为例，1950年一年共收兑黄金745.5万两（其中下半年收兑的占71.1%），银元101.2万枚（其中下半年收兑的占73.7%），纯银5323.6万两（其中下半年收兑的占98.2%）。①

3. 促使人民币下乡，占领农村市场。

由于国民党政府实行剧烈通货膨胀政策，纸币迅速贬值，农村的抵制办法就是拒用纸币，在市场交换中使用银元等硬通货或者实行以物易物，粮食和布匹在许多地区成为交换的一般等价物。1949年4月，人民解放军渡江以前，解放战争是先解放乡村并包围城市，然后再解放城市。因此，在金融和贸易方面，人民币就先在乡村生了根，城市一解放，人民币占领市场、恢复城乡交流，都是比较容易的。渡江以后，情况则不同了，由于我们是先占城市，后占乡村，而城乡均是银元市场，乡村非但不能帮助城市推行人民币，而且本身人民币的推行也十分困难。即使在北方的老解放区，由于人民币也在贬值，乡村中的实物交换所占比重也较大。如果说在城市解放后，人民政府是用行政手段快速有效地禁止了金银流通，使人民币迅速占领了市场；那么对于幅员广大的新解放区农村来说，以经济手段为主使人民币占领并扩大市场则是最佳选择，因为行政命令为主不仅实施成本过高，而且会导致实物交换比重的增加。经济手段的有效实施是以人民币币值基本稳定为前提条件的，因此，人民政府采取的促使人民币下乡

---

① 广东省人民政府调查统计委员会：《1950年广东综合统计》，1951年5月。

措施和人民币真正深入广大农村、占领农村市场，则是在1950年3月统一财经之后。政府促使人民币下乡的经济措施主要有以下三种：一是税收，即政府在乡村征收的各种税费，除公粮外，一律征收人民币，以促使人民币的流通；二是通过农贷和押汇（埠际押汇和进出口押汇），使人民币深入农村；三是通过大力开展城乡物资交流，即鼓励工业品下乡和大量收购农副产品，使人民币取代银元和实物交换，占领农村市场。经过1950至1951年的上述财政、金融、贸易三大经济手段的促进，银元基本退出市场，以物易物的比重也大为缩小，人民币终于深入到农村。据个别调查，1950年3月统一财经以前，人民币尚未占领新解放区农村，老解放区农村的流通量也很有限；而到1952年底据人民银行总行估算，农民持有的人民币已达11万亿元，占当时人民币流通总量的40.4%。①

4. 对少数民族地区实行耐心等待、稳步前进的政策。对于少数民族地区，中共中央和人民政府则采取了完全不同的政策，充分照顾到少数民族的利益和习惯。

1950年，西北、西南都曾决定在少数民族地区，应照顾少数民族群众长期形成的心理和习惯，暂准使用银元，待条件具备后再逐步用人民币收兑。例如同年8月西北军政委员会制定的"管理银元办法"（经中财委批准）即做了如下规定。①甘肃大部、宁夏、青海部分地区仍应继续坚决贯彻禁绝银元流通的既定政策，仅甘肃拉卜楞区、宁夏阿拉善区、青海西南部等少数民族聚居地区，暂准银元与人民币同时流通，然后再逐渐以经济为主辅助人民币市场的扩大，等条件成熟时（可能需要数年）再行禁止银元。②在暂准银元流通的地区，为了加强政府对银元的统一掌握与管理，可考虑由人民银行领导成立（吸收当地有威望人士参加）"货币交易所"按照当地银元与人民币的市价进行集中的自由交易，以解决持有人民币或银元者相互需要之困难。如该地区银元缺乏，只准人民银行有计划地以汇兑方式向该区调剂，其他公私单位都不准自由携往。③暂准银元自由流通地

---

① 中国人民银行党组：《关于目前货币流通情况与一九五三年货币发行问题的报告》，1953年3月18日。

区的国营贸易公司及其他国营企业（邮政、交通等）和税务机关一律禁止收受银元，以支持人民币流通范围的稳步扩大；但是国营贸易公司收购土产时，视具体情况，可用银元。④为了推行人民币下乡、组织经济力量、削弱银元流通的市场基础，国营贸易公司和人民银行必须尽力扩大业务。⑤在银元暂准流通区与禁止区的交界地带，应加强银元的缉私工作。①

1953年初，西南暂准银元流通的少数民族地区（不包括西藏）银元价格下跌、币值不稳，人民币流通范围开始扩大，在这种情况下，人民政府可以选择的办法有以下两种：一是沿用所采取的办法，继续压迫银元价格下降，然后一次收兑或只收进不放出，肃清银元流通；二是在目前基础上，通过稳定人民币与银元的比价来稳定货币市场，以开展物资交流，从而使少数民族逐渐转变喜爱硬币心理，建立人民币威信，在将来条件完全成熟、少数民族完全同意的情况下，才水到渠成地统一货币。1953年2月25日，中国人民银行总行建议中央采取后一种办法，3月7日，中央批复同意中国人民银行总行的报告，提出对少数民族地区的金融、贸易政策应采取稳步前进而对少数民族（包括本地商人及上层分子）有利的方针。切忌躁进，尤不可将内地办法搬进少数民族地区施行，并要求其他混合使用银元和人民币的少数民族地区，亦照此报告合理调整人民币与银元的比价。

五、严禁外币在市场上流通，加强外汇管理

如前所述，旧中国货币混乱、外国货币广泛流通，特别是解放战争后期，由于国民党政府的货币信用崩溃，美钞、港币等外币更是成为流通领域的主要计价手段之一。美钞主要流通于北平（今北京）、天津、上海、武汉等大中城市，尤以上海为最多；港币则主要流通于华南地区，广东、福建等地几乎是港币的天下。

针对上述情况，各地解放后，人民政府立即加强了外汇管理，制定了

---

① 西北军政委员会：《关于少数民族地区银元流通问题的请示》，1950年8月11日。

外汇管理办法,禁止一切外国货币在中国市场上流通。同时还规定:无论中国人还是外国侨民,凡持有外国货币者,必须在限期内,按规定牌价到中国人民银行或其指定机构兑成人民币,或者作为外币存款换取外汇存单;因公务或旅行进入中国国境者所持有的外币和票据,必须在中国人民银行设在边境的兑换机构兑成人民币或作为外币存款;一切外汇业务,包括国际贸易结算、国际汇兑、外汇买卖,都必须由中国人民银行办理或在其监督下由指定的银行经营。

收兑外币的工作,大致分为两个阶段。1949年初平津解放到新中国成立前为第一阶段,这个阶段的主要工作是收兑华北、华东、中南等大中城市中的外币,以美钞为主;1949年10月广州解放到1950年底为第二阶段,这个阶段的主要工作是收兑广泛流通于华南城乡和西南边疆地区的外币。

在第一阶段,人民政府一方面严厉取缔外币黑市买卖,另一方面则采取折实存款的办法,吸收外币存款,由于行政手段和经济杠杆双管齐下,效果较好。到1949年底,天津兑入103万美元、97万港元、其他外币折合120万美元;上海则兑入758万美元、149万港元,吸收各种外汇、外币存款共计1242万美元、572万港元、65万英镑。①

在第二阶段,以驱逐和收兑港币为主的禁止外币流通工作更为艰巨。在1949年10月广州解放至1950年2月,为了把港币迅速逐出市场,人民政府对港币采取了坚决肃清、排挤为主、兑换为辅的方针(因港币数量巨大,如大量收兑将会引起物价暴涨),将港币打入黑市,以促使其回流香港和海外。1949年11月18日,广州市军管会宣布:人民币为合法货币,凡完粮纳税以及一切公私款项收付、物价计算、账务票据契约,均须以人民币为计算及清偿本位,严禁外币流通使用,但是由于港币流通普遍、深入农村,兑换尚需时日,暂准按人民银行的牌价使用。同时,人民政府还开展了拒用外币的宣传教育运动。为了打击港币黑市,稳定金融局面,人民政府于12月4日对地下钱庄、剃刀门楣进行了大扫荡,查获地下钱庄170

---

① 《当代中国的金融事业》,中国社会科学出版社1989年版,第47页。

家、剃刀门楣 498 档，沉重打击了港币黑市，把港币与人民币的黑市比价由 12 月 4 日的 1:3333 元压低到 12 月 10 日的 1:1540 元（同期人民银行牌价为 1:1500 元）。斗争的结果，确定了人民币为市场流通中的唯一合法货币；铲除了港币黑市的据点——地下钱庄、剃刀门楣；并对人民群众进行了拒用外币的宣传教育。

1950 年 2 月以后，由于人民币流通范围扩大，同时交通的恢复也使政府掌握了较多的物资，基本具备了禁止港币流通的条件。在这种情况下，1950 年 2 月 3 日，广州市军管会宣布：禁止港币流通使用。与此同时，人民银行将兑换牌价提高，以利收兑；并颁布优待外币存款办法，准许外币存款移作自备外汇或按优待侨汇的牌价支取人民币。随后，广东也先后宣布禁止港币流通。1950 年 3 月，统一财经以后，由于实行"三平"政策，物价币值都趋于稳定，港币黑市比价已为人民银行的牌价所控制，人民币已经完全占领了城市市场。这个时期货币统一工作的主要任务是大量收兑港币、组织人民币下乡。以广州市为例，3 月中旬以后每日的港币收兑量比 3 月中旬以前每日最高量增加了 100 倍。仅 1950 年一年，广东省就收兑港币 9211.3 万元、美钞 71.65 万元。据估计，到 1950 年 9 月底，停留在华南民间的港币已不到原来的五分之一，人民币已经完全占领了城乡流通市场。

六、中国大陆货币统一的实现

1949~1950 年的货币统一行动，并不是在全国范围内进行的。它只是集中于关内的广大地区，而对较早解放的东北、内蒙和刚解放的新疆并没有实施货币统一，三个地区仍然行使其原有的地方货币，中央人民政府没有急于实行全国货币的统一。这个决策是相当英明正确的。

1. 东北和内蒙地区的货币统一。

1949 年和 1950 年初，关内广大地区随着解放战争的胜利推进而开展了货币统一，同时人民币也因战争原因而不断贬值，解放区的物价呈现出较大幅度的波动。而此时的内蒙古和东北则因解放较早（内蒙古于 1948 年 7

月全境解放，东北则于1948年11月全境解放），提前进入国民经济恢复阶段，物价基本稳定下来。以东北为例，1945年12月至1948年12月，东北解放区的物价上涨422倍，而1948年12月至1949年12月，按10城市的批发物价计算，其上涨幅度仅为62%，其中旅大地区的物价总水平还略有下降。如果用币值尚未稳定的人民币取代东北、内蒙古的地方货币，势必要造成两地的物价随关内物价波动，从而对两地的经济恢复产生不利影响。在这种情况下，中共中央并没有为减轻通货膨胀的压力而急于将人民币的流通范围扩大到东北、内蒙古，而是从全局出发，保护已经进入全面经济恢复阶段的两个地区不再遭受通货膨胀之害。

1951年3月，经过统一财经、调整工商业和扩大城乡交流，国家财政实现平衡，人民币币值稳定，并经受住了抗美援朝战争的考验。此时，货币统一不但不会给上述两个地区的经济造成不良影响，而且会给两个地区与关内广大地区的交流提供方便。货币统一的条件已经成熟（在此之前，东北人民政府于1950年5月收兑了旅大地区发行使用的"关东币"）。在这种情况下，中央人民政府政务院于3月20日发布命令，宣布自4月1日起，用人民币按1:9.5元的比价，收回东北银行和内蒙古人民银行发行的地方流通券，并将东北银行和内蒙古人民银行改组为中国人民银行的下级机构。为了做好这项工作，避免因收兑引起物价波动，中央和东北、内蒙古地方政府都做了充分的物资和资金（黄金）准备。

东北和内蒙古地方流通券的回收分两个阶段进行。4月1日至4月30日（内蒙古至5月31日）为第一阶段，在此期间一方面收兑，一方面仍允许东北和内蒙古地方流通券流通，以保证生产和交换正常进行。5月1日至31日（内蒙古为6月1日至7月31日）为第二阶段，在此期间，停止东北和内蒙古地方流通券流通，可无限制兑换。这次货币统一由于人民币币值稳定和准备充分，进行得非常顺利，没有引起社会震荡和物价波动，得到了关内外人民群众的同声赞扬。就东北来看，从4月1日至6月底（为照顾偏僻地区，政府将兑换期限延长至6月底），共收回东北币154527亿元，占东北币发行总额（162000亿元）的95%以上，估计其余5%的大部分在出国志愿军或偏僻地区的农民手中，另外也有相当数额可能在流通中破损而无法兑回。对于还保留在个人手中的东北币，政府决定继续收兑，以使这部分人免遭损失，同时也能提高国家威信。在收兑东北币期间，为了消除部分人对人民币币值的顾虑，东北人民政府除了准备大量商品供应市场外，还经中央政府同意，在市场上大量抛售黄金以稳定金融（一些人怕人民币贬值，愿意保存黄金），结果使黑市的黄金价格由4月初的人民币147万元一两跌至5月份的人民币130万元一两，使得不少人又转而向国营金店出售黄金以换回人民币。

2. 新疆地区的货币统一。

1949年9月25日，新疆宣告和平解放以后，为了避免社会震荡，维持新疆的稳定，中央人民政府决定新疆继续发行和流通新疆省银圆券，并以银圆券统一了新疆的币制（以银圆券收兑了在伊犁、塔城、阿山三个地区流通的三区期票）。但是，新疆和平解放以后，银圆券的发行量却大大增加，1949年底银圆券的发行额为2500余万元，而到1950年底，则达到9亿元。新疆当时人口不足400万，除游牧区外，实际使用货币人口不过300万，每人平均货币数量较东北及关内其他地区高出5倍。新疆之所以靠大量增发货币弥补财政赤字而没有酿成金融波动，是因为有人民币的支持，即新疆省银圆券与人民币的汇率定得较低（先是1∶500，后为1∶450）。结果产生汇兑上的大量出差。新疆解放一年来，新疆对国内其他地区汇出8亿多元，汇入4亿多元，因而增加人民币发行2000亿元以上。这种汇差表现出以下三点不合理：一是汇率较低，新疆依靠无限制的汇兑从国内其他地区大量采购廉价工业品，使乌鲁木齐的工业品价格下跌50%，造成不合理的低物价；二是占压了国内其他地区人民银行的大量业务资金，在1951年银行资金紧张而又不能无限制扩大发行的情况下，影响了人民银行的正常业务；三是人民银行以2000亿元人民币兑换了4亿元新疆币，实际上是人民银行以2000亿元人民币补贴了新疆的财政开支，这种以汇差补贴地方财政的办法对中央和新疆的宏观经济管理都是不利的。在这种情况下，1951年4月，中央决定停止"新疆省银行"继续发行银圆券。随后，经过充分酝酿和准备,又在 1951 年 10 月 1 日,即新中国成立两周年之际,中央人民政府决定在新疆发行有维吾尔文的人民币,在全国流通,同时停止使用并限期收回"新疆省银行"发行的银圆券。

3. 西藏地区的货币统一。

至于西藏,则情况更为复杂,货币统一的难度也更大,直至 1962 年 5 月才完全确立了人民币作为唯一合法货币的地位。

1951 年 5 月和平解放以后,按照正常情况,从这时起,就应该停发和收回原西藏地方政府发行的"藏币",以全国统一的人民币作为法定货币。但是,由于多年来反动政府的民族歧视和西藏地方政府中少数亲帝国主义分子的欺骗宣传,藏族群众对我党的政策还不了解,多年来形成的民族隔阂还不同程度地存在,因此西藏人民对人民币也还要有一个接受和习惯的过程。为了取得藏族人民的信任,为人民币在藏流通创造条件,党和中央政府采取了等待的办法。与此同时,进藏部队(中国人民解放军根据和平解放西藏协议,进军西藏,巩固边防)遵照中共中央"进军西藏,不吃地方"的指示,一切购买活动全用藏族人民信任的银元("袁大头")支付。在藏暂时使用"袁大头",是为了照顾西藏人民的交换习惯,同时也是向将来统一使用人民币的目标迈出了第一步。进藏部队使用"袁大头",不仅暴露了藏币的弱点,对多年来信用较低的"藏钞"是一个沉重的打击;而且促使藏族人民了解了中国共产党和人民解放军,加强了民族团结,保证了部队供给。

1954 年第一次全国人民代表大会期间,为了解决西藏地方政府财政入不敷出、"藏钞"因超发而大幅度贬值的严重问题,由西藏地方政府在京官员和达赖喇嘛拟定了一个解决方案,即:停发藏钞,由中央人民政府补贴西藏地方政府的财政赤字(每年约 60~70 万银元),另外,再由中央政府借给西藏地方政府 400 万银元用来收回藏钞(藏钞发行总量约值 400 万银元)。中央政府原则上同意了这个方案。中央政府的思路是:将来必然会统一使用人民币,但是我们照顾到西藏人民偏爱银元的心理和习惯,在过渡期间,先用银元收回藏钞,等大家习惯于使用人民币之后,再将人民币与银元同时流通,最后过渡到单一使用人民币。但是这个方案却因噶厦的反对而被搁置。

1959年3月,在西藏少数上层分子发动武装叛乱后,国务院下令解散西藏地方政府,藏币迅速贬值。根据西藏人民的要求和实际需要,西藏自治区筹备委员会于7月15日颁布关于在全区普遍发行使用人民币的布告,规定人民币为法定本位币,与"袁大头"按1.5∶1的比价一起流通使用,任何人不得拒绝收受和贬值使用。8月10日,鉴于藏钞继续流通弊多利少,西藏自治区筹备委员会又颁布了在全区废除和收兑藏币的布告(包括藏钞、藏银币、藏铜币)。

行使人民币和收兑藏币的工作,拉开了西藏民主改革的序幕。民主改革之后,鉴于西藏人民对使用人民币已经完全习惯和充分信任,西藏自治区筹备委员会于1962年5月10日颁布《西藏自治区金银管理和禁止外币、银元流通办法》。至此,中国大陆的货币统一终于实现。

七、结束语

从以上叙述可以看出,新中国成立初期的货币统一并不是随着新中国的成立就顺理成章、一蹴而就的,它经历了艰苦的斗争,历时10余年,在政策和策略方面基本没有失误的前提下才实现的,从实现的难度和意义来看,这是中国历史上最伟大的一次货币统一。它不仅结束了中国清末以来50余年的货币混乱状态,成为国家独立统一的重要标志;而且实现了我国由传统的旧货币制度向现代货币制度的转变,为中国的现代化奠定了基础。这场中国历史上最伟大的货币制度变革,不仅至今仍对中华人民共和国的政治、经济、文化产生着重要影响,而且也给我们今天的经济工作和民族工作提供了宝贵的历史经验和启示。

土地改革对国家与农民关系的重塑

关于新中国成立前后的土地改革，无疑是20世纪中国农村所经历的最大变革之一。它不仅以无偿的方式满足了广大无地少地农民对土地和财富的要求，调动了他们的生产积极性，而且更重要的是它彻底清除了农村中根深蒂固的腐朽势力，为新生政权赢得了广大的忠心耿耿的支持者，使得新中国政府的号召力和行政命令以从未有过的力度深入农村。从而为中国共产党建立社会主义经济体制创造了条件。在这里，我只想就土地改革对农村产权制度的影响及其双重作用谈一点肤浅的看法。

一、关于中国传统农业的估计

在这里，首先遇到的问题是怎样估计中国的传统农业和农村经济。在1840年鸦片战争以前，中国是一个历史悠久的农业大国，这点已经是不争的事实。但是中国农业的发展水平究竟如何，它与上层建筑，即政治制度和意识形态的关系究竟如何，研究仍然不够。但是最近10年研究的进展，发现中国在1840年以前的农业可以说是接近传统农业发展的顶点（这里所说的"传统农业"，是指现代工业及科学技术产生和影响农业之前的凭畜力、经验和天然肥料耕作的农业），由于它的生产水平已经能够养活众多的人口，而在耕地资源难以增加的条件下，就部分人来说，可以通过增加占有和转让耕地的使用费来增加收入，但是从总体上说，众多人口提高生活水平的要求和欲望，就不得不通过提高单位面积产量和兼业来实现。几乎可以说，从唐中期以来，由于土地资源的稀缺程度高于人力资源的稀缺程度，人们对耕地的占有欲望就超过了对劳动力占有的欲望，这恐怕是中国封建社会的农村经济不同于欧洲封建庄园和农奴制的根本原因。由于土地资源稀缺程度远高于劳动力稀缺程度，而农业又是社会的主要产业（商业、手工业的发展繁荣是建立在农业的基础上的，并且吸纳人口有限），因此土地的使用费（即租金）就较高，这不仅使得大土地占有者出租土地比自己直接经营更合算，佃农不得不接受较高的租金，从而只能靠尽量增加耕地产出和从事家庭副业以维持和争取改善生活；而且对贫农和自耕农来说，由于增加耕地的可能性很小，随着家庭人口的增加，即使要保持生活水平不变，也不得不靠增加耕地单位面积产量和发展家庭副业来解决。这里还不包括随着经济发展国家税赋不断加重的压力。因此，以雇农、贫农、自耕农为主体的小规模的家庭经营就成为农业生产组织的主要形式，而耕地单位面积上的高投入和高产出，则成为明清以来中国传统农业的特点。并由此创造出高度发达的农业，并在此基础上形成了发达的"小商品经济"，建立了规模庞大的城市以及城乡商业网络，在上述发达的经济基础上，又形成了成熟的中央集权政治制度。

在以资本主义为代表的工业文明影响和进入中国之前，中国的农村经济基本上是呈现出一种周期性的恢复、发展和繁荣、停滞、衰退然后再进入恢复阶段这样一个螺旋式的发展过程。这种周期性的发展在政治上的表现，就是朝代的更替，即一个朝代所经历的建立和巩固阶段、发展和昌盛阶段、政治腐败和社会矛盾激化阶段、大规模战争和改朝换代阶段。在这种经济和政治发展的周期中，除了因政府的过度压迫和剥削政策导致覆亡（如秦、隋、元）和民族融合引起的振荡（如南北朝、五代十国）外，经济和政治的兴衰的深层原因是土地占有关系的变化，即土地由自耕农为主的分散占有逐步向官僚和地主手中集中。这种土地的逐步集中，一方面造成官僚和地主的奢侈腐败；另一方面则使农民难以维持简单再生产，直至土地集中所引发的上述现象导致农民起义。

但是，在1840年中国被纳入世界资本主义体系后，上述以传统农业为基础的社会兴衰周期和螺旋式发展则因工业文明的替代趋势（即工业化及其引发的政治、文化的现代化）而发生了根本变化。就工业化过程中的农业来看，一般地说，现代工业的主导地位和其创造的财富、吸纳的人口，以及世界市场的形成，都使农业不再是一个社会财富的主要来源和决定国家兴衰的关键因素，工农业收益的差距，也使购买耕地和投资农业的吸引力大大下降。因此，即使不考虑革命的因素和工业投资的回报，农村土地占有也应呈现分散化的趋势。但是，在1840~1949年期间，由于中国政治上的腐败（此时清朝正处于中国自己发展周期中的土地集中、政治腐败和社会矛盾激化阶段）和西方列强的侵略，工业化进程受到严重阻碍，政治动荡和工业投资环境的恶劣，不仅使官僚地主对工业望而却步，仍将资金用于购买耕地；而且工业的不发展，也使农村人口不能向非农产业大量转移，农村中地主与农民的矛盾并没有缓解。从财政方面看，一方面政治腐败所造成的开支浩大和赔款都使支出大为增加，另一方面工业的不发展又使政府的财政收入仍然主要来自农业，农业赋税不断加重。再加上帝国主义侵略、战争破坏，以及政府很少投资水利工程所引发的自然灾害频仍，遂使农村经济在1840年以后不仅没有享受到工业文明因素进入中国所应带来的帮助，而且呈现出衰退和萎缩，中国农村成了一个火药桶。而民国以后，上述状况并没有好转，反而在某些方面有所加剧。

就农村土地产权制度来看，漫长的封建社会里形成了具有中国特色的制度。一方面，中国历代封建王朝都强调"普天之下，莫非王土，率土之滨，莫非王臣"，皇帝对臣民的土地有予夺之权，不存在西方启蒙运动后提出的"私有财产神圣不可侵犯"；另一方面，中国的土地私有化实行得很早，土地买卖、转让相当频繁，私有观念非常明确。由此形成中国的土地产权制度一方面非常明晰，产权所有者可以自由处置自己的土地；另一方面，这种私有权又是不完整的，其中含有国家（皇帝）可以处置的最高权力。

近代以来，随着现代化的进展，资本主义的经济观念和法律体系也逐渐在我国产生。辛亥革命以后，随着封建王朝的覆灭，农村土地私有权中的"君权"退出历史舞台。"私有财产神圣不可侵犯"列入国家的宪法草案和民法。

另外，在中国长期的封建社会里，还始终存在着一种非主流的农民的"均田"思想，这种思想往往成为历次农民起义领袖动员贫苦农民的口号。这种非主流的、重新无偿分配耕地的思想，正好与中国共产党领导的土地革命思想相吻合。

在长期的封建社会里，在中央集权的政府与农民之间，实际上还横贯着一个地主豪绅阶层，他们具有承上治下的职能，即替国家征收各种赋税和摊派，对下则负责管理地方的治安和社会秩序，这种地主豪绅的统治往往还借助于族权。即使到了近代甚至国民党统治时期，国家政权必须借助于地主豪绅来统治乡村的局面仍然没有多少改变。

二、土地改革的背景、目的和方式

讨论土地改革对新中国成立后国家与农民关系的影响，不能不对中国大陆土地改革的背景、目的和方式做些说明。我们这里所说的土地改革，是指中国共产党领导的土地改革，如果从1927年算起，到1952年基本结束，长达25年的时间，可以说是以战争和政权更替为基本背景的。

（一）土地改革的领导者。

中国土地改革的领导者和保障者是中国共产党及其所建立的政权。中国共产党是以马克思列宁主义为理论基础的革命政党，其政权也不是以和平选举方式产生的，而是武装斗争的结果。在中国共产党武装夺取政权的过程中，开展土地革命、向腐败政府宣战和坚决反对外国侵略，是赢得广大农民参加和拥护革命的根本原因。而在当时工业不发展、农村人口过多的情况下，对稀缺资源——耕地的平均占有，是保证每个人都具有生存发展权的前提。因此中国土地改革所呈现的过度平均，不仅不可避免，恐怕也是必要的。

中国共产党正是抓住了当时中国现代化过程中最尖锐也是涉及人口最多的土地经济问题。中国共产党从第二次全国代表大会开始，就提出无偿没收地主阶级土地归农民所有的主张。这种主张，始终作为党在民主革命时期的基本纲领。

中国共产党在土地改革中的领导和保障作用，必然导致其理论和目标融入土地改革的具体政策和办法中，这就是阶级斗争方法、无产阶级专政理论和社会主义目标。

（二）土地改革的目的。

本来，土地改革是资产阶级民主革命的任务，是为资本主义的发展扫清道路的，土地改革是为了解除地主经济及宗法制度对农民的人身束缚问题，解除农村商品经济发展障碍问题，提高农业劳动生产率的方法。因此，土地改革从根本上是不会削弱"私有财产神圣不可侵犯"（没收敌产当然例外）和"等价交换"市场准则的，资本主义国家的土地改革基本上都是如此。但是，中国的土地改革，由于是中国共产党领导的，其目的就不再是为资本主义的发展扫清道路，其第一个目的，也是直接目的，是要解决农村中因土地占有过分悬殊而造成的阻碍农业经济的发展和社会安定问题；土地改革的第二个目的，是要获得广大农民对共产党和新生政权的支持，以解决中国革命的前途问题，即解决中国共产党对新中国的领导权问题，社会主义与资本主义谁领导谁的问题，以及战胜资产阶级，完成向社会主义过渡的问题。1948年9月召开的中共中央政治局扩大会议和后来召开的党的七届二中全会，都非常明确地阐述了这一点。这样一来，土地改革就不可能是以资产阶级的"私有财产神圣不可侵犯"和"等价交换"为准则，也不可能达到土地改革后人人平等的结果。

（三）土地改革的方式。

中国共产党的领导和土地改革伴随着民主革命的过程以及中国革命的特点，都使得中国的土地改革在方式方法上既根本不同于资产阶级领导的土地改革，也不同于苏联和东欧民主国家的土地改革。一是中国的土地改革有三分之一发生于革命战争时期，新中国成立后的土地改革又对汉族聚居地和少数民族聚居地采取了不同的办法，因此土地改革在时间方面拉得很长，从地区方面差异较大。二是中国的土地改革，是通过采取自上而下的彻底发动群众的方式进行的。从形式上看，是在政府直接领导和帮助下，由人民群众（农会）自己解决土地问题。例如新中国成立以后土地改革的具体办法有以下几点。第一，在中国共产党的统一领导下，通过清匪反霸，建立共产党领导的各级乡村政权。第二，由各级人民政府成立土地改革委员会，直接指导土改工作的进行。第三，由土改委员会组织土改工作队，下到农村基层，具体协助农民组织农会和开展土改的各项工作。土改工作队除了有各级党、政机关干部和大学师生参加外，还吸收各民主党派无党派民主人士参加。仅华东区的土改工作队就达6万余人。第四，在各级政府和土改工作队的领导下，由农会来划分阶级、没收和分配土地和财产。这种方式使得广大农民通过参与土地改革，受到了共产党思想和理论的教育，拉近了农民与国家的距离，加强了国家在农村中的动员能力。

三、土地改革对产权制度的影响

土地改革本身就是一场产权革命，但是就这场改革来说，一般分为两种。一种是共产党领导的社会主义或新民主主义国家，这些国家一般对地主阶级的土地实行无偿没收和无偿分配给农民的办法。在这类国家中，又分为实行土地国有和土地私有两种办法，前者将全部土地收归国家所有，然后无偿分配给农民耕种；后者则继续实行私有，只是将原来属于地主富农以及反革命分子的土地无偿转为农民所有。另一种则是实行旧民主主义革命的国家和地区，对私有土地实行数量限制，对多余土地实行有偿征收和有偿分配的办法，如战后的日本和台湾地区。

中国大陆的土地改革，属于共产党领导的新民主主义性质的土地改革，但是在具体做法上又有自己的特点：一是对阶级和阶层的划分非常详细；二是实行以农民私有为主体、国家所有为辅的两种所有制结构。这种无偿没收和无偿分配的办法，特别是划分阶级以及对不同阶级实行不同政策的办法，对农村产权制度的演变产生了重要影响。

（一）划分阶级和成立农会的影响。

土地改革是中国共产党领导的民主革命的组成部分，而划分阶级又是实行土地改革的前提。

将农村的所有人口都划分为不同的阶级，成立在中国共产党和政府领导下的农会组织是中国土地改革的重要特点，这既是土地改革的出发点，也对土地改革及其以后的农村政治经济产生了重大影响。

阶级划分是马克思主义的基本理论和方法。土地改革作为民主革命的主要任务之一，一方面需要依赖于革命政权的建立和巩固，另一方面则实际上本身就是一场革命，是一个阶级推翻和消灭另一个阶级的革命斗争。因此，从中国共产党成立并领导民主革命起，就面临着确定谁是革命的敌人、谁是革命的朋友、谁是革命的主力军等问题。而土地改革从一定意义上讲，则是为动员广大农民积极参加革命的主要经济激励。最早比较具体划分农村阶级和各个阶层是毛泽东的《中国社会各阶级分析》。在土地革命时期，中央苏区则制定了更为具体的划分农村阶级标准。如地主、破产地主、富农、反动富农、上中农（富裕中农）、下中农、贫农、雇农（工人）、知识分子、游民、宗教职业者、地主富农兼工商业者、参加红军的地主富农分子等。新中国成立前后的土地改革，则进一步将划分农村阶级的标准详细化和具体化。增加了"小手工业者""手工业资本家""手工工人""小土地出租者""小商小贩""开明士绅""恶霸"等。

虽然划分阶级的主要依据是其职业和主要收入来源，即经济标准，并不依据其政治态度。但是阶级的划分却确定了其财产的处置和政治经济待遇和社会地位。由于对作为划分阶级标准的耕地及其他财产，并不考虑其来源，即属于合法继承、本人劳动积聚，还是依靠权势和非法收入霸占购买的，甚至不允许土地所有者以捐献的方式将土地和财产贡献出来，只要被划分为地主，就要无条件地没收其一切财产（对富农则是无偿征收其多余土地和生产资料）。另外，阶级划分还不仅用于没收和分配土地，更重要的是将部分人在政治上打入另册或升为优等阶层。如一但被划为地主，就被列入敌对阶级，被剥夺了公民权和在社区内的平等权利，更不用说参加政权的机会了。这种划分并不由你个人对新政权的态度以及德行所决定。另外，细致的等级划分，也为国家利用不同的等级政策提供了条件（例如国家可以根据需要，今天将富农算作中立阶级，明天就可以将其算作敌对阶级）。这种办法实际上就是由国家掌握了每个人的生杀予夺大权，造成国家直接干预农民的命运和农民对国家的服从。

同样，通过土地改革，农村的政权基础发生了巨大变化，过去以地主豪绅和宗族为基础的乡绅统治土崩瓦解，取而代之的是以共产党组织、农会以及共青团、妇联等群众组织为基础的现代政府管理。这对中国农村来说，是一个巨大的社会进步。它大大加强了国家对农村的控制，保障了国家实行优先发展重工业的战略。

（二）无偿没收土地的影响。

中国土地改革与非社会主义国家和地区（如日本）土地改革的根本性区别有两个：一是土地的征收和分配都是无偿的；二是没收对象的确定不是根据政治态度或者财产来源，换句话说，土地和财富的多少是所有者能否保有所有权的唯一标准（是否参加农业劳动只是一种附属性的标准，土地和财富多了以后，所有者自然就不会参加农业生产劳动，因为体力劳动毕竟不是一种享受，财产管理和贪图享受是拥有财富的必然结果）。

承认私有财产神圣不可侵犯和权利平等规则，就等于否认国家权威的至高无上和部分人享有特权，实际上这也是市场经济运行的前提，是产权制度上资本主义区别于封建社会的根本所在。因为资本主义制度的确立就是在于否定将国家置于人民之上的封建制度，确定国家只能代表人民的愿望和利益，而不能凌驾于人民之上，不能从自己的利益出发，以自己的意志来处置个人的财产及其收益。

表面上看，土地改革前是土地私有，土地改革后仍然是土地私有，从产权制度上来说并没有多少变化,但是后一种私有,是建立在靠政府来否定部分人(地主和部分富农)私有基础之上的。换句话说,土地改革以后的私有制,已经融入(或称"铸进")了国家的权力,尤其是土地改革说明:土地和财富增加反而会导致其所有权的丧失,也就是说国家法律将不会最终承认和保护合法的私有财产。

(三)无偿平均分配土地的影响。

土地改革通过强大的政府力量,采用经济上无偿没收地主富农土地和财产分给农民、政治上剥夺地主公民权的办法,迅速实现了高度平均的"耕者有其田",极大程度上缩小了贫富差距,在自然资源紧张的条件下,使中国大部分农民获得了生存权和发展权,从而在总体上大大提高了农民的生产积极性。下面的两个表即反映了土改前后耕地占有情况的变化:①

大陆土地改革前耕地占有情况

阶级分类	户数(万户)		人口(万人)		耕地占有情况			
	合计	占合计%	合计	占合计%	合计(万亩)	占合计%	每户平均(市亩)	每人平均(市亩)
合计	10554	100.00	46059	100.00	150534	100.00	14.26	3.27
贫雇农	6062	57.44	24123	52.37	21503	14.28	3.55	0.89
中农	3081	29.20	15260	33.13	46577	30.94	15.12	3.05
富农	325	3.08	2144	4.66	20566	13.66	63.24	9.59
地主	400	3.79	2188	4.75	57588	38.26	144.11	26.32
其他	686	6.49	2344	5.09	4300	2.86	6.27	1.83

注:户数、人口、耕地总数是采用1950年农业生产年报资料,各阶级数字是根据各地区土改前各阶级比重推算的。

---

① 国家统计局:《建国三十年全国农业统计资料(1949~1979)》,1980年3月印制。

大陆土地改革结束时耕地占有情况

阶级分类	各阶级比重		耕地		大牲畜
	户数（%）	人口（%）	合计占有（%）	户均占有（市亩）	（头/百户）
合计	100.00	100.00	100.00	15.3	64.01
贫雇农	54.5	52.2	47.1	12.5	46.73
中农	39.3	39.9	44.3	19.0	90.93
富农	3.1	5.3	6.4	25.1	114.86
地主	2.4	2.6	2.2	12.2	23.19
其他	0.7				

注：户数是根据当时对 21 个省、自治区的 9900 户调查资料推算。其他则是根据 1954 年 23 个省、自治区 15000 多农家收支调查资料计算。

但是这种以乡为单位，按人口平均分配土地，以及按阶级和贫困程度分配其他生产资料和财产的办法，实际上是一种"均贫富"的"免费午餐"，农民无偿得到的土地和财产，来自于国家的赐予（虽然是以农民自己斗争的形式），来自于政治斗争，这就使得土改后的以土地为主的产权被掺进了政治因素。

四、土地改革对国家与农民关系的再造

过去，国内专家的着眼点往往是土地改革对农村经济恢复发展的作用，国外学者虽然注意到土地改革对于新中国政府直接统治乡村起到了重要作用，但是却没有注意到土地改革对国家与农民关系的重塑。土改后所形成的新的国家与农民的关系，不仅强化了国家对农民的控制能力，还扩大和巩固了党和政府在农村的统治基础。土改对农村各阶层经济和政治关系的调整，为党和政府培植了一大批忠实的支持者和追随者。这也是后来中国共产党和政府能够轻易推行"统购统销"和合作化的重要原因。

（一）强化了政权基础，贯彻了革命思想。

新中国成立前后的土地改革，是近代以来中国农村社会最大的政治和

经济变革。它对中国大陆后来的制度变革和经济发展都产生了深远影响。从政治上来看，土地改革彻底消灭了地主阶级，从而彻底清除了中国几千年来逐渐形成的牢固的乡村封建统治，为现代民主政治制度深入农村铺平了道路。通过土地改革，长期把持农村政治的豪绅势力、宗族势力让位于中国共产党领导下的政府和民众组织，使政府的权威和组织动员能力空前提高，直接深入到村和农户。由于中国的绝大部分人口在农村，这就为中国共产党后来进行的急剧社会制度变革和大规模动员社会资源奠定了基础。同时，土地改革将马克思主义的观念直接传递给农民，政治民主、经济平等、剥削有罪的观念通过事实深入到农民心中，这也为后来的政治、经济制度演变做了观念上的准备。

（二）削弱了私有产权，将国家意志铸入农民对土地的所有权。

从经济上来看，土地改革通过强大的政府力量，采用经济上无偿没收地主富农土地和财产分给农民、政治上剥夺地主公民权的办法，迅速实现了高度平均的"耕者有其田"，极大程度上缩小了贫富差距，在自然资源紧张的条件下，使中国大部分农民获得了生存权和发展权，从而在总体上大大提高了农民的生产积极性。

但是，由于土地改革关于划分地主、富农的标准比较低，即雇工2人以上或剥削量超过25%即为富农，就使农村中原有的具有一定经营规模、劳动生产率和产品商品率都较高的农户受到打击。同时，由于农村中的规模较大的非农产业多是由地主富农开办，土地改革也使这部分经济受到一定程度的破坏，这都是土地改革在新中国成立后仍采取革命和过于平均方式的负面影响。

另外，土地改革是无偿没收地主和富农的土地财产并无偿分配给贫苦农民，这也从观念上极大冲击了私有制，助长了人们靠政治、运动和服从政府来保护或提高社会地位的倾向，使许多农民不敢进一步发家致富。周其仁在《中国农村改革：国家和所有权关系的变化》一文中即提出："土地改革形成的产权制度无疑是一种土地的农民私有制。但是，这种私有制不是产权市场长期自发交易的产物,也不是国家仅仅对产权交易施加某些限制的结晶,而是国家组织大规模群众斗争直接重新分配原有土地产权的结果。"

土地改革以后,尽管很快颁发了土地证,但是出于马克思主义基本理论和向社会主义过渡的考虑,我国在20世纪50年代始终没有颁布保障私有财产不可侵犯的宪法和民法。换句话说,国家始终没有将农民可以自由处置自己的土地作为治国的基本法律。

(三)强化了国家对农村的经济控制。

1. 土地改革中,国家将部分土地收归国有。1950年前后颁布的《土地改革法》以及有关城市郊区土地改革和小城镇地主房屋处理的单行法规曾规定:①凡城市郊区没收的土地,归国家所有,不是分配而是出租给农民;②在分配土地时,县以上人民政府可酌量划出一部分土地归国有,作为一县或数县范围内举办国营农场之用;③小城市和集镇中没收的地主房屋和房基地和非农用地,除分配给农民居住的归农民所有外,一律归政府所有。

2. 在国家与农民的关系方面,土地改革强化了国家对农民的控制。这一方面表现在国家通过土地改革,废除了长期在农村基层发挥社区管理和服务作用的族权、士绅以及学田、庙产;另一方面,则建立了自上而下的农会,并在村一级农会中发展党员,在乡一级建立党支部。

3. 另外,农村的土地改革还不仅仅是农业经济的改革,在无偿没收地主财产和富农多余财产的规定下,它必然要通过清算、退押、没收转移财产等方式,将没收范围扩大到地主、富农经营的农村工商业,特别是商业。农村原有私营商业在土改后的没落,为国家控制农村市场和城乡关系提供了有利的时机和条件,这也加强了国家对农民经济上的控制。土改以后国家控制的供销合作社迅速占领农村市场和控制城乡交流,即证明了这一点。

再从农村资金市场来看,土地改革通过废除高利贷和农民与地主之间的债务,实际上也在很大程度上削弱了农村长期形成的自由契约形式的借贷关系(尽管这种借贷利息因资金的短缺程度、风险的大小呈现出严重的不合理），加上土地改革"均贫富"所导致的剩余高度分散，为国家所控制的金融机构控制农村短期资金市场起到了重要作用。土改以后，绝大部分农民的贷款要依靠国家金融机构，合作化过程中国家通过信贷倾斜来吸引农民加入合作社，就说明了国家掌握农村金融市场的重要性。

1949 年以来乡村政权职能与农民负担关系[①]

农村政治现代化是整个中国现代化过程的重要组成部分,也是最难的部分。因为随着工业化和城市化的推进,不仅农村物质资源由农村流向城市,而且社会精英也不断地流向城市,从而导致城乡差距不断扩大,而这又进一步导致农村资源的流失。在这个大历史背景下,怎样去发挥农村基层政权在现代化过程中的推动作用,达到城乡之间的协调发展,对于我们这样一个"政府主导型"的、农村人口占大多数的发展中大国,实在是一个需要正确认识和解决的重大问题。这里想通过对近代以来农村基层政权职能演变历史的分析,总结一些可资借鉴的历史经验。

一、民国时期农村基层政权建设的失败及其原因

乡镇作为一级正式的政权组织,是从清末"新政"开始,以自治的名义产生的。《辛丑条约》以后,迫于朝野强大的改革呼声和压力,清政府颁布了一系列改革措施。1908 年,清廷在"预备立宪"过程中,颁布了《城镇乡地方自治章程》,规定:凡府厅州县官府所在地为城,其余市镇村屯集等地人口满 5 万以上者为镇,不满 5 万者为乡。城镇乡均为地方自治体。乡设立议事会和乡董,实行"议行分立"。乡议事会在本乡选民中选举产生,为议事机构。乡的自治执行机构则很简单,只有乡董、乡佐各 1 人。乡议事

[①] 本文是 2004 年 9 月召开的"当代中国史国际高级论坛"论文,发表于《江苏行政学院学报》2004 年第 5 期。此次又做了一些小的修改。

会和乡董的职责范围以学务、卫生、道路、农工商务、慈善事业、公共营业。其行政开支的费用，即自治经费的来源，在本乡自筹。可以看出，清末"新政"推行乡镇地方自治，是迫于当时中国政治上的民主化压力，是把过去的实际上由乡绅代理国家治理乡村的习惯和现状，披上了现代政治的外衣和规范，即引入了民主选举制度，形式上取代了过去乡绅依靠家族势力、功名和威望等来把持乡村事务。由于这种新建立的乡村基层政权，承认原有的乡绅治理，国家并没有将其"官僚化"，即纳入政府体系，其基础仍然还是旧的。

乡镇地方自治体制在辛亥革命以后虽有变化，但其基本原则为民国政府所继承。1934年，国民党通过《改进地方自治原则》，明确规定县地方制度采用两级制，即县，县以下为乡（镇、村）。1939年又颁布了《县各级组织纲要》；1941年颁布了《乡（镇）组织条例》。根据这一系列制度安排规定，乡正式成为国家的基层政权。按照规定，乡（镇）设立乡（镇）代表会议，为决策和议事机构；另设立乡（镇）公所，为办事机构，其下又分设民政、警察、经济、文化四股。乡（镇）公所同时"受县政府之监督指导，办理本乡（镇）自治事宜，及执行县政府委办事项"。其功能主要是编查户口、整理财政、规定地价、设立学校、推行合作，办理警卫、"四权"（选举权、被选举权、监察权、罢免权）训练、推进卫生、实行造产、开辟交通、实行救恤等。

可以看出，国民党政府是试图强化乡村基层政权，并通过它来达到稳定乡村秩序、推进乡村发展的。从上述国民党对乡（镇）公所职责（事权）的规定，可以看出，国民党在乡村问题上的思路，仍然是它治理国家和发展经济的基本思路，即走"政府主导型"的现代化道路。但是，与这种在农村建立"政府主导型"办事机构和职责相匹配的两个基本问题，国民党却没有解决，那就是上述庞大职责（事权）所需要解决的财权（经费）和干部队伍建设两大关键问题。

在办事经费方面，国民党政府由于军费开支浩大，同时又要大力发展国营经济，加上收入受到战争和经济落后的制约，财政收入本身已经是入不敷出，不仅不能给农村基层政权提供财政转移支付，还要从经济落后的农村提取大量收入（田赋及其附加和各种苛捐杂税）。因此，作为"事权"庞大的农村基层政权来说，就只能有两个选择：一是该办的事情不办，如教育、卫生、道路、救济等；二是利用权力，在替上级政府征收粮款和杂费时趁机"搭车"，敛取自己的经费，甚至自设名目，任意敛取，由于上级政府需要他们代征粮款和维持农村治安，对其自筹经费行为，甚至"越界"行为也就无可奈何，睁一只眼、闭一只眼了。而这些由于各级政府"事权"扩大所导致的财政支出增加，特别在县及基层政权，主要又都转嫁到农民头上，而清末以来的农业增长非常缓慢，由此导致农民负担甚至超过了封建社会，农民不仅没有享受到现代化带来的好处，反而日益贫困，这就是为什么农民积极支持和参加共产党领导的旨在推翻国民党统治的斗争的根本原因。

在农村政权的干部队伍建设方面，国民党政府同样是非常失败的。众所周知，在以科举选拔官僚的中央集权制的封建社会里，农村基层政权基本把持在地方士绅手中。科举制不仅为国家选拔了大量"知识精英"从政，也为乡村培养了大量士绅（有文化、有功名的地主）。由于城乡差别很小和家族渊源，这些地主往往是"耕读之家"，世代居于乡村，他们往往既了解政治（政府），也熟悉地方情况，"修身齐家"的延伸就是维护和造福所在地方。因为他们这样做，从经济学角度看，实际上也是追求利益的最大化：因为不仅他们的生产消费来自于当地的环境和条件，他们世代形成的亲戚也生活于当地，甚至他们的身家性命也来自于地方的安全，更不用说他们实现更高层次的社会认可和成就感了。因此，这些士绅自然要从他们收取的"地租"中自愿拿出一部分，来维持地方事务的开销，如教育、道路、赈济等。同时，在传统的农业社会里，地方事务毕竟有限，因此费用也很有限，是地方士绅能够和愿意负担的。

但是，这种国家通过乡绅治理农村的局面在鸦片战争以后被打破了。

随着工业化、市场化和城市化的推进,不仅农业成为收益低的产业,农村生活条件越来越落后于城市,而且在新兴知识的学习、有用信息的集散等方面,乡村也远不能与城市相比(特别是科举制的废除),于是传统的居于乡村的"耕读之家",开始转业和流向城市。从19世纪末新兴产业和新式学堂的兴起,使得从前以产品和资金纯流向城市(包括外国)为标志的城乡关系进一步增加到乡村精英大规模向城市流动。导致了农村不仅经济枯竭、而且人才枯竭。这也是20~30年代,不仅中国共产党,而且许多研究农村和试图振兴农村的知识分子,如晏阳初、梁漱溟等大声疾呼知识分子要到农村去帮助建设的原因。

农村知识精英(主要是青年)大量流失,而农村管理依然延续着传统的"士绅治理",同时这种治理的难度又远远超过了过去。一是现代化和"政府主导型"导致的乡村事务繁多,专业知识和财力都不足;二是政治腐败和战乱,导致上级政府、甚至军阀横征暴敛,征粮、征兵成为乡村政权的主要任务,根本无法维护正当的地方利益。这都导致乡(镇)管理人员无力承担起乡村政权的基本职能。

在这种情况下,农村就出现了所谓的"土劣化"倾向。即使是好人,要执行和完成上级政府布置下来的任务,也必须去超过限度地搜刮农民,走向与民众的对立面。因此,乡绅中好的越来越少,土豪劣绅越来越多;对于乡村管理,"好人不能干,坏人争着干"。即美国学者杜赞奇所说的"赢利型经纪人"不断取代"保护型经纪人"。[①] 这种趋势从清末到1949年新中国成立前,愈演愈烈。在1949年前后中国共产党领导的土地改革中,曾经担任过乡村基层政权职务的人一般都民愤很大,这也反映出民国时期农村基层政权与农民的对立程度。

[①] 杜赞奇利用满铁资料对1900~1942年的华北农村进行分析之后,在《文化、权力与国家:1900~1942年的华北农村》一书中提出了乡村基层领袖在国家与乡村社会之间扮演着"经纪人"角色。他将"经纪人"分为两类:一是"赢利型经纪",他们将小农视为榨取利润的对象;一是"保护型经纪",他们代表社区利益,并保护自己的社区免遭国家的侵犯。

二、1949~1978年乡村政权职能及其绩效

上述这种乡村政权"土劣化"倾向,终于被中国共产党领导的土地改革和乡村政权重建所制止了。新中国成立前后进行的土地改革,不仅彻底摧毁了旧的乡村政权,也彻底消灭了这种"士绅"治理乡村的基础——地主阶级。在土地改革完成以后的民主建政中,农村基层政权是按照中国共产党提出的马克思主义新理念、党政合一的自上而下的新体制,以忠于新政权的农村精英和土改积极分子为主体建立起来的。因此,农村基层政权从一开始就是国家政权的基层组织,与中央和上级政府保持高度一致,是作为它们在农村的代理机构,而不是作为自治机构而存在的。1950年12月,政务院颁布的《乡(行政村)人民代表会议通则》和《乡(行政村)人民政府组织通则》就规定,乡人民政府委员会的职权为:执行上级人民政府的决议和命令;实施乡人民代表会议通过并经上级政府批准的决议案;领导和检查乡人民政府各部门工作;向上级反映本乡人民的意见和要求。

对于农村基层政权中的这些人员,国家有理由相信他们的忠诚和服从,他们也确实应该对新生政权忠心耿耿,因为他们是土地改革的最大受益者,由过去乡村社会的最底层"翻身"为最高层,并可以通过政权来控制已有的社会资源。尽管如此,中国共产党还是从1951年开始,在农村不断地进行"整党""整风",来改造农村基层政权干部,提高他们的素质,加强对他们的控制。这一切都为后来急剧推进农村的现代化奠定了组织和干部基础。

同时,上述乡村政权重建的大背景,是整个国家政权的彻底改造和政府职能的重新界定。可以说,从1949年新中国成立到1956年社会主义改造基本完成,是国家权力逐渐侵入私人经济领域并最终取代私人在生产和消费方面自主权的过程,在这个过程中,政府经济职能的范围和强度自然是越来越大,到1958年农村实行"政社合一"的人民公社后,各级政府不仅已经完全成为整个经济的主宰,甚至控制到经济的各个方面,生产的计划

管理和各种票证制度，使得人民甚至连消费的自主权都丧失了。当然，政府经济职能无限度地扩大和侵占私人决策领域，是为了达到以下三个目的：①保证政府最大限度地索取剩余并将其投入到经济建设中去；②保证投资和国民经济高效率地运转，以加速经济发展；③保证高积累、低消费水平下的社会稳定。

农村基层政权的重建和整个国家政权转入极端的"政府主导型"发展模式（即单一公有制基础上的计划经济），必然导致农村基层组织的"事权"大大增加。此时的事务，不再是清末和民国时期仅停留在纸上的要求。由于上级政府对农村基层政权的高度控制，上级政府部门所具有的强烈发展冲动，于是"上面千根针，下面一条线"，就都"落实"到农村基层政府身上。当时东北有一句话很形象："一齐向下整，一搞一大堆。"据1952年调查，湘潭县1951年全年共收文7557件，由于照抄照转，也向下发文9575件，平均每天收文20件以上，发文25件以上；河南省许昌县1~7月初发到乡的统计表格即139种。①

由于事务多，自然机构就要增加，如果人员不增加，其兼职和负担就要增加。据1952年七八月间中央有关部门对华东、华北、西北、东北四个大区的调查，"乡人民政府所设委员会，除常有的民政、财政、治安、文教、生产、卫生等委员会外，上级为推动某项工作，又经常指示成立一些组织，如抗旱、护麦、查田评产、征收入仓、防疫、防洪、军人转业、捕虫等委员会，甚至新华书店、保险公司、人民银行、贸易等部门有的地方亦派人到乡组织直属自己的推销、牲畜保险、储蓄委员会"。② 又据1952年12月中共中央西北局向中央的报告，仅乡级组织就有30种，即乡人民代表会议、乡政府委员会；乡政府领导下的生产、文教、治安、调解、优抚、防旱抗旱、评判、检查、养路、冬学、修建、卫生、保险、保畜、防堤、

---

① 中共中央转发《廖鲁言同志关于乡村财政、农民负担、乡村小学教育及乡政工作的情况和意见》，1952年11月12日。

② 中共中央转发《廖鲁言同志关于乡村财政、农民负担、乡村小学教育及乡政工作的情况和意见》，1952年11月12日。

防治虫害、减免公粮、农业税调查征收评议、农村业务、土地证 20 种工作委员会；还有党支部委员会、宣传委员会、团支部委员会、乡妇联委员会、抗美援朝委员会、中苏友好协会、乡农民协会、民兵中队 8 种组织。

由于人手少，事务多，当时乡村政府的另一个特点是干部兼职多、负担过重。1952 年下半年和 1953 年上半年，各地农村纷纷向中央反映区乡工作中普遍存在着"五多"现象，即任务多、会议集训多、公文报表多、组织多、积极分子兼职多。根据 1952 年七八月间中央有关部门的调查，"乡政府有五多：乡政工作目前情况是号称'五多'，即机构多，会议多，兼职多，任务多，表报多。"据同一个调查，乡村干部兼职过多是普遍现象。多者如陕西省绥德县义尚坪乡 9 个乡干部共兼任着 110 个职务；河南省许昌县于庄乡乡长身兼 19 职，农会主席身兼 17 职。① 以至中共中央 1952 年 7 月 23 日批转的《华东局有关互助合作运动若干政策问题的规定》要求"为了不耽误乡、村干部的生产时间，应减少他们的兼职，并在农民群众中吸收更多的积极分子参加工作，尽可能做到一人一职"。

乡村政府既然事务多，机构增加，人手增加。自然费用就要增加，原来规定的收入远远不够。按照新中国成立初期的规定，乡镇财政不独立，其经费来自县的财政收入，而县的财政收入则主要来自农业税附加。这点收入是不够的。据 1950 年 12 月 7 日中南区财委向中央反映："目前地方财政最感困难者，为县与市两级。计县开支包括乡村经费，卫生教育、民兵、抚恤救济、会议经费、干部补助等开支甚大。公粮二成附加相差太远。"② 1951 年 7 月 1 日，政务院发布《关于进一步整理地方财政与平衡收支的决定（草案）》，将乡村政府的办公费、干部补助和训练费、会议费、民兵费列入地方财政开支，由省财政统筹。但是由于地方财政开支不足，于是层层下挤，省挤县，县就挤区乡。由于省不能拨付足够的经费给县以及乡村，

---

① 中共中央转发《廖鲁言同志关于乡村财政、农民负担、乡村小学教育及乡政工作的情况和意见》，1952 年 11 月 12 日。

②《1949~1952 中华人民共和国经济档案资料选编·财政卷》，经济管理出版社 1995 年版，第 704 页。

因此乡村政府的大部分经费须自筹,据1952年对全国16个省34乡(村)镇收支的调查,乡村政府财政收入中来自上级的拨款仅占其总收入的三分之一左右。在其总收入中,各项收入所占的比例为:上级拨款占34.26%,募捐及其他摊派占33.45%,非法动用斗争果实占19.4%(严重者如广东省揭阳县10个乡的调查,非法动用斗争果实占收入的43%),公产收入占7.91%,其他收入占4.98%。① 另据西北区的报告,1952年各省提出的乡镇财政预算,全部收入(连同中央政府下拨的农业税地方附加)与支出相抵,全区赤字为39.86%。在上述支出中,文教事业费占52.25%;行政管理费占37.26%;卫生事业费占2.64%;其余社会事业、民兵、经济建设等费共占3.09%。②

由于上级所拨经费不敷使用,除了动用土地改革留下的"胜利果实"外,就只好增加农民负担了。据1952年对东北地区的调查,"摊派的种类名目繁多,各村均在20种左右。多者如吉林省磐石县二道岗子村达46种之多,最少者也有十几种。"按现有材料统计全区有六七十种之多,大体可分八类:①战勤类;②经济建设事业类;③拥军优属类;④卫生事业类;⑤文教事业类;⑥社会救济类;⑦村屯经费类;⑧其他:包括捐献、慰问、护线护路、各种因工人员补助以及为区政府、供销合作社出工等等。③ 根据1952年全国抽查材料,"根据61个乡的统计,国家公粮平均为常年应产量的14.87%,地方附加平均为3.34%,抗美援朝平均为1.09%,乡村摊派平均为2.23%。四项合计共占常年应产量的21.53%,若与实产量相比,一般不过20%。地方附加及捐献、摊派三项与国家公粮相比,则为国家公粮的45.03%,其中乡村摊派一项相当于国家公粮的15%。"④

乡村财政支出入不敷出,不得不靠摊派解决问题,这既与解放前乡村

---

① 《1949~1952中华人民共和国经济档案资料选编·财政卷》,经济管理出版社1995年版,第742~746页。
② 西北军政委员会财政部:《西北乡镇地方财政基本情况及今后改进意见》,1952年版。《1949~1952中华人民共和国经济档案资料选编·财政卷》,经济管理出版社1995年版,第755~756页。
③ 《1949~1952中华人民共和国经济档案资料选编·财政卷》,经济管理出版社1995年版,第742页。
④ 《1949~1952中华人民共和国经济档案资料选编·财政卷》,经济管理出版社1995年版,第738~739页。

官吏贪污中饱私囊有根本区别;也与当时乡村冗员过多、行政开支大也有很大区别。造成乡村财政入不敷出最根本的原因,是上级布置的任务和工作太多,但是又没有拨付相应的经费,其次才是浪费问题。据 1952 年七八月间对 16 省 34 乡(村)镇的收支统计,各项支出占的比例为:文教费占 38.73%,行政费占 20.36%,社会事业费(优抚、代耕、救济等)占 14.26%,建设费占 9.25%,其他支出占 17.4%。① 另据西北行政区的报告,乡镇财政的支出项目为:①文教卫生费;②经济建设费;③社会事业费(包括烈、军、工属补助,乡镇干部及民兵、民工因公伤亡之医药及埋葬费,孤、老、残疾之救济费);④行政管理费;⑤民兵事业费;⑥其他支出。在上述支出项目中,文教事业费占全部支出的 55% 左右;其次为行政管理费,占全部支出的 35% 左右;其余各项仅占全部支出的 10% 左右。②

上述这种因快速推进农村现代化所出现的农村基层政权事务和费用大幅度增加,从实际上说,不是超过了当时农村经济的承受力,而是将农民手中的剩余强行拿到政府手里去办事。③

1953 年以后,随着农副产品统购统销和农业合作化的推行,农村基层政权的职能发生了变化,乡村政府的首要任务变成保证国家统购统销政策的实施和合作化的推行。强大的政治压力实际上增加了农村基层政府的费用,但中央和省政府不愿拿出财力投给农村。从 1953 年,国家财政管理体制由原来的中央、大行政区、省(市)三级,改为中央、省(市)、县(市)三级,实行"统一领导、划分收支、分级管理"体制,并开始对乡镇政府的收支实行"包、禁、筹",即中央政府按统收统支原则,将乡镇预算列入国家预算。乡镇财政收入列入县级财政预算后,其支出费用主要由国家和自筹两种方式解决:乡镇政府开支中的经常费用由国家提供,列入县

---

① 《1949~1952 中华人民共和国经济档案资料选编·财政卷》,经济管理出版社 1995 年版,第 742~746 页。
② 西北军政委员会财政部:《西北乡镇地方财政基本情况及今后改进意见》,1952 年。《1949~1952 中华人民共和国经济档案资料选编·财政卷》,经济管理出版社 1995 年版,第 755~756 页。
③ 参见《薄一波同志关于乡(村)镇各种摊派项目繁多问题向主席的报告及主席的批示》,1952 年 12 月 18~19 日。

级财政预算;非经常性的开支费用,则按照规定自筹,禁止随意摊派。①

在此后的25年间,随着合作化、人民公社制度的推行,农村实行了集体所有制,农村基层政权也走向了"政社合一"。在此期间,除了在"大跃进"时期对"一大二公"的人民公社实行过"财政包干"外②,公社(乡镇)始终没有成为一级财政,都是由县财政"统收统支"。同时,公社的开支因为与生产经营混在了一起,因此乡村政府的费用也就不存在"入不敷出"的问题了,农村基层政府"事权"与"财权"严重失衡、杂税多、农民负担重的问题似乎也就消失了,但是农民的所得并没有增加,而是更少了。因为农村经济的绝大部分都控制在公社、大队、生产队手中,其生产剩余除了分配给农民必需的生活资料外,其余都掌握在集体手中,农民负担问题也就被隐藏在公有制里了。但是同时应该指出的是:由于不设公社一级财政,它没有自行征收税费的权力,脱产干部和行政经费出自县里财政;同时因公社实行"三级所有",其人员编制和经费也就自然受到限制,不能任意扩张。但是尽管如此,公社时期仍然存在着因"事权"增加而导致干部人数过多的现象。据1962年4月湖北省通山县水利局干部李宏昌写给周恩来总理的信说:"湖北省通山县是一个约有20万人口的小县,1961年仅公社以上脱产人员就有8107人,占全县总人口的4%;如果加上生产队的干部,平均每5个劳力就要养一个干部。"③ 1964年6月,另一位农村干部也来信反映:"当前,农村生产大队一级都设有十套固定的组织:党支部、大队管理委员会、团支部、妇联、大队监察委员会、民兵组织、治安保卫委员会、调解处理委员会、贫下中农委员会、节制生育委员会……一般大队不少于十五六套班子。"④ 因此,毛泽东一方面不断进行干部精简运

---

① 参见财政部:《关于1953年度预算编制的几项具体规定》,1952年11月29日。《1953~1957中华人民共和国经济档案资料选编·财政卷》,经济管理出版社1995年版,第96~98页。

② 参见中共中央、国务院:《关于适应人民公社化的形势改进农村财政贸易管理体制的决定》,1958年12月20日。

③ 国务院秘书厅:《群众来信来访反映》第170期,1962年4月8日。

④ 国务院秘书厅:《群众来信来访反映》第446期,1964年6月27日。

动,另一方面则推行干部参加劳动制度和实行农村基层干部不脱产政策。

怎样看待1949~1978年的农村基层政府的绩效呢？我们一方面看到它确实起到了保证国家为工业化提取农业剩余和禁止农民流动的作用；另一方面，还应该看到，在此期间，农村基层政府也确实在农村实现了与整个国家极端的"政府主导型"发展模式相匹配的政府职能，即担负了在农村大规模、全面快速推进农村现代化和提供公共物品的作用。例如在农村普及中小学教育和扫盲、发展医疗卫生事业、兴修道路和水利、为农民提供低水平的社会保障等等。温锐先生在对赣闽粤边区进行调查后，就曾经感慨地说："集体化时期，地方政府利用政府的管理力量，广泛组织民众开展了大规模的农田水利设施改造与兴建，填补了旧中国水利设施建设的两个空白：一是兼防洪、灌溉、养殖等多项功能为一体的大中型水库的修建，二是提水工程的兴修和提水机械的广泛使用。这段时期，农田水利设施兴建的力度是非常大的，世纪末三边农村运作的水利设施基本上都是这一时期修建的。"[①]

而这些尽管代价很大，但毕竟加速了中国农村的现代化步伐，并为后来改革开放初期农村经济的快速发展奠定了基础。同时，强大的农村基层政府职能，在1978年以后，并没有随着人民公社的解体而迅速弱化，因为它不仅具有惯性，还因为我国整个政府职能并没有从"全能政府"理念和"政府主导型"发展模式中转变过来，上面的"千条线"还需要下面乡镇政府"这根针"。

三、 1979年以来农民负担居高不下的根本原因

改革开放以后，特别是1983年取消人民公社、重新建立乡镇政府（乡的规模一般以原有公社的管辖范围为基础）后，农村基层政权的基础逐渐发生了根本性的变化。首先，收入来源的基础和纳税主体变了，由原来的

[①] 温锐、游海华：《劳动力的流动与农村社会经济的变迁》，中国社会科学出版社2001年版，第170页。

集体变成了个人和企业，但是"事权"却随着经济和社会发展，不仅没有变少反而增加了（包括税费征收成本增加），同时要求更高了；其次，社会大环境变了，不仅城乡差距拉大了，农村内部的收入差距也拉大了。在市场经济下，法制和政治体制的不健全，使得各种权力机关和部门的"寻租"行为也多了。因此乡镇机关和干部在办公设备和经费方面的攀比风气、个人收入方面的"刚性"原则，以及职务和升迁方面的"棘轮效应"都表现出来。

1983年10月，中共中央和国务院发出《关于实行政社分开建立乡政府的通知》。这个通知所反映的实质性改革主要有三点：一是实行政社分开；二是乡以下实行村民自治；三是要求建立乡一级财政和相应的预决算制度，这是中国历史上第一次建立乡级政府财政。

"政社合一"的人民公社转变为"政社分开"的乡镇政府，是20世纪80年代整个国家以"放权让利"为导向改革的结果，这种变革一方面适应了农村多种经济成分、多种经营形式共同发展的改革要求，恢复了农民的自主权，调动了农民的积极性，推进了农村的改革和发展。但是另一方面，整个国家的政府经济职能却并没有随着"放权让利"而迅速改变，1992年才确立社会主义市场经济改革目标，到2001年才明确政府经济职能的转变问题，因此，在改革开放以后的20多年里，就乡村基层政府职能来说，与人民公社相比，虽然直接从事生产和分配管理的职能剥离出去了，但是受国家"政府主导型"发展模式和全能型政府理念的制约，农村基层政府的其他事务增加了，"事权"并没有相应减少，例如教育、税收、社会治安和计划生育四项工作的难度和成本就比过去大大增加。

首先，作为基层政府，为了与上级政府的职能和机构相对接（更多的是上级要求），麻雀虽小，五脏俱全。乡镇一级政权普遍设有党委、人大、政协、政府、纪委、武装部"六大班子"，还有"七所八站"等常设机构，此外，还有许多为应付临时任务所成立的非常设机构和临时编制。事情多，自然办事的人员就多。据2001年有关资料，全国4.6万个乡镇，财政供养人员 1280 万，平均每个乡镇 300 多人。①

事务多，自然人员就多，因此正式编制不够，就要增加临时编制；同时事务多，干部的劳动付出就多，因此自然就要求收入增加，如果上级不能增加经费，而又必须干这件事，那就或者默认其自筹经费的权力，以扩大"制度外财政收入"（或称之为"非规范收入"）的部分②，许多地方流传的"头税轻，二税重，三税是个无底洞"③ 中所说的"三税"一般就是指这种制度外的、非规范的负担；或者放松对干部素质的要求（同样的报酬不能获得原有的工作质量），一般情况下是二者情况都有。结果就出现《中国农民调查》和大量调查所说的乡镇政府干部大大超编，干部素质趋于低下的现象，越是经济落后地区，越是如此；越是难做的工作，越是如此，如征收税费、计划生育等。

乡镇政府财政支出迅速增加除了事权扩大的因素外，还有另外一个原因，那就是政府运行的成本越来越高。随着经济发展和城乡之间的交流，乡镇干部不可能再安于过去那种"交通基本靠走，通讯基本靠吼"和下乡吃派饭的工作条件，购置汽车、配置通讯器材、兴建办公楼、请客吃饭等行政开支大大增加。这对以第二、三产业为主要收入来源的发达地区乡镇来说，也许不算什么，但是对以农业为主的收益很低的乡镇来说，就必然难以支撑。因此，想方设法增加乡镇财政收入，就必然成为乡镇政府的第一要务。

在 1983 年设立乡镇财政以前，由于乡镇一级政府没有独立财政（人民公社虽然实行"政社合一"，但是同时实行"三级所有"），无权征收税费，因此限制了其开支和人员膨胀。但是 1983 年以后，由于设立了乡级财政，乡镇财政收入由国家预算资金、预算外资金和自筹资金三部分组成。④ 由于

---

① 苏明：《部分县乡财政困难》，《经济日报》2002 年 1 月 18 日。
② 参见孙潭镇、朱钢：《我国乡镇制度外财政分析》，《经济研究》1993 年第 9 期；樊纲：《论公共收支的新规范——我国乡镇"非规范收入"的个案研究》，《经济研究》1995 年第 6 期。
③ 杂税的极端事例，可见陈桂棣、春桃：《中国农民调查》，人民文学出版社 2004 年版，第 151~153 页。
④ 参见财政部：《乡（镇）财政管理试行办法》，1985 年 12 月。

国家给予了乡镇政府征收税费的权力,并为其开了弥补财政收支缺口的口子,于是乡镇政府就可以将其开支转嫁到所管辖的居民身上,而农民则受土地的制约,无可逃避。因此,1984年开始建立乡镇财政的当年,"农民负担"问题就在年底召开的全国农村工作会议上提了出来。

乡镇政府的行政扩张,必然导致财政支出大幅度增加。但是现有的"三提五统"、乡级自收自支的财政体制,对大多数以农业收入为主的乡镇来说,显然是不够的,必然要再向农民伸手,将财政负担最终转嫁给农民。1985年,中共中央、国务院发出《关于制止向农民乱派款、乱收费的通知》,这是改革开放以来第一次重新提出乡村财政混乱和农民负担问题。1990年2月,国务院再次发出《关于切实减轻农民负担的通知》;同年9月,中共中央和国务院又联合做出《关于坚决制止乱收费乱罚款和各种摊派的决定》;1991年12月,国务院又颁布实施《农民负担费用和劳务管理条例》,对农民负担做了许多"硬性"规定。但是这些中央文件都收效甚微。农民负担仍然不断增加。特别是1997年以来,农业收入呈现负增长、农民收入增长幅度连年下滑,而农民负担却不断加重。[①] 诸多杂税迅速滋生蔓延。

尽管如此,由于向农民转嫁负担毕竟存在保证农民维持简单再生产、征收成本和政治风险(中央政策和舆论)三个限度,因此乡镇政府在增加农民负担的同时,还要靠举债来弥补经费不足。据2001年有关统计,我国乡村两级净债务达到3259亿元,其中乡级债务1776亿元,平均每个乡镇400万元;村级债务1483亿元,平均每村负债20万元;上述债务虽然并不都是财政直接借的,但是都属于政府债务。[②]

面对禁而不止的不断加重农民负担的现象,从上个世纪90年代下半期开始,中央政府又开始了新的一轮减轻农民负担举措,直至2004年全国人

---

① 参见胡书东:《中国农民负担有多重——农民负担数量及减负办法研究》,《社会科学战线》2003年第1期。

② 详细情况可参见苏明:《部分县乡财政困难》,《经济日报》2002年1月18日;苏明:《部分县乡财政困难》,《经济日报》2002年1月18日;赵树凯:《乡镇债务源于政府体制》,《中国经济时报》2004年9月23日。

民代表大会上温家宝总理提出5年内逐步达到免征农业税。但是即使免征农业税，乡镇政府财政收支的巨大缺口（包括为弥补收支而形成的巨额债务）怎样填平，仍然是一个需要彻底解决的大问题，否则免税的好处很难落到农民头上。

实际上，1994年开始实行的税制改革，加强了中央的财力，使得地方财政收入与"事权"的扩大出现不同步的现象，全国目前县乡两级财政收入只占全国总收入的21%，但是县乡两级财政供养的人员，却占全国财政供养人员总数的71%左右。[①] 这就导致了所谓的"中央财政喜气洋洋，省市财政勉勉强强，县乡财政哭爹喊娘"的局面，于是县乡财政就不顾中央的三令五申，不断加重农民负担。在这种情况下，越是经济落后的地区，农民负担越重：一是因为二、三产业落后，财政负担不得不主要来自农民；二是由于二、三产业落后，提供的就业机会少，许多人就千方百计地进入政府部门吃财政饭，导致机构和人员不断增加，反过来导致财政开支进一步增加。而负担重又进一步导致本地的资金和人才外流，同时外面的投资不敢进来，于是陷入恶性循环。这些地方就出现李昌平所说的"农民真苦、农村真穷，农业真危险"和《中国农民调查》一书所反映的极端事例，而这些现象与我国整体经济增长和人民总体收入和福利不断提高形成巨大反差，将导致社会的不安定。

四、几点历史启示和政策建议

通过分析近代以来中国农村基层政权职能和农民负担演变的历史和原因，可以看到我国政治经济体制改革还有相当长的路程，不可能一蹴而就，因此在自下而上的乡镇民主政治体制没有建立起来之前，我们可以得到以下几点启示和建议：

[①]《"数字"三农》，《决策咨询》2003年第5期，第10页。

（1）所谓的"黄宗羲定律"① 存在的前提必须同时具备以下三个前提条件：一是地方政府和官吏握有增加税费名目和数量的权力；二是财政支出有增无减；三是财政收入没有新的来源（如新的纳税主体或新的收入），只能在原有的纳税人身上打主意。因此，从目前来看，我们的农村税费改革是可以避免"黄宗羲定律"的，这就是可以通过改造乡村基层政权（约束其权力）和政府财政转移支付"双管齐下"，跳出"黄宗羲定律"所描述的怪圈。

（2）地方财政"入不敷出"的主要原因，是其"事权"与"财权"的失衡。历次改革，多是在划分收支、规范税费上打主意，但是很少从规定和约束"事权"上下功夫，上级政府（特别是包括中央政府），既缺少界定各级政府"事权"的法律法规，也很少约束自己向下布置"事务"的权限，因此在我国目前这种自上而下、高度中央集权体制下，地方政府官吏必然"眼睛向上看"（因为上级决定他们的现状和前途），对所有上级部门交办的事情，哪怕人力、财力不够，也要勉为其难。更何况可以趁机增加人员、机构甚至通过转嫁负担增加收入呢。因此，在改造乡村基层政府，约束其权力的同时，必须进行上级政府职能转变的配套改革，明确界定各级政府的"事权"和"财权"，严格规范县以上政府的行政行为。

（3）扩大中央和省市政府对乡镇财政的转移支付和公共产品的供给范围。新中国成立以来，为了集中力量进行工业化，我国在社会公共产品供给方面的城乡分隔政策，即农村许多公共产品的供给基本上是由农村自己解决的（例如文教卫生、计划生育、科技推广、基础设施等），使得城乡之间、地区之间的人口在最基本的教育、卫生、计划生育等方面出现较大差距，同时越是落后的乡村越感到压力大、财力不足、农民不堪重负。经过改革开放以来的经济快速发展，时至今日，一方面，中央政府拥有了巨大

---

① 所谓的"黄宗羲定律"，是秦晖先生在《并税制改革与"黄宗羲定律"》（2001年，中国经济评论网）中首先归纳出来的。黄宗羲为明末清初著名思想家。他指出明末政府的税费改革是将杂费归到正税中征收而取消税外征敛，但是每次取消杂费，又会滋生出新的杂费，结果是每改一次，就加重一次农民负担，导致"积累莫返之害"，反而害民。由于当时政府也正酝酿和试行并税改革，故秦晖的上述归纳受到学界和政府有关部门的重视。

的财力可供调配；另一方面，从各种产业人均资源占有率、发展成本、收益率等来看，中国想主要依靠农业来大幅度增加农民收入和缩小城乡差距，是不可能的，20世纪80年代那种依靠"包产到户"和乡镇企业"异军突起"所产生的大幅度提高农民收入的好事已经"时过境迁"。因此，要缩小目前过大的城乡差距和扩大内需，应考虑由政府通过扩大公共产品供给和财政转移支付来减轻农民负担、增加农村居民收入。例如：免征农业税；通过中央政府"统筹统支"农村教育经费和农村计划生育经费；国家提高对农村医疗卫生事业的财政补贴；国家提高对农业科技和推广工作的财政补贴等。

（4）近代以来的历史证明，农民虽然人数众多，但是在国民经济和社会各基层中，始终处于弱势地位，农业经营规模的细小和分散，使得他们不仅无力应对市场的变化，在市场的博弈中处于不利地位；而且也无力影响政府的决策和约束政府的行为。毛泽东曾经想通过合作化和人民公社将农民组织起来，但是这种依靠行政手段、自上而下、实行公有的组织，结果是束缚了农民。历史经验和现实存在的问题都说明，农民不需要强加于他们身上的组织，但是需要他们可以进退自由的互助性、服务性组织，如各种各样的合作社、联系全国的专业组织，能够反映农民诉求的各种非政府组织，这些农民自己组织或有社会各团体和志愿者参与的非政府组织，或者可以填补政府职能的某些空白，或者可以为农民提供成本更低、更优质的服务，这是我们在改造、规范各级政府职能的同时所要进行的另一项长远和重大的举措。

1978年前后人力资源配置及效率的比较

人力作为三大生产要素之一，其能否合理配置和不断优化，是决定经济发展快慢的重要因素。1949年中华人民共和国成立以来至今，我国的经济体制经历了一个由新民主主义（多种经济成分并存、计划与市场共同发挥作用）到苏联模式的社会主义（单一公有制和计划经济），再到社会主义市场经济的巨大变化。从时间上看，大致可以划分为：1949～1957年，为新民主主义经济体制向苏联模式的社会主义经济体制过渡阶段；1958～1978年为典型的单一公有制和计划经济体制阶段；1978年党的十一届三中全会至今，为向社会主义市场经济过渡并基本完成阶段。与此同时，还伴随着中国的工业化由初期到中期的推进过程。在上述经济体制和产业结构两个变化过程中，若从劳动力资源的利用和开发角度看，应该关注两个问题：一是如何使劳动力资源尽快从传统的、低效的农业转移到现代工业和第三产业，以迅速实现工业化；二是如何充分发挥各个产业中的劳动者（包括经营管理者）个人积极性，提高劳动生产率和经济效益。

应该说，世界上已经完成工业化的发达国家和地区，其工业化的过程，是伴随着市场化的，即工业化是与市场经济发育和成熟过程相一致的。因此，人力资源的配置和劳动者积极性的调动（择业自由度和权益的提高），也是一个平缓的市场调节、工会斗争和政府干预的渐进过程。对于这些，人们已经耳熟能详了。这里仅对中国这50多年来独特的历程做一些探讨，以期总结历史经验和教训。

一、 新中国成立初期的人力资源和就业结构

中华人民共和国成立之初，中国的人力资源是相当丰富的，但又是畸形的，即一方面低素质的劳动力供给总量大大超过需求，存在着严重的过剩；另一方面高素质的、有专业技术的劳动力又非常短缺，甚至不得不引进苏联专家。另外，劳动资源的配置也是相当落后的，绝大部分集中在落后的农村。

据统计，1949年底，全国（不包括港、澳、台地区）共有人口54167万人，其中城镇人口占10.64%，乡村人口占89.36%；从业人员18082万人，其中城镇从业人员占8.5%，乡村从业人员占91.5%。在上述人口中，平均每万人中有大学生2.2人，中学生23人，小学生450人。到1952年，在每万人中，大学生人数为3.3人，中学生55人，小学生889人。[1] 1952年大学虽然计划招收7.5万名学生，还是面临着招生不满的忧虑（因许多学生参加工作，应届高中毕业生太少），政务院不得不下达指示，禁止各单位自行到中学招工，扩大助学金发放，要求努力争取高中生全部升入大学，至少保证95%以上。即使达到上述要求，还需要从党政军整编中抽调2万名青年知识分子补足应届高中生升学差额。[2]

由于教育落后，劳动力素质普遍较低。据估计，在全国就业人口中，具有初中以上文化程度者不会超过5%。据1952年的统计，在全国就业人口中，每万人中有科技人员7.4人，每万名职工中（尚不包括占就业人口90%以上的农民和个体经济劳动者）有科技人员269人。另据1952年全国干部统计资料显示[3]，在2470700名干部中，专业技术人员为34.4万人，占13.9%，其中工程技术人员为133684人，仅占5.4%。在这247万名干部

---

[1]《中国统计年鉴（1984）》，中国统计出版社1984年版，第487页。
[2]《中共中央关于解决1952年全国高等学校学生来源的指示》，1951年2月13日。
[3] 范围为县以上国家机关及企事业单位中办事员以上的干部和技术人员，但不包括党委系统、群众团体系统、合作社系统、军事系统、教育行政管理部门主管的中等师范学校和中小学。

中，按文化程度划分，大专以上文化程度者占 6.58%，高中文化程度者占 15.54%，初中文化程度者占 36.98%，小学文化程度者占 37.80%，文盲占 3.10%。① 再从建筑行业看，在 1952 年的就业人员中，有技术的职工仅占职工总数的 10%~20%，其余 80%~90% 的职工没有专门技术，只是一般劳动力，因此建筑公司之间相互挖人的现象很普遍。周恩来总理在 1952 年 7 月就说："我们的大学毕业生也少得很，今年七凑八凑，才凑到两三万人，而我们每年平均却需要十万人。"② 1955 年，在城镇职工中，文盲的比例在 50% 以上，有的产业，如煤矿、建筑业，在 60%~70% 以上。③ 在全国国营工业企业中，担任领导职务的干部共有 14863 人，其中受过高等教育和中等教育的人员只占 8.4%。④

再从人力资源配置来看，1949 年，占全国劳动力 91.5% 的人数属于农业个体劳动者，1952 年则降至 88%；在城镇就业人员中，个体劳动者也占有很大的比重，1949 年为 724 万人，占城镇从业人数的 47.2%；1952 年为 883 万人，占城镇从业人数的 35.5%。在上述就业人员中，实际上还有许多属于"隐形"的富余的劳动力，即过剩的人力资源。据 1952 年 8 月召开的全国劳动就业会议的统计，由于人多地少，尽管农业落后，以人力、畜力为主，农村中仍然存在着大量的剩余劳动力。土地改革以后，农村中的失业无业人数大幅度降低，1952 年约为 135 万人（主要是手工业者和商贩），但是农业剩余劳动力却人数众多、有增无减。1952 年全国共有农业剩余劳动力 4039 万人，占农业劳动力总数的 16.8%。农业剩余劳动力不仅数量大，而且是一个全国性的问题，即使地多人少的东北、西北地区，农业剩余劳动力也不少，东北地区富余 123 万人，占本区农业劳动力总数的 11.1%；西北地区富余 90 万人，占本区农业劳动力总数的 7.2%。但会议估计实际的剩余还远大于这个数字（据西南区的估计，农村全劳力在土改

---

① 转引自董志凯主编：《1949~1952 年国民经济分析》，中国社会科学出版社 1996 年版，第 194~195 页。
② 《周恩来经济文选》，中央文献出版社 1986 年版，第 116 页。
③ 社论：《在七年内基本上扫除全国青壮年文盲》，《人民日报》1955 年 12 月 6 日。
④ 《1955 年全国职工人数构成与分布的概况》，《新华半月刊》1957 年合订本，第 87~89 页。

后超过需要量的 40%~50%,照这个比例,仅四川一省就富余出 1000 万人,而上述统计西南区的农业剩余劳动力仅 1115 万人,占农业劳动力总数的 24%)。农村劳动力不仅过剩,而且素质也不高,在 50 年代中期,在农村青壮年中,约有 80% 的人是文盲。①

在城市,旧中国遗留下来的大量失业人口给政府很大的压力。1950 年,仅登记的失业工人即达 166.4 万人,占当时城市职工总数的 21%,此外还有不少失业的知识分子。对于处于贫困线上并且没有社会保障的广大城市居民来说,失业就意味着挨饿。1950 年春,在一些大城市里,因就业无望、生活无着而自杀的事时有所闻。到 1952 年,在全国城市登记要求就业的人数仍然有 162.2 万人。国家统计局推算的 1952 年城市待业率为 13.2%,而根据日本学者南进亮的推算,1952 年的城市失业率则高达 17.32%。② 实际上,在城市的就业人员中,相当一部分以小商、小贩的形式聚集在第三产业中,处于利润微薄、过度竞争状态。即使如此,由于城乡之间劳动者收入的差距和城市现代生活的吸引力,仍然有大量农民被吸引到城市寻找职业,进一步加大了城市就业压力(据当时一些典型调查,新中国成立初期城市工人平均收入是农民平均收入的 3 倍左右,《中国统计年鉴(1983)》则说 1952 年非农业居民的平均消费水平为农民的 2.4 倍)。据 1951 年春统计,仅东北的沈阳、鞍山两市,即有进城找工作的农民两万余人。由于这些农民一般较年轻、能吃苦且福利和工资待遇要求不高,需要简单体力劳动的单位比较愿意雇佣他们。

二、 人力资源配置政策和制度的形成

正是由于上述的低素质劳动力严重过剩而高素质劳动力又严重短缺,市场机制对人力资源的调节就存在着一定程度的"失灵",再加上当时实施

---

① 社论:《在七年内基本上扫除全国青壮年文盲》,《人民日报》1955 年 12 月 6 日。
② 南进亮、薛进军:《1949~1999 年中国人口和劳动力推算》,《中国人口科学》2002 年第 3 期。

的优先发展重工业赶超战略和向社会主义过渡，于是就形成了独特的中国人力资源配置政策和制度。这个政策和制度的出发点，既是为优先发展重工业的赶超战略服务的，是为建立和巩固单一公有制和计划经济的社会主义服务的，也是立足于中国人口多、底子薄这个基本国情，从保障全体人民的生存和发展权基本原则出发，以平等占有有限的生产资料、发展生产来解决"吃饭"（就业）问题为理念的。1949年9月16日，毛泽东在著名的评论《唯心历史观的破产》中批评了美国国务卿艾奇逊对中国发生革命的解释[①]，提出中国完全可以解决自己的吃饭问题，其办法就是改革生产关系和发展经济，正如解放区已经做的那样。在社论中，毛泽东还首次公开宣布了中国共产党和人民政府将在城市中对国民党政府遗留下来的职员实行"包下来"政策，采取"三个人的饭五个人匀着吃"的低工资、多就业政策；与此同时，还严格限制私营企业解雇工人（以不能维持为限）。至于在农村，更是实行了彻底的"耕者有其田"政策，实现了最充分的就业。在1952年土地改革完成以前，甚至鼓励城市中失业的人口返回农村参加土改，重新成为农民。

1952年8月，国务院根据毛泽东的提议，专门召开了全国就业会议，试图彻底解决城市的失业问题。会议同时也讨论了农村中存在的大量富裕劳动力的出路问题，认为这需要靠就地发展非农产业来解决。

1953年10月，中国共产党宣布向单一公有制和计划经济的社会主义过渡，最深层的理念之一，就是坚信公有制和计划经济，相对于个体、私营经济和市场经济来说，能够实现劳动者与生产资料的最佳配置，并能够最大限度地调动和发挥生产者的积极性，从而加快经济发展。从1951年全国试行农业合作化决议草案到1955年合作化高潮前，尤其是1953年以前，调查显示：农业合作社与单干农民相比，不仅可以通过增加劳动时间（精耕

[①] 艾奇逊在1949年7月30日给杜鲁门的信和美国国务院8月5日发表的《美国与中国的关系》白皮书中说，中国发生革命的原因是人口太多而资源非常有限，并断言新的政权也无法解决如此众多人口的"吃饭"问题。

细作)来实现农业增产;而且可以更有效地安排农业富余劳动力从事副业生产(当然这些合作社一般都得到政府的扶持)。这个结论是后来大力发展合作社的主要原因之一。在城市,由于国家对私营经济从信贷、税收、供销、劳动政策等方面加以限制(不能与国营、公私合营企业和合作社平等竞争),加上企业主和工人对未来的预期(即社会主义前景),私营经济不仅比国营企业效益低,大部分企业处于经营困难的境地;另一方面,私营企业的存在,还限制了国家对最稀缺的技术人员、熟练工人和管理人员的调配,让国家不能最有效地利用这部分人力资源。

1950~1957年,还逐渐形成了政府控制城乡之间人口流动的制度。本来,劳动力的自由流动是充分利用劳动力资源的最重要条件,也是成本最低的劳动力资源配置方式。因为就每一个劳动力来说,其总是愿意由自身效益低的地区、职业和职位向效益高的地区、职业和职位流动,以实现自身利益的最大化,这种自主决策、风险收益均衡的流动对流动者本人来说,应该是最具理性的。但是,上述设想是在市场机制完全成熟条件下才可能实现的。20世纪50年代的中国劳动力资源,一方面表现为低素质劳动力大量过剩,另一方面则表现为高素质劳动力非常短缺,供不应求。因此自由流动的结果,一是大量劳动力从农村流入城市和工矿区而找不到工作;二是有技能的专业人员和工人到处被"挖",尤其是工人,使企业、尤其是国营企业的职工队伍不稳定,工作受到影响。特别是国营企事业单位,由于工资等待遇的决定权不在企业、甚至部门领导机关手里,市场调节很难保证高素质的人才集中到政府和国营企业。1951年中央政府规定各地国营企业之间不得互相"挖"雇员,1952年规定高校毕业生由国家统一分配,主要是政府试图通过计划调配来优化极为短缺的高素质劳动力资源的使用。而1953年开始限制城市企事业单位自行雇佣来自农村的劳动力,则是为了限制农村低素质人口自由流向城市,减少城市就业和市政建设压力。

到1956年底社会主义改造基本完成以后,不仅城乡之间、地区之间、企事业单位之间劳动力的自由流动基本消失,而且国营企事业单位、公私合营企业、非农业的合作社系统招收和辞退职工的自主权、工资决定权也控制在政府有关部门手中,职工人数、工资总额成为政府控制企业的最主要的计划指标。至于"大跃进"和三年困难时期因"权力下放"和饥荒导致的大规模人口在产业和区域间的流动则不属于常态。

由于实行计划经济和要求城市待业青年到农村和边疆去,1957年的城市待业率即由1952年的13.2%降至5.9%,1978年为5.3%,根据日本学者南进亮等的推算,除"大跃进"期间外,城市失业率基本上在7%~8%之间摆动。[1] 在农村,由于实行"集体所有制"和"按劳分配",使得农村过剩劳动力"隐形"于农业之中,不仅消灭了失业现象,甚至还可以接纳城市失业人口(知识青年上山下乡)。

综上所述,人力资源配置政策和制度的形成,实质上是对由市场配置还是由政府配置的选择过程。而选择何种人力资源配置方式,实际上还取决于国际环境以及我们的认识。根据当时中国人力资源丰富而资源和资本短缺(因此劳动力供过于求,价格低廉)的情况,如果国际环境允许,能够实行对外开放,在发展基础工业的同时,充分利用国外资源和市场,适当发展劳动密集型产业(如解放前利用外国棉花和羊毛发展棉纺和毛纺),就可以形成市场主导型的人力资源配置制度,即劳动者可以自主和自由地由收益低的行业和地区向收益高的行业和地区转移。如果国际环境严峻,在资本和市场相对封闭的条件下,依靠"自我剥削"(压低消费和提高积累)和国家提取剩余,优先发展重工业,这就会形成政府计划管理的人力资源配置制度,即国家掌握人力资源在产业之间和地区之间转移。我们之所以选择后一种方式,既有国际环境的客观因素,也与我们的主观认识有关。

三、 发展战略对人力资源配置的影响

上述人力资源利用政策和制度的形成,是与20世纪50年代所形成并一

---

[1] 南进亮、薛进军:《1949~1999年中国人口和劳动力推算》,《中国人口科学》2002年第3期。

直实施到 1978 年的优先发展重工业战略密不可分的。这个经济发展战略，可以简单概括为：主要依靠国内积累建设资金，从优先发展重工业入手，高速度地发展国民经济；实施"进口替代"政策；改善旧中国留下的工业生产布局偏重沿海和外向的局面和区域经济发展极端不平衡状态；建立独立的工业体系并以此来实现对农业的改造，到 20 世纪末基本上实现四个现代化。

这个以高速度和优先发展重工业为特征的经济发展战略，除了苏联的榜样作用，以及当时国际环境所导致的国家安全考虑外，主要是受新中国成立初期的经济发展水平和特点的影响。新中国成立之初，旧中国遗留下来的是积贫积弱的国民经济和落后就要挨打的惨痛教训。当时中国是一个历史悠久、有着 5 亿人口的大国，按人口排居世界第一，按国土面积排居世界第三，但是按人均国民收入排则位次很落后。1952 年，世界主要国家和地区人均工业产品产量为：钢 82 公斤，煤 724 公斤，原油 242 公斤，发电量 448 千瓦/小时；而同期我国人均产量仅为：钢 2 公斤，煤 115 公斤，原油 0.8 公斤，发电量 13 千瓦/小时。① 我国不仅经济落后，现代工业所占比重很低，而且重工业尤其落后，而这是当时战争中最致命的经济弱点。正如毛泽东当时所说："现在我们能造什么？能造桌子椅子，能造茶壶茶碗，能种粮食，还能磨成面粉，还能造纸，但是，一辆汽车、一架飞机、一辆坦克、一辆拖拉机都不能造。"② 这种与大国地位极不相称的经济落后状况，是导致新中国选择优先发展重工业的赶超战略的根本原因。

工业部门基本建设投资比重（以全国各个行业投资为 100）

部门	"一五"时期	"二五"时期	1963–1965 年	"三五"时期	"四五"时期	"五五"时期	1953~1978 年
轻工业	6.4	6.4	3.9	4.4	5.8	6.7	6
重工业	36.1	54.0	45.9	51.1	49.6	45.9	51

资料来源：彭敏主编的《当代中国的基本建设》，中国社会科学出版社 1989 年版。

---

① 国家统计局：《奋进的四十年》，中国统计出版社 1989 年版，第 470 页。
② 《毛泽东选集》第 5 卷，人民出版社 1977 年版，第 130 页。

1958~1981年，我国工业基本建设投资总额为3905.68亿元，其中重工业为3467.34亿元，轻工业为435.34亿元，而同期工业职工人数增加3879万人，其中重工业职工增加2323万人，平均每增加一名职工需投资1.49万元；轻工业职工增加1556万人，平均每增加一名职工需投资0.28万元。另据统计，每百万元固定资产和资金所容纳的劳动力，重工业为94人，轻纺工业为257人，而属于手工业的工艺美术、服装、日用五金、皮革四个行业则平均为800人。①

重工业与轻工业相比，具有建设周期长、初始投资规模大、资本密集度高和投资回报期长四个特点。如果说1953年开始的第一个五年计划因当时重工业过于薄弱而优先发展是合理正确的，那么以后20多年间将生产资料优先增长理论绝对化并走向极端，则使得工业化过程中工业对劳动力的吸纳受到较大抑制。大量劳动力仍然滞留在农村，这又加剧了农业人口与资源的矛盾。

另一方面，工业人口增长过慢，又使得城市化进程和第三产业发展受到制约，变得非常缓慢。为了保证优先发展重工业所需要的高积累，自然要实行低工资政策，加上轻工业薄弱和消费品供应不足，城镇的第三产业发展也非常缓慢，部分行业甚至萎缩。据国家统计局对74个城市的调查，每万人所拥有的商业、饮食、服务业网点数量变化如下：1949年为47.6个，1952年为67.2个，1957年为26.4个，1962年为13.2个，1965年为9.5个，1978年为10.8个。② 1978年与1952年相比，农、工、商就业者在全国就业人口中所占比重的变化为：农业劳动者由83.5%降至73.8%，工业由6%上升为12.5%，而商业则由4.7%降至3.2%。

---

① 马洪：《现代中国经济事典》，中国社会科学出版社1982年版，第219页。
② 国家统计局城调队：《中国城市四十年》，中国统计信息咨询服务中心1990年版，第296页。

四、1978 年以前人力资源配置制度的后果

上述的人力资源配置政策和制度，固然可以保证国家的优先发展重工业和国防工业的战略，但是却无助于"赶超"战略的实现。因为，第一，人力资源的绝大部分长期被强制滞留在人均资源短缺、效益低的农业，采取什么制度也不能有效配置，农业必然成为制约经济发展的瓶颈，造成经济发展过程中"资源约束型"的波动；第二，国家通过高积累政策将有限的剩余主要投到重工业，使得本来就稀缺的资本利用率降低，投资的机会成本大大增加，也不利于扩大工业就业者数量，这实际上降低了社会总资本的积累速度。从 20 世纪 60 年代以后，工业的发展不仅不能吸纳农业剩余劳动力，甚至不能大量吸纳有限的城市新增劳动力，城市的就业压力越来越严重，直至政府采取将城市青年大规模下放农村的劳动力"逆向流动"政策。下面的表可以反映出改革开放以前的 20 多年里，人力资本在三个产业中配置比重的变化以及由此造成的直接后果。

1952~1977 人力资源配置变化情况

年份	国内生产总值			就业人员构成			就业者人均国内生产总值		
	A	B	C	A	B	C	A	B	C
1952	50.5	20.9	28.6	83.5	7.4	9.1	198.0	928.0	1030.8
1953	45.9	23.4	30.8	83.1	8.0	8.9	213.0	1127.7	1324.5
1954	45.6	24.6	29.7	83.1	8.6	8.3	216.0	1130.9	1408.2
1955	46.3	24.4	29.3	83.2	8.5	8.3	226.5	1175.0	1440.6
1956	43.2	27.3	29.5	80.5	10.6	8.9	239.5	1148.5	1488.0
1957	40.3	29.7	30.1	81.2	8.9	9.9	222.8	1498.8	1362.5
1958	34.1	37.0	28.9	58.2	26.4	15.4	288.0	687.4	923.7
1959	26.7	42.8	30.6	62.1	20.5	17.4	236.1	1148.3	965.1
1960	23.4	44.5	32.1	65.7	15.7	18.6	200.5	1596.9	970.2

(续表)

年份	国内生产总值			就业人员构成			就业者人均国内生产总值		
	A	B	C	A	B	C	A	B	C
1961	36.2	31.9	32.0	77.1	11.0	11.9	223.6	1380.0	1281.2
1962	39.4	31.3	29.3	82.0	7.8	10.1	213.1	1767.3	1286.9
1963	40.3	33.0	26.6	82.4	7.5	10.1	226.7	2027.9	1223.7
1964	38.4	35.3	26.2	82.1	7.8	10.1	245.4	2383.9	1360.6
1965	37.9	35.1	27.0	81.5	8.3	10.2	278.6	2534.5	1583.8
1966	37.6	38.0	24.4	81.4	8.6	9.9	289.3	2763.9	1539.0
1967	40.3	34.0	25.8	81.6	8.5	9.9	284.1	2295.5	1499.5
1968	42.2	31.2	26.7	81.6	8.5	9.9	278.9	1984.9	1449.5
1969	38.0	35.6	26.5	81.5	9.0	9.5	271.7	2303.1	1632.0
1970	35.2	40.5	24.3	80.7	10.1	9.2	285.5	2622.0	1727.8
1971	34.1	42.2	23.8	79.6	11.1	9.3	291.3	2595.3	1741.5
1972	32.9	43.1	24.1	78.8	11.8	9.4	292.2	2566.2	1793.8
1973	33.4	43.1	23.5	78.6	12.1	9.3	314.9	2644.3	1885.7
1974	33.9	42.7	23.4	78.1	12.4	9.5	323.9	2565.6	1842.2
1975	32.4	45.7	21.9	77.1	13.2	9.6	330.1	2700.5	1782.8
1976	32.8	45.4	21.7	75.7	14.2	10.1	328.9	2418.5	1636.8
1977	29.7	47.1	23.4	74.4	14.6	11.0	321.6	2630.9	1726.9

A 为第一产业，B 为第二产业，C 为第三产业；国内生产总值和就业人员构成的总量均设为 100，就业者人均国内生产总值单位为元。

根据《中国统计年鉴》1993 年、1998 年、2001 年卷整理。

通过上表可以看出，人力资源从农业向非农产业转移很缓慢，26 年里第一产业下降了 17.7 个百分点，但是就业者比重仅下降了 9.1 个百分点，同样，第二产业比重上升了 26.2 个百分点，但是就业者比重仅上升了 7.2 个百分点，这并不是因为农业的经济效益或其增长速度高于工业，使得劳动力有意滞留在农业，26 年里，农业劳动者的年人均 GDP 仅增长了

62.4%，而工业劳动者的年人均 GDP 却增长了 1.84 倍。仅从上表所显示的人力资源配置变化，就可以充分理解为什么改革开放前的 20 多年里，虽然我国工业发展速度并不算慢，但是人民生活水平提高并不多，甚至与世界发达国家、部分周边国家，以及港澳台地区的差距拉大。

尽管长时期内有 80% 左右的劳动力滞留在农业，并且长期推行"以粮为纲"政策，但是到 1978 年为止，仍然没有解决全国人民的"吃饭"问题。尽管这期间品种改良较快，化肥、水利设施等增加较多，但是由于体制的束缚和就业人口的增加，每个农业劳动力提供的商品粮则呈下降趋势，下面是部分年份的情况。

改革开放以前农业劳动生产率变化情况

年份	每个农业劳动力：年净产值（元）	年产粮食（公斤）	提供商品粮（公斤）	粮食净商品率（%）
1953	201	897	188	21.0
1957	207	949	165	17.4
1962	208	749	121	16.1
1965	272	827	143	17.3
1970	283	854	150	17.5
1975	329	950	147	15.4

资料来源：许涤新主编的《当代中国的人口》，中国社会科学出版社 1988 年版，第 296 页。

另据麦迪森计算，1950～1973 年，以美国的劳动生产率水平（每工作小时 GDP）为 100，日本由 16 增长至 48，苏联由 24 增长至 28，捷克斯洛伐克由 29 增长至 34，匈牙利由 21 增长至 28，波兰由 19 增长至 24，韩国由 10 增长至 14。台湾地区由 9 增长至 18，而中国大陆则由 7 降至 6。[1] 中国的劳动生产率与世界水平的差距，这 23 年间是在扩大的。

应该说，以毛泽东为核心的中国共产党第一代领导集体是充分注意到

---

[1] ［英］麦迪森：《世界经济二百年回顾》，李德伟等译，改革出版社 1997 年版，第 23 页。

中国人口多、底子薄这个基本国情的，毛泽东也是试图最充分利用丰富的中国劳动力来替代资本短缺的，"大跃进"时期毛泽东关于兴修水利、农村大办工业以及群众运动的建设方针，都反映出他试图调动和利用中国丰富的人力资源来加速经济发展的想法；同样，"文革"期间兴起的"农业学大寨""社队企业""五七"工厂，都是想充分利用人力资源来加速经济发展；至于1000多万城市知识青年到农村去，更是在城市解决不了就业的情况下，将这些劳动力投入到农村，试图达到既解决城市失业问题，又通过劳动力的投入增加产出的目的。

但是，1978年以前中国劳动力资源的充分开发和利用（许多家庭妇女也走出家门，参加社会生产劳动，城市失业青年转移到边疆和农村），如前所述，没有创造出应有的效益。究其原因，一是我们没有利用国际资源和市场来发挥我国劳动力资源丰富且低廉的优势，当然其中也有外国敌视和封锁我们的原因。二是高度集中的计划管理体制，使生产要素的配置严格控制在中央政府手里，不仅劳动者个人没有择业和流动的自由，甚至农村公社、企业也没有自主转产和决定工资的自由，由于劳动者和企业缺乏自主权，农村社员吃公社的"大锅饭"、城市职工吃企业的"大锅饭"，生产效率自然就受到影响。三是高度集中的决策系统和责、权、利分离的决策机制，使得重大经济决策的科学程度大大降低，大量的人力投入被浪费，尤其是"大跃进"和"文革"期间。

五、1978年以来的人力资源配置体制的转变

1978年党的十一届三中全会以后，就人力资源配置来说，政策和制度都发生了根本性的变化（当然，这个变化是渐进的）。概括地说，就是从过去高度集中的行政性计划配置和对个人择业及流动的严格限制，转变为市场配置为主，个人在择业及流动方面获得越来越多的自由。

这种转变首先从农村开始，20世纪80年代上半期针对人民公社集体经济的农村改革，实质上是一场产权和人身自由的深刻革命：一是对于过去

限制最死、人数最多的农民,先是实行"联产承包责任制"放开了在农业生产内部的严格控制,即取消了集体生产和分配,使农民获得了自由支配自己劳动和收益的自由;二是随后放开了农民从事非农产业的自由,使得许多农民可以转移到收益高的产业;三是松动了农村劳动力流向城市的壁垒。

如果说农村改革是一个打破束缚的解放过程,那么对于旧体制下处于相对优越地位的劳动力,那些素质较高、精英集中的城市人力资源,其配置变化,则是一个比较利益诱导的变迁过程。20世纪80年代上半期迅猛发展的个体经济,其主体是城市劳动力素质相对较低的人口(享受旧体制优惠也最少),但是其利用"短缺"创造的就业和收入,无论是对政府、劳动力素质低的人口、还是劳动力素质较高的就业人员,都是一种示范:自由就业和摆脱国家控制(同时也失去国家的保护)比单纯依靠政府能够创造出更多的财富和收入。1987~1988年和1992~1993年的两次"下海经商"浪潮,标志着城市高素质的劳动力开始大规模自由流动,而90年代下半期以后进行的就业制度深刻改革,如国有企业的改革和实行合同制、放宽对外资企业从业人员的限制、实行公务员制度,取消实行了40多年的大学毕业生由国家统一分配的制度,以及户籍制度的改革,都使得城市人力资源的配置越来越自由化、市场化。

与我国人力资源市场化、自由化进程相一致的,是我国经济获得了20多年的持续高速增长,取得了令世界瞩目的成就。如果从人力资源开发和利用的角度看,这个伟大成就主要是来自于中国丰富人力资源的充分利用,而这种充分利用,又是在政府逐渐放弃对人力资源实行计划配置,改由市场调节的体制变迁过程中。这主要表现在以下几个方面。①农业实行联产承包责任制后,调动了农民的生产积极性,使农业产出大幅度增加,解决了长期困扰中国的"吃饭"问题,使农村生产要素可以大量转移到非农产业。②国家对农民的"放权"改革,使得长期寓于农业的大量富余劳动力可以转移到非农产业和城镇,这部分人力资源(2亿人以上)创造出的财富,是这20多年国民经济高速增长的重要动力。③城市劳动力的自由流动大大提高了人力资源的利用水平。1978年以后,随着改革开放的不断深入,原有的城市劳动力就业和流动受严格限制的格局被打破,个体经济、私营企业、"三资"企业以及经济特区等,与改革后的国有企业、集体企业为劳动力的择业和流动提供了可能和条件,使得"人尽其才""按劳取酬"这些多年来所追求的理想成为现实,这不仅极大地调动了劳动者的积极性,而且刺激了教育的发展和劳动力素质的提高。④中国虽然从总体上看,受教育水平较低,但是由于长期实行计划生育政策、"精英教育"政策和城乡分隔政策,不仅中国城市人口的受教育水平并不低,而且农村也存在大量高素质劳动力。因此从数量上看,中国不仅是一个劳动力资源丰富的国家,也是一个高素质劳动力资源丰富的国家,加上中国劳动力价格比经济发达国家和地区低很多,因此就为大量吸引外资和利用国际市场提供了巨大的优势,而对外开放是中国经济高速增长的主要动力之一。

上述改革开放以来人力资源配置的变化,还可以通过下面的两个表加以量化。概括地说有两点:一是人力资源配置由政府完全控制转变为市场配置为主,劳动者的投资、择业、迁徙以及决定收入水平自由度大大提高;二是由于资源配置方式的变化(包括人力资源),使得人力资源以较快的速度由第一产业转移到二、三产业,并同时提高了二、三产业人力资源的利用率,从而支撑了国民经济的持续高速增长。

1978~2001年劳动力就业情况

年份	城镇:合计	国有单位	其他单位和企业	个体	无固定就业者	乡村:合计	企业	个体	农业就业	城乡合计
1978	9514	7451	2048	15	0	30638	2827	——	27811	40152
1980	10525	8019	2425	81	0	31836	3000	——	28836	42361
1985	12808	8990	3368	450	0	37065	6979	——	30086	49873
1990	17041	10346	3768	614	2313	47708	9378	1491	36839	64749
1991	17465	10664	3910	692	2199	48026	9725	1616	36685	65491
1992	17861	10889	3996	740	2236	48291	10759	1728	35804	66152

(续表)

年份	城镇:合计	国有单位	其他单位和企业	个体	无固定就业者	乡村:合计	企业	个体	农业就业	城乡合计
1993	18262	10920	4117	930	2295	48546	12532	2010	34004	66808
1994	18653	11214	4367	1225	1847	48802	12333	2551	33918	67455
1995	19040	11261	4515	1560	1704	49025	13333	3054	32638	68065
1996	19922	11244	4588	1709	2381	49028	14059	3308	31661	68950
1997	20781	11044	4725	1919	3093	49039	13650	3522	31867	69820
1998	21616	9058	4601	2259	5698	49021	13274	3855	31892	70637
1999	22412	8572	4590	2414	6836	48982	13673	3827	31482	71394
2000	23151	8102	4750	2136	8163	48934	13959	2934	32041	72085
2001	23940	7640	5011	2131	9158	49085	14273	2629	32183	73025

资料来源:《中国统计年鉴（2002）》。

通过上表可以看出,即使不考虑国有单位就业制度的变化,仅从比重上看,在国有单位就业的人口在全部城镇就业中的比重,已经从1978年的78.3%下降至2001年的31.9%；在农村,就上表所列的农业就业者来说,1981年以后,绝大部分已经由集体生产转变为联产承包责任制,农民有了择业和流动的自由。

1978~2001年人力资源配置和利用效率情况

年份	国内生产总值			就业人员构成			就业者人均国内生产总值		
	A	B	C	A	B	C	A	B	C
1978	28.1	48.2	23.7	70.5	17.3	12.2	359.6	2512.9	1759.7
1979	31.2	47.4	21.4	69.8	17.7	12.6	439.7	2642.6	1679.9
1980	30.1	48.5	21.4	68.7	18.2	13.1	466.7	2844.2	1746.9
1981	31.8	46.4	21.8	68.1	18.4	13.5	519.2	2807.8	1792.4
1982	33.3	45.0	21.7	68.5	18.5	13.4	571.0	2844.7	1896.3
1983	33.0	44.6	22.4	67.1	18.8	14.2	629.6	3037.8	1938.0

(续表)

年份	国内生产总值			就业人员构成			就业者人均国内生产总值		
	A	B	C	A	B	C	A	B	C
1984	32.0	43.3	24.7	64.0	20.0	16.0	743.8	3227.7	2294.6
1985	28.4	43.1	28.5	62.4	20.8	16.8	816.4	3723.6	3058.0
1986	27.1	44.0	28.9	60.9	21.9	17.2	884.3	4005.6	3343.1
1987	26.8	43.9	29.3	60.0	22.2	17.8	1012.0	4478.6	3731.8
1988	25.7	44.1	30.2	59.3	22.4	18.3	1187.9	5420.7	4539.2
1989	25.0	43.0	32.0	60.1	21.6	18.3	1272.5	6077.2	5334.4
1990	27.1	41.6	31.3	60.1	21.4	18.5	1305.6	5652.1	4915.0
1991	24.5	42.1	33.4	59.7	21.4	18.9	1367.1	6563.9	5901.0
1992	21.8	43.9	34.3	58.5	21.7	19.8	1512.4	8224.0	7041.1
1993	19.9	47.4	32.7	56.4	22.4	21.2	1838.4	11053.3	8047.1
1994	20.2	47.9	31.9	54.3	22.7	23.0	2591.8	14666.4	9659.7
1995	20.5	48.8	30.7	52.2	23.0	24.8	3381.4	18260.7	10650.5
1996	20.4	49.5	30.1	50.5	23.5	26.0	3981.8	20774.4	11411.4
1997	19.1	50.0	30.9	49.9	23.7	26.4	4091.9	22566.1	12532.6
1998	18.6	49.3	32.1	49.8	23.5	26.7	4136.9	23264.6	13347.6
1999	17.6	49.4	33.0	50.1	23.0	26.9	4046.1	24698.7	14078.5
2000	16.4	50.2	33.4	50.0	22.5	27.5	4058.5	27705.3	15072.7
2001	15.2	51.1	33.6	50.0	22.3	27.7	4001.3	30133.3	15945.4

A为第一产业，B为第二产业，C为第三产业；国内生产总值和就业人员构成的总量均设为100，就业者人均国内生产总值单位为元。

根据《中国统计年鉴》1993、1998、2001年卷整理。

上表的数字反映出：①2001年与1978年相比，仅就就业结构来说，由人均GDP低的农业向人均GDP高的二、三产业转移了20多个百分点，平均每年0.9个百分点，如果按照二、三产业人均GDP是第一产业的4倍估算，这种人力转移即可为每年的GDP总量带来2.7%的增长；②此表除了反映出人力资源在三个产业之间变化所带来的经济增长成果外,还可以进一步说明前表的结果,这就是第一产业就业者人均国内生产总值与二、三产业之比,在 80 年代呈现出逐渐缩小的趋势。这一方面说明率先进行深刻改革的农村,充分调动了农民的积极性,使农业中长期受到压抑的人力资源可以充分得到释放;另一方面,说明第二、三产业虽然总量增长很快,但是由于大量进入的是乡镇企业和城市个体经济,生产规模和人均资本都不大,而国营企业改革相对滞后,呈现出第一产业推动二、三产业发展的奇特景观。90 年代以后,随着农业改革所释放的能量趋于平静,而二、三产业则获得了改革所带来的动力,冗员大大减少,就业者效率提高很快,人均 GDP 与第一产业的差距又呈现出扩大趋势。同时,1997 年以后,第一产业人均 GDP 还呈下降趋势,这也说明我国的经济发展还有很大的空间,人力资源的利用还有很大的余地(改革开放 23 年里,第一产业就业者比重虽然下降了 20 个百分点,但仍然高达 50%,按照目前农业剩余 1.5 亿劳动力估算,至少还可下降 20 个百分点以上),如果政策措施得当,大量农业劳动力向非农产业的转移还会在未来 20 年里使中国经济继续保持高速增长。

1949～1978年中国"剪刀差"差额辨正

关于剪刀差问题的研究热，可以说从20世纪整个80年代持续到90年代前期，虽然成果很多，但是歧义也不少，计算结果自然也是多种。本文之所以重提这个旧课题，并不是希望重新引发对其的探讨，而是因为近来不断看到有文章在引用"剪刀差"来说明农民为工业化积累资金的贡献时，往往忽略了不同概念和计算方法的差异，数字大的不合情理，从而误导读者。

一、关于"剪刀差"的概念

溯本探源，"剪刀差"概念产生于20世纪20年代的苏联。"剪刀差"最初源于"超额税"。苏联在1921年初走上和平建设轨道后，国家为加快积累工业化资金，人为地压低农产品收购价格，使得部分农民收入在工农业产品交换过程中转入政府支持发展的工业部门，当时人们把农业和农民丧失的这部分收入称为"贡税"或"超额税"。1923年上半年，政府的工业和商业部门又再次提高工业品价格，使本来已被政府强制压低的农产品的相对价格水平又大大降低。到1923年10月，同1913年相比，农民需要相当于原来2.8倍的农产品才能换到等量的工业品。苏联政府的这一行为先是引起农民的不满，农民以不买或尽可能少买工业品来抵制，于是导致工业品市场萧条，许多工厂发不出工资，结果又引起工人的不满。在这样的背景下，苏共中央召开了政治局会议和九月中央全会。会议在斯大林的主持下第一次把农业流入工业的超额税正式称作"剪刀差",并且在中央委员会下设立了"剪刀差"委员会,专门从事研究和调整"剪刀差"的工作。从此,"剪刀差"这一名词便流传开来。

苏联的"剪刀差"概念在 30 年代被介绍到我国。1949 年新中国成立后,由于工农生产在战争中遭受的破坏程度不一样,恢复的速度不一样,以及恢复发展工业所需资金和人力资源的短缺,使得工农业产品的比价在抗日战争和解放战争的十几年间扩大了很多。1950 年工农产品比价与抗日战争前的 1930~1936 年相比,扩大了 34.4%,农民在交换中吃亏很多。因此不少人就采用"剪刀差"这个词来形容工农产品比价扩大的现状,但是此时中国使用的"剪刀差"已经与当年苏联的"剪刀差"概念有所不同了,它不是指那种政府依靠人为扩大工农产品比价来积累工业化资金的政策表现,而是指工农产品比价的不合理状态。例如,1951 年 4 月,第二次全国物价工作会议专门讨论的工农业产品"剪刀差"问题就是出自上述概念。以后的学者也多是从这个概念来研究"剪刀差"问题。

可以看出,"剪刀差"概念自被引进我国以后,已经针对中国的国情,被发展和广义化了。正如张西营等概括的那样:"'剪刀差'是理论界对不合理的工农业产品比价关系的形象概括。从一定意义上讲,工农产品的比价关系的状态、变化趋势,也就是'剪刀差'的状态和变化趋势。工农产品价格及其比较在任何时期、任何国家都是客观事实,用某种标准去衡量这种比价的合理性也就是研究'剪刀差'的有无、大小。"[①]

剪刀差问题研究在新中国成立以后出现过两次热潮。第一次研究热潮发生于 50 年代,针对旧中国遗留的剪刀差和如何缩小它展开的,以 1956 年毛泽东在《论十大关系》中提出缩小剪刀差、不学苏联后,开展大规模研究为高潮。当时主要是研究比价问题,即现在所说的"比价剪刀差"。到 1959 年,随着工农产品比价缩小到抗战前的水平,一般都认为剪刀差问题解决了,中国已经不存在剪刀差了。第二次研究热潮发生于 70 年代末,一

[①] 张西营、邢莹:《新时期的剪刀差及剪刀差研究的新时期》,《经济研究》1993 年第 5 期。

直持续到 90 年代初期。1978 年以后，鉴于工农收入差距的扩大和工农产品交换中存在的不合理现象，用比价剪刀差理论显然不能解释。为配合改革，人们开始从价值的角度去研究剪刀差问题，即现在所说的"比值剪刀差"。由于计算和比较价值是件复杂困难的事，特别是在认为价格不能准确表示价值的条件下，因此关于比值剪刀差的研究引起不少人的兴趣，采用了多种计算方法，产生了很多研究成果。

较早研究剪刀差问题的黄达认为：实际资料告诉我们，要想在剪刀差的变动中，也即在工业品价格指数和农产品价格指数的对比变动中找出"等价交换"的点是不可能的。"剪刀差和劳动价值论中的等价交换之间存在着什么联系，也还是远未搞清的问题。"[1] 因此，黄达只能在如下两个理论前提下，考察近代工农产品比价变动情况。①在资本主义世界，剪刀差问题的实质是先进的资本主义工业剥削落后的农业，是先进的资本主义工业城市剥削落后的农村，是先进的资本主义工业国剥削落后的农业国，特别是附属国和殖民地。这是伴随着资本主义关系而产生的一个现象。②工农产品价格剪刀差的出现始于鸦片战争之后。黄达得出如下结论：鸦片战争以来，工农产品比价"在不断上下波动的过程中，剪子口张张合合，有时差距很大，但却有一定的界限；就上述的将近百年间看，不论基期选定在何处，工业品换取农产品的指数，其波动的上限与下限之比很少能突破100%"。但是 20 世纪 30 年代，由于受世界性的农业危机影响，中国农产品的价格猛跌，剪刀差急速扩大，抗日战争爆发以后到 1949 年新中国成立前，受战争的影响，剪刀差继续扩大。1950 年工业品换取农产品的指数，比 1930~1936 年的平均水平约扩大了 34.5%。[2] 因此，他对 50 年代至改革开放以前讨论缩小剪刀差问题时往往以 1930~1936 年为基期，表示怀疑。但同时也认为并不能拿工业品换取农产品指数的特低点 1926 年为"基本按价值交换的点"，因而这个点无法确定。

---

[1] 黄达：《工农产品比价剪刀差》，中国社会科学出版社 1990 年版，第 4 页。
[2] 黄达：《工农产品比价剪刀差》，中国社会科学出版社 1990 年版，第 1~2、6、14 页。

叶善蓬著的《新中国价格简史》叙述剪刀差问题时，即是按照当时的概念，如上所述，以1930~1936年为基期的，这的确也是50年代政府缩小工农产品价格比的参照系和目标。他认为，到1957年剪刀差基本缩小到抗战前的水平。对于1958~1978年的剪刀差，则认为表面上看工农产品比价，即剪刀差在缩小，"从1952年到1977年，农产品收购价格提高了72.4%，而农村工业品零售价格上升0.1%，但同期工业劳动生产率提高了161.5%，而农业劳动生产率只提高了24.8%。在剔除了劳动生产率的影响之后，从等价交换的角度考察，剪刀差扩大了20%左右"[1]。

李子超等编著的《当代中国价格简史》也认为"新中国的剪刀差是旧中国遗留下来的"[2]。到1957年基本缩小到抗战前的水平。对于1958年以后的农产品价格，认为偏离价值较大的主要原因是农产品生产成本上升幅度大，这主要是由于压抑农民积极性和向非农产业转移的体制和政策造成的。[3]

严瑞珍等则认为："剪刀差有两种表现形式，以价格动态表现和以价格偏离价值程度表现。价格动态表现的剪刀差称比价剪刀差，指以一定时间为基期，工业品价格相对愈来愈高，农产品价格相对愈来愈低，在统计图上呈张开的剪刀状。……但是，判断商品交换的价格是否合理，不能仅仅依据商品价格本身如何变化，还要看商品本身所包含价值量的变化。事实上，比值剪刀差才真正反映剪刀差的实质。"[4]

王耕今等使用的概念为："所谓工农产品不等价交换，是指在交换过程中人为地压低农产品价格、抬高工业品价格。"一是从价值的角度看，农产品按低于其价值的价格出售，而工业品则按高于其价值的价格出售，这种由价格反映的价值差距就是剪刀差；二是从交换的角度看，将充分竞争条件下的市场价格视为"等价交换"，而将垄断造成的对市场价格的偏离视为

---

[1] 叶善蓬：《新中国价格简史》，中国物价出版社1993年版，第178~179页。
[2] 李子超、卢彦：《当代中国价格简史》，中国商业出版社1990年版，第26页。
[3] 李子超、卢彦：《当代中国价格简史》，中国商业出版社1990年版，第78~79页。
[4] 严瑞珍等：《中国工农业产品价格剪刀差的现状、发展趋势及对策》，《经济研究》1990年第2期。

"不等价交换",这种国家的计划价格与市场价格的偏离就是剪刀差。①

王忠海则认为:应该还剪刀差的本来面目,即"超额税"型剪刀差理论。沿袭斯大林时期的提法,专指政府强制压低农产品价格、提高或相对提高工业品价格,使资金从农业"流入"工业的现象。②

张西营、邢莹则认为:剪刀差是理论界对不合理的工农业产品比价关系的形象概括。从一定意义上讲,工农产品的比价关系的状态、变化趋势,也就是剪刀差的状态和变化趋势。工农产品价格及其比较在任何时期、任何国家都是客观事实,用某种标准去衡量这种比价的合理性也就是研究剪刀差的有无、大小。研究表明,在封建社会,宫廷贵族凭借国家工具,对农民实行掠夺性的价格政策,出现过一定程度的剪刀差;当代的一些发展中国家(尤其是原苏联阵营的一些社会主义国家)存在与我们类似的剪刀差;西方市场经济国家农产品过剩,从全球战略的角度出发,对农产品实行支持价格,形成一种"逆向剪刀差"或"反剪刀差"。可见,理论界虽然对剪刀差的有无、方向、大小存在不同的认识,但总的说来,剪刀差研究的对象和范围是清晰的。剪刀差的狭义概念固然出自原苏联,却未曾妨碍和限制我们对其进行的深化和运用。既然工农业产品比价是一个客观存在,而该比价又随各种经济关系、经济背景变化而变化,在以往的探索中我们已把不合理的比价关系(交换关系)称为剪刀差,现在和未来也同样可以将不合理的比价关系称为剪刀差。③

韩志荣则认为:"工农商品比价剪刀差计算公式为:工农业商品交换比价指数 = 农村工业品零售价格指数 ÷ 农产品收购价格指数 × 100。另一种计算方法是:把这个公式中的分子作为分母。计算结果,小于 100,表示农产品收购价格上涨幅度超过农村工业品零售价格的上涨,为剪刀差缩小,对农民有利,农民的贸易条件改善;大于 100,表示农村工业品零售价格上涨

---

① 王耕今、张宣三:《我国农业现代化与积累问题研究》,山西经济出版社 1993 年版,第 88~89 页。
② 王忠海:《走出"剪刀差"的误区》,《经济研究》1993 年第 1 期。
③ 张西营、邢莹:《新时期的剪刀差及剪刀差研究的新时期》,《经济研究》1993 年第 5 期。

超过农产品收购价格的上涨，称为剪刀差扩大，对农民不利，农民的贸易条件恶化。""有的教科书和文章把商品比价剪刀差定义为'是一种不等价的交换'，笔者认为这与上述计算公式不符，与它在历史上的本来面貌不符。因此，我把商品比价剪刀差定义为'工农业商品比价剪刀差是指工农业商品价格变化趋势的一种经济现象'。从上述大家公认的计算公式看，它是以工农商品价格指数为根据，着眼于价格水平的变化，根本不涉及成本升降以及价值量的变化问题。当然，价格是价值的货币表现，价格的变化可能包括价值量变化以及其他经济、政治方面的原因，这是需要另外深入研究的问题，但工农商品比价剪刀差本身并不涉及价值量的问题。农民不知道农产品的价值量增加了没有，但农产品交换工业品的数量是增加了还是减少了，农民心理是有数的。因此，比价剪刀差具有最直观、最敏感、最为重要的性质，直接关系到农民的利益。"为了补充比价剪刀差的不足，他又提出"农民收支比价剪刀差"和"工农收入剪刀差"两个概念。①

三、关于剪刀差的计算方法

对于剪刀差差额的计算，显然如前面黄达所说，是一个非常困难的问题。由于新中国成立以来的30年里，工农产品比价在缩小，而人们感觉剪刀差不但没有缩小反而在扩大，因此在比价剪刀差理论"失灵"的情况下，比值剪刀差理论则大行其道。人们用来计算工农业产品"等价交换"点的办法只能是其价值，而价值中难以计算的，又是工农业产品各自包含的必要社会劳动。于是折合工农业劳动的方法就成为计算剪刀差的关键问题。一个工业劳动力折合的农业劳动力越多，价值剪刀差就越小，反之，价值剪刀差就越大。

最早计算价值剪刀差中工农业劳动比的方法，是按照按劳分配原则，根据工业劳动者与农业劳动者的报酬来折算，认为劳动报酬的差别基本上

---

① 韩志荣：《工农三大剪刀差及其现状分析》，《经济研究》1996年第10期。

反映了他们之间的劳动差别：我国平均每个工人的月工资60余元，扣除节假日，平均每天2.4元左右，而平均每个农业劳动力的日工分值暂定为0.8元，因此得出三个农民的劳动等于一个工人的劳动。按照这个比例计算，1952年农产品价格低于价值17.4%，同期工业品价格高于价值27.3%，剪刀差差额为102.3亿元；1957年农产品价格低于价值33.6%，同期工业品价格高于价值38.8%，剪刀差差额为271.6亿元；1977年农产品价格低于价值34%，同期工业品价格高于价值19.6%，剪刀差差额为690.7亿元。①

李炳坤认为上述折算方法不科学：工人的报酬是农民的3倍，在很大程度上正是由于工业品高于价值、农产品低于价值造成的，这种把问题的结果作为研究同一问题的前提的方法，是站不住脚的。因此，他采用与他国比较的办法来折算：经济发达的资本主义国家大体上是一个工业劳动力等于一个农业劳动力；苏联自己公布的数字为一个工业劳动力大体等于1.4个农业劳动力；考虑到中国工农业劳动的复杂程度差别比苏联大，可定为一个工业劳动力等于两个农业劳动力。按照这个比例计算，1952年农产品价格低于价值22.6%，同期工业品价格高于价值42%，剪刀差差额为141.2亿元；1957年农产品价格低于价值38.8%，同期工业品价格高于价值53.9%，剪刀差差额为339.9亿元；1977年农产品价格低于价值14.1%，同期工业品价格高于价值28.5%，剪刀差差额为934.8亿元。②

据杨方勋说：苏联剪刀差的计算方法，是采用先把工业和农业的劳动换算成可比劳动，然后用这种可比劳动所应创造的价值分别与工农业总产值进行比较，其背离的幅度，就是价格剪刀差的大小。可比劳动的换算方法是：由于复杂劳动与简单劳动所创造的价值有差别，把工业部门工人的劳动作为标准劳动，等于1，把国营农场工人的劳动打15%的折扣，等于0.85，把集体农庄庄员的劳动打30%的折扣，等于0.7。这样折算是考虑了农业中一年劳动的天数、劳动力的强弱、劳动的技艺都与工业有差别；这

---

① 李炳坤：《工农业产品剪刀差问题》，农业出版社1981年版，第44~46页。
② 李炳坤：《工农业产品剪刀差问题》，农业出版社1981年版，第48页。

个折算，还参照了苏联工业、国营农场和集体农庄的劳动报酬水平。上述计算的结果，苏联1976年的农产品价格低于价值17%，工业品价格高于价值3.5%，剪刀差差额为20.5%。① 上述计算方法，是以工农业中不存在过剩劳动力为前提的。

严瑞珍则按照工农业劳动者的文化程度进行折算："首先，通过1982年第三次全国人口普查资料，得出工农业劳动力受教育年限的差别，再乘以教育费用，计算出工农业劳动力在熟练程度上的折合系数0.7；其次，通过半、辅农业劳动力折合相当于工业的整劳力及农业中剩余劳动力的存在，求出折合率0.645；综合上述的两个因素，农业劳力折合成工业劳力的折合系数为0.45（1×0.7×0.645），即一个农民在劳动能力上大体相当于0.45个工人。"根据这一折合系数计算，1982年按全部农产品计算的价格转移总额为740亿元。但是，真正从农业中通过剪刀差转移出农业的只是商品农产品部分，故剪刀差的绝对额应是288亿元。"我们有了1982年作为基期的剪刀差的值，就可以计算其他任何一年（目标年）的剪刀差。办法是：首先找出影响剪刀差变化的诸因子，求出目标年诸因子与1982年相应诸因子的相对数，然后根据这些因子与剪刀差有关指标的比例关系，间接求得目标年的剪刀差。考虑到整个计算要以基期（1982年）的剪刀差的值为参照数，从而把这种方法命名为比值剪刀差动态变化相对基期求值法。"②

下面是严瑞珍的计算结果。"1952年以来，中国剪刀差的变化经历了两个阶段。1978年以前逐步扩大，价格与价值相背离，最严重的为1978年，剪刀差比1955年扩大44.65%，达364亿元，相对量上升到25.5%，农民每创造100元产值，通过剪刀差无偿流失25.5元。1978年以来，剪刀差大幅度缩小，1982年比1978年缩小58.97%，1984年、1986年又分别缩小了6.54%和4.55%。但1986年仍然存在剪刀差，达292亿元，而1987年比1986年又稍稍扩大了1.44%。""从1953年到1985年全国预算内的固定资

---

① 转引自杨方勋：《农产品价格研究》，中国社会科学出版社1985年版，第118~119页。
② 严瑞珍等：《中国工农业产品价格剪刀差的现状、发展趋势及对策》，《经济研究》1990年第2期。

产投资共7678亿元,平均每年240亿元左右,大体相当于每年的剪刀差绝对额。可以说,30多年来国家工业化的投资主要是通过剪刀差取得的,是剪刀差奠定了中国工业现代化的初步基础。"①

李微也赞同并采用了严瑞珍的这种计算方法。她的计算结果为"1953~1978年间,农民出售农产品少获得的货币收入为2612.6亿元,农民购买工业品多付出的货币为763亿元,即剪刀差的差额为3375.6亿元"②。与此同时,她与冯海发采用上述方法计算的结果为:"1952~1990年,我国农业通过剪刀差方式为工业化提供了高达8708亿元的资金积累,平均每年223亿元。"③

另外,还有按照劳动力生产装备的价值比来折算工农业劳动的。采用这种计算方法的人认为:一个劳动力的生产装备如何对其创造价值的大小有很大影响;劳动创造价值,资金亦应支付报酬。这种方法根据有关资料计算了1980年固定资产装备情况:全国工农业可比劳动力平均固定资产装备额为1788元,其中工业劳动力人均5595元,农业劳动力人均765元,一个工人相当于7.3个农民。④根据这种计算方法,反而出现少量的反剪刀差。但是这种计算方法和结果难以令人信服,一是农业固定资产是估计推算的,没有包括土地;二是从经验上也难以相信一个工人相当于7个农民。

韩志荣对上述几种计算方法均不满意,认为没有考虑到工业品的内部交换问题、农产品的商品率问题,以及工农业产品交换中的工业品结构问题等因素,他考虑到上述因素和参考国内外工业利润率,认为"我的初步看法是:我国工农业商品比值剪刀差问题不是很大,即使有也很小"⑤。

进入20世纪90年代以后,王耕今等从前述的两个角度出发,认为前述的几种计算剪刀差的方法不够准确,于是另外采用了两种计算方法。第一种方法是从价值角度,根据马克思主义的价值与劳动生产率成反比的原理,按照

---

① 严瑞珍等:《中国工农业产品价格剪刀差的现状、发展趋势及对策》,《经济研究》1990年第2期。
② 李微:《农业剩余与工业化资本积累》,云南人民出版社1993年版,第302~303页。
③ 冯海发、李溦:《我国农业为工业化提供资金积累的数量研究》,《经济研究》1993年第9期。
④ 韩志荣:《关于工农业商品剪刀差三个重要问题的研究》(下),《价格理论与实践》1990年第12期。
⑤ 韩志荣:《关于工农业商品剪刀差三个重要问题的研究》(下),《价格理论与实践》1990年第12期。

劳动生产率变化来计算剪刀差。其前提是工农业产品价格的变化完全受劳动生产率变化的影响，并从理论上假定1952年工农产品价格水平是合理的。计算结果为：在1953~1978年的26年间，农产品国家收购价格低于其价值90%左右；工业品中的农用生产资料价格高于其价值44%左右。这种计算方法显然有两个问题。一是农业劳动力和工业劳动力的素质和有效劳动时间上有很大差异（可以表现为劳动力价格），因此其活的劳动也不能只从劳动力数量上和劳动时间上比较，农业劳动主要是简单体力劳动；并且由于农业劳动力过剩严重，平均每个劳动力的有效劳动日很短，这与工业劳动几乎不能相比。二是国家收购的农产品应该扣除返销于农村的那部分，同样，销往农村的工业品还应该包括生活资料，这部分比重很大，并且价格与城市一样不高。

上述折算，没有扣除农业中存在的大量剩余劳动力，王耕今等的理由是："农业剩余劳动力（实际上是季节性剩余）虽然从理论上说不创造新的价值，但在实际上却要参与分享新创造的价值，否则这部分劳动力就无法实现自身的再生产。因此，计算农业劳动生产率时不应把剩余劳动力剔除出去，这样才能反映包含着经济结构变动和技术变动关系的劳动生产率的真实含义。"[①] 问题在于，第一，这里计算农业劳动生产率的目的是要计算农产品的价值，用于与工业品比较，因此农产品上凝聚的劳动应是必要劳动或有效劳动，而不是劳动力的数量和劳动的数量；第二，改革开放前中国农业因体制原因滞留着大量剩余劳动力，几乎是不争的事实，把这些人也列入计算农业劳动生产率，显然不能真实反映中国的农业生产力水平和农业社会必要劳动时间。根据计算，1953~1978年的26年里，国家通过压低农产品价格剥夺农业积累的金额达8019.7亿元，平均每年308.45亿元；同期，通过抬高工业品价格剥夺农业积累的金额达1475.24亿元，平均每年56.74亿元；两项合计达9494.94亿元。[②]

王耕今等的第二种计算方法，是按照国家计划价格与市场价格的偏离

[①] 王耕今、张宣三：《我国农业现代化与积累问题研究》，山西经济出版社1993年版，第113~114页。
[②] 王耕今、张宣三：《我国农业现代化与积累问题研究》，山西经济出版社1993年版，第75~76页。

程度计算的。其所采用"计划价格"是采用包括超购加价在内的农副产品收购价格总指数，所采用的农副产品"市场价格"，是集市贸易消费品价格指数。根据这种方法，农产品剪刀差主要集中在1960~1978年的19年间，平均差价在58.5%；这19年累计两种农副产品价格差额为1958.71亿元，平均每年103.09亿元；其中粮食一项的差额累计达644.6亿元，平均每年33.93亿元。这种方法虽然可能比前一种按照工农业劳动生产率计算更准确，但是也存在一个问题，即国家对主要农副产品实行统购统销后，自由市场价格在多大程度上反映"市场价格"，因为在短缺和持币待购的条件下，加上自由市场农副产品供给非常有限，其价格应该高于完全开放的市场价格，这种差额可以与1953年统购统销前的市场价格相比推算出来。但是王耕今等则认为这种方法"不能反映真实情况"。①

崔晓黎也是采用这种方法。他通过农产品（主要是粮食）的国家统购价格与市场价格的差异，来计算国家通过统购统销到底从农民那里获取了多少无偿的资金。他的计算结果为：1959年以前，粮食供销不存在显著的牌市差价。"1960年以后，仅粮食一项通过牌市差价农民实际多贡献的总金额为1318.14亿元，加上农业税（均按可比市价计算下同），总额为3053.7亿元。1960年以前的农业税总金额合计为224.27亿元。这样计算，自1953年实行统购统销政策以来，直到1984年，农民实际的无偿贡献总额为3282.97亿元。其他经济作物、畜产品及农副产品的无偿贡献份额，按该项收入通常占农民收入的三分之一左右的概数计算，大约不低于1000亿元，这样全部总额就达到4282.97亿元。"② 按照上述计算，如果减去农业税，农民通过牌市差价给国家的无偿贡献为2323.14亿元。

温铁军在《中国农村基本经济制度研究》一书中也引用了上述估算方法："据估算，1959~1984年，国家征购粮食共约1.25亿公斤。统购与市

---

① 王耕今、张宣三：《我国农业现代化与积累问题研究》，山西经济出版社1993年版，第88~102、110页。
② 崔晓黎：《统购统销与工业积累》，《中国经济史研究》1988年第4期，第133页。

场价格的差额约为 2500 亿元。"①

此外，还有一些没有说明计算方法的数字。如根据张象枢等的计算，1952~1986 年，国家通过剪刀差从农业中隐蔽地抽走了 5823.74 亿元，加上农业为国家交纳的税收 1044.38 亿元，两项合计 6868.12 亿元，约占农业新创价值的 18.5%。② 另根据国务院农业发展研究中心 1986 年的推算和温铁军引用，"1953~1978 年，计划经济时期的 25 年间，工农业产品价格剪刀差总额估计在 6000~8000 亿元。而到改革开放前的 1978 年，国家工业固定资产总计不过 9000 多亿元。因此可以认为，中国的国家工业化的资本原始积累主要来源于农业。"③

又如中共中央政策研究室、国务院发展研究中心的"农业投入"总课题组估计，在 1950~1978 年的 29 年中，政府通过工农产品剪刀差大约取得了 5100 亿元收入，同期农业税收入为 978 亿元，财政支农支出 1577 亿元，政府提取农业剩余净额为 4500 亿元，平均每年从农业部门流出的资金净额达 155 亿元。1979~1994 年的 16 年间，政府通过工农产品剪刀差大约取得了 15000 亿元收入，同期农业税收入为 1755 亿元，财政支农支出 3769 亿元，政府提取农业剩余净额为 12986 亿元，平均每年从农业部门流出的资金净额达 811 亿元。④

四、回到价值规律的计算方法和结果

我赞同张西营、邢莹关于"剪刀差"问题已经由原来的狭义发展为广义的，即对工农业产品比价的研究。但是作为对特定的计划经济历史阶段剪刀差的研究，仍然应该遵循狭义的概念，从剪刀差是政府制定的工农产品价格与市场价格背离的角度，研究农业剩余是怎样转化为工业利润并成

---

① 温铁军：《中国农村基本经济制度研究》，中国经济出版社 2000 年版，第 175~176 页。
② 张象枢等：《中国农业巨变与战略抉择》，中国物价出版社 1993 年版，第 47 页。
③ 温铁军：《中国农村基本经济制度研究》，中国经济出版社 2000 年版，第 177 页。
④ 农业投入总课题组：《农业保护：现状、依据和政策建议》，《中国社会科学》1996 年第 1 期。

为国家工业化积累的。要研究这个问题，由于产品的价值难以判断，而价格的变动则是可查的，因此还得回到最基本的原理，即价值规律：在市场条件下，产品价格围绕价值上下波动。

根据这种认识，我认为在研究 1949~1978 年"剪刀差"情况时，可以假设：在比较充分的市场条件下，即市场配置资源的环境里，即使在某一时期因农业劳动生产率提高速度慢于工业而存在工农业产品价格剪刀差，但是这种剪刀差不仅是工业化过程的自然规律，而且是有利于农民向工业转移和加速工业化的，最终是有利于农业现代化的；因而对此可以忽略不计，或者说不必人为地依据某种理论来规定工农业产品的合理比价。依据这个假设，我们可以姑且认为在工农产品自由交换的市场条件下，1953 年统购统销以前剪刀差即使存在，也是合理的（尽管此后政府努力缩小 1953 年以前形成的工农产品比价，使其趋于更合理），可以忽略不计。

鉴于计算工农业价值的劳动和劳动率方法很难准确估计工农业产品各自所包含的活的劳动及其价值，因此我采用第二种计算方法，即通过农副产品和工业品的国家计划价格与自由市场价格以及国际价格的比较，看剪刀差程度，同时通过扣除国家返销农村的农副产品以及大宗销往农村的工业品数量，来看其差额到底有多大。

1952~1978 年农副产品收购价格和数量变动情况

项目 年度	集市贸易价格指数（以 1952 年为 100）	农副产品国家收购价格总指数（以 1952 年为 100）	来自农村的农副产品收购量（亿元）①	集市价格与国家收购价格指数差额②	来自农村的农副产品收购量两种价格差额（亿元）	农村工业品零售价格指数（以 1952 年为 100）
1953	103.9	109.0	155.7	-5.1	-7.9	98.6
1954	106.3	112.4	179.2	-6.1	-10.9	100.5
1955	106.1	111.1	180.9	-5.0	-9.0	102.0
1956	105.9	114.5	180.6	-8.6	-15.5	101.0

(续表1)

项目年度	集市贸易价格指数（以1952年为100）	农副产品国家收购价格总指数（以1952年为100）	来自农村的农副产品收购量（亿元）①	集市价格与国家收购价格指数差额②	来自农村的农副产品收购量两种价格差额（亿元）	农村工业品零售价格指数（以1952年为100）
1957	108.9	120.2	208.1	-11.3	-23.5	102.2
1958	117.5	122.9	222.2	-5.4	-11.9	101.5
1959	119.0	125.1	265.2	-6.1	-16.2	102.5
1960	136.6	129.4	208.0	7.2	14.9	105.3
1961	491.8	165.6	196.0	326.2	639.4	110.5
1962	319.6	164.6	203.0	155.0	314.7	115.4
1963	241.2	159.9	232.0	81.3	186.9	114.2
1964	167.8	155.8	263.0	12.0	31.6	112.2
1965	173.2	154.5	299.3	18.7	55.9	107.9
1966	175.3	161.0	336.9	14.3	48.2	104.8
1967	178.2	160.8	335.4	17.4	58.4	104.0
1968	178.2	160.5	328.9	17.7	58.2	103.7
1969	178.1	160.3	314.7	17.8	56.0	102.2
1970	178.1	160.4	337.7	17.7	59.8	102.0
1971	193.8	163.1	358.0	30.7	109.9	100.5
1972	209.6	165.4	364.3	44.2	161.0	99.9
1973	220.7	166.8	421.3	53.9	227.1	99.9
1974	224.8	168.2	430.9	56.6	243.8	99.9
1975	233.8	171.6	457.3	62.2	284.4	99.9
1976	243.1	172.5	448.8	70.6	316.9	100.0
1977	237.2	172.0	478.0	65.2	311.7	100.1
1978	221.6	178.8	530.1	42.8	226.9	100.1
1979	211.6	218.3	677.6	-6.7	-45.4	100.2

(续表2)

项目\年度	集市贸易价格指数（以1952年为100）	农副产品国家收购价格总指数（以1952年为100）	来自农村的农副产品收购量（亿元）①	集市价格与国家收购价格指数差额②	来自农村的农副产品收购量两种价格差额（亿元）	农村工业品零售价格指数（以1952年为100）
1980	215.8	233.9	797.7	−18.1	−144.4	101.0
1981	228.3	247.7	908.0	−19.4	−176.2	102.0
1982	235.8	253.1	1031.0	−17.3	−178.4	103.6
1983	245.7	264.2	1206.0	−18.5	−223.1	104.6

①这里包括对农村的返销部分。就约占国家农副产品收购总额1/3的粮食来说，国家统购后返销农村的部分约占收购总量的1/4~1/3左右，其他农副产品返销比重则较低。

②假设统购统销前的1952年集市价格与国家收购价格是一致的。实际上，当时市价确实是围绕国家牌价上下小幅度波动的。

资料来源：国家统计局贸易物价统计司：《中国贸易物价统计资料（1952~1983）》，中国统计出版社1984年版。

如果根据经验和史料来看上述数据，有以下5点需要说明。①1960年以前国家收购价格高于集市价格，在1953~1957年，是出于两种考虑：一是减少农民对统购统销和合作化的抵触，顺利实现社会主义改造；二是吸取苏联教训，主动缩小工农产品剪刀差。但是1958和1959年，则可能是由于实行"一大二公"，集市贸易萧条所致。②三年困难时期农产品集市价格与国家收购价格严重背离，是因大饥荒造成的，不应看作常态。③这里所用的集市贸易价格指数，在短缺的条件下，由于可供交易的农产品很少，价格应该是高于开放条件下的市场价格。④1979年以后，随着国家提高收购价格和农产品供给的增加，集市价格与收购价格之比重新回到1957年以前的状态，很难再说是国家依靠人为定价来获取剪刀差收益。⑤由于工业品没有集市贸易价格，无法确定农村工业品的国家和合作社价格与自由市场价格的差异，因而无法判断两种价格的背离情况，但是根据经验和史料，国家提供给农民的工业品在1957年以前是有优惠折扣的，1958年以后起码是与城市相同。另外，从农村工业品结构来看，主要是生产资料和普通生活消费品，而在1978年以前，政府实行优先发展重工业战略，生产资料价格偏低，生活必需品价格也偏低，农村市价（或黑市价格）高于国家计划供应价格10%应是偏于保守的估计。① 这里姑且假设工业品不存在差价。

根据上表，由国家通过统购统销获取的农产品计划价格与市价的差额，集中于1960～1978年，这也与崔晓黎、王耕今（第二种计算）一致。按照上表计算，在这19年间，国家通过统购统销共获取牌市价差额3405.7亿元，如果按照农产品收购量中有15%返销于农村来扣除，则国家获取的差额为2894.8亿元。如果从1953年实行统购统销算起，还应再扣除1953～1959年间的负差94.9亿元，则为2800亿元。因此可以说，在改革开放以前，国家通过统购统销获取的牌市价差额为2800亿元，约占同期农业国民收入（16523亿元）的17%。而同期农业税则为897.6亿元，占农业国民收入的5.4%。

五、几点思考

1. 新中国成立以来，党和国家领导人从主观上来说，始终没有像苏联那样故意扩大剪刀差去积累工业化资金，而是试图逐步地缩小剪刀差。正如毛泽东1957年所说："我们统购粮食，是按照正常的价格，国家在工业品和农业交换中间从农民那里取得到的利润也很少。我们没有苏联那种义务交售制度。我们对于工农业产品的交换是缩小剪刀差，而不是像苏联那样扩大剪刀差。我们的政策跟苏联大不相同。"② 尽管后来事与愿违，但这一点是必须澄清的。

2. 过去过高估计了剪刀差差额，夸大了国家对农业剩余的索取。实际

---

① 参见崔晓黎：《统购统销与工业积累》，《中国经济史研究》1988年第4期。
② 《毛泽东选集》第5卷，人民出版社1977年版，第336页。

上，改革开放以前主要的问题是统购统销和农业集体生产制度束缚了农民的自主权，压抑其发展农业的积极性，限制了广大农民向利润高的非农产业转移。换句话说，限制了农民把蛋糕做大，因此国家即使拿走不多，农民仍然很苦。假设如果现在继续不让农民从事非农产业和流动，仍然将其束缚于集体生产的农业，即使将全部农业剩余都归农民所有，其出售农产品价格与国际市场持平，农民仍然非常贫困。

3. 通过剪刀差转移的无形的农业资金，是通过工业部门的低价原料、职工的低工资（即降低成本）方式，以工业利润形式积累起来，并不是国家直接额外拿走了如此数量的实物。

4. 由于夸大了剪刀差差额，就忽视了工业在积累和经济发展中的作用。实际上，即使扣除剪刀差的因素，工业本身的发展和积累，仍然是我国工业化的主要途径，大力发展工业和非农产业，加速农业人口向非农产业转移，才是解决农业落后，增加农民收入的根本途径。

5. 夸大剪刀差，还容易导致忽略资本、技术，特别是人力资本的作用，忽略新兴产业应该得到的包括风险和创新收益在内的高额利润。

6. 在社会主义市场经济条件下，试图通过人为的办法来缩小工农产品剪刀差，增加农民收入，不仅是不现实的，而且不利于农民向非农产业转移，增加农民收入，可以采取减税、扶持农民发展非农产业、减少农业人口以及鼓励农民流动等办法解决。

社会主义改造的提前完成

1956年中国社会主义改造基本完成,比中共中央和毛泽东在提出过渡时期总路线和制定"一五"计划时设想用三个"五年计划"的时间提前了10多年。为什么会这样?新中国成立之初,中国共产党根据马克思主义生产关系必须与生产力水平相适应的基本原理,曾经设想在实现工业化的基础上建立起社会主义生产关系,因此主张实行一段时间的新民主主义经济,《共同纲领》没有写入社会主义就是这个原因,后来刘少奇等人提出"巩固新民主主义新秩序"也是按照这个思维。但是1953年毛泽东用"过桥说"和"变动说"说服了全党,将工业化与社会主义同步进行,即在实现工业化的过程中开始向社会主义过渡,当工业化实现之日,也是完成社会主义改造之时。党在过渡时期总路线和"一五"计划就是这个思想的体现。本文想探究的是:中国共产党为什么会在工业化实现之前就提前实现了社会主义改造?它与当时中国的工业化条件到底是什么关系?

一、20世纪50年代的中国工业化面临着"贫困陷阱"

所谓"贫困陷阱",是指处于贫困状态的个人、家庭、群体、区域等主体因贫困而不断再生产出贫困、长期处于贫困的恶性循环中而无法自拔。美国发展经济学家纳克斯根据对发展中国家长期贫困根源的考察,提出了"贫困的恶性循环"理论。他认为:发展中国家长期存在的贫困,是由若干个相互联系和相互作用的"恶性循环系列"造成的,其中,"贫困的恶性循环"居于支配地位；从资本的供给看，发展中国家存在"低收入——低储蓄水平——低资本形成——低生产率——低产出——低收入"的恶性循环，而从需求上看，存在"低收入——投资引诱不足——低资本形成——低生产率——低收入"的恶性循环；供给和需求这两个恶性循环之所以会形成，是由于发展中国家人均收入过低，人均收入过低是因为资本稀缺，而资本稀缺的根源又在于人均收入过低，低收入和贫困无法创造经济发展所需要的储蓄，由此就没有投资和资本形成，从而又导致该国的低收入和持久贫穷。新中国成立之时正面临着类似的难题。

新中国成立时，一百多年的战乱、帝国主义的侵略掠夺以及封建主义、官僚资本主义的压迫剥削，使得中国本来就落后的经济更加衰弱。以旧中国最好的发展时期 1931～1936 年为例，其消费率和投资率分别依次为：104.1% 和 -4.1%，97.5% 和 2.5%，102.0% 和 -2.0%，109.1% 和 -9.1%，101.8% 和 -1.8%，94.0% 和 6.0%。这说明投资率极低，6 年中甚至有 4 年为负数。① 因此，中国经济学界在抗日战争胜利前后探讨战后恢复和发展经济时，几乎一致认为仅靠中国自己不能解决资金匮乏问题。1949 年，美国政府有关中国政策的白皮书也认为中国共产党不能解决吃饭问题。美国国务卿艾奇逊在 1949 年 7 月 30 日关于送呈《美国与中国的关系》白皮书致总统杜鲁门的信中即说："在形成现代中国之命运中，有两个因素起了重要的作用。第一个因素是中国的人口，在十八、十九世纪增加了一倍，因此对于中国成为一种不堪重负的压力。近代史上每一个中国政府必须面临的第一个问题，是解决人民的吃饭问题，到现在为止，没有一个政府是成功的。"②

新中国成立之初是一个典型的农业国，人口众多是基本国情之一，决定了中国人均资源的相对稀少。由于中国历史悠久，人口与耕地的矛盾由

---

① 汪海波：《我国投资和消费比例关系的演变及其问题和对策》，《汪海波文集》第 10 卷，经济管理出版社 2011 年版，第 361 页。

② 美国国务院：《美国与中国的关系》（上卷），中国现代史资料编辑委员会（翻印）1957 年版，第 4 页。

来已久。清代中期以后，人口的增加又进一步加剧了人口与农业资源的矛盾，形成农业的过度开发。新中国成立时，中国有 5.4167 亿人口，其中 4.8402 亿是农民，靠传统农业吃饭，而当时中国的人均耕地仅 2.65 亩，人均粮食仅 209 公斤。

1949 年，全国农民每人平均消费粮食只有 370 斤（毛粮），1952 年达到 444 斤；1951 年粮食的商品率为 28.2%，1952 年降为 25.7%。① 据姚依林回忆，他自己于 20 世纪 60 年代在农村调查时问："请教你，怎么就能吃饱？"老贫农不假思索地说："连人吃带喂牲口，大口小口合一块算，一人一年得有 7 百斤谷子！"② 这说明新中国成立初期农民是吃不饱的，而随着农业生产的恢复，农民必然要增加对农产品的消费，即自行解决温饱问题，因此在一定时期内，虽然粮食产量增加，但是农民通过市场提供的剩余粮食可能还会下降。

1952 年，虽然中国第一产业就业人员占总经济活动人口的比例高达 83.5%，但由于农业人均生产资料非常缺乏，人多地少，农业能够为工业化提供的剩余非常少。另外，工业产值仅占国内生产总值的 17.6%，其自我积累的能力也非常有限③。同年，我国人均产量仅为钢 2 公斤，煤 115 公斤，原油 0.8 公斤，电 13 千瓦/小时；而同期世界主要国家和地区人均工业产品产量为：钢 82 公斤，煤 724 公斤，原油 242 公斤，电 448 千瓦/小时。正如当时毛泽东所说："现在我们能造什么？能造桌子椅子，能造茶壶茶碗，能种粮食，还能磨成面粉，还能造纸，但是，一辆汽车、一架飞机、一辆坦克、一辆拖拉机都不能造。"④ 这种积累能力极低和剩余高度分散的情况，使得成立之初的新中国很容易陷入发展经济学所说的"贫困陷阱"。

---

① 中华人民共和国财政部《中国农民负担史》编辑委员会：《中国农民负担史》第 4 卷，中国财经出版社 1994 年版，第 173 页。
② 姚锦：《姚依林百夕谈》，中国商业出版社 1998 年版，第 155 页。
③ 资料来源：国家统计局网站公布年度统计数据，www.stats.gov.cn。
④《毛泽东文集》第 6 卷，人民出版社 1999 年版，第 329 页。

二、 国家安全要求集中资源以加快重工业发展

社会主义改造的提出和提前完成，与这个时期的国际环境有很大关系。国际环境的影响主要表现在以下三个方面：一是以美国为首的西方资本主义国家对中国封锁禁运。为了打破经济封锁和避免损失，在对西方贸易方面，必须借助政府的力量，全盘统筹，统一对外；同时，封锁也导致中国的对外贸易重心向苏联东欧转移，而这些国家只愿意以协定贸易的方式与我国开展贸易，不仅私营进出口商被排斥在外，甚至供销合作社和地方国营企业也难直接参与。二是朝鲜战争爆发以后，国防压力增大，国防费用增加。中国鉴于"落后就要挨打"的历史教训，出于国家安全的考虑，必须加快重工业的发展，而这就不仅要尽可能地提高积累，而且要将这部分剩余集中在政府、甚至中央政府手中，因此，实行单一公有制及其基础上的计划经济就不可避免了。三是在20世纪50年代，苏联是唯一愿意和能够大规模援助中国的国家，苏联的援助是有前提的，那就是中国必须认同社会主义制度，站在社会主义阵营一边。同时，苏联的经济体制也决定它的援助只对中国政府，而不是私营企业和个体经济。苏联的援助方式以及"一五"计划的工业建设重点和布局，都促进了中国向社会主义制度转变。

1950年爆发的朝鲜战争，及随后经历的与周边国家的一系列紧张关系，使得中国共产党在选择经济发展战略时不得不将国家安全放到首位来考虑。美国阻止中国统一和直接威胁中国安全的行径，都是建立在中美之间相差悬殊的武器装备上面，进一步说，是建立在相差悬殊的工业化水平上面。从朝鲜战争爆发后美国派兵进驻台湾，到1955年用原子弹威胁中国以阻止中国的统一，都使中国共产党和政府的决策者坚定了优先快速发展重工业的决心。如经过毛泽东亲自修订的党在过渡时期总路线宣传提纲所说："因为我国过去重工业的基础极为薄弱，经济上不能独立，国防不能巩固，帝国主义国家都来欺侮我们，这种痛苦我们中国人民已经受够了。如果现在

我们还不能建立重工业，帝国主义是一定还要来欺侮我们的。"① 而要建立独立强大的国防工业，就必须优先发展投资规模大、建设周期长的重工业。

复杂的国际局势要求新中国必须加快工业化的步伐，而国家有限的财力与即将开始的大规模经济建设所需要的巨额资金之间存在着巨大的缺口。就在此时，苏联答应全面援助中国经济建设，特别是尖端科技和国防工业，成为难得的历史机遇。西方国家政治上与经济上的孤立和封锁，以及与苏联东欧社会主义国家的经济同构，决定了新中国只能在半封闭的状态下发展内向型经济。这意味着中国必须依靠自身迅速实现大规模的资本积累来启动工业化进程，有限和分散的农业剩余几乎是获取这种积累的唯一途径。为了加速工业化，中国就需要建立起一个高度集中的计划经济体制，以确保国家拥有强大的资源动员和配置能力，而新民主主义经济体制不能满足这样的要求，不仅农业个体经济不能满足这种要求，甚至互助组、初级社也不行，必然要走向"政社合一"的人民公社。所以，新中国很快开始了由新民主主义经济向苏联模式的社会主义经济过渡。

三、关于工业化与小农经济之间矛盾的认识

关于小农经济与工业化之间是否存在矛盾以及怎样认识这种矛盾的问题，在1949年至1952年的国民经济恢复时期并不突出。当时正进行土地改革，就是要建立农民的个体经济，同时，由于土地改革和农业的恢复性质，农业增长很快，农产品供不应求的问题尚未凸显出来。但是到1953年，农产品供不应求的问题，亦即所谓小农经济不能适应社会主义工业化要求的矛盾显现出来。

1953年2月，中共中央正式颁发的《关于农业生产互助合作的决议》指出："党中央从来认为要克服很多农民在分散经营中所发生的困难，要使广大贫困的农民能够迅速地增加生产而走上丰衣足食的道路，要使国家得

---

① 中共中央文献研究室：《建国以来重要文献选编》第4册，中央文献出版社1993年版，第705页。

到比现在多得多的商品、粮食及其他工业原料，同时也就提高农民的购买力，使国家的工业品得到广大的销场，就必须提倡'组织起来'，按照自愿和互利的原则，发展农民劳动互助的积极性。"①

1953年10月，中共中央经过反复考虑，形成了对主要农产品实行"统购统销"的决定。这个决策过程最终促使中共中央和毛泽东认为小农经济不能满足社会主义工业化对农产品的需求。10月15~16日，毛泽东在与中央农村工作部负责人的两次谈话时即指出："大城市蔬菜的供求，现在有极大的矛盾。粮食、棉花的供求也都有极大的矛盾，肉类、油脂不久也会出现极大的矛盾。需求大大增加，供应不上。从解决这种矛盾出发，就要解决所有制与生产力的矛盾问题。是个体所有制，还是集体所有制？是资本主义所有制，还是社会主义所有制？个体所有制的生产关系与大量供应是完全冲突的。""不靠社会主义，想从小农经济做文章，靠在个体经济基础上行小惠，而希望大增产，解决粮食问题，解决国计民生的大计，那真是难矣哉！"②

中共中央和毛泽东形成上述看法，不是偶然的。1953~1957年，是中国经济迅速发展和经济体制剧烈变革时期。在制订和实施"一五"计划时，由于实行了优先发展重工业战略和对工业增长提出过高的指标，导致了供求关系的紧张，其主要表现之一就是工农业关系的紧张。按照当时的话来说，就是落后的农业不能适应迅速发展的工业和不断提高的人民生活的需要，分散的个体农民不能适应国家社会主义工业化的要求。在这种认识指导下，从1953年开始，农村经济体制以及国家与农民的关系发生了重大变化：一是国家通过主要农副产品统购统销，割断了农民与市场的联系，二是党和政府通过农业合作化运动，将农村的个体经济变成了集体经济。

关于小农经济与工业化关系的认识，以党在过渡时期总路线最具代表性。1953年12月，在经毛泽东亲自修改审定的《党在过渡时期总路线的学

---

① 中共中央文献研究室：《建国以来重要文献选编》第2册，中央文献出版社1992年版，第511页。
②《毛泽东文集》第6卷，人民出版社1999年版，第300~302页。

习和宣传提纲》中就小农经济与工业化的关系论述了以下几个观点:

(1) 小农经济不能适应农业现代化的要求,不能大幅度增产。"在我国农业中占绝对优势的还是小农经济。小农经济是分散的和落后的,一家一户就是一个生产单位,土地是分成小块经营的,农具还是古老的,耕耘靠人力和畜力,无力采用农业机器和新的耕作制度,收获量低,不能很快扩大耕地面积和提高产量。……在小农经济的基础上,许多农民由于生产不足而不能自给,鳏寡孤独和失去劳动力的农户的困难也不能完全得到解决;目前我国许多地区农村中一般还有10%左右的缺粮户需要帮助。这种建立在劳动农民的生产资料私有制上面的小农经济,限制着农业生产力的发展,不能满足人民和工业化事业对粮食和原料作物日益增长的需要。"

(2) 小农经济不稳定,会导致"两极分化"。"小农经济是不稳固的,时刻向两极分化,有的人因天灾人祸而穷困破产,有的人却利用做投机买卖、放债、雇工的办法来剥削旁人;如果不对它进行社会主义改造,农村中少数人就会发展成为富农剥削者,而多数人就不得不忍受贫困甚至破产的痛苦。"

(3) 小农经济与社会主义和工业化的矛盾。认为小农经济不是社会主义的基础。《宣传提纲》引用了斯大林的话:"可以在多少长久的时期内,把苏维埃政权和社会主义建设事业建筑在两个不同的基础上,建筑在最巨大集中的社会主义工业基础上和最散漫落后的小商品农民经济基础上吗?当然是不可以的。长此以往,整个国民经济都会有完全瓦解的一日。"出路有两条:一是资本主义大农业,一是通过集体化建立社会主义大农业。[①]

从对过渡时期总路线的论述来看,中国共产党基本接受了苏联的工业化理论和模式。苏联的工业化理论是斯大林提出的,指社会主义国家不能依靠对外掠夺来实现原始积累,必须依靠国内人民节省来增加积累;由于社会主义国家工业落后和受到帝国主义的威胁,因此必须实行赶超战略,以保证在与帝国主义国家的竞争和未来战争中立于不败之地,因此必须优

---

① 黄道霞、余展、王西玉:《建国以来农业合作化史料汇编》,中共党史出版社1992年版,第165~168页。

先发展重工业;要实行这种工业化,就必须将一切资源和剩余集中在国家手里,实行公有制和计划管理。因此,苏联的工业化模式,就是指由国家集中一切资源,来推行优先发展重工业的工业化战略,其在经济体制上的表现,就是实行单一公有制和计划经济。

四、农产品短缺和1954年水灾导致改造加快

1953年是新中国实施"一五"计划、开展大规模经济建设的第一年。由于工业化的步伐迈得大,"农业拖工业后腿"问题就立即暴露出来。因农产品供不应求,引起粮价上涨、农民惜售和城镇居民恐慌,进而引发整个经济混乱。正如当时主管财经工作的陈云在当年10月召开的全国粮食会议上所说的那样:由于粮食的需求量逐年上升,不可能减少,而农村随着生活水平的提高,消费量也在增加,因此粮食供求紧张将是一个长期的问题。"现在,全国粮食问题很严重,如果不采取适当的办法加以解决,还要更加严重。""只要粮价一波动,搞粮食投机的人一个晚上就可以增加几十万,如果波动两三个月粮食贩子就可以增加几百万。"① 对于粮食市场混乱的后果,陈云说:"(劳动者的收入)用在吃的方面的占百分之六十到七十,用在穿的方面的只不过占百分之十左右。粮价涨了,物价就要全面涨。物价一涨,工资要跟着涨。工资一涨,预算就要超过。这样一来,就会造成人心恐慌,人民政府成立以后老百姓叫好的物价稳定这一条,就有丢掉的危险。必须采取坚决的措施,加以解决。"②

正是在这样的背景下,中共中央经过反复权衡,决定实行主要农副产品粮、棉的"统购统销"。在实行统购统销的第一年,即从1953年7月1日到1954年6月30日的粮食年度内,国家计划获得粮食709亿斤。而根据国家统计局的资料,在这一粮食年度内,国家实际获得粮食784.5亿斤,超过

---

① 《陈云文选(1949~1956)》,人民出版社1986年版,第203~204页。
② 《陈云文选(1949~1956)》,人民出版社1986年版,第206页。

计划 75.5 亿斤，使库存有了较大幅度增加，粮食供求紧张的形势终于缓和下来。

"统购统销"的实行，不仅解决了上述问题，保证了物价稳定和城乡居民的基本供给，实现了社会安定，而且也提前消灭了私营批发商和城乡之间的市场的主要农产品交易，为加快社会主义改造创造了条件。1953 年 10 月，中共中央通过的《关于实行粮食的计划收购和计划供应的决议》指出："实行上述政策，不但在现在的条件下可以妥善地解决粮食供求的矛盾，更加切实地稳定物价，和有利于粮食的节约，而且是把分散的小农经济纳入国家计划建设的轨道之内，引导农民走向互助合作的社会主义道路和对农业实行社会主义的改造所必须采取的一个重要步骤，它是党在过渡时期的总路线的一个不可缺少的组成部分。"

1954 年发生的因大面积水灾导致的农产品减产，不仅让农业计划指标没有完成，并进而影响到为工业提供原料和出口换汇，使得工业也没有完成预期的增长指标。按照这种态势，"一五"计划难以如期完成。1955 年因农产品供给不足和工业原料缺乏直接导致了两件大事：一是为增加农业产量和保障统购统销加快了农业合作化步伐；二是为统筹和满足原料需求而加快了城镇私营企业的"公私合营"，直至实现全行业的公私合营。

加快农业发展以满足工业化和提高人民生活的需要，始终是中共中央高度关注的问题。在 1954 年陈云在主持制订"一五"计划草案时就提出，农业大规模增产的办法有三个：一是大规模开荒，但是现在已经没有容易开垦的荒地；二是大规模增加农业投入，例如化肥等生产资料，但是现在也没有这个条件；三是农业合作化，而新中国成立后的几年经验证明，一般合作社在第一年就可比单干增产百分之十左右。陈云认为第三个办法是增加农业产出可行的办法。薄一波等人的调查也证明了这一点。因此，当 1955 年上半年因合作化发展过快出现问题后，负责具体工作的中央农村工作部主张"下马"（即整顿合作社）时，毛泽东严厉指出，农业合作化不是"下马"而是"上马"，要加快发展。毛泽东在合作化高潮期间亲自主持编写的《中国农村的社会主义高潮》的"序言"，即反映出来对合作化增产的预期。他提出，到 1967 年粮食和许多其他农作物的产量，"比较中华人民共和国成立以前的最高年产量，可能增加百分之一百到百分之二百"①。1956 年 1 月 25 日，经过毛泽东修改审定的廖鲁言对《一九五六年到一九六七年我国农业发展纲要（草案）》的说明则说：全国粮食和棉花的产量，在 1967 年要分别由 1955 年的预计 3652 亿斤、3007 万担增加到 1 万亿斤、1 亿担（公开发表时改为粮食比 1955 年的产量增加一倍半，棉花比 1955 年产量增加两倍），就是每年要分别以 8.8%、10.5% 的速度递增。这个指标显然是认为社会主义改造能够促进农业的大发展。

五、农产品短缺和统购统销导致私营工商业改造加快

就私营工商业的社会主义改造加快来说，也是与农产品供给不足和国家资金匮乏有直接关系。面对 1953 年由于上半年投资规模过大引起的市场紧张和农副产品供不应求，国家一方面决定对主要农产品实行"统购统销"；另一方面也认为，私营批发商业不利于国家的计划管理，应首先予以改造。于是以实行粮油统购统销为契机，国家首先对粮油私营批发商进行了令其转业或淘汰的改造。进入 1954 年后，国家又通过对重要生产资料和工业原料实行国营商业控制的计划供应、禁止私商自营一般商品的进出口业务，迫使一批私营大批发商转业或停业。私营大批发商被基本消灭后，从 1954 年下半年起，国家着手改造剩下的经营次要商品的较小批发商，即根据不同情况，对这些批发商采取"留、转、包"等不同的改造步骤和方式。"留"，就是继续保留一部分私营批发商，但是其业务则转变为受国营商业和供销合作社委托而代其批发；"转"，就是对有转业条件的批发商，引导他们把资金和人员转入其他行业；"包"，就是国家将无法继续经营而又不能转业的批发商及职工包下来，逐步安排工作。经过上述改造，到 1954 年年底，私营批发商的改造工作基本完成，继续存在的私营批发商虽

---

① 中共中央文献研究室：《建国以来重要文献选编》第 7 册，中央文献出版社 1993 年版，第 435 页。

然户数还不少，但是除经营零星商品的小户外，一般都成为国营和合作社商业的代理机构。

1954 年，我国农业因严重自然灾害未能完成预定计划，从而使得 1955 年上半年工业面临因原料不足而不能完成计划的难题。在这种情况下，国家首先要保证国营和公私合营企业的生产需要，私营工业遇到的困难相比较而言要多得多。1954 年年底以后，私营企业面临的困难主要有以下四个：

1. 原料缺乏，私营工业得不到充分供应。据国家统计局 1954 年 5～8 月对 10 人以上私营工厂的调查，因原料不足，私营工业的设备利用率如下：日用橡胶业 60%（重庆），棉织业 60%（山东），针织业 70%，缝纫业不到 50%，木材加工业 40%，面粉业 25%，碾米业 80%，机器榨油业 80%，卷烟业 25%，火柴业 15%。而私营工业绝大部分属于轻工业。① 另据 1955 年上半年对若干重点行业的调查，与正常开工情况下应达到的时间和产量对比，从设备利用率来看，机器制造业中的车床为 66%，钻床、铣床为 30% 多，印染业卷染机为 49%，针织业手摇织袜机为 26%，木材加工业中圆锯为 35%；从生产能力利用率来看，棉布生产为 57%，食用植物油生产为 51%，卷烟生产为 37%，胶鞋、碾米、固本肥皂生产则为 20% 左右，裸铜线生产仅为 6%，如按三班制计算，则设备利用率更低。②

2. 资金不足。1952 年底国家完成对私营金融业的社会主义改造后，短期资金市场即完全控制在国家手中，国家对私营工商业的贷款实行了"以存定贷"的方针，即贷款额不得超过私营企业的存款。但是由于国家经济建设（特别是地方政府）资金尚严重不足，实际上很难顾上私营工业了。1953 年人民银行的私营工商业存款比 1952 年增加 8000 余亿元（1955 年币制改革前币值，下同），而贷款却比 1952 年减少 19000 亿元，减少近三分之二，在人民银行贷款总额中的比重由 1952 年的 2.6% 降至 0.7%。③ 据 1954

---

① 国家统计局：《十个职工以上的私营工业调查报告》，1955 年 2 月 22 日。
② 《中国资本主义工商业的社会主义改造·中央卷》下册，中共党史出版社 1992 年版，第 1315 页。
③ 中国人民银行党组：《关于人民银行工作检查的总结报告》，1954 年 4 月 7 日。

年5~8月国家统计局对10人以上私营工厂的调查，私营工业资金缺乏，尤以中小户更严重。重庆市有10人以上私营工厂559个，其中资金充足的仅占13.5%，资金能勉强维持生产的占28.2%，资金较困难的占54.6%。多数企业是靠银行贷款、预收国家工缴费和订金来维持生产。

3. 原有供销渠道被打乱。由于大多数私营工厂生产规模很小，没有承担国家的加工订货任务，其原料在过去基本上都是从市场购买，产品也是靠私营商业渠道销售。1954年国家加强了私营商业改造，私营批发商大部分被改造后，商业渠道变化大，私营工业企业一下子失去原有的供销渠道，而国营商业和供销合作社因这些小企业的产品标准化程度低、批量少、交易成本高，不愿意收购或推销其产品，因此1954年大多数私营工厂产品销售渠道不畅。

4. 经过两年的"吃苹果"（即单个企业公私合营），剩下的私营工业企业多是规模很小、技术落后或效益差的企业。据统计，1954年共有私营工业企业133962户，平均每个企业有职工13.40人，产值7.72万元；但是，在上述私营工厂中，职工在10人以上的企业只占总数的31.3%，而职工在50人以上的企业只占企业总数的3.74%。即使在这些10人以上的工厂中，仍有60%的企业使用手工工具，至于那些10人以下的小型工厂，绝大多数更是没有现代动力设备的手工业作坊，产品不能定型和按标准化大批量生产。国营和公私合营工业企业不仅在技术和生产规模上优于私营工业，而且在资金供给、原料供应、产品销售等方面也优于私营工业，使得私营工业所具有的灵活性难以发挥作用，在竞争中处于更不利的地位。

据1955年上半年上海市对私营工业困难户困难原因的调查分析，因产品不合要求的占28%，因原料不足的占22%，因过去盲目发展而过剩的占20%，因主要行业发生困难而相应发生困难的占18%，因销路不畅发生困难的占12%。①

尽管1955年上半年中央要求各地统筹兼顾、适当照顾私营工商业，但

---

① 国家统计局：《一九五五年上半年私营工业生产情况报告》，1955年8月27日。

是由于剩下未合营的私营企业规模小、设备落后，产品标准化程度低和批量小，在原料缺乏、资金紧张的情况下，无论是地方政府还是国营商业机构，从经济的观点出发，都不会将原料和资金投向这些技术落后、产品标准化程度低、监督成本高的企业。私营工厂并没有摆脱困境。对于小企业来说，在困难的情况下，工人不用说了，即使企业主，也愿意合营，以求解脱。

为了解决上述问题，1955年4月，中共中央批转《关于扩展公私合营工业计划会议和关于召开私营工商业问题座谈会的报告》。报告提出对私营工商业的社会主义改造应实行"统筹兼顾，全面安排"的方针。这就要求在合营过程中，应着眼于整个行业，采取以大企业带中小企业，以先进带落后的办法，根据不同的情况进行改组、合并，然后再进行公私合营。这种按行业对私营企业进行整体改造、统筹安排的设想，实际上是全行业公私合营的开始。

1956年的私营工商业社会主义改造高潮就是在这个背景下形成的。因此，当国民经济恢复任务基本完成，中国从1953年转入大规模经济建设后，如何解决建设资金不足、农业拖工业化后腿的问题就突出出来。在还没有解决"温饱"的条件下实行优先发展重工业战略，"集中力量办大事"的计划经济体现出它的优越性，而要建立以指令性计划为主体的计划经济，就必须实行单一公有制。

六、小结

社会主义改造的提前实现，确实保证了"一五"计划的顺利完成。此后虽然由于社会主义改造中的"四过"① 而出现微观经济激励机制不足和宏观经济多变的失误，但是由于单一公有制在保证高积累政策的实施和维护社会稳定方面的作用不可或缺，因此一直维持了20多年时间。在此期间，

---

① "四过"，即要求过急，工作过粗，改变过快，形式过于简单划一。

从"一五"计划集中力量进行以 156 个建设项目为中心的重工业开始建设，通过改造原有产业结构并建立新的基础产业，同时设立飞机制造、汽车、拖拉机、发电设备、矿山设备、重型和精密机器等产业部门，大大提高了产业结构的完整性；1958~1965 年，相继建设了电子工业、石油化工、原子能等一系列新兴工业部门；1966~1978 年，工业继续保持了较快的增长速度，钢铁工业、重工业得到优先发展。经过 20 多年的工业化建设，"我国在旧中国遗留下来的'一穷二白'的基础上，建立了独立的比较完整的工业体系和国民经济体系"①。到 1978 年改革开放之时，不仅中国的国防工业和独立工业体系已经基本建立起来，而且国际环境也大大改善，国家安全问题基本解决，中国已经具备了工业资本分散积累的能力，不需要再勒紧农民的裤带，实际上已经跨越了市场经济条件下发展经济学所描述的"贫困陷阱"。

---

① 叶剑英：《在庆祝中华人民共和国成立三十周年大会上的讲话》，《人民日报》1979 年 9 月 30 日第 1 版。

计划经济体制下的道德预设和"阶级斗争"

对于1949年中华人民共和国成立到1978年改革开放以前的经济体制弊病、群众运动以及道德建设，已经有很多论述，但是从经济体制与道德预设的关系去探讨计划经济运行困境的则还不多见。这里所说的计划经济，当然是指那种以单一公有制和行政性计划管理为特征的传统社会主义经济体制，所谓的"道德预设"则是指为了建立和维持这种经济体制所需要的社会道德和"理性"。

记得秦晖曾经说过："关于'经济人理性'的预设并不是断定人必定自私而不可能利他（因此不能用某个或许多利他的事例来证伪这种预设），更不是鼓吹人们应当自私自利（因此不能用关于自利心如何可恶之类的价值判断来否定这种预设）。这种预设只是相信没有什么能保证人人无私，也没有什么能保证某个人事事无私，因此制度安排的出发点只能是：你如果无私、利他、行慈善，当然再好不过；假如你处于利己之心，这种安排也可以使你的行为实际上有利于、而不是有害于社会总福利。显然，这样一种安排就是市场经济。"[①] 而计划经济体制则建立在所谓"大公无私""集体主义"的工人阶级道德基础之上，由此引发了经济体制与人长期形成的"自私自利"观念的冲突，尤其是当公有制经济的监督和激励机制不足、计划的漏洞比较大，需要依靠道德来发挥作用的时候。

---

① 秦晖：《"经济人"与道德的底线》，《南方周末》2002年3月28日。

一、对私有制的否定也必然导致对其所派生道德和理性的否定

1949 年中华人民共和国成立以后，虽然《共同纲领》和实际的经济政策并没有否定私有制，但是中国共产党的基本理论是否定私有制和"剥削"的，并且在一定范围和宣传上也否定私有制的"合法性"和批判"剥削"的"非道德"。

（一）土地改革是农村经济中削弱和否定私有观念的第一个运动

对私有观念及其道德和理性的否定实际上是从"土地改革"开始的；土地改革虽然没有否定私有制，但是，第一否定了私有财产神圣不可侵犯（指在遵守国家法律和不犯罪的前提下），第二否定了产权转让的市场原则，第三对所谓"剥削"进行界定和否定。

中国土地改革与非社会主义国家和地区（如日本，如中国的台湾地区）土地改革的根本性区别有两个：一是土地的征收和分配都是无偿的；二是没收对象的确定不是根据政治态度或者财产来源，换句话说，土地和财富的多少是所有者能否保有其所有权的主要标准（因为是否参加农业体力劳动只是一种附属性的标准，且难以准确界定；同时土地和财富多了以后，所有者自然就不会参加农业体力劳动，因为体力劳动毕竟不是一种享受）。

承认私有财产神圣不可侵犯和权利平等规则，就等于否认国家权威的至高无上和部分人享有特权，实际上这也是市场经济运行的前提，是产权制度上资本主义区别于封建社会的根本所在。因为资本主义制度的确立就是在于否定将国家置于人民之上的封建制度，确定国家只能代表人民的愿望和利益，而不能凌驾于人民之上，不能从自己的利益出发，以自己的意志来处置个人的财产及其收益。

表面上看，土地改革前是土地私有，土地改革后仍然是土地私有，从产权制度上来说并没有多少变化，但是后一种私有，是建立在靠政府来否定部分人（地主和部分富农）私有基础之上的，换句话说，土地改革以后

的私有制,已经融入(或称"铸进")了国家的权力,尤其是土地改革说明:土地和财富增加反而会导致其所有权的丧失,也就是说国家法律将不会最终承认和保护合法的私有财产。

土地改革通过强大的政府力量,采用经济上无偿没收地主富农土地和财产分给农民、政治上剥夺地主公民权的办法,迅速实现了高度平均的"耕者有其田",极大程度上缩小了贫富差距,在自然资源紧张的条件下,使中国大部分农民获得了生存权和发展权,从而在总体上大大提高了农民的生产积极性。但是,这种以乡为单位,按人口平均分配土地,以及按阶级和贫困程度分配其他生产资料和财产的办法,实际上是一种"均贫富"的"免费午餐",农民无偿得到的土地和财产,来自于国家的赐予(虽然是以农民自己斗争的形式),来自于政治斗争,这就使得土改后的以土地为主的产权被掺进了政治因素,一方面造成分得土地和财产的农民对共产党和政府感恩戴德,将其经济和社会地位的升迁归为共产党和国家;另一方面则强化了国家与农民之间的关系。

另外,土地改革是无偿没收地主和富农的土地财产并无偿分配给贫苦农民,这也从观念上极大冲击了私有制,助长了人们靠政治、运动和服从政府来保护或提高社会地位的倾向,使许多农民不敢进一步发家致富。

(二)"五反"运动是城市经济中削弱和否定私有观念的第一个运动

"五反"运动则是城市中否定私有观念的开始。"五反"运动虽然只是整肃资产阶级的"五毒"行为,但是将其作为一个阶级来对待,表明中国共产党是故意打击资产阶级的,这在毛泽东拟定的中共中央关于开展"五反"运动的指示中得到证明。

中华人民共和国成立以后,由于经济法制尚未健全,在管理方面漏洞也很多,给私营企业提供了从事所谓违法活动的空隙。例如税收中的"自报公议、民主评定"就为偷税漏税造成了空隙;而旧社会遗留下来的普遍拿"回扣"的风气,因为当时并没有宣布为非法,也成为后来所谓"行贿"的主要原因。

当时不法资本家违法活动主要有：行贿、偷税漏税、盗骗国家财产、偷工减料、盗窃国家经济情报（简称"五毒"）。总的来说，各地在解放以后，随着经济法制的建设和国家对私营经济管理的加强，私营经济的违法乱纪活动呈现减少趋势。但是，不法资本家的违法行为仍相当严重。

1952年1月26日，中共中央发出《关于在城市限期展开大规模的坚决彻底的"五反"斗争的指示》。这个指示的发布，标志着"五反"运动的正式开始。1952年2月上旬，"五反"运动首先在各大城市展开，而后迅速扩展到中小城市，很快形成高潮。整个"五反"运动大致分为两大阶段。前一阶段为检举揭发和坦白交代阶段。人民政府在注意发动群众揭发不法资本家违法行为，勒令不法资本家向政府坦白交代"五毒"行为，并派出检查组到私营工厂、商店逐一检查的同时，也注意调查研究，实事求是和区别对待。主要将斗争的重点放在资产阶级中少数严重违法户和完全违法户上。

"五反"运动后期，政府还在工人中间开展了"退小股子"运动，即动员那些在资方厂店里拥有小额股份的工人、店员退掉股份，与剥削阶级划清界限。

"五反"运动后期，毛泽东曾经批评中宣部理论组在《学习》杂志上发表的完全否定资产阶级进步作用的文章，提出了资产阶级还具有"两面性"，应与新民主主义理论和统一战线政策相一致，但是实际上，"五反"运动前期的声势浩大地声讨资产阶级的舆论宣传和群众运动方式"面对面""背靠背"的批判斗争，已经极大地削弱了资产阶级的社会地位，使其尊严扫地，"剥削"（以财富牟利）遭到社会唾弃。"五反"以后，不仅许多资本家"躺倒不干"，而且其子女愿意继承产业的也是寥若晨星，甚至连私营企业的工人也不愿意给资本家干活，嫌没有前途。无论是当时还是后来历史学家的研究，几乎都认为"五反"运动是打击资产阶级、顺利实行社会主义改造的重要环节，尤其是它从思想上彻底普及了资产阶级"唯利是图"和"非道德"的观念，极大地削弱了资产阶级的社会地位。

（三）首先从党内推行社会主义的道德规范。

实际上，推行社会主义思想和道德早在新中国成立之初就首先在党内进行了。由于中国共产党是先进的工人阶级先锋队、全心全意为人民服务的政党，自然其道德预设很高，而实际上许多党员的思想并没有达到。1950～1951 年进行的城市整党和 1952 年的"三反"运动，1953～1954 年开展的新"三反"运动、农村整党，都反映出党的道德预设与实际之间的差距和矛盾，并且反映出不得不靠运动的方式来解决的情况。

1956 年社会主义改造完成以后，由于改造后期的"四过"问题和公有制经济管理还不够成熟，国营经济特别是农村集体经济存在着不少问题，并由此引起了少数农民希望单干和不少合作社要求实行各种分散经营的责任制，如"包工到户""包产到户"。这本来属于正常现象，由此可以对前一阶段的"四过"问题进行纠正，完善社会主义所有制结构和经营管理方式。但是，在 1957 年"反右"运动以后，毛泽东对社会主义社会的主要矛盾估计发生了变化，认为无产阶级与资产阶级、社会主义与资本主义道路的矛盾仍然是社会主要矛盾，并以此出发，将城乡中对公有制和计划经济弊病的批评意见和纠正措施都看成是对社会主义的否定和走资本主义道路。因此，在 1957 年下半年，在城市开展大规模的"反右"运动的同时，在农村也开展了声势浩大的"社会主义教育运动"，批判所谓农村中的"资本主义"倾向。

二、社会主义道德预设与现实的矛盾

公有制经济是逐渐发展起来的，当 1956 年完成"三大改造"、建立单一公有制经济以后，既然否定了私有制基础上的自利行为、产权约束、激励机制，就必然要有与公有制经济相匹配的道德规范。尤其是在社会化生产还没有出现、法规不健全、监督成本高、管理水平低的条件下，越发凸显出道德规范的重要性（即毛泽东一再提倡的"精神"、人民群众的积极性和干部的觉悟）。

（一）单一公有制和计划经济体制的道德预设

根据传统社会主义经济理论对其生产关系的定义，在单一的公有制经济中（尽管划分为国有和集体所有），人与人的关系是同志式的、平等的、互助的关系；人们只有分工的不同，没有高低贵贱之分，人们实行"各尽所能，按劳分配"；人们的目标是一致的，即尽可能地发展生产，以满足人们不断增长的经济和文化需要。正是在这种基本的逻辑和理论下，预设了社会主义的道德规范。

综观那个时期中国共产党和政府大力宣传和推行的所谓社会主义道德规范，针对不同的人群有不同的标准。

对国家干部来说（特别是党员干部），是根据"党章"和"人民政府"的性质，要求全心全意为人民服务，不谋私利，不消极怠工，不脱离群众，主动地、不计较报酬地为党和国家工作。吃苦在前，享受在后。这方面的要求和规定可以从当时的党政文件中大量看到。

对于国营企业的职工，则从他们是"国家的主人翁"和"企业的主人"出发，按照工人阶级应该具有的道德标准来要求。工人阶级是最先进的阶级，作为领导阶级，它最有远见，最有纪律，最大公无私，最富有牺牲精神，能够为国家和全民族的利益而牺牲自己的眼前利益。1950年的"二七"社论《学会管理企业》是较早明确系统提出这些要求的文献。

对于集体经济中的农民。根据合作化的逻辑，农民是具有社会主义积极性的，是自愿入社和转变为高级社和人民公社社员的，因此农民对这种体制是认可和愿意实行的。同样，既然是集体经济，大家好好干，就会增加集体的收入和福利，自然也就增加自己的收入和福利，相反，如果不好好干，倒霉的最终还是自己；此外，由于实行完全的"按劳分配"，人们也不得不靠增加劳动和提高劳动技能来增加收入；上述两点应该是农民的"理性"认识，合作社是可以实现今天所说的"帕累托最优"的。正是基于上述逻辑推理，当时中国共产党不仅认为合作化中存在的问题是"技术"

问题（要求过急，工作粗糙，体制不完善，新生事物有待成长），而且认为农民在这种体制下应该具有极大的生产积极性和关心集体、热爱劳动、互相帮助，甚至将集体利益放在第一位的道德思想。

正是基于上述对干部、工人、农民的认识，中国共产党在"三大改造"完成以后，以为生产关系问题解决，阻碍人民群众生产积极性的因素消除了，社会主义的优越性应该可以发挥出来了。

（二）理想与现实的差距

但是现实给人们开了一个玩笑。实际上，不仅在1952年的"三反"运动中揭露出国家机关和国营企业中普遍存在着与社会主义道德不一致的观念和行为，就是在社会主义改造过程中，国营企业，尤其是国营农场仍然存在着效率不高问题，特别是在贯彻"统购统销"等一系列社会主义政策过程中，基层干部"强迫命令"更是滋长蔓延。"三大改造"完成以后，生产关系的问题不是解决了，而是更严重了：1957年初的农民"退社"风潮，1957年"整风"中反映出的"不满"，1961年调整时期所揭露出来的"大跃进"的原因和后果，农村"四清"和城市"五反"运动所揭露出来的问题，都说明上述道德规范只是一种美好的愿望，离实际相差太远了。

在企业，由于既缺乏有效的激励机制，也缺乏严格有效的监督、考核、惩罚等管理机制，无论干部还是工人，并没有表现出原来预期的道德水平，即所谓的社会主义生产关系（平等互助和共同利益）下的工人阶级优秀品质，干部中官僚主义盛行，决策随意性大，"跟风跑"，并不关心国家财产的保值增值；而工人则在收入已定的前提下，尽可能地少支付劳动，已减低自己的成本，即出现所谓的吃"大锅饭"思想。而这些都是与建立公有制时所预设的道德标准相差甚远，因此即使不考虑其他因素，所谓的社会主义优越性也因此落空。

在农村，当1956年底基本完成高级社的社会主义改造后，合作社的问题也逐渐突出出来：一是社员劳动报酬的衡量问题，许多合作社在"计工"问题上导致社员矛盾很多；二是社员与干部的矛盾，主要是干部作风不民主、瞎指挥和劳动少而记工多等;三是当普遍实现合作化后,农村基层干部的经济利益已经与合作社联系在一起,出现了合作社干部与社员一起变相抵制国家统购统销政策的现象(少报少卖或以次充好)。也就是说,在毛泽东归纳的"国家、集体、个人"三者关系中,人们总是把个人利益放在第一,其次是集体利益,最后才是国家利益。这显然与当时提倡的社会主义道德观是抵触的。

本来,从初级社到高级社再到人民公社的过渡,是为了削弱农民的私有观念和利益,加强国家的控制,即保证在上述三者关系中,国家利益处于第一位,集体利益第二位,最后才是农民个人利益。但是随着"政社合一"人民公社体制的建立,虽然加强了国家对农民的控制,但是农民在既不能用手,也不能用脚投票的情况下,采取了消极怠工的方式。不仅人民公社体制下的"干活磨洋工""搭便车"等现象已经众所周知,而且干部们的"多吃多占""欺压社员"行为也在"四清"运动中充分暴露出来。另外,作为集体行为的"瞒产私分"等行为也很普遍①,这实际上是农民(包括基层干部)在不能平等谈判条件下利用信息不对称与国家进行的博弈。

三、思想文化上的"群众运动"是维持计划经济体制的必然手段

1958年人民公社化以后,这种体制在所有制和国家控制管理方面已经走到头,如果说想通过依靠所有制向"共产主义"过渡来解决管理效率和人民群众的积极性问题,"大跃进"的失败和灾难性的后果甚至让毛泽东也不敢再尝试了。

于是依靠思想革命和改善管理来实现社会主义发展经济的"优越性"就成为维持这种体制的必然选择。

---

① 参见高王凌:《"偷"与"瞒产私分"——集体化时代中国农民行为的调查与思考》,《明报月刊》2002年第8期。

1963年，当毛泽东否定了通过"包产到户"来调动农民积极性的改革道路，在否定了"利润挂帅""奖金刺激"等利用价值规律来管理企业的思路后，必然要走上依靠思想革命的道路。

（一）在城市经济中推行"工业学大庆"

"大跃进"失败所导致的经济困难和饥荒，给20世纪60年代初期全国人民的精神面貌罩上了一层阴影。在生活消费品短缺和公有制的条件下，社会的激励机制自然就容易转向以精神激励为主。相对于国有企业职工来说，既然不能提倡物质刺激、又无法采取解雇或降低工资的惩罚措施，鼓励艰苦奋斗、无私奉献就自然成为重要激励办法。而此时，大庆油田恰恰树立了这样一个榜样。

大庆油田的开发建设过程充分体现了中国共产党一直大力提倡的"自力更生、艰苦奋斗"精神，尤其是会战中提出的"先生产后生活"等无私奉献口号，"宁肯少活20年，拼命也要拿下大油田"的决心，以及"有条件要上，没有条件创造条件也要上"的工作态度，都是60年代经济建设面临重重困难而迫切需要的精神状态。

另外，大庆油田职工说自己是靠"两论"（即毛泽东的《矛盾论》《实践论》）起家，提出"十不"原则。"第一，不讲条件，就是说有条件上，没有条件也创造条件上。第二，不讲时间。特别是工作紧张时，大家都不分白天黑夜地干。第三，不讲报酬。他们说是为革命，而不是为个人物质报酬而劳动。第四，不分级别，有工作大家一起干。第五，不讲职务高低，不管是局长、队长都一齐来。第六，不分你我，互相支援。第七，不分南北东西，就是不分玉门来的，四川来的，新疆来的，为了会战，大家一齐上。第八，不管有无命令，只要是该干的活抢着就干。第九，不分部门，大家同心协力干。第十，不分男女老少，能干就干，什么需要就干什么。"① 这些都非常符合毛泽东理想中的社会主义企业精神超越资本主义企业的优

---

① 《建国以来重要文献选编》第13册，中央文献出版社1998，第148页。

越性。

大庆职工还总结出了"三老""四严""四个一样"工作作风。"三老"就是：当老实人、说老实话、做老实事。"四严"就是：严格的要求、严密的组织、严肃的态度、严明的纪律。"四个一样"则是：黑夜和白天工作一个样，坏天气和好天气工作一个样，领导在场和领导不在场工作一个样，没有人检查和有人检查工作一个样。这些对于缺乏有效监督和激励机制的国营企业职工来说，无疑是一种最好的道德约束。

（二）在农村经济中推行"农业学大寨"

在农村经济方面，由于产业性质、规模和所有制不同，显然不能以大庆为榜样，于是，山西省昔阳县的"大寨"大队，就作为一个典型被推举出来。

中华人民共和国成立以前，大寨是华北太行山区一个穷山村，属于山西省昔阳县。全村75户有800亩耕地，分散在"七沟八梁一面坡"，那时全村平均亩产遇到好年景也只有140多斤。由于该村土改彻底，党的基础较好，1952年冬就实现了初级合作化，陈永贵担任社长。1953年陈永贵又担任党支部书记。该村党支部执行党的各项政策都很出色。1953年秋，大寨制订了10年造地规划。全村干部、群众团结一心，自力更生，艰苦奋斗，提前实现了规划，粮食亩产由1952年的237斤逐步提高到1962年的774斤。提前实现了中共中央1956年制定的《农业发展纲要》规定的目标。

1963年3月，山西省委请陈永贵在全省劳模大会上介绍大寨的经验，引起与会者的强烈反响。当年8月，大寨遭受特大洪灾，70%的房窑倒塌，庄稼几乎全部倒伏，23%的梯田土层被冲光。陈永贵带领大寨人振奋精神，不分男女老少，立即开展了艰苦卓绝的抗灾斗争，"白天治坡，夜间治窝"，他们提出并实现了"三不要"（即不要国家的救济粮、救济款、救济物资）、"三不少"（即原计划的国家征购粮、集体储备粮、社员口粮都不减少）。结果除了少量完全被冲垮的梯田绝收外，粮食亩产仍然达到了700多斤的高产，社员半年后就搬进了新居。同年11月9日，山西省委向全省农村和城市的各级党组织发出学习大寨的通知，号召要学习大寨人的藐视困难、敢于革命的气概，自力更生、奋发图强的意志，以国为怀、顾全大局和帮助友邻的风格。

大寨和陈永贵的先进事迹在 1963 年也很快传遍了全国。1964 年 3 月下旬，山西省委书记陶鲁笳向毛泽东汇报了大寨和陈永贵的事迹，引起毛泽东的重视。4 月 20 日，周恩来派农业部部长廖鲁言亲自率队到大寨考察和总结经验，廖鲁言回到北京后，向毛泽东和周恩来做了书面汇报，充分肯定了大寨的事迹和经验。5 月中旬，毛泽东在中共中央工作会议上即提出：农业主要靠大寨精神，自力更生。1964 年底，周恩来在三届人大一次会议的《政府工作报告》中正式提出学大寨。这个报告是经过毛泽东亲自审阅和修改的。《报告》将大寨精神概括为："大寨大队所坚持的政治挂帅、思想领先的原则，自力更生、艰苦奋斗的精神，爱国家、爱集体的共产主义风格，都是值得大大提倡的。"于是，全国掀起了农业学大寨运动。

大寨在 20 世纪 60 年代前期被树为农村集体经济的榜样、政府大力推行"农业学大寨运动"，不是偶然的，其中有着深刻的经济原因。第一，60 年代以后，我国的经济建设遇到困难，一是中苏关系的恶化，使得中国的外援基本断绝，不得不完全依靠自己的力量，因此非常有必要提倡自力更生和艰苦奋斗精神。第二，60 年代以来，中国的国际环境也很严峻，中苏交恶、美国的"越战"升级、中印关系紧张、蒋介石叫嚣"反攻大陆"，因此中共中央对战争爆发可能性的估计过高，由此不是放缓而是加紧推行优先发展重工业的战略。而此时农业尚未过关，需要国家加大投资，而国家又不愿意增加投资，甚至还希望用农业剩余来支援工业化，因此大寨不要国家投资、自力更生发展生产并为国家做出较大贡献的事迹就非常符合政府的愿望。第三，社会主义改造完成、特别是"大跃进"以后，由于否定"包产到户"家庭责任制、批判"利润挂帅""物质刺激"，集体经济如何调动社员的积极性既是一个迫切需要解决的重要问题，又只能从精神激励中寻找办法，而大寨所表现出来的以集体为重、以国家为重、不计较个人利益的精神正好满足了这种精神激励的需要。第四，农业社会主义改造完成以后，农村基层干部的权力强化，特别是"大跃进"和以后的饥荒更是普遍加剧了农村基层干部与普通社员的矛盾（有些矛盾是历史家族或个人之间的矛盾）。干部参加劳动、密切干群关系、做到干群同心协力，不仅是提高集体经济活力的较好办法，还被毛泽东视为"反修防修"的重要措施，大寨干部坚持长年参加生产劳动、以身作则、干群关系融洽，也正是党和政府要大力提倡的。第五，大寨充分利用丰富的人力资源，大力开展农田基本建设，的确是利用了我国农业的优势（劳动力富裕）来解决种植业的根本问题，其增产经验带有普遍意义，符合当时国家希望通过建立高产、稳产田来解决吃饭和抗灾的设想和规划。

（三）"全国学人民解放军"

仅仅学习大庆和大寨已经不够了。军队性质所表现出来的不计较个人收入的得失、不能实行物质刺激的特点，必要时为国家牺牲个人利益甚至幸福的奉献精神，统一步调、严明纪律、下级服从上级的组织纪律，都是国营企事业单位和人民公社所不能比的，因此，当批判"物质刺激"和强调精神激励到极端时，"全国学习人民解放军"就自然走上了历史舞台，成为 60 年代经济建设的一个特殊现象。

1963 年 3 月 5 日，以毛泽东的"向雷锋同志学习"题词为标志，全国各行各业掀起了学习雷锋活动，由此拉开了学习解放军的序幕。1965 年 7 月，解放军战士王杰在军事训练中为掩护他人英勇牺牲。王杰事迹的突出特点：一是"党叫干啥就干啥""以服从祖国的需要为最快乐"；二是"一不怕苦，二不怕死"。解放军报、人民日报连续报道并发表社论介绍和评价王杰精神。11 月 7 日，全国总工会发出"关于组织广大职工向王杰同志学习的通知"。

1963 年底至 1964 年初，全国工交工作会议在北京召开。这次会议提出"学习解放军，加强政治思想工作"的口号，会议认为："学习解放军，加强思想政治工作，是社会主义建设的一个方向性问题、根本性问题。"会议提出"思想政治工作是经济工作和一切工作的生命线"。

与此同时，毛泽东在12月16日给林彪等人的信中则说："国家工业各个部门现在有人提议从上至下（即从部到厂矿）都学解放军，都设政治部、政治处和政治指导员，实行四个第一和三八作风。""看来不这样做是不行的，是不能振起整个工业部门（还有商业部门，还有农业部门）成百万成千万的干部和工人的革命精神的。"毛泽东还说："这个问题我考虑了几年了，现在因为工业部门主动提出学解放军，并有石油部的伟大成绩可以说服人，这就到了普遍实行的时候了。解放军的思想政治工作和军事工作，经林彪同志提出四个第一、三八作风之后，比较过去有了一个很大的发展，更具体化又更理论化了，因而更便于工业部门采用和学习了。"① 毛泽东建议解放军派出政工人员，或者为地方培训政治工作人员，帮助学习解放军活动开展。

当时解放军实行的"四个第一"是指：人的因素第一，政治工作第一，思想工作第一，活的思想第一。"三八作风"是指："坚定正确的政治方向，艰苦朴素的工作作风，灵活机动的战略战术"三句话，"团结、紧张、严肃、活泼"八个字。

1964年2月1日，《人民日报》发表《全国都要学习解放军》社论。2月14日，再发表社论《把三八作风传到全国去》；3月10日，又一次发表社论《学习解放军革命的硬骨头精神》；3月24日，第四次发表社论《抓活的思想》。

据1965年9月召开的全国财贸政治工作会议公布的数据，财贸政治工作机构已经基本建立起来，政治干部已经大部分配备起来。全国县以上各级党委财贸政治部已经建立了90%左右，财贸行政部门的政治工作机构已经建立了80%左右；基层单位的政治教导员和政治指导员已经配备了60%~70%。"突出政治、坚持四个第一的思想，已经被越来越多的人所认识和接受。许多单位的政治工作开始摆上了首位，不问政治的单纯业务观

---

① 《建国以来毛泽东文稿》第10册，中央文献出版社1996年版，第454页。

点受到了批判。"①

（四）推行干部队伍的"革命化"

"干部参加劳动"是 1956 年整顿农业生产合作社时提出的，当时是作为实行民主管理和改善干群关系的一项措施。1960 年 3 月 22 日，毛泽东批转中共鞍山市委《关于工业战线开展技术革命和技术革新运动的报告》。毛泽东在批语中提出了著名的"鞍钢宪法"。后来根据毛泽东批示内容，冶金部将"鞍钢宪法"概括为五项原则，其中一条就是"两参一改三结合"。即要求干部参加生产劳动。

1963 年 5 月 9 日，毛泽东亲自为浙江省 7 个干部参加劳动的材料写了批语。毛泽东说："浙江省这七个材料，都是好的。文字也不难看，建议发到各中央局，各省、地、县、社，给干部们阅读。可以从中选两三件向识字不多的干部宣读和讲解，以便引起他们的注意，逐步加深广大干部，特别是县、社、大队、生产队四级干部对于参加生产劳动的伟大革命意义的认识，减少许多思想落后的干部的抵抗和阻力。""对于干部参加劳动这个极端重大的问题，在今年内进行几次讨论并普遍宣读山西昔阳县那个文件。"② 毛泽东如此强调干部参加生产劳动的重要性，就在于他认为在单一公有制和无产阶级专政的情况下，这个干部参加劳动、与人民群众"打成一片"的办法，似乎可以避免干部高高在上、"做官当老爷"、脱离人民，像苏联那样走向修正主义的危险。

1964 年 8 月，人民日报连续发表社论《干部坚持劳动才能坚持革命》和《干部经常参加劳动才能密切联系群众》。反复阐述干部参加生产劳动的重要性。干部参加生产劳动（而不仅仅是做好本职工作）甚至被当作衡量一个干部好坏的标准之一，成为一项制度性的建设。

1964 年 9 月 22 日，人民日报发表社论《像普通劳动者那样真正劳动》和重庆水轮机厂干部实行"三定一顶"参加生产劳动的长篇报道。所谓

---

①《全国财贸政治工作会议》，《人民日报》1965 年 10 月 17 日。
②《建国以来毛泽东文稿》第 10 册，中央文献出版社 1996 年版，第 292 页。

"三定一项"就是：干部参加劳动固定时间、固定岗位、固定职责，并在技术水平提高、能够独立操作以后，就顶替班组的定员，像普通劳动者那样真正劳动。

随着突出政治和强调"反修防修"，领导班子的"革命化"问题也提了出来。《人民日报》从1965年10月12日起，开辟专栏讨论"实现县委领导革命化，建设社会主义新农村"。1965年12月18日，《人民日报》发表社论《创造更多的大寨式的先进县》和长篇报道《党的领导无所不在》。以林县为例，讲县委如何革命化，带领全县艰苦奋斗，改造山河的事迹。人民日报11月10日发表通讯《思想革命化要落实到行动上》编者按，报道了固安县委领导思想革命化情况和经验。

1966年2月7日，人民日报发表长篇报道《县委书记的榜样——焦裕禄》和社论《向毛泽东的好学生——焦裕禄同志学习》。3月6日，人民日报又长篇刊载了焦裕禄活学活用毛泽东思想的事迹。

总之，在1962年以后，随着毛泽东不同意恢复"大跃进"以前那种强调自上而下、强调专业化管理和重视物质刺激的所谓苏联经济管理模式，主张用"政治挂帅""思想革命化"的方式来解决经济运行中存在的问题，对干部的政治要求就必然越来越高，对其所谓的"特权"和"官僚主义"越来越不满意，甚至极端到只有参加体力劳动才算参加劳动的境地。"文革"就是这种逻辑发展的必然结果。

四、"阶级斗争"是补救体制和道德失灵的政治手段

在单一公有制的条件下，本来并不存在按照马克思主义基本原理界定的"阶级"，尤其是"剥削阶级"，但是出于镇压所谓威胁社会主义制度（单一公有制和计划经济）的人和思想的需要，"阶级斗争"被重新提了出来。

从1953年大张旗鼓地宣传总路线开始，到1966年开展"文化大革命"前，应该说中国共产党和国家宣传机器始终没有松懈对所谓社会主义思想

和道德的推行和宣传，甚至常常采取群众运动的方式，但是事实证明收效甚微，因此"合理"的解释就是旧的"资产阶级"思想根深蒂固，影响很大，要与无产阶级对抗甚至要复辟，这就是毛泽东阶级斗争和无产阶级专政下继续革命理论的逻辑起点。

三年"大跃进"、"左"倾错误和国民经济的困难，以及为克服困难而采取的放松控制政策，使得1962年起"包产到户"和商品经济的暗潮再次涌动，对单一公有制和计划经济体制形成威胁，同时也与毛泽东提倡的"政治挂帅"的中国式经济建设道路格格不入。事实已经证明，在原有单一公有制和计划经济体制下的改革和思想教育运动已经不能调动人民群众的积极性和消除官僚主义弊病。也就是说，传统社会主义体制和道德手段已经失灵，而要维护单一公有制的"优越性"，就不得不采取高压手段，来压制"单干风"和商品经济的复活，并镇压党内和社会上抵制"社会主义"的思想。至于用什么名义，则是方法问题了，而过去所熟悉的"阶级斗争"理论和方法，自然就成为首选手段了。

（一）"阶级斗争为纲"的提出

1962年8月6日，中共中央在北戴河召开中央工作会议。本来会议主要是讨论农业、财贸、城市等问题，进一步贯彻调整方针，但是毛泽东在会议的第一天讲话中就提出了阶级斗争问题。毛泽东的讲话主要谈了三个问题：阶级斗争问题、对形势的估计问题和矛盾问题。毛泽东认为社会主义社会仍然存在阶级和阶级斗争；认为国内形势并不是像前一阶段估计的那样严重、一片黑暗；认为"包产到户"还是集体化，是走社会主义道路还是走资本主义道路的问题，并批判了主张实行家庭生产经营责任制的邓子恢。毛泽东出的题目，把北戴河中央工作会议从一开始就引向了以讨论阶级斗争为中心，对于各种经济问题的讨论，也都从阶级斗争的观点和角度去认识和提出办法了。毛泽东的讲话，把本来是经济体制的问题、人民对某些经济体制和政策的不满和改革，看成是对社会主义的否定，是资产阶级要复辟资本主义的斗争。这使党内外从上到下，谁也不敢去深入纠正

"大跃进"错误和探索深层次的经济体制改革了。

在北戴河会议上,毛泽东又在抓阶级斗争的题目下,批判了所谓的"黑暗风""单干风""翻案风"。1962年9月29日,人民日报发表的党的八届十中全会公报则说:"被推翻的反动统治阶级不甘心于灭亡,他们总是企图复辟。同时,社会上还存在着资产阶级的影响和旧社会的习惯势力,存在着一部分小生产者的自发的资本主义倾向,因此,在人民中,还有一些没有受到社会主义改造的人,他们人数不多,只占人口的百分之几,但一有机会,就企图离开社会主义道路,走资本主义道路。在这种情况下,阶级斗争是不可避免的。"[①] 公报还转述了毛泽东那段著名的关于阶级斗争的论述。此后,关于阶级斗争的论调越来越高。

(二) 开展所谓的"社会主义教育运动"

1959年庐山会议以后,为了继续贯彻大多数人都已经认识到的"左"倾政策、批判所谓的"右倾机会主义",中共中央再一次提出在农村中进行一次社会主义教育。1960年起,又先后在农村开展了"三反"(反贪污、反浪费、反官僚主义)运动和整风整社运动。1961年11月13日,中共中央又一次发出《关于在农村进行社会主义教育的指示》。1962年8月,在党的八届十中全会上,毛泽东针对所谓的"三风",再次提出要进行社会主义教育。但是,党的八届十中全会以后,各地仍然将经济调整放在首位,许多地方并没有立即开展社会主义教育运动。1962年冬至1963年春,毛泽东外出视察,到了不少地方,只有湖南省委和河北省委向他汇报了这个问题。因此毛泽东认为这个问题还没有引起全党的重视,决定在1963年2月召开的中央工作会议上,重点讨论农村社会主义教育和城市"五反"问题。

1963年5月10日,中共中央发出《关于抓紧进行社会主义教育的批示》,向各中央局、省、市、自治区党委批转了东北局和河南省委两个关于开展社会主义教育运动的报告。《批示》说:"社会主义教育是一件大事,

---

[①]《建国以来毛泽东文稿》第10册,中央文献出版社1996年版,第197页。

请你们检查一下自己在这方面的认识和工作，检查一下是不是抓住了要点和采取的方法是否适当，查一查是否还有很多的地、县、社没有抓住这方面的工作。如果有的话（看来一定是有的），应当在农忙间隙，在不误生产的条件下，抓住进行。上半年做不完，可以在下半年做。今年做不完，可以在明年做。"①

中央工作会议以后，全国各地都根据中央的部署，在城市开展了上述"五反"运动；在农村则开展了"四清"和社会主义教育运动的试点。1963年5月2日，毛泽东在杭州主持召开了有部分中央政治局委员和大区书记参加的小型会议，研究关于农村社会主义教育的文件。毛泽东在会上说，这次社会主义教育运动，是一次伟大的革命运动。资产阶级右派和中农分子把希望寄托在自留地、自由市场、自负盈亏和包产到户，这"三自一包"上面。我们搞社会主义革命，在城市搞"五反"，在农村搞"四清"，就是挖资产阶级的社会基础，挖资本主义的根子，挖修正主义的根子。会议起草了《中共中央关于目前农村工作中若干问题的决定（草案）》（即《前十条》）。1963年5月20日，该文件在经过中央政治局会议讨论通过后下达。《前十条》提出的农村工作中的10个问题是：①形势问题；②在社会主义社会中是否还有阶级、阶级矛盾和阶级斗争问题；③当前中国社会中出现了严重的尖锐的阶级斗争情况；④我们的同志对于敌情的严重性是否认识清楚了的问题；⑤依靠谁的问题；⑥目前农村中正确地进行社会主义教育运动的政策和方法问题；⑦怎样组织革命的阶级队伍问题；⑧"四清"问题（即清账目、清仓库、清财务、清工分）；⑨干部参加集体生产劳动问题；⑩用马克思主义的科学方法进行调查研究问题。

（三）毛泽东对人民公社和国营企业领导权的估计

由于以城市"五反"和农村"四清"为主要内容的社会主义教育运动，是在"左"的思想指导下进行的，用"阶级斗争"的眼光看待问题，因此将

---

①《建国以来毛泽东文稿》第10册，中央文献出版社1996年版，第297页。

许多经济规律中的矛盾和问题都看成了阶级斗争。这又反过来影响了毛泽东等对阶级斗争严重性的估计。1963~1964年，社会主义教育运动中发生了两个震动一时的事件，即甘肃白银公司和天津小站地区的所谓"夺权"事件。

1964年5月15日至6月17日，中共中央召开工作会议。6月8日，毛泽东在讲话中提出：国家有三分之一的权力不拿在我们手里，如白银厂、小站就是修正主义。6月2日，刘少奇在讲话也提出："和平演变"已经演变到高级机关中的某些人了，省委、市委都有他们的人。[①] 由于对阶级斗争和修正主义危险性的估计越来越严重，中央决定修改《后十条》和《贫下中农协会组织条例》，并且成立"四清""五反"指挥部，由刘少奇挂帅。

9月18日，中共中央批准发布《后十条》修正草案。修正草案最重要的内容有两点：一是提出整个运动都由工作队领导，这样一来，实际上就把基层组织和干部撇在了一边；二是提出在民主革命不彻底的地区，必须进行补课，即对土地改革时划定的阶级成分，可以重新划定，并没收清查出来的"漏划"地主富农的多余房屋和家具。另外，在此前后，中央还批转了"桃园经验"和"小站的夺权经验"（10月24日中共中央发出《关于社会主义教育运动夺权问题的指示》），批转了李雪峰提出的"反对右倾"的意见和湖南市委关于在问题严重的地方有贫协组织行使权力的报告，这些指示不仅导致了阶级斗争的扩大化，而且对基层领导机构和干部正常行使职权造成直接的冲击，对正常的生产和经营产生不利影响。

1964年12月5日，毛泽东在看了公安部部长谢富治报送的《沈阳冶炼厂资本主义经营管理方法种种》简报后批道："我们的工业究竟有多少在经营管理方面已经资本主义化了，是三分之一，二分之一，或者还更多些，要一个一个地清查改造，才能知道。"谢富治上述报告中列举的"资本主义经营管理方法"有八种表现：①弄虚作假，欺骗国家；②损公利厂，不顾整体；③损人利己，剥削友邻；④贱买贵卖，唯利是图；⑤买空卖空，投机倒把；⑥奖金挂帅，物质刺激；⑦科学实验，为名为利；⑧胡花滥用，

---

① 参见薄一波：《若干重大决策与事件的回顾》（下卷），中共中央党校出版社1993年版，第1116页。

浪费惊人。认为其根子是：①苏联旧企业框框和修正主义的影响；②资本主义（包括封建主义）旧势力的影响；③和来自上面的影响也不无关系。毛泽东在最后一条的后面批注："不是不无关系，而是主要根源。"① 由此可以看出，毛泽东将当时计划经济体制下国营企业弊病甚至正常的经营管理都视为"资本主义化"了，并认为其主要根源在"上面"。12月7日，中共中央转发了谢富治的报告和毛泽东的批语。

12月10日，毛泽东又在中共中央中南局第一书记、广东省委第一书记陶铸关于在农村蹲点的报告上批道：对于农村中存在的严重阶级斗争和两极分化问题，或者是不知道，或者是有些下去了解情况的干部是"蹲在基层干部、富裕中农、富农地主那里"，"视而不见，听而不闻"。② 指出根源还是在"上面"。12日，毛泽东在陈正人的洛阳拖拉机厂蹲点报告的批示中认为已经形成了一个"官僚主义者阶级"，这个阶级"已经变成或正在变成吸工人血的资产阶级分子"，是"斗争对象，革命对象"。③

由于毛泽东对问题的严重性估计过高，因此在同年12月中共中央工作会议讨论社会主义教育运动时，毛泽东与刘少奇就社会主义教育运动的性质问题产生了严重分歧。刘少奇认为"四清"与"四不清"是主要矛盾，人民内部矛盾与敌我矛盾交织在一起。毛泽东则提出运动的性质是社会主义与资本主义的矛盾，提出"重点是整党内走资本主义道路的当权派"。④ 会议形成的"十七条"文件（后补充修改为"二十三条"，在1965年1月14日下发），采纳了毛泽东的意见，提出运动的重点是"整党内那些走资本主义道路的当权派"。

至此，"文化大革命"已经呼之欲出了。

---

① 《建国以来毛泽东文稿》第11册，中央文献出版社1996年版，第256~257页。
② 《建国以来毛泽东文稿》第11册，中央文献出版社1996年版，第259页。
③ 转引自薄一波：《若干重大决策与事件的回顾》（下卷），中共中央党校出版社1993年版，第1128~1129页。
④ 转引自金冲及：《周恩来传（1949-1976）》（下），中央文献出版社1998年版，第834页。

五、小结

总之，中国共产党采用"渐进的"手段和超出实际的许诺实现了"社会主义改造"，但是单一公有制和计划经济没有也不可能达到预期的"优越性"目标，人民没有也不可能达到预设的"社会主义道德"水准，即"六亿神州尽舜尧"。因为这不是一个新道德成长需要时间的问题，而是什么样的生产力水平只能产生出什么道德水准的基本问题。

因此，在1956年社会主义改造完成以后到1978年，当在单一公有制范围内的体制改革走到尽头，而思想改造和道德建设又失灵的情况下，对社会主义经济体制改革和存在问题认识的局限（要维护这种单一公有制体制），导致以"阶级斗争"和"无产阶级专政下的继续革命"理论和方式来解决经济运行的低效问题，这不仅堵塞了国民经济调整初期出现的经营管理形式甚至所有制结构多样化和利用市场机制的探索，而且对所谓"资本主义"和"修正主义"的危险估计越来越严重，其防治办法也越来越"左"，"文化大革命"只不过是其逻辑发展的必然结果。

毛泽东对马克思主义工业化理论的贡献

中国共产党与中国工业化的关系,从时间上看,大致可以分为三个时期。1921~1949 年为第一个时期,即中国共产党为中国工业化扫清障碍阶段。1949 年中华人民共和国成立到 1978 年为第二个时期,即以传统的社会主义工业化为目标模式,以单一公有制和计划经济为基础,实行优先发展重工业。在这个时期,通过高积累和集中有限财力,基本建立起相对独立完整的工业体系,为后来的工业化奠定了坚实的基础。1978 年党的十一届三中全会以来为第三个时期,在这个时期,通过改革开放,调动了各种积极性,充分利用了两种资源和两个市场,大大加快了中国工业化的步伐,并寻找到一条既符合中国国情、又加快发展的工业化道路。毛泽东作为第一、第二两个时期党的主要领导人,他的工业化思想又处于举足轻重的地位,并对党的方针政策产生了重要影响。

一、毛泽东工业化思想的两个来源

毛泽东的工业化思想有两个来源:一是马克思主义基本原理和苏联经验;二是中国自己的实践。

马克思主义的创始人马克思和恩格斯所处的地点和时代,正是工业化最早的诞生地和最早显示其伟大力量的时代,与此相伴,则是资本主义在世界范围的迅速扩张和资本主义矛盾的充分暴露。正是在这种背景下,马克思和恩格斯运用辩证唯物主义和历史唯物主义的分析方法,创造了科学社会主义理论体系。在这个理论体系中，无论是他们的实证研究还是逻辑推理，工业化都是资本主义发展必不可少的过程；而社会主义则是在资本主义已经不能容纳的高度发达的生产力基础上诞生并取而代之的社会形态，因此无产阶级取得政权后，就不存在工业化的问题了。显然，从整个理论体系来说，马克思和恩格斯对工业化的论述主要针对工业化的出现以及工业化与资本主义的关系。换句话说，他们的工业化理论是关于资本主义工业化的分析和结论。

马克思和恩格斯有关工业化的论述，主要集中在三个方面：一是对工业化（当时称之为工业革命或大工业的发展）产生的分析，提出市场化是工业化的必要前提和条件；二是对工业化的客观描述和实证研究，指出工业化所带来的生产力飞速发展和经济结构、社会生活的巨大变化；三是通过对工业化与资本主义生产关系矛盾的分析，推导出工业化必然导致资本主义被社会主义所取代的论断。

列宁领导"十月革命"并建立了第一个社会主义国家苏联，将马克思主义发展到一个新的阶段，尤其对马克思主义工业化理论，因为自此以后，马克思主义的工业化理论就主要集中在社会主义国家如何进行工业化方面。

以斯大林为代表的工业化理论，内容比较丰富，它作为20世纪20年代末到50年代初苏联的主流理论和指导思想，不仅对苏联，也对其他社会主义国家产生了深远影响。斯大林关于社会主义工业化的理论，概括起来，主要有四个内容：一是优先发展重工业；二是工业高速增长；三是工业化以社会主义改造为条件，即工业化是以建立单一公有制和计划经济为保障的；四是关于农业应该为工业化积累资金。

总之，马克思和恩格斯虽然科学地描述了资本主义工业化的规律和结果，列宁提出了无产阶级取得政权后的工业化任务，斯大林提出了苏联社会主义工业化的特点和政策，但是都没有也不可能解决中国这样一个人口众多、经济发展极端不平衡的农业大国如何实现工业化的问题。

当国民经济恢复任务基本完成、我国转入大规模经济建设后，如何实行工业化的问题凸显出来。由于当时毛泽东缺乏经验，基本采纳了斯大林的优先发展重工业的社会主义工业化战略。

1953年8月，毛泽东在修改中央财经会议结论时，对过渡时期总路线做了完整的表述："从中华人民共和国成立，到社会主义改造基本完成，这是一个过渡时期。党在这个过渡时期的总路线和总任务，是要在一个相当长的时期内基本上实现国家工业化和对农业、手工业、资本主义工商业的社会主义改造。"至此，过渡时期总路线最终形成。同年9月24日，作为庆祝新中国成立三周年的口号，中共中央将其公之于世。

为了向全党和全国人民解释宣传过渡时期总路线，毛泽东还主持编写了《为动员一切力量把我国建设成为一个伟大的社会主义国家而斗争，关于党在过渡时期总路线的学习和宣传提纲》（以下简称《宣传提纲》）。该提纲于1953年12月公开出版，广为发行，成为过渡时期总路线的权威解释。由此在全国掀起了学习过渡时期总路线的热潮。

在此以前，党和政府在谈到中国的经济发展时一般都是用"工业化"这个词，"宣传提纲"首次明确提出中国要实行的是"社会主义工业化"并解释了其含义，即社会主义工业化具有两个重要特点：一是将发展重工业作为工业化的中心环节；二是优先发展国营经济并逐步实现对其他经济成分的改造，保证国民经济中的社会主义比重不断增长。

总路线还认为小农经济与社会主义工业化存在不可调和的矛盾，认为小农经济不是社会主义的基础。《宣传提纲》引用斯大林的话："可以在多少长久的时期内，把苏维埃政权和社会主义事业建筑在两个不同的基础上，建筑在最巨大集中的社会主义工业基础上和最散漫落后的小商品农民经济基础上吗？当然是不可以的。长此以往，整个国民经济都会有完全瓦解的一日。出路何在呢？出路就在于使这个农业成为巨大的农业，使它成为能够实行积累，能够实现扩大再生产的农业，并依此而改造国民经济的农业基础。可是，怎样才能使它成为巨大的农业呢？为要达到这一步，只有两条道路可走。一条是资本主义的道路……另外一条是社会主义的道路。""同样，社会主义的道路也是我国农业唯一的出路。"①

1955年7月，毛泽东在《关于农业合作化问题》讲话中再次指出："如果我们不能在大约三个五年计划的时期内基本上解决农业合作化的问题……我们的社会主义工业化事业就会遇到绝大的困难，我们就不可能完成社会主义工业化。"②

在衡量工业化是否完成的标准方面，当时我们接受了苏联的观点，只不过《宣传提纲》里的提法为："使现代化工业能够领导整个国民经济而在工农业生产总值中占绝对优势。"③ 当时虽然没有使用70%这个数字，但提出大致用15年左右的时间实现工业化，却是参照苏联的标准和时间表。1955年2月，李富春在《关于社会主义工业化问题的报告》中又有所发展，提出：实现社会主义工业化的标志，从数量上看，是社会主义工业产值占工农业总产值的60%左右；从质量上看，要有独立的工业体系和农业相应的协调发展。④

到1959年，毛泽东在读苏联《政治经济学教科书》时则说：苏联第一个五年计划完成后，就宣布了实现工业化。估计，我们国家1959年工业总值在工农业总产值中会超过70%。但我们不宣布实现工业化。因为我们还有五亿多农民从事农业生产，如果现在宣布实现工业化，不仅不能确切地反映我国国民经济的实际状况，而且由此可能产生松劲的情绪。由此可见，当时毛泽东已经感到仅凭工业产值占工农业总产值的比重是不足以衡量工业化的。以后，中国共产党再没有使用这个标准，1964年以后，中国以"四个现代化"取代了"社会主义工业化"这个概念。

---

① 中共中央文献研究室：《建国以来重要文献选编》第4册，中央文献出版社1995年版，第714~715页。
② 《毛泽东选集》第5卷，人民出版社1977年版，第181~182页。
③ 中共中央文献研究室：《建国以来重要文献选编》第4册，中央文献出版社1995年版，第714页。
④ 转引自《中华人民共和国国民经济和社会发展计划大事辑要》，红旗出版社1987年版，第54页。

二、毛泽东工业化思想的几个特点

作为中国共产党第一代领导人的毛泽东，其工业化思想经历了新民主主义革命时期、新民主主义建设时期（国民经济恢复时期）、向社会主义过渡时期（1953～1956）和社会主义建设时期（1957～1976）四个阶段。在上述四个阶段，不同的历史环境和条件，对毛泽东的工业化思想形成和演变都有明显的影响，因此，毛泽东的工业化思想也是不断变化的。但是，总的来说，毛泽东的工业化思想与中外前后的工业化思想比较，仍然明显具有以下三个特点。

（一）毛泽东为了实现效率和公平兼顾的目标，坚持实行公有制基础上的工业化。

在民主革命时期，毛泽东从中国革命性质和特点出发，根据马克思主义生产关系必须与生产力水平相适应的基本原理，从当时的政治经济条件出发，提出了在多种经济成分并存的新民主主义体制下，基本实现工业化，然后再向社会主义过渡的大致设想。这种设想在毛泽东的《新民主主义论》，1948年9月召开的中央政治局扩大会议，1949年9月第一届全国政治协商会议通过的《共同纲领》中都体现出来。毛泽东的这种思想也成为全党的共识，在国民经济恢复时期得到贯彻。

新中国成立以后，1952年下半年，随着政治经济形势的发展变化，例如政权的稳固、国民经济的迅速恢复、国营经济的日益壮大、农业合作化和对资本主义经济改造的探索等，毛泽东发现向社会主义过渡是可以与工业化同步进行的，这也符合生产关系与生产力相适应的原理。同年9月，毛泽东在中央书记处会议上讲：10年到15年基本上完成社会主义，不是10年以后才过渡到社会主义。刘少奇在给斯大林的信中也反映出这种思想，即估计用10年至15年的时间，基本上实现对农业、手工业和资本主义工商业的社会主义改造。① 上述估计是与党对我国工业化速度的看法分不开的。受国民经济恢复时期巨大经济成就的鼓舞，党对我国实现工业化所需时间的估计，比新中国成立之初更为乐观。参考苏联实现工业化的时间表，中共中央准备用15年左右的时间（即3个"五年计划"）基本上实现我国的工业化。当时中国共产党将上述两项工作同时进行，是由于如下简单地推理：根据马克思主义生产关系必须适应生产力的原理，社会主义制度（单一公有制和计划经济）只能建立在社会化大生产基础之上。因此，中国社会主义制度的建立，也必须以实现工业化为前提。但是在工业化过程中，能不能也同时逐步进行社会主义改造？即当工业化实现之日，也就是社会主义制度建立之时？

1953年2月，毛泽东在中央的一次会议上，讲了他在湖北视察时同孝感地委负责人谈话的内容。他说："什么叫过渡时期，过渡时期的步骤是走向社会主义。我给他们用扳手指头的办法解释，类似过桥，走一步算是一年，两步两年，三步三年，10年到15年走完。我让他们把这话传到县委书记、县长。在10年到15年或更多一点时间，基本上完成国家工业化及对农业、手工业、资本主义工商业的社会主义改造。要水到渠成，防止急躁情绪。"

1953年6月15日，毛泽东在中央政治局会议上又说："党在过渡时期的总路线和总任务，是要在十年到十五年或者更多一些时间内，基本上完成国家工业化和对农业、手工业、资本主义工商业的社会主义改造。"

但是，1953年的粮食供应紧张、1955年的农业拖了工业建设后腿（1954年农业未完成计划导致1955年工业原料不足）导致毛泽东重新回到苏联的经验：必须依靠社会主义改造来为快速工业化提供保障，即以农业集体化来加快农业发展和提供更多农业剩余。1953年10月，毛泽东在两次与中央农村工作部负责同志的谈话中即表达了这个思想。1955年8月的《农业合作化问题》报告、年底与私营工商业家的谈话，更是进一步明确了

---

① 参见刘少奇，《关于党在过渡时期总路线的文献五篇——关于中国怎样从现在逐步过渡到社会主义去的问题》，《党的文献》，1988年第5期，第53页。

社会主义改造必须先于工业化实现，以此来保证工业化的顺利进行。

于是，从1952年到1953年，毛泽东完成了由新民主主义工业化思想（先工业化再消灭私有制）向传统社会主义工业化思想（社会主义改造与工业化同步进行甚至先行完成）的转变。

当然，毛泽东关于社会主义改造应该先于工业化的思想，除了上述因素外，还出于对社会公平和人民群众利益的考虑。因为国内外的历史证明在私有制基础上的工业化，往往是以牺牲广大人民群众、特别是广大农民的利益为代价的，旧中国的农民失去土地后并未能转为工人和享受工业化的成果，而往往是流离失所、无以为生。同时，由于中国劳动力的几乎无限供给，工人的待遇也被压得很低。毛泽东认为农业合作化不仅可以加快农业发展，充分利用农村富余的劳动力，还可以避免两极分化；而对城市工商业的社会主义改造，同样也可以避免资本家对工人的剥削。毛泽东在1955年论述广大农民具有社会主义积极性时就说，"中国的情况是：由于人口众多，已耕的土地不足（全国平均每人只有三亩田地，南方各省很多地方每人只有一亩田、或只有几分田），时有灾荒（每年都有大批的农田，受到各种不同程度的水、旱、风、霜、雹、虫的灾害）和经营方法落后，以致广大农民的生活，虽然在土地改革以后，比较以前有所改善，或者大为改善，但是他们中间的许多人仍然有困难，许多人仍然不富裕，富裕的农民只占比较的少数，因此大多数农民有一种走社会主义道路的积极性。……对于他们说来，除了社会主义，再无别的出路。这种状况的农民，占全国农村人口的百分之六十到七十。这就是说，全国大多数农民，为了摆脱贫困，改善生活，为了抵御灾荒，只有联合起来，向社会主义大道前进，才能达到目的。"[①]

此外，1951年底开始的"三反""五反"运动所揭露出来的问题，也使毛泽东过多地看到了私营工商业的弊病，认为私营工商业无论在效率、公平还是高积累方面都不如公有制经济。

[①]《毛泽东文集》第6卷，人民出版社1999年版，第429页。

（二）毛泽东为了中华民族尽快复兴，实行了"赶超"型的工业化战略。

中华人民共和国成立以后，面对中国的工业化水平远远落后于西方发达国家和苏联的现实，也吸取近代以来落后就要挨打的惨痛教训，同时也是基于列宁对时代的判断（帝国主义和无产阶级革命时代，认为战争不可避免），毛泽东将加快工业化速度置于关系到社会主义中国生死存亡的最重要位置。

新中国成立以后，我国不仅经济落后，现代工业所占比重很低，而且重工业尤其落后。正如毛泽东所说："现在我们能造什么？能造桌子椅子，能造茶壶茶碗，能种粮食，还能磨成面粉，还能造纸，但是，一辆汽车、一架飞机、一辆坦克、一辆拖拉机都不能造。"① 这种与大国地位极不相称的经济落后状况，是导致新中国选择优先发展重工业的赶超战略的基本原因。

1958年，出于对社会主义经济体制优越性的过高估计，毛泽东对1956年的"反冒进"进行了严厉的批评，将追求"多""快"实际作为经济发展的唯一指标。正如毛泽东所说："我们实行洋土并举、大中小并举，不只是由于技术落后，人口众多，要求增加就业，主要是为了高速度。"②

1960年1月，毛泽东在读到苏联《政治经济学教科书》里说到工业化速度，又说道："现在我国工业化速度也是一个很尖锐的问题。原来的工业越落后，速度问题也越尖锐，不但国与国之间比较起来是这样，就是一个国家内部，这个地区和那个地区比较起来也是这样。"③

（三）为了保证国家安全和应对未来战争，毛泽东将"备战"列入工业化战略。

1950年朝鲜战争爆发以后，中国被迫卷入战争，由此导致中美两国的

---

① 《毛泽东文集》第6卷，人民出版社1999年版，第329页。
② 《毛泽东读苏联〈政治经济学（教科书）〉谈话记录选载》，《党的文献》1993年第4期，第8页。
③ 《毛泽东文集》第8卷，人民出版社1999年版，第124页。

直接对抗。中国还面对来自西方各国的威胁（1840年以来这种威胁几乎没有停止过）。这种国际环境和历史教训都迫使中国必须加强国防力量，而优先发展重工业和尽快建立独立的工业体系，则是加强国防力量、维护国家安全的基本经济措施。

1960年5月，毛泽东指出："现在，美帝国主义在东方，比如在日本、台湾、南朝鲜、菲律宾、南越、泰国、巴基斯坦，建立了很多军事基地，对我们威胁很大。"① 1961年8月，毛泽东又提出：按照我们的意见，是不要打世界大战的，但是按照帝国主义的意见，是要打世界大战的。"所以要警惕，每天说不会打，使大家睡觉，使大家认为是共产党说不会打了，一个早上忽然打起来怎么办？还不如说帝国主义要打，准备好对付帝国主义要打好一些。就是说做坏的方面准备，这么做了准备，也许可以不打。"②

因此，当国民经济调整基本结束后，在1964年制订"三五"计划草案时，毛泽东即改变了60年代初期提出的农轻重秩序，提出"两个拳头"和"一个屁股"的投资政策。③ 毛泽东还说："酒泉和攀枝花钢铁厂还是要搞，不搞我总是不放心，打起仗来怎么办？"④

1965年6月，毛泽东在听取汇报时又指出，计划要考虑三个因素：第一是老百姓，不要丧失民心；第二是打仗；第三是灾荒。农轻重次序要颠倒一下，吃穿用每年略有增加就好。1965年在关于农业机械化问题给刘少奇的信中，又提出将备战作为第一因素与农业机械化联系起来。⑤ 1965年以后以备战为第一考虑的著名"三线建设"，最能够反映出毛泽东工业化思想中的"备战"观念。

---

① 《毛泽东外交文选》，中央文献出版社、世界知识出版社1994年版，第403页。
② 《毛泽东外交文选》，中央文献出版社、世界知识出版社1994年版，第470页。
③ 毛泽东在1964年5月听取国家计委领导小组汇报时提出："两个拳头——农业，国防工业；一个屁股——基础工业，要摆好。"同时毛泽东又指出农业主要靠自力更生和大寨精神。因此，投资仍然是向重工业和国防工业倾斜。
④ 参见《毛泽东在国家计委领导小组汇报第三个五年计划设想时的谈话（节录）》，《党的文献》，1996年第3期，第10页。
⑤ 参见《毛泽东文集》第8卷，人民出版社1999年版，第427~428页。

三、 毛泽东工业化思想的创新与历史局限

由于毛泽东努力将苏联的工业化理论与中国的具体实际相结合,并且进行了长达半个世纪的探索,留下了宝贵的历史经验与教训,非常值得今天来认真总结和吸取。

(一) 毛泽东对社会主义工业化理论的伟大贡献。

优先发展重工业和追求工业发展高速度,亦即工业化的速度,是苏联经济建设模式的特点,也是其20世纪30年代的成功之处。新中国成立以后,毛泽东曾经提出要学习苏联经验,将苏联的工业化速度作为中国的榜样。党的八大前后,在对待经济发展速度方面,基于对社会主义制度优越性的估计,认为生产关系问题已经解决,加上国际压力和国内人民要求,毛泽东对经济发展的高速度产生了过于乐观的估计(当然,这也与我们的信息体系不健全有很大关系),忽视了周恩来、陈云等等提出的综合平衡、稳步前进的建设方针和四大平衡理论,追求经济以"过高"速度增长,并引发了"大跃进",1961年以后,毛泽东又总结了过去十几年经济建设的经验教训,在农轻重关系、经济发展速度等问题上都有所创新。总之,以毛泽东为核心的党的领导集体针对苏联模式的弊病,积极探索中国自己的工业化道路,提出了不少符合中国国情的工业化思想,由于篇幅所限,这里仅从三个方面叙述他有关工业化理论的探索。

(1) 针对苏联提出的优先发展重工业思想,提出农、轻、重协调发展的思想。

苏联的社会主义工业化理论,是以列宁和斯大林在十月革命成功后,为快速完成苏联工业化任务而提出的思想和政策;由于后来的社会主义革命基本上都发生在经济落后的国家,无产阶级掌握政权后普遍面临着工业化的任务;因此以生产资料优先增长为基础的优先发展重工业理论就成为社会主义国家的共识。对此,毛泽东通过对苏联和自己经济建设经验教训

的反思,对工业化过程中如何协调发展农、轻、重产业提出了新的思想。

在对待农轻重关系方面,虽然优先发展重工业对建立自己的工业体系至关重要,当时的产业结构也需要优先发展重工业,但是党针对苏联过分长期强调工业、尤其是重工业而忽视轻工业和农业的弊病和几年来的实践,提出了农轻重协调发展的方针,毛泽东在《论十大关系》中提出:"我们现在发展重工业可以有两种办法,一种是少发展一些农业轻工业,一种是多发展一些农业轻工业。从长远观点来看,前一种办法会使重工业发展得少些和慢些,至少基础不那么稳固,几十年后算总账是划不来的。后一种办法会使重工业发展的多些和快些,而且由于保障了人民生活的需要,会使它发展的基础更加稳固。""我们现在的问题,就是还要适当地调整重工业和农业、轻工业的投资比例,更多地发展农业、轻工业。"①

1957 年 1 月,毛泽东在省市自治区党委书记会议上谈农业重要性时说:"因此,在一定的意义上可以说,农业就是工业。要说服工业部门面向农村,支援农业。要搞好工业化,就应当这样做。"② 同年 2 月,毛泽东在《关于正确处理人民内部矛盾的问题》讲话中专门论述了中国工业化的道路:"这里所讲的工业化道路的问题,主要是指重工业、轻工业和农业的发展关系问题。我国的经济建设是以重工业为中心,这一点必须肯定。但是同时必须充分注意发展农业和轻工业。""农业和轻工业发展了,重工业有了市场,有了资金,它就会更快地发展。这样,看起来工业化的速度似乎慢一些,但实际上不会慢,或者反而可能快一些。"③ 1957 年 10 月 9 日,毛泽东在扩大的党的八届三中全会上又提出:"讲到农业与工业的关系,当然,以重工业为中心,优先发展重工业,这一条毫无问题,毫不动摇。但是在这个条件下,必须实行工业与农业同时并举,逐步建立现代化的工业和现代化的农业。过去我们经常讲把我国建成一个工业国,其实也包括了

---

① 《毛泽东选集》第 5 卷,人民出版社 1977 年版,第 269 页。
② 《毛泽东选集》第 5 卷,人民出版社 1977 年版,第 361 页。
③ 《毛泽东选集》第 5 卷,人民出版社 1977 年版,第 400 页。

农业的现代化。"① 毛泽东在1959底至1960年2月读苏联《政治经济学教科书》期间，又多次阐述了上述思想。应该说，毛泽东提出的这个工农业并举的思想，将农业现代化纳入了工业化范畴来考虑，与当时无论是以苏联为首的社会主义国家的理论还是西方主流经济学理论相比，都是一个较大贡献。

在对待积累与消费关系方面，根据苏联工业发展很快但几十年内人民生活提高缓慢的教训，毛泽东提出要处理好国家与企业、企业与个人三者之间的关系，要做到三者兼顾。毛泽东特别提出要处理好国家与农民的关系，指出："苏联的办法把农民挖得很苦。他们采取所谓义务交售制等项办法，把农民生产的东西拿走太多，给的代价又极低。他们这样积累资金，使农民的生产积极性受到极大的损害。""我们对农民的政策不是苏联的那种政策，而是兼顾国家和农民的利益。""鉴于苏联在这个问题上犯了严重错误，我们必须更多地注意处理好国家与农民的关系。"②

1956年11月，陈云在商业部扩大部务会议上也指出："经济建设和人民生活必须兼顾，必须平衡。"③ 当时任国家经委主任的薄一波在党的八大会议上专门就积累与消费的关系做了发言，提出了积累与消费二者兼顾的"二三四"比例，即：国民收入中用于积累的部分约占20%左右，国民收入中国家预算收入约占30%左右，国家预算支出中基本建设支出约占40%。④

这里应该指出一点，即苏联的农业萎缩，主要原因并不是苏共忽视农业和对农业挖得过苦，主要是集体农庄制度束缚了农民的生产积极性，这点可以从斯大林以后的几十年间苏联始终没有解决农业问题得到证明。但是当时苏联并没有认识到这点，中国共产党也没有认识这点。

上述1956年党的"八大"前后党对工业化道路和理论的探索，应该说沿着正确方向前进了一大步。但是，1957年的"反右"运动和1958年的反

---

① 《毛泽东选集》第5卷，人民出版社1977年版，第472页。
② 《毛泽东选集》第5卷，人民出版社1977年版，第274页。
③ 《陈云文选》(1956~1985)，人民出版社1986年版，第30页。
④ 参见《中国共产党第八次全国代表大会文献》，人民出版社1957年版。

"反冒进"，使得党内外的政治关系变得很不正常。于是毛泽东提出的经济建设高速度和发挥"两个积极性"思想，则在政治高压和"两本账"的压力下，演化成一场持续3年之久的"大跃进"。其间产生的全民大办工业和"以钢为纲"的思想和理论，违背了上述思想。

1961年国民经济被迫转入调整以后，以毛泽东为代表的中共中央总结了新中国成立以来工业化的经验教训，提出了"以农业为基础，以工业为主导"的工业化思想。1962年9月，中共中央八届十中全会提出"以农业为基础，以工业为主导"的发展国民经济总方针。1963年9月，中共中央发出《关于工业发展问题（初稿）》，文件提出我国工业发展的方针。①工业和农业密切结合，发展工业和发展农业并举。二者的关系是：以农业为基础，以工业为主导。②生产资料和消费资料的生产密切结合，发展重工业和发展轻工业密切结合。二者的关系是：重工业是建设的中心，但是，可用多发展一些轻工业的办法来促进重工业的发展。③民用工业和国防工业密切结合，发展基础工业和发展尖端技术同时并举。二者的关系是：基础工业为尖端技术创造广泛发展的条件，反之，尖端技术又为基础工业创造提高的条件。文件还指出，所谓独立的、完整的工业体系，就是要有能力为农业、工业、国防、交通运输业提供成套技术装备的基础工业体系。[①]

（2）针对中国人口多、底子薄，提出大中小企业并举、城市和乡村工业共同发展的思想。

新中国成立初期，针对中国农村人口众多、农业劳动力过剩以及城市失业问题严重的状况，中国共产党就提出了关于农业劳动力就地转移的思想。在以往研究毛泽东工业化思想时，人们对毛泽东提出的工业与农业并举、中央工业与地方工业并举的思想关注较多，实际上，大型企业与中小型企业并举、城市工业与农村工业并举的思想在毛泽东的工业化思想中占有很重要的地位。

1958年成都会议在发展工业问题上，提出了发展中央工业和发展地方

[①] 转引自《中华人民共和国国民经济和社会发展计划大事辑要》，红旗出版社1987年版，第206页。

工业同时并举的方针。中央认为：由于地方工业同农业有更为直接、更为密切的联系，所以，实行这个方针，就可以更有成效地使发展工业和发展农业同时并举和相互支持；就可以把地方办工业的积极性、人民群众办工业的积极性更广泛、更充分地调动起来，从而必然会加快我国工业化的速度和农业技术改造的速度。会议通过的《中共中央关于发展地方工业问题的意见》指出："地方工业的任务是：为农业服务（这是基本的）；为国家大工业服务；为城乡人民生活服务；为出口服务。实现这些任务的方法是：打破对于工业化的神秘观点，全党办工业，各级办工业，全面规划，加强领导，走群众路线。各省、自治区应该在大力实现农业跃进规划的同时，争取在五年或者七年的时间内，使地方工业的总产值赶上或者超过农业总产值。"中央提出："各省、市、自治区在制订地方工业发展规划的时候……应该包括县、乡、社所办的工业在内……县以下办的工业主要应该面向农村，为本县的农业生产服务。……现在各地县以下工业企业的形式，大体上可分为县营、乡营，合作社（农业社或手工业社）营，县、社或乡、社合营等三种。农业社办的小型工业，以自产自用为主，如农具的修理，农家肥料的加工制造，小量的农产品加工等。"① 这是中共中央第一次正式通过社办工业的文件。

1958年7月1日，《红旗》第3期发表文章，最早提出"把一个合作社变成一个既有农业合作又有工业合作的基层单位，实际上是农业和工业相结合的人民公社"。不久，毛泽东视察人民公社时赞同说："还是办人民公社好，它的好处是，可以把工、农、商、学、兵合在一起，便于领导。"8月份，北戴河会议发布《关于农村建立人民公社问题的决议》，决定在全国普遍建立人民公社。而人民公社又在"大跃进"和"大办工业"的热潮中，大力发展工业，形成了新中国成立以后农村工业发展的第一次浪潮。

关于大中小企业共同发展的思想，是在"一五"计划期间就提出的，当时主要是针对有些人忽视沿海那些技术落后的中小企业的现象提出的。

---

① 光盘《中国共产党文献资料库（二）》，中共中央党校出版社、中央文献出版社2014年版。

1957年2月,毛泽东在《关于正确处理人民内部矛盾的问题》讲话中指出:"我们必须逐步地建设一批规模大的现代化的企业以为骨干,没有这个骨干就不能使我国在几十年内变为现代化的工业强国。但是多数企业不应当这样做,应当更多地建立中小型企业,并且应当充分利用旧社会遗留下来的工业基础,力求节省,用较少的钱办较多的事。"① 大型企业和中小型企业同时并举的工业化方法,是毛泽东根据我国财力有限、人口众多、资源技术配置多层次的特点而设计的。

1963年9月,中共中央下发征求意见的《关于工业发展问题(初稿)》又提出了实行大中小企业相结合的发展思路,由于中小企业具有投资少、收效快、适应性强、便于搞专业化和便于转移等优点,要更多地建立现代化的中小型工厂。

(二) 毛泽东正确的工业化思想没有得到全面始终贯彻的原因。

应该说,上述毛泽东关于工业化的认识,都是符合国情和正确的,成为我党的宝贵思想财富,并为1978年以后所贯彻。但可惜的是,直到毛泽东逝世,上述正确的思想不仅难以贯彻始终,而且也没有取得预期的效果。究其原因,大概有以下几个方面。

(1) 在工业化的制度安排方面,这个时期的探索不仅没有突破单一公有制和计划经济的大框架,反而为了维护和完善这种制度,采用阶级斗争和政治运动的办法,结果"南辕北辙",变成"阶级斗争为纲",经济工作受到严重干扰。

在1956年党的八大前后,针对社会主义改造中出现的问题,党对社会主义经济体制曾经提出过一些较好设想。首先,在所有制结构方面,针对我国社会主义改造快速、基本完成后存在的问题,陈云在党的八大上提出了"主体—补充"的设想,即社会主义可以存在少部分的个体经济作为公有制经济的补充。1956年底,毛泽东在与工商联负责人谈话时甚至提出

---

① 《毛泽东选集》第5卷,人民出版社1977年版,第399页。

"只要社会需要，地下工厂还可以增加。可以开私营大厂，订条约，10年、20年不没收。华侨投资20年、100年不要没收。可以开投资公司，还本付息。可以搞国营，也可以搞私营。可以消灭了资本主义，又搞资本主义。"①其次，在对计划经济的认识方面，根据中国的实际情况，提出了不同于苏联计划体制的直接计划与间接计划相结合、计划管理与自由生产（实际上市场调节）相结合的设想。但是，自1957年"反右"运动以后，毛泽东将社会上关于恢复和发展商品经济的客观要求当作资本主义复辟来看待，将党内关于利用市场机制和其他经济成分的一些设想当作"走资本主义道路"来看待，导致脱离实际的"左"倾认识愈演愈烈，直至爆发"文化大革命"，其间许多针对单一公有制、计划经济甚至"大锅饭"的改革要求，都被视为"资本主义"或修正主义，遭到压制和批判。

再从充分利用中国丰富人力资源和调动人民群众的积极性来看，毛泽东认识到苏联自上而下的行政性计划管理体制压抑了地方和人民群众参与经济建设的主动性和积极性，不利于发挥中国人力资源丰富的优势。因此他多次探索"权力下放"和发动群众性经济建设热潮，其中也取得了一些成效，如"扫盲运动"、农田水利基本建设、大庆的企业经营管理模式，以及"文革"期间的农村社队企业的发展等。但是由于当时不能从根本上破除计划经济模式，放权和发动群众的结果，往往与预期相反，总是陷入"一放就乱，一乱就收"的循环，群众运动也往往变成"运动群众"，没有达到预期的效果。

（2）紧张的国际环境干扰了协调发展，使"备战"长期成为经济建设的主要考虑因素之一。毛泽东所处的年代，是世界划分为两大阵营的冷战时期。20世纪50年代，抗美援朝战争和台湾问题加剧了中国与美国的紧张关系，以及随后经历的与周边国家的一系列紧张关系都使中国感到安全受到威胁。但是最根本的原因，是毛泽东从列宁和斯大林那里一脉相承的关于帝国主义和无产阶级革命时代战争不可避免的理论。而美国和苏联到处

---

① 顾龙生：《毛泽东经济年谱》，中共中央党校出版社1993年版，第388页。

插手、干涉别国内政以及民族独立的浪潮似乎也证明了这个理论。

1955~1956年，是改革开放前中国国际关系最缓和的时期，即使如此，毛泽东在1955年仍然指出要备战。① 1956年在《论十大关系》中又提出："过去朝鲜战争还在打，国际形势还很紧张，不能不影响我们对沿海工业的看法。现在，新的侵华战争和新的世界大战，估计短时期内打不起来，可能有十年或者更长一点的和平时期。"②

60年代中苏交恶以后，加上中印边境紧张、国民党叫嚣反攻大陆、越南战争升级，使得国家安全问题更加突出。工业化战略向备战倾斜更加明显。

在上述国际环境下，新中国成立以后到1978年改革开放以前，国家安全问题一直是个大问题，我国的经济建设在相当大的程度上受到"备战"的影响，因此加快建立独立的工业体系和为"备战"而调整工业布局就成为工业建设的重要目标。从中国着手制订第一个五年计划时起，备战就成为制约工业发展规划的重要因素，当时的工业投资的结构和区域布局，即反映了优先发展重工业（包括国防工业）和向内地倾斜的情况。以后的工业投资也基本上是延续了这个政策，即：一是重工业和国防工业在整个工业发展中具有突出地位；二是在工业布局方面，更注重向战略后方的工业投资。特别是第三个五年计划和第四个五年计划时期。

由于重工业投资大、周期长，又由于投资地点的选择更多地考虑到"备战"的需要，因此投资的效益自然要比投资轻工业和沿海地区低，这又降低了工业本身的自我积累能力，需要国家提高积累率和从农业、轻工业那里提取资金，从而使得毛泽东的农、轻、重协调发展思想难以实现。

---

① 参见《毛泽东选集》第5卷，人民出版社1977年版，第141页。
②《毛泽东选集》第5卷，人民出版社1977年版，第270页。

毛泽东调动地方"积极性"的思想和实践

鸦片战争以来，中国饱受帝国主义的侵略掠夺，国内也陷入了长期的动荡和内乱之中。这对中国经济发展造成了非常大的损害。中国没有也不可能建成独立完整的现代工业体系，而这反过来又成为中国"落后就要挨打"的重要原因。新中国成立以后，在严峻的国际环境里出于国家安全的需要，必须加快工业化步伐，但是由于中国的经济落后和人均资源匮乏，实际上处于发展经济学所说的"贫困陷阱"中。这就需要通过政府的力量来将非常有限而又分散的剩余集中起来，迅速建立起工业基础，从而突破"贫困陷阱"①。这是 20 世纪 50 年代中国选择计划经济的根本原因。但是，中国地域广大、区域之间条件差异大、经济发展不平衡、人口众多和多民族等国情，又使得这种中央集权的经济体制缺乏灵活性，不利于调动和发挥地方政府的积极性。从而降低了社会主义的优越性。因此，如何处理中央政府与地方政府在经济发展中的关系，充分发挥地方的积极性，就成为新中国成立以后毛泽东着力要解决的重大问题之一。为此，他进行了艰辛

---

① 所谓"贫困陷阱"，是指处于贫困状态的个人、家庭、群体、区域等主体因贫困而不断再生产出贫困、长期处于贫困的恶性循环中而无法自拔。著名发展经济学家罗格纳·纳克斯根据对发展中国家长期贫困根源的考察，提出了"贫困的恶性循环"理论。他认为：发展中国家长期存在的贫困，是由若干个相互联系和相互作用的"恶性循环系列"造成的，其中，"贫困的恶性循环"居于支配地位；从资本的供给看，发展中国家存在"低收入——低储蓄水平——低资本形成——低生产率——低产出——低收入"的恶性循环，而从需求上看，存在"低收入——投资引诱不足——低资本形成——低生产率——低收入"的恶性循环；供给和需求这两个恶性循环之所以会形成，是由于发展中国家人均收入过低，人均收入过低是因为资本稀缺，而资本稀缺的根源又在于人均收入过低，低收入和贫困无法创造经济发展所需要的储蓄，由此就没有投资和资本形成，从而又导致该国的低收入和持久贫穷。

探索，为后世留下了宝贵的经验和教训。

一、建立高度集中经济体制的历史必然性

新中国建立初期，一方面旧中国遗留下来的"落后就要挨打"的惨痛教训记忆犹新；另一方面，朝鲜战争爆发后严峻的国际形势摆在面前，这都使得中国共产党和中国人民迫切需要加快工业化步伐，尤其是加快发展与国家安全密切相关的重工业。

首先，国家统一和安全受到威胁，需要中央政府集中力量办大事。中国是世界上人口最多的大国，但是新中国成立以前的一百多年里，几乎世界上所有的帝国主义国家都侵略和欺负过中国，在抗日战争胜利以前，亡国灭种的危险始终笼罩在中华民族的头上。新中国成立以后，彻底的民主革命和国家独立，遭到了西方资本主义世界的敌视和怀疑。此时的中国虽然加入了以苏联为首的社会主义阵营，但是新中国成立初期，美国支持蒋介石封锁吴淞口和轰炸上海，朝鲜战争、越南战争的爆发，第一次台海危机和美国公开用武力威胁阻挠中国的统一，等等，都反映出中国必须建立起强大的国防力量，才能保证国家的安全和统一，也才能保证今后在和平环境下发展经济。正如经过毛泽东亲自修订的党在过渡时期总路线宣传提纲所说："因为我国过去重工业的基础极为薄弱，经济上不能独立，国防不能巩固，帝国主义国家都来欺侮我们，这种痛苦我们中国人民已经受够了。如果现在我们还不能建立重工业，帝国主义是一定还要来欺侮我们的。"[①]因此，在整个毛泽东时代，国家安全问题始终是制约经济发展战略和政策的首要因素，也是中国为什么长期坚持优先发展重工业和实行"三线建设"的主要原因。而优先发展重工业，就面临着一个投资大、资金回收周期长的问题，而当时中国最短缺的恰恰是资金。

其次，剩余非常有限和资金严重匮乏，需要中央政府集中力量。新中

---

① 中共中央文献研究室：《建国以来重要文献选编》第 4 册，中央文献出版社 1993 年版，第 705 页。

国成立时，一百多年的战乱、帝国主义的侵略掠夺以及封建主义官僚资本主义的压迫剥削，使得中国本来就落后的经济更加残破，吃饭都成了问题，更遑论积累资金用于发展了。以旧中国最好的发展时期 1931～1936 年为例，其消费率和投资率分别依次为：104.1% 和 -4.1%，97.5% 和 2.5%，102.0% 和 -2.0%，109.1% 和 -9.1%，101.8% 和 -1.8%，94.0% 和 6.0%。这说明投资率极低，6 年中甚至 4 年为负数。[①] 因此在抗日战争胜利前后中国经济学界在探讨战后恢复和发展经济时，几乎一致认为仅靠中国自己不能解决资金匮乏问题，1949 年美国政府有关中国政策的白皮书甚至认为中国共产党也像过去历届政府一样不能解决吃饭问题。[②]

新中国成立之初是一个典型的农业国，1952 年，不仅我国第一产业就业人员占总经济活动人口的比例高达 83.5%，而且农业人均生产资料非常缺乏，据 1954 年国家统计局的调查，全国农户土地改革时平均每户拥有耕畜 0.6 头，犁 0.5 部，到 1954 年末也才分别增加到 0.9 头和 0.6 部。加上人多地少，农业能够为工业化提供的剩余非常少。另外，工业产值仅占国内生产总值的 17.6%，其自我积累的能力也非常有限[③]。1952 年国民经济恢复任务完成时，中国大陆的人均 GDP 仅为 119 元人民币，人均储蓄存款仅为 1.5 元人民币，国家外汇储备仅为 1.39 亿美元。1952 年，我国的城乡人均储蓄只有 1.5 元，国家的外汇储备 1.39 亿美元，财政总收入 183.7 亿元，用于经济建设的资金尚不足 100 亿元。[④] 1952 年，我国人均产量仅为钢 2 公斤，煤 115 公斤，原油 0.8 公斤，电 13 千瓦/小时；而同期世界主要国家和地区人均工业产品产量为：钢 82 公斤，煤 724 公斤，原油 242 公斤，电 448 千瓦/小时。中国不仅现代工业所占比重很低，而且重工业尤其落后，

[①] 转引自汪海波：《我国投资和消费比例关系的演变及其问题和对策》，《汪海波文集》第十卷，经济管理出版社 2011 年版，第 361 页。
[②] 美国国务院：《美国与中国的关系》（上卷），中国现代史资料委员会（翻印）1957 年版，第 4 页。
[③] 资料来源：国家统计局网站公布年度统计数据，www.stats.gov.cn。
[④] 武力：《中华人民共和国经济简史》，中国社会科学出版社 2008 年版，第 67 页。

正如当时毛泽东所说的:"现在我们能造什么?能造桌子椅子,能造茶壶茶碗,能种粮食,还能磨成面粉,还能造纸,但是,一辆汽车、一架飞机、一辆坦克、一辆拖拉机都不能造。"① 中国这种积累能力极低和剩余高度分散的情况,在新中国成立初期,很容易陷入发展经济学所说的"贫困陷阱"。

1922 年,列宁针对苏联需要迅速发展重工业的情况说:"重工业是需要国家补助的。如果我们找不到这种补助,那我们就会灭亡,而不成其为文明的国家,更不必说成为社会主义的国家了。所以我们在这方面采取了坚决的步骤。"②

国家有限的财力与即将开始的经济建设所需要的巨额资金之间存在着巨大的缺口,而朝鲜战争、越南战争以及第一次台海危机又使得新中国必须加快工业化的步伐,而这个时候,苏联又答应全面援助中国经济建设,特别是尖端科技和国防工业,这也是一个难得的历史机遇。在这种严峻形势下,西方国家政治与经济上的孤立和封锁,以及与苏联东欧社会主义国家的经济同构,也决定了新中国只能在半封闭的状态下发展内向型经济,这意味着中国必须依靠自身实行迅速而大规模的资本积累来启动工业化进程,有限和分散的农业剩余几乎是我们获取这种积累的唯一途径。为了加速工业化,中国就需要建立起一个高度集中的计划经济体制,以确保国家拥有强大的资源动员和配置能力,而新民主主义经济体制不能满足这样的要求。所以,与 1953 年开始大规模经济建设的同时,我国加快了向社会主义计划经济过渡的步伐。实际上,统购统销政策出台,农业合作化和资本主义工商业改造步伐的加快,都反映出落后分散的个体和私营经济不能满足加快和优先发展重工业的工业化战略需要,社会主义改造是为快速推进工业化提供体制上的保障,这一点党在过渡时期的总路线说得非常清楚。

---

① 《毛泽东文集》第 6 卷,人民出版社 1999 年版,第 329 页。
② 《列宁论新经济政策》,人民出版社 1992 年版,第 200 页。

二、高度集中经济体制的形成及历史局限性

新中国成立以后,由于革命战争尚未结束,政府开支浩大,另外,国民经济长期受帝国主义、封建主义和官僚资本主义的压迫及战争的破坏,一时难以恢复,因此政府财政收入有限。而新中国成立初期的大量工作需要中央政府来承担。在这种情况下,中央人民政府于1950年3月决定统一国家的财政经济工作。这次统一财经工作,主要是在财政、金融、国营企业的管理等方面将过去一些地方权力收归中央,加强了中央政府权力。在中央与地方的关系上,强调了加强集中统一领导的必要性。

中央政府还逐渐从其他各个方面加强集权。1952年12月,中央人民政府成立了国家计划委员会,加强了中央政府制订和实施计划管理的力量,强调了中央计划管理机构的权威。1953年,中央撤消了大行政区政府(军政委员会)的经济管理职能,主要干部上调中央,其原来的经济管理权力大部分收归中央;1954年中央撤消了大区建制。这样,中央与地方的关系,由过去主要是中央与大行政区的关系变成主要是中央与各省的关系,加强了中央政府对地方政府的控制能力。与此同时,在政务院内还增设了9个工作部门,其中6个是经济管理部门。到1956年底,在两年的时间里,国务院又先后增设了17个工作部门,其中绝大多数是经济管理部门。这无疑加强了中央对地方经济工作的领导。与此同时,省一级政府也比照国务院工作部门,对口设立了相应的机构;省以下地方政府也基本照此办理。至此,从经济管理机构来说,已经形成了一个中央高度集权,实行部门管理为主(即"条条管理"),并按行业和产品设置管理机构的行政体制。高度集中的计划经济体制的形成,有其一定的历史背景。但是其最根本的原因,还是这种体制适应了"一五"时期集中主要力量进行以重工业为主的重点建设的需要。

新中国成立头几年,从中央政府对宏观经济的控制来看,中央政府控制确实多一些。在财政方面,"一五"时期,中央财政收入占全部财政收入

的 80%，中央财政支出占全部财政支出的 74.1%，所占比重超过了以后各个时期。在金融方面，中国人民银行变成既是国家金融管理和货币发行的机构，又是统一经营全国金融业务的经济组织。中国人民银行还建立了纵向型的信贷资金管理体制，即全国银行的信贷资金，不论是资金来源还是资金用途，都由人民银行总行统一掌握，实行"统存统贷"。在市场管理方面，为了保证短缺条件下的供求平衡（市场稳定）和重点建设，从 1953 年起，政府对粮、棉、油料等主要农副产品实行了统购统销，并将工业品中的生产资料划分为三类：统配物资、部管物资、地方管理的物资（又称三类物资），其中前两类物资（即由中央调配的物资）1953 年为 227 种（统配 112 种，部管 115 种），而到 1957 年，国家计委管理的工业产品有 300 多种，占工业总产值的 60% 左右；计划分配的物资有 532 种；中央各部直属企业的产值占国营工业总产值的 50%。这样一来，地方要举办任何一项重要的社会、经济事务，都需要中央的批准或认可；举办该事务所需的人、财、物也得仰赖于中央，其被动的地位是显而易见的。

高度集中的计划经济体制固然对突破"贫困陷阱"发挥了关键作用，例如"一五"期间的年均积累率由旧中国的几乎为零和负数提高到 24.2%。但是其固有的弊病在"一五"时期也已经有所暴露，例如：这种高度集中的管理体制不适合地区之间、行业之间、企业之间发展的极端不平衡性；由这种体制造成的条块分割状态，割断了发展商品经济要求的部门之间和地区之间的经济联系；这种体制容易造成基本建设投资膨胀，引起国民经济比例关系失调；这些又会导致投入多产出少、经济效益低的后果等。就中央与地方关系来说，这种权力过于集中在中央的体制，也束缚了地方政府因地制宜的积极性。

三、毛泽东调动地方"积极性"思想的形成和实践

高度集中经济体制的形成，虽然有利于集中力量办大事，保障了"一五"计划的顺利实施，但是同时其不利于调动地方政府积极性的问题也逐

渐暴露出来，在吸取苏联的教训和从中国自己国情出发的基础上，毛泽东开始探索如何调动中央和地方两个"积极性"的问题。

（一）毛泽东调动地方"积极性"思想的形成。

1955年3月，中国共产党召开了全国代表会议。在这次会上，地方提出了很多问题和要求。毛泽东对此做了明确指示："这次会上，地方要求中央解决的许多问题，凡是中央已经有了规定的，应当积极解决。其他的问题，由秘书处会同提议的同志，研究解决办法，报告中央处理。"毛泽东同时又指出，中央应与地方密切合作。他说："中央各部门要求地方协作的事也不少。中央部门在各地办的事业，要请地方党委给以监督和帮助……"1955年11月16日，在中央召开的有各省、自治区和大中城市党委负责同志参加的会议上，毛泽东强调："经济工作要统一，但要分级管理，要在统一计划下各省负责。"他认为："层层负责有好处，但要避免形成无数独立王国。"① 1955年末和1956年初，中央主要领导同志展开了大规模的调研活动，以总结经济建设工作中的经验教训。

1955年12月21日到1956年1月2日，毛泽东外出调查，所到之处，各省的负责同志纷纷向他反映中央对经济统得过死，严重束缚着地方和企业的手脚，要求中央向下放权。如安徽省委书记曾希圣同志反映：淮南两万多人的大煤矿，矿领导在财政支出上仅有200元以下的批准权，没有增加一个工人的权力，怎么能办好事情呢？还反映说：中央有的部限制地方发展工业，竟以安徽工业落后为理由，说省里没有资格办工厂，不能把合肥变成"人为的"工业城市。广东省委书记陶铸同志反映：过去总说广东是前线，不能办工厂，群众的就业问题由中央管，而国家预算里又不给钱，包袱还得省里背，这不是长久之计。天津市委的同志也反映：新中国成立后五年中，中央只给天津地方工业安排了20万元基建投资，建什么都要报中央有关部门批准，甚至连市里设多少电影队，每队配备多少人，

---

① 薄一波：《若干重大决策与事件的回顾》（下卷），中共中央党校出版社1993年版，第782~783页。

也都要报经中央主管部门同意。还反映,许多部强调垂直领导,甚至管到企业的处室,不仅使企业很难办,而且使地方政府无权可用。毛主席对各地的这些反映极为重视,回到北京后在中央的会议上,多次讲到要注意发挥中央与地方两个积极性,不要只发挥一个积极性,要让地方办更多的事。

从1956年2月14日到4月22日,毛泽东经历了"床上地下,地下床上"地听取汇报的过程,先后有29个部委和国务院主管经济工作的5个办公室汇报,在听取汇报的过程中,毛泽东逐步形成了调动地方积极性的思想。

2月14日,毛泽东在听取薄一波汇报国务院第三办公室工作(即34个部委办公室汇报的第一场)时,有一段开场白,讲如何发挥地方积极性问题。他说:"我去年出去了几趟,跟地方同志谈话,他们流露不满,总觉得中央束缚了他们。地方同中央有些矛盾,若干事情不放手让他们管。他们是块块,你们是条条,你们无数条条住下达,而且规格不一,也不通知他们;他们的若干要求,你们也不批准,约束了他们。曾希圣意见最多,对商业部很有意见,对不批准他们办肥料厂很有意见。看来是要有点约束,否则岂不是无政府状态?你们条条住在各地的机构,有没有不接受他们监督的地方?""你们大家都来自地方,到中央就讲中央的话了。讲也要讲,但要让他们监督。"①

听各部委汇报过程中,毛泽东有不少讲话涉及到调动地方积极性问题。例如:3月1日毛泽东听取国务院第四办公室和纺织部汇报,在汇报到划分中央和地方企业隶属关系时,毛泽东说:"是不是中央部门想多管一点?要注意发挥地方的积极性,中央企业和地方企业划分的主要根据是供销范围。"② 3月2日,毛泽东听取地方工业部汇报时又说:"苏联有一个时期很

---

① 薄一波:《若干重大决策与事件的回顾》(上卷),中共中央党校出版社1991年版,第482~483页。
② 《〈毛泽东年谱(1949~1976)〉选载之一:听取国务院34个部门汇报与〈论十大关系〉的发表》,《党的文献》2013年第1期,第6页。

集中，也有好处，但缺点是使地方积极性减少了。我们现在要注意这个问题。地方政权那么多，不要使他们感到无事可做。"①

在充分调查研究的基础上，1956年4月25日，毛泽东在中共中央政治局扩大会议上做了题为《论十大关系》的讲话，其中一个问题专门谈"中央与地方的关系"。②他指出："目前要注意的是，应当在巩固中央统一领导的前提下，扩大一点地方的权力，给地方更多的独立性，让地方办更多的事情。""我们不能像苏联那样，把什么都集中到中央，把地方卡得死死的，一点机动权也没有。""中央要发展工业，地方也要发展工业。就是中央直属的工业，也还要靠地方协助。至于农业和商业，更需要依靠地方。总之，要发展社会主义建设，就必须发挥地方的积极性。中央要巩固，就要注意地方的利益。"③他说，"中央和地方的关系也是一个矛盾。解决这个矛盾，目前要注意的是，应当在巩固中央统一领导的前提下，扩大一点地方的权力，给地方更多的独立性，让地方办更多的事情。这对我们建设强大的社会主义国家比较有利。"④

对于如何改善中央集权过多的弊病，毛泽东提出了如下设想："中央的部门可以分成两类。有一类，它们的领导可以一直管到企业，它们设在地方的管理机构和企业由地方进行监督；有一类，它们的任务是提出指导方针，制定工作规划，事情要靠地方办，要由地方处理。"⑤在计划经济体制形成之初，毛泽东就发现了经济权力过于集中在中央部门不利于调动地方政府积极性的苗头，并从中国的国情出发，及时提出了扩大地方政府的经济管理权力，给地方更多的自主性，这是难能可贵的。

（二）1957年以后毛泽东关于调动地方积极性的继续探索。

1958年是中国实施第二个五年计划的第一年，毛泽东试图摆脱苏联经

---

① 《〈毛泽东年谱（1949~1976）〉选载之一：听取国务院34个部门汇报与〈论十大关系〉的发表》，《党的文献》2013年第1期，第7页。
② 1958年3月10日，毛主席在成都会议上进一步把"中央与地方的关系"作为五大关系之一。
③ 《毛泽东著作选读》（下册），人民出版社1986年版，第729页。
④ 《毛泽东著作选读》（下册），人民出版社1985年版，第729页。
⑤ 《毛泽东著作选读》（下册），人民出版社1986年版，第730页。

济建设模式、走中国自己道路。由于中国地域辽阔，经济发展不平衡，经济地理呈现出很强的区域性特点，因此调动各级地方政府的积极性，充分发挥各个区域的优势，并形成地方政府之间的竞赛，无疑会促进整个国民经济的发展。1957年12月31日，国家计划委员会传达了毛泽东的6条指示，其中第2条指出："是否考虑按过去的大区，以一个大城市为经济中心结合周围省市考虑通盘的协作规划。如以沈阳为中心的东北地区；以西安、兰州为中心的西北地区；以天津为中心的华北地区，以武汉为中心的中南地区；以广州为中心的华南地区；以重庆为中心的西南地区等协作区域。在此基础上逐渐形成经济区。"① 毛泽东还指出："体制下放有好处，文教卫生事业也要快些下放，中央可以监督指导，大问题还要中央解决。"②

毛泽东在1958年2月18日中共中央举行的春节团拜会上讲：中央和地方的关系，也是个大事。我是历来主张虚君共和的，中央要办一些事，但是不要办多了，大批的事放在省、市去办，他们比我们办得好，要相信他们。现在的情况是下面比较活泼，中央部门中的官气、暮气、骄气、娇气就多些。③ 他又说："一个工业，一个农业（本来在地方），一个财，一个商，一个文教，都往下放。"地方只要"有原材料，你就可以开厂，有铁矿，有煤炭，就可以搞小型钢铁厂。化学肥料厂、机械厂，各省都可以搞。而且地方又有地方，它有专区，比较大的市镇，有县的工业。所以，有中央的工业，有省的工业，有专区的工业，有县的工业。这样就手脚多，大家有积极性。单是我们北京这一个方面积极，人太少了。"④

1958年3月份的成都会议提出了发展中央工业和地方工业同时并举的方针。会议通过的《中共中央关于发展地方工业问题的意见》指出，"地方工业的任务是：为农业服务（这是基本的）；为国家大工业服务；为城乡人民生活服务；为出口服务。实现这些任务的方法是：打破对于工业化的神

---

① 李晨：《中华人民共和国实录》，第2卷（上），吉林人民出版社1994年版，第135页。
② 李晨：《中华人民共和国实录》，第2卷（上），吉林人民出版社1994年版，第135页。
③ 逢先知、金冲及：《毛泽东传（1949~1976）》（上），中央文献出版社2005年版，第788页。
④ 薄一波：《若干重大决策与事件的回顾》（下卷），中共中央党校出版社1993年版，第796~797页。

秘观点，全党办工业，各级办工业，全面规划，加强领导，走群众路线。各省、自治区应该在大力实现农业跃进规划的同时，争取在五年或者七年的时间内，使地方工业的总产值赶上或者超过农业总产值。"① 毛泽东在这个会议上讲到地方分权问题时说："又统一又分散——地方分权问题。欧洲现在没有统一的国家，可是地方发展了。中国自秦至今，一统天下，统了，地方就不发展。各有利弊。"②

1959年10月至1960年2月，毛泽东在读苏联《政治经济学教科书》（下册）谈话中多次谈到如何处理中央与地方关系，探索如何发挥中央与地方两个积极性，加快经济发展的问题。毛泽东对1958年以来的中央权力下放是支持的，他指出："从经济上来说，中央要充分发挥地方积极性，不要限制、束缚地方积极性。我们是提倡在全国统一计划下，各省尽可能都搞一整套。"③

1961年国民经济进入调整时期以后，"大跃进"时期下放给地方政府的积极权力又逐步上收到中央。随着经济形势的好转，经济工作中中央统得过多的毛病又开始显现出来，中央陆续出台了一些政策下放部分权力给地方和企业，如为了大庆油田开发和攀枝花钢铁基地的建设，分设了安达特区和攀枝花特区；对部分企业搞托拉斯，搞劳动制度和教育制度的改革等。

但毛泽东对这些局部的、范围较小的改革并不满意。1966年3月20日，毛泽东在杭州会议上说："上边管得死死的，妨碍生产力的发展，是反动的。中央还是虚君共和好，只管大政、方针、政策、计划"；"秦始皇中央集权，停滞了，长期不发展。我们也许走了错误道路"；"中央计划要同地方计划结合，中央不能管死，省也不能完全统死"；"不论农业扩大再生产也好，工业扩大再生产也好，都要注意中央和地方分权，不能竭泽而渔"。④

---

① 中共中央文献研究室：《建国以来重要文献选编》第11册，中央文献出版社1995年版，第223页。
②《建国以来毛泽东文稿》第7册，中央文献出版社1992年版，第121页。
③ 中共中央文献研究室：《毛泽东著作专题摘编》（上），中央文献出版社2003年版，第1000~1001页。
④ 顾龙生：《毛泽东经济年谱》，中共中央党校出版社1993年版，第638页。

"文革"期间,我国的经济管理体制经历了新中国成立以来的第二轮"放权"改革。毛泽东肯定了以中央经济权力下放给地方为标志的这场体制变动。1970年12月,他在与美国友好人士斯诺的谈话中说:"中央的积极性和地方的积极性,就是要有这两个积极性,让他自己去搞,中央不要包办。""讲了十几年了,就是不听,有什么办法,现在听了。"[1]虽然毛泽东的出发点是改革中央集权计划经济体制不能发挥地方和人民群众积极性的弊病,但是在"文革"特殊的政治环境下和仓促"下放",并没有达到预期目的。

这场以经济权力下放为主要内容的体制变动,虽然目的在于改变原有经济体制下中央管得过多、过死的弊病,也确实调动了地方的积极性,一定程度上促进了地方工业发展。但是,由于违反经济规律和缺乏稳定的政治环境,也带来了严重的消极后果,导致了宏观经济波动、下放企业经营管理混乱,以及基本建设投资过于分散状况等。

四、 毛泽东调动地方积极性思想和实践的贡献及启示

马克思曾经说过:"极为相似的事情,但在不同的历史环境中出现就引起了完全不同的结果。如果把这些发展过程中的每一个都分别加以研究,然后再把它们加以比较,我们就会很容易地找到理解这种现象的钥匙。"[2]毛泽东关于调动地方积极性以加快经济发展的思想,对于中国这样一个区域之间条件差异大、经济发展不平衡的大国来说,其闪耀着真理的光辉,对中国的经济社会发展具有长久的指导作用。虽然在当时的历史条件下,这个思想及实践没有达到预期目标,反而出现"一放就乱"的尴尬局面,但是从改革开放以来当我国确定了市场经济体制以后,地方政府的确在经济发展中起到了至关重要的推进作用,地方政府之间形成的"锦标赛",恰

---

[1] 毛泽东与美国作家斯诺的谈话,1970年12月18日。
[2] 马克思:《给〈祖国纪事〉杂志编辑部的信》,《马克思恩格斯全集》第19卷,第131页。

恰是毛泽东当年所希望实现的局面,而且也确实成为中国经济高速发展的主要动力之一。可以说,如果我们从更长的历史时段出发,从中国的基本国情出发,就能够准确把握和评价毛泽东调动中央和地方"两个积极性"思想和实践的意义和得失了。

(一)毛泽东调动地方"积极性"思想不仅是毛泽东思想的重要组成部分,而且为改革开放以后的实践提供了宝贵的借鉴。

新中国成立后,中国共产党就担负起了百年来受到严重阻碍的工业化的重任。而资本的严重不足和人均收入过低则成为制约中国工业化步伐的最大障碍。而在这种资本积累困难和工业基础薄弱非常的情况下,为了国家安全和突破"贫困陷阱",确实需要把有限的资源集中在中央政府手里,发挥社会主义"集中力量办大事"的优越性。但是这样一来,就面临着如何调动地方政府积极性的问题。在这种情况下,毛泽东等经过广泛调研,形成了中国经济发展应调动"两个积极性"的思想,这对中国这样一个地域辽阔、经济发展不平衡的大国来说,是非常可贵的,可以说开辟了一个发展经济的新思路。

(二)调动地方"积极性"需要有一定的条件。

毛泽东关于调动"两个积极性"的思想为什么在实践中没有达到预期的目的?通过对历史的分析可以发现,调动地方积极性发展经济是需要一定的制度条件的,如果只给地方政府"放权"而没有对地方政府权力的有效约束,那么"放权"的结果便会导致盲目竞赛,不计成本,不顾全局,后果甚至是灾难性的。具体说来,通过下放经济权力来调动地方政府的积极性,需要有以下两个方面的制约条件。

首先,调动地方政府发展经济的积极性,必须以加强中央政府的综合平衡能力为前提。由于地方政府始终存在着强烈的经济发展冲动和区域之间的赶超和竞赛心理,而且地方政府并不承担全国经济综合平衡的责任,因此中央向地方放权的前提是中央政府必须具备有效制约地方政府、保证宏观经济稳定和综合平衡的能力。早在1957年9月24日,陈云在党的八届三中全会上就已经预见到了地方分权后最大的危险是不顾全局,从而打破综合平衡。他说:"中央某些职权下放以后,必须加强对各个地方的平衡工作。""扩大地方的职权是完全必要的,一般来说,当地的事情,地方比中央看得更清楚一些。体制改变以后,更可以因地制宜地办事。但是,必须加强全国的平衡工作。因为经济单位是分散的,没有全局、整体的平衡,就不是有计划的经济。过去中央各部可能忽视地方,但是职权下放以后,地方也可能发生不顾全局的倾向。因此,一方面要有适当的分权,同时又要加强综合。"①

其次,调动地方政府发展经济的积极性,必须建立起市场调节机制。在改革开放前的计划经济体制下,由于缺乏市场机制的制约,地方政府经济决策和检验标准往往是自上而下的行政性的和滞后的,并且往往不计成本效益,重复建设、"钓鱼"工程、供给约束型经济波动成为常态。因此每次中央政府将权力下放给地方政府后,都会造成地方经济的分散性和盲目性,干扰中央计划的实施,结果只能是行政性的集权与分权的不断循环,即"一收就死,一死就放,一放就乱,一乱又收"。而从 20 世纪 90 年代社会主义市场经济体制基本建立起来后,中央向地方分权并没有导致"一放就乱"的经验来看,正是因为中央向地方政府"放权"的同时,已经建立起两个制约机制:一是加强了中央政府的宏观调控能力;二是形成了市场调控机制,地方政府的经济行为要受到市场机制的制约。才使得我国终于实现了过去长期追求的调动中央和地方"两个积极性"的目标,基本做到了"管而不死,放而不乱"。

---

① 薄一波:《若干重大决策与事件的回顾》(下卷),中共中央党校出版社 1993 年版,第 794 页。

陈云关于经济发展速度与效益关系的思想

新中国成立以后,作为一个有着悠久历史和灿烂文明的社会主义大国,一方面中国继续面临着来自外部世界对国家安全和统一的威胁,另一方面人口多、底子薄的经济落后状况制约着中国的发展。在这种条件下,如何尽快改变中国贫穷落后的面貌,赶上和超过世界发达国家,使中华民族不仅自立于世界民族之林,而且为人类社会的发展做出更大的贡献,始终是执政的中国共产党一贯追求的目标。从民主革命和国民经济恢复任务完成以后党立即提出"过渡时期总路线",到1958年提出社会主义建设总路线,再到改革开放以后提出党在社会主义初级阶段基本路线,再到邓小平提出至今都在贯彻的"发展是硬道理",都反映了加快经济发展的要求。这也代表了中国人民的要求,反映了中国社会主义理论、道路和制度的本质。但是,事物总是有两个方面的作用,在上述思想成为推动中国经济和社会改革发展的强大动力,并取得了令世界瞩目的伟大成就的同时,党内也派生了急躁情绪,经常出现超过现实和国情的"冒进""大跃进""高指标""大干快上"等发展冲动和偏差,导致新中国经济发展中多次出现波动和被迫调整,并造成不应有的损失。而在这个过程中,作为长期主管经济工作的陈云同志,始终保持着冷静头脑,坚持综合平衡、稳步前进的原则,特别是在国民经济被迫调整时,胆大心细,运筹帷幄。陈云关于重速度、更要重效益,重眼前、更要重长远的思想和实践,不仅在当时为中国的经济发展做出了主要贡献,也为我们今天留下了宝贵的精神财富,可以继续指导着今天的产业结构调整和经济发展方式转变。

一、 新中国的发展战略和难以克服的急于求成倾向

实现经济上赶上和超过资本主义发达国家，是20世纪社会主义国家普遍实行的国家经济发展战略。它不仅是这些国家发展的需要，也是社会主义生存的需要，可以说，经济发展速度关系到社会主义国家的生死存亡。第二次世界大战以后，新产生的绝大多数社会主义国家，都是第二次世界大战的被侵略、被压迫者，都是由民族、民主革命转变到社会主义革命的。因此当这些国家建立起社会主义制度的同时，还面临着本该由资本主义完成的工业化任务，而这些国家的工业化任务，与依靠外部资源和市场发展起来的资本主义国家工业化相比，任务艰巨。同时，世界两大阵营的对立和战争威胁，使得这些社会主义国家完成工业化任务的愿望也更加迫切。社会主义只有在经济发展上表现出超过资本主义的优越性和速度，才有可能存在和发展。这就是赶超战略形成的根本原因。

中国作为一个人口多、底子薄、多民族、经济落后的社会主义大国，自然也面临着上述的快速实现工业化的艰巨任务，同时国家尚未统一和严峻的国际环境使得国家安全问题更加突出，这些都使得中国必然实行经济上的赶超战略。这个赶超战略的形成，以"一五"计划为标志，可以简单概括为：主要依靠国内积累建设资金，从建立和优先发展重工业入手，高速度地发展国民经济；实施"进口替代"政策，通过出口一部分农产品、矿产品等初级产品和轻工业品换回发展重工业所需的生产资料，并用国内生产的生产资料逐步代替对它们的进口；改善旧中国留下的工业生产布局极端不合理和区域经济发展极端不平衡的畸形状态；随着重工业的建立和优先发展，用重工业生产的生产资料逐步装备农业、轻工业和其他产业部门，随着重工业、轻工业和农业以及其他产业部门的发展，逐步建立独立完整的工业体系和国民经济体系，逐步改善人民生活。这种赶超战略具有以下几个特点。①以高速度发展为首要目标。②优先发展重工业。③以外延型的经济发展为主。外延型的发展是指实现经济增长的主要途径是靠增

加生产要素。④从备战和效益出发,加快内地发展,改善生产力布局。⑤以建立独立的工业体系为目标,实行进口替代。由于实行赶超战略,加上单一的公有制,因此在经济发展上就呈现出"投资饥渴症"和"资源约束型"的经济波动,而短缺则成为常态。

在制订和实施"一五"计划期间,核心问题还是如何加快中国的经济发展速度问题。对于这个问题的紧迫性,毛泽东在1956年的话就很有代表性:"你有那么多人,你有那么一块大地方,资源那么丰富,又听说搞了社会主义,据说是有优越性,结果你搞了五六十年还不能超过美国,你像个什么样子呢?那就要从地球上开除你的球籍!"①

中国与大多数社会主义国家一样,之所以选择社会主义和实施计划管理,重要原因就是要通过这种制度,主要依靠国内的积累和集中资源,在社会安定的前提下实现加快经济发展速度的目标。因此,我国从制订第一个五年计划开始,始终是将加快经济发展和早日实现工业化作为第一目标的。"一五"和"二五"计划是以15年左右实现工业化为目标;"三五""四五""五五"是以20世纪末基本上实现四个现代化为目标;"六五""七五""八五""九五"则是以"翻两番",20世纪末达到人均GDP800美元为目标。而体制变革、政策调整以及对外技术引进和开放等都是为实现这个目标服务的。从10个五年计划来看,在处理速度与平衡的关系方面,速度始终是第一位的,而平衡则始终是紧张的平衡甚至是不平衡。

二、20世纪50年代陈云提出经济建设要与国力相适应的综合平衡思想

关于中国经济建设的速度,早在新中国成立前的党的七届二中全会上就估计将会很快,国民经济恢复时期的经济恢复发展速度也证明了上述估计。因此在制订"一五"计划草案的初期,由于缺乏经验,在制订草案时,曾将经济增

---

① 《毛泽东选集》第5卷,人民出版社1977年版,第296页。

长指标订得过高，后来经过 1953 年和 1954 年的实践和反复研究，经几次压缩，终于使经济增长指标比较符合实际，其中陈云的实事求是精神和细致入微的计算，起了很大作用。例如 1952 年下半年关于"一五"计划的设想为：工业总产值年平均增长 20.4%；农业总产值年平均增长 7%；五年基本建设投资 505 亿元。而到 1955 年五年计划通过时，上述指标则最终确定为：工业总产值平均每年增长 14.7%；农业总产值平均每年增长 4.3%；基本建设投资总额五年合计为 427.4 亿元。上述指标虽然仍比较紧张，但是可以完成和部分提前完成，使得"一五"计划成为改革开放前最好的五年计划。

在"一五"计划的实施过程中，由于急于求成和缺乏经验，曾经出现过两次小的"冒进"，即陈云在 1956 年 11 月所说的"经济建设，一九五三年是小冒，今年又是小冒，比一九五三年冒的还大一点，暴露的问题也就更明显一些"①。五年中出现两次突破综合平衡的"冒进"，引起陈云的高度重视，他在 1956 年 10 月 23 日国务院常务会议上发言时指出："我国的建设规模究竟应该多大，是个根本性的问题。前三年的建设基本上按计划进行，今年规模大了。国家建设和人民生活的矛盾要很好解决，现在国内市场很紧张，人人都有意见。今后搞建设，粮食、肉、植物油等吃的东西必须得到保证。"② 陈云还认为"看清楚商品供应紧张的原因很重要。这样就不会只在内部吵架，而不从整个财经工作中找原因。只在内部吵架，打破头也解决不了问题"。③ 这里所说的商品供应紧张，实际上就是传统社会主义经济中的"短缺"。陈云从整个经济体制和建设方针层次去寻找原因，从而提出了制约这个问题的"四大平衡"办法。

陈云之所以能够首先提出以"四大平衡"作为指标来贯彻综合平衡，实现速度和效益的统一，是因为他看到了社会主义经济运行的计划"平衡"只能是紧张的平衡。陈云在编制"一五"计划草案时就指出："我国因为经

---

① 《陈云文选》第 3 卷，人民出版社 1995 年版，第 28 页。
② 中共中央文献研究室：《陈云年谱》中卷，中央文献出版社 2000 年版，第 338 页。
③ 《陈云文选》第 3 卷，人民出版社 1995 年版，第 29 页。

济落后,要在短时期内赶上去,因此,计划中的平衡是一种紧张的平衡。计划中要有带头的东西。就近期来说,就是工业,尤其是重工业。工业发展了,其他部门就一定得跟上。这样就不能不显得很吃力,很紧张。样样宽裕的平衡是不会有的,齐头并进是进不快的。但紧张决不能搞到平衡破裂的程度。"① 1956年11月,陈云根据几年来的经验,又提出:"经济建设和人民生活必须兼顾,必须平衡。看来,在相当长的一段时间内,这种平衡大体上是个比较紧张的平衡。建设也宽裕,民生也宽裕,我看比较困难。我们的耕地只有这么些,但人口多,吃的、穿的都靠它。如果不搞建设,失业半失业照旧,社会购买力很低,商品供应当然一时可以不紧张,但不搞建设更不行。搞建设,增加就业,一部分农村人口转入城市,就要多吃、多穿、多用,社会购买力就要提高,商品供应就会紧张。但是,绝不能紧张到使平衡破裂,而应是紧张的平衡。所谓紧张的平衡,就是常常有些东西不够。"② 如何使平衡紧张到不至于破裂的程度,陈云抓住了影响宏观经济健康运行(有计划、按比例发展)的关键所在,即前面所说的财政、信贷、物资、外汇"四大平衡"问题。陈云认为,如果财政收支基本平衡,信贷基本平衡;物资(商品)供应基本平衡,外汇收支基本平衡,就可以保证平衡不至于破裂。

陈云不仅在宏观上注意把握计划平衡,而且细致入微地从项目上具体地控制地方和部门的"扩张冲动"和"投资饥渴"。在编制"一五"计划草案时,各部门和地方为了加快自己的发展,都想多上项目,少交利税,使得投资越算越多,而财政收入越算越少,结果国家整个投资规模就会超出实际积累能力。因此陈云多次强调要实事求是地安排项目和预算。1954年2月20日,他在主持中央编制五年计划纲要八人小组会议上就说:现在的问题是,财政收入越算越少,而投资越算越多,因此要确实计算每个项目的单价。各秘本不要把次要项目算进去,而把主要项目有意漏掉。如果

---

① 《陈云文选》第2卷,人民出版社1995年版,第242页。
② 《陈云文选》第3卷,人民出版社1995年版,第29页。

财源真的不够,就要考虑哪些项目缩小,哪些项目延期。① 5 月 3 日,陈云在主持编制五年计划纲要草案工作小组第二次会议时又指出:"中国还很穷,计划搞到现在这样的建设规模已经不得了了,不可能再增加建设投资。我们要避免冒险主义,当然,也要防止有钱不用的保守主义。"②

1957 年 1 月,陈云系统地总结了新中国成立以来有关综合平衡的经验教训,提出"建设规模的大小必须和国家的财力、物力相适应"的平衡发展理论。陈云还结合当时的实际情况,提出了 5 条防止建设规模超过国力的制约方法:①财政和信贷都必须平衡,而且应略有节余;②物资要合理分配,排队使用;③人民购买力的提高必须同消费品的可供量相适应;④基建规模与财力物力之间的平衡,不单要看当年,而且必须瞻前顾后;⑤重视农业对经济建设规模的约束力。③

为了有效制约经济建设上的"冒进",陈云甚至提出"保守"要比"冒进"危害小的观点:"建设的规模超过国家财力物力的可能,就是冒了,就会出现经济混乱;两者合适,经济就稳定。当然,如果保守了,妨碍了建设应有的速度也不好。但是,纠正保守比纠正冒进要容易些。因为物资多了,增加建设是比较容易的;而财力物力不够,把建设规模搞大了,要压缩下来就不那么容易,还会造成严重浪费。"④ 据薄一波回忆,在 1956 年 11 月 9 日召开的国务院常务会议上,针对 1956 年的"冒进",陈云提出:"宁愿慢一点,慢个一年两年,到三个五年计划,每个五年计划慢一年。稳当一点,就是说'右'倾一点。'右'倾一点比'左'倾一点好。"⑤

---

① 中共中央文献研究室:《陈云年谱》中卷,中央文献出版社 2000 年版,第 198 页。这里所说的有意漏掉重要项目,是为了申报时投资规模不至于太大,但是一旦上马,重要项目投资就必须追加。有点类似现在的"钓鱼工程"。

② 中共中央文献研究室:《陈云年谱》中卷,中央文献出版社 2000 年版,第 208 页。

③ 参见陈云:《建设规模要和国力相适应》,1957 年 1 月 18 日。《陈云文选》第 3 卷,人民出版社 1995 年版。

④《陈云文选》第 3 卷,人民出版社 1995 年版,第 52 页。

⑤ 薄一波:《若干重大决策与事件的回顾》(上卷),人民出版社 1997 年版,第 574 页。还可参见《陈云年谱》中卷,中央文献出版社 2000 年版,第 338 页。

三、20世纪60年代陈云关于后退是为了更好前进的调整思想

1958~1960年的三年"大跃进",使得我国经济遭遇极大困难,国民经济处于严重的全局失衡状态,生活消费品的短缺已经达到发生普遍饥馑的程度。1959年"庐山会议"以后的继续"跃进",到1960年年中,已经破绽百出,难以为继了。尽管当时在政治高压下,人们尚不敢否定"大跃进",也不可能从根本上认识到经济建设指导思想上的"左"的错误。但是严峻的经济形势迫使党和政府不得不提出国民经济的调整问题。

1960年6月14日至18日,中共中央在上海举行扩大会议。会上,毛泽东做了《十年总结》讲话,承认在前一阶段存在着一些缺点错误,自己也有责任。毛泽东说:"一九六〇年六月上海会议(指这次会议—本书注)规定后三年的指标,仍然存在一个极大的危险,就是对于留有余地,对于藏一手,对于实际可能性,还要打一个大大的折扣,当事人还不懂得。一九五六年周恩来同志主持制定的第二个五年计划,大部分指标,如钢等,替我们留了三年余地多么好啊!农业方面则犯了错误,指标高了,以至不可能完成。要下决心改,在今年七月的党大会上一定要改过来。"①

政治局会议结束以后,国民经济的问题更多地暴露出来,上半年生产任务完成得不好,粮食供应日益紧张,外汇收支出现很大逆差,七八月份财政收入连续大幅度下降。与此同时,中苏矛盾也出现尖锐化。在这种情况下,中共中央决定于例行的北戴河会议上讨论国际共运和国内经济问题。1960年7月5日至8月10日,中共中央在北戴河召开工作会议。会议初步议论了对国民经济实行调整问题。8月中下旬,李富春在起草的国家计委《关于1961年国民经济计划控制数字的报告》中提出:1961年国民经济计划的方针应以整顿、巩固、提高为主,增加新的生产能力为辅;压缩重工

---
① 《建国以来毛泽东文稿》第9册,中央文献出版社1996年版,第214~215页。

业生产指标，缩短基本建设战线，加强农业和轻工业的生产建设，改善人民生活。8月30日至9月5日，国务院审议这个报告，大家赞成这些设想。周恩来对这个方针提出了完善的意见。他认为，与其讲整顿，不如提调整，并建议增加"充实"二字，从而形成了完整的"调整、巩固、充实、提高"八字方针。9月30日，中共中央在转发国家计委党组《1961年国民经济计划控制数字的报告》的批语中提出：1961年，我们要"使各项生产、建设事业在发展中得到调整、巩固、充实和提高"。这是中共中央第一次正式提出调整国民经济的"八字方针"。1961年1月，党的八届九中全会正式批准实行"调整、巩固、充实、提高"八字方针，标志着我国国民经济"大跃进"时期的结束，开始转入经济调整时期。

在1961年8月以前，由于认识上没有统一，中央主要抓了恢复农业、调剂市场和精简职工三个方面的工作。就其进展情况来看，农业方面成效较大，而工业方面因诸多原因又徘徊了半年多时间。1961年9月1日，陈云在中央工作会议大区书记汇报会上的讲话中针对工业调整指出："1950年，我们曾经进行过一次调整，那时工厂在资本家手里，财政金融、商业在我们手里，调整是考虑怎么放开，活起来，也就是限制少一些。现在不同了，工厂全在我们手里，但是也有相同之处，现在也是考虑如何使经济活起来，使经济周转起来，只要活起来就是最大利益。如果城乡、工农三种所有制稳定下来，经济活起来，我们就好办了。活起来是主要的，退够就是为的要活起来，打破死滞现象。"对于这次中央工作会议讨论的《关于当前工业问题的指示》，陈云特别强调要注意"综合平衡"，并得到出席会议的毛泽东的赞同，请他专门写一条综合平衡。①

1961年，按照毛泽东开展调查研究的指示，陈云做了大量深入调查研究。调查研究中，陈云特别注意听取反面的意见，他说："在干部中多注意听取反面的意见，这是调查研究的一种重要方法。凡是提出一种意见的人，

---

① 参见《陈云文集》第3卷，中央文献出版社2005年版，第371页。

他总是看到了一点东西。即使是错误的意见，也不要怕，有错误的意见，可能使正确的意见更加正确。……如果对方提出的不同意见是正确的，那就可以吸收进来，使正确的意见更加完备。"① 1961年10月14日至11月3日，陈云在北京主持召开煤炭工作座谈会。当座谈会谈到群众运动的问题时，陈云指出："一件好事在推广时，假如搞得太快反倒会把事情搞坏。由点到面很重要，一方面可以考验领导决定的是否正确，另一方面也有训练干部、提高认识的作用。发扬民主是很重要的方法，要真正搞群众运动而不要强迫群众。"② 正是对国民经济严重失调的情况有了比较深入的了解，为他1962年出任中央财经领导小组组长，直接领导国民经济的调整工作准备了条件。

1961年12月6日至8日，陈云与周恩来、李富春听取国家计委党组关于1962年计划安排情况汇报时指出："明年是调整工作要紧的一年，工作相当繁重。人民公社还在继续调整，工业调整才开始，工业七十条在试点，减人工作还很艰巨。因此，真正的调整工作在明年。"③

1962年是全面调整国民经济的决定性阶段。在这一年里，中共中央就进一步统一党内认识和采取"伤筋动骨"的调整经济这两方面采取了一系列有力措施，使得以调整为中心的"八字方针"真正落到了实处，让调整工作迈入决定性的阶段。

1962年1月11日至2月7日，"中共中央扩大的中央工作会议"在北京举行。参加会议的有各中央局，中央各部门，省、市、地、县及重要厂矿的负责干部，解放军的一些负责干部，共7000余人，因此又称"七千人大会"。大会实行"三不主义"：不打棍子，不抓辫子，不扣帽子。会议充分发扬民主，开展批评和自我批评，对1958年以来经济建设工作的成就、

---

① 《陈云文集》第3卷，中央文献出版社2005年版，第328页。
② 《陈云文集》第3卷，中央文献出版社2005年版，第380页。
③ 《陈云文集》第3卷，中央文献出版社2005年版，第288页。

缺点错误及产生的原因,以及1962年的调整任务进行了广泛的讨论。"七千人大会"对于统一全党思想,纠正1958年以来工作中的错误,动员和组织全党全国人民进一步贯彻"调整、巩固、充实、提高"八字方针,克服经济困难,恢复和发扬党的优良传统作风等方面,都起了重大作用。

"七千人大会"虽然将全党认识仍然统一到调整路线上来,但是大会对经济困难的严重性的估计尚不一致,有些人甚至过早地认为"最困难的时期已经渡过"。会后,财政部向国务院和中共中央反映:1962年财政支出安排有二三十亿元赤字。由于每月的货币投放量增加(据统计,1961年12月底货币流通量达到125.3亿元,比同年2月的117亿元增加了8亿元,到1962年1月底,进一步增加到135.9亿元,2月8日达到137亿元),通货膨胀的势头愈来愈大。

2月21日至23日,中共中央在北京举行政治局常委扩大会议。会议由刘少奇主持,专门讨论1962年国家预算和调整任务及措施。因该会在中南海西楼举行,又称"西楼会议"。西楼会议把七千人大会上没有讲透的问题进一步讲透。薄一波同志评价道:"七千人大会"出了题目,西楼会议及其后召开的国务院扩大会议则交了一份比较满意的答卷,对克服当时的经济困难起了不可磨灭的重大作用。① 陈云在会上做了题为《目前财政经济的情况和克服困难的若干办法》的重要讲话,指出:目前的处境是困难的。对于存在着困难这一点,大家的认识是一致的。他认为,困难主要表现为:农业在近几年有很大的减产;已经摆开的基本建设规模超过了国家财力、物力的可能性;钞票发得太多,通货膨胀;投机倒把在发展;城市人民的生活水平下降。陈云分析了克服困难的有利条件以后,提出六条克服困难的办法。一是把今后十年经济规划分为两个阶段。从1960年算起大约五年时间为恢复阶段,后一阶段是发展阶段。二是减少城市人口,"精兵简政"。三是采取一切办法制止通货膨胀。四是尽力保证城市人民的最低生活。五

---

① 薄一波:《若干重大决策与事件的回顾》(上卷),中共中央党校出版社1991年版,第1047页。

是把一切可能的力量用于农业增产。六是计划机关的主要注意力应从工业、交通方面，转移到农业增产和制止通货膨胀方面上来，并且要在国家计划里体现出来。正是在这次讲话中，陈云提出了"我们工作的基点应该是：争取快，准备慢"①。

"西楼会议"及陈云的这个讲话，对当时进一步统一认识，切实贯彻调整方针起了巨大作用。"西楼会议"后，刘少奇、周恩来和邓小平于2月24日赴武汉向毛泽东汇报了会议情况和决定，得到毛泽东的同意。并且一致商定成立中央财经小组，由陈云任组长，李富春任副组长，统一管理经济工作。

1962年3月7日，陈云在中央财经小组会议上指出，关于综合平衡，"这个问题有很多争论，牵涉到积极平衡和消极平衡的提法。究竟什么是积极平衡，什么是消极平衡，认识是不同的。我以为，现在首先要弄清楚两点：一点是，从什么时候开始搞综合平衡？一点是从什么'线'出发搞综合平衡？先说从什么时候开始搞综合平衡。有些同志认为，现在不能搞综合平衡，因为没有条件。……我的看法是，综合平衡必须从现在开始，今年的年度计划就要搞综合平衡，开步走就要搞综合平衡。……再说按什么'线'搞综合平衡，无非是长线、短线。过去几年，基本上是按长线搞平衡。这样做，最大的教训就是不能平衡。结果，建设项目长期拖延，工厂半成品大量积压，造成严重浪费。在这方面，这几年的教训已经够多了，按短线搞综合平衡，才能有真正的综合平衡。"②

同年3月上旬，中央财经小组议定了调整国民经济的三条方针：第一，把十年规划分为两个阶段，前5年恢复，后5年发展；第二，对重工业的生产指标和基本建设要"伤筋动骨"地砍掉一些，只有这样，才能把重点真正放在农业和市场上；第三，坚持搞综合平衡，只有按短线平衡才有真正

---

① 《陈云文选》第3卷，人民出版社1995年版，第191~206页。
② 《陈云文集》第3卷，中央文献出版社2005年版，第211~212页。

的平衡，才能扭转比例严重失调的局面，才能使经济协调、健康地发展。

根据上述方针，同年4月初，中央财经小组起草了《关于讨论1962年调整计划的报告（草稿）》。这个报告全面地分析了当时国民经济的基本形势，如实地指出了经济生活中存在的严重困难，提出了克服困难的措施。同时，中央财经小组对1962年国民经济计划做了进一步的调整。调整计划把原定的工农业总产值由1400亿元降到1300亿元，农业总产值由450亿元降到420亿元，工业总产值由950亿元降到880亿元，原煤、钢、粮食分别由2.51亿吨、750万吨、2986～3014亿斤降到2.39亿吨、600万吨、2890亿斤，基本建设也由60.7亿元减为46亿元。

为了进一步统一全党的思想，讨论中央财经小组的报告，实施调整国民经济计划的部署，同年5月7日至11日，刘少奇在北京主持召开了中共中央工作会议。会上，刘少奇、周恩来、朱德和邓小平一致要求大家以历史唯物主义的态度充分估计困难，扎扎实实地工作，把经济调整好。他们还特别强调：如果对困难估计不够，自己安慰自己，又不采取积极措施克服困难，那才是真正的右倾。

这次会议同意中央财经小组报告中提出的实行调整工作的具体方针，这就是："要退够，争取快，准备慢。"具体要求如下：

第一，对整个国民经济必须进行大幅度的调整，要退够。就是要按照农、轻、重次序进行综合平衡的方针，把建设的规模调整到同经济的可能性相适应、同工农业生产水平相适应的程度；把工业生产战线调整到同农业提供的粮食和原料的可能性相适应、同工业本身提供的原材料、燃料和动力的可能性相适应的程度；把文教事业的规模和国家行政管理机构缩小、精简到同经济水平相适应的程度；把城镇人口减少到同农村提供商品粮食、副食品的可能性相适应的程度，使工农关系不像当时那样绷得过紧，才能完全摆脱被动局面。

第二，财政经济状况的根本好转，要争取快，准备慢。我们的工作要争取做得好一些,同时也要准备出些岔子,发生一些新的问题,需要我们去解决。

第三,大力加强农业生产战线,努力恢复农业生产。为此,必须在调整工业生产指标和基建规模之后,坚决缩短工业生产建设战线,继续大量减少城镇人口和减少职工。这是做好大幅度调整工作中十分重要的一个步骤。

这次会议还对大幅度调整经济做出了以下几项果断决策。第一,决定进一步大力精简职工和减少城市人口。在以前精简的基础上,在1962年和1963年两年内,再减少城镇人口2000万,精简职工1000万以上。第二,进一步缩小基本建设规模。第三,降低绝大多数重工业产品指标。第四,对现有工厂企业实行"关、停、并、转"。

从1961年8月至9月庐山中央会议到这次北京中央工作会议,前后历时9个月,终于统一了全党对经济调整工作的认识,下定了坚决后退的决心。正是这一点,使得1962年的经济调整工作进入了决定性阶段,并成为国民经济摆脱困境的重大转折点。

四、改革初期陈云关于稳步前进的思想

从"文革"结束到党的十一届三中全会之前的一个时期,国民经济得到恢复和发展。但由于这一期间,我们还未能全面清理长期存在的"左"的错误倾向,以致使国民经济在前进中又陷入徘徊,并在经济建设的指导工作中出现新的失误。在计划工作方面主要表现在,脱离国情,继续盲目追求高速度、高指标,制定计划时不断拔高目标,提高指标和速度。于是在1977年11月的全国计划工作会议上,弥漫着急于求成、追求高速度和高指标等不切实际的气氛,急于"大干快上"。这次会议讨论了《1976年到1985年发展国民经济十年规划纲要(草案)》。按《十年规划纲要(草案)》

的规定,到2000年以前,我国主要工业产品产量要分别接近、赶上和超过最发达的资本主义国家,各项经济技术指标分别接近、赶上和超过世界先进水平。会议也初步涉及到有关"六五"计划的一些重点安排和经济指标。

《十年规划纲要(草案)》提出的具体目标是:第一步,第五个五年计划后三年(1978~1980年),要建成全国独立的比较完整的工业体系和国民经济体系;第二步,"六五"期间(1981~1985年),各项生产建设规模要有较大的发展,基本上建成六个大区,极大地改变当前经济落后的状态,显著改善人民物质文化生活;第三步,到2000年以前,全面实现现代化,在各个生产技术领域,多数接近、少数赶上和超过最发达的资本主义国家在当时的水平。经过全国计划工作会议的讨论,国家计委向中央政治局提出了《关于经济计划的汇报要点》。1978年2月5日,中央政治局批准了《汇报要点》,并连同《1978年国民经济计划主要指标》一起下达,要求各地区、各部门贯彻执行。

因此,在1976年10月到1978年10月的两年里,在实际经济工作中,"急于求成"的指导思想造成了比较严重的后果,国民经济在高速度、高积累、低效益、低消费的老路上徘徊,国民经济比例失调加剧,经济效益差的局面没有改观。

1978年12月10日,陈云在中央工作会议东北组的发言中指出:"我们不能到处紧张,要先把农民这一头安稳下来。……建国快三十年了,现在还有讨饭的,怎么行呢?要放松一头,不能让农民喘不过气来。如果老是不解决这个问题,恐怕农民就会造反,支部书记就会带队进城要饭。"在讲到工业发展和引进项目时,他指出:"要循序而进,不要一拥而上。一拥而上,看起来好像快,实际上欲速则不达。项目排队,如有所失,容易补上;窝工,就难办了。""各方面都要上,表面上好看,挤来挤去,胖子挤了瘦子,实际上挤了农业、轻工业和城市建设。"①

---

① 《陈云文选》第3卷,人民出版社1995年版,第236~237页。

针对 1979 年国民经济计划指标过高和缺口很大的问题，陈云在 1 月 1 日、5 日两次做出批示指出，1979 年有些物资还有缺口。我认为不要留缺口，宁肯降低指标，宁可减建某些项目。有物资缺口的，不是真正可靠的计划。3 月 14 日，陈云、李先念针对当前的财经工作写信给中央，指出国民经济比例失调的情况相当严重，要有两三年的调整时期，前进的步子要稳，要按比例发展。在信中，陈云、李先念对今后的财经工作，提出 6 条意见。①前进的步子要稳。不要再折腾，必须避免反复和出现大的马鞍型。②从长期来看，国民经济能做到按比例发展就是最快的速度。③现在的国民经济是没有综合平衡的，比例失调的情况是相当严重的。④要有两三年的调整时期，才能把各方面的比例失调情况大体调整过来。⑤钢的指标必须可靠。钢的发展方向，不仅要重数量，而且更要重质量。要着重调整我国所需要的各种钢材之间的比例关系。钢的发展速度要照顾到各行各业发展的比例关系。⑥借外债必须充分考虑还本付息的支付能力，做到基本上循序进行。①

1979 年 3 月 21 日，中央政治局开会讨论 1979 年计划和国民经济调整问题。陈云在会议上提出，搞四个现代化必须从国情出发，按比例发展是最快的速度；不能认为指标上去是马克思主义，下来是修正主义，在一定情况下，踏步也可能是马克思主义；现在的比例失调比 1961 年、1962 年严重得多，要有两三年的调整时间，最好三年，调整的目的，是要达到比较按比例地前进。在讨论当年的钢产量时，陈云就指出："钢太突出，就挤了别的工业，挤了别的事业。冶金部提出的引进设想，我都看了。他们是好心，想要多搞，可以理解。共产党员谁不想多搞点钢？过去似乎我是专门主张少搞钢的，而且似乎愈少愈好。哪有这样的事！我是共产党员，也希望多搞一点钢。问题是搞得到搞不到。……你一家把投资占了，别人怎么办？

---

① 《中华人民共和国国民经济和社会发展计划大事辑要（1949~1985）》，红旗出版社 1987 年版，第 404、406 页。

冶金部提出不拖别人的后腿,实际上不可能。"①

1979年4月,中共中央在北京召开有各省、市、自治区和中央党政机关主要负责人参加的工作会议,讨论国民经济调整问题。会议同意中共中央提出的"调整、改革、整顿、提高"的方针,决定成立由陈云、李先念挂帅的中央财政经济委员会,统一管理全国的财政经济工作和当时的调整工作。同时,会议还就这次经济调整工作,包括调整农村政策,尽快把农业搞上去;调整工业内部的比例关系,加快轻工业的发展;改善人民生活;压缩基建规模,调整国民经济各部门投资比例,调整积累和消费的比例等四个方面制定了具体的政策和措施。调整国民经济"八字"方针的确定,标志着在经济建设中坚决清除长期存在的"左"的错误的开始,是经济建设指导思想上一个伟大的历史转折。

1979年9月18日,在国务院财经委召开的汇报会上,陈云指出:"基本建设战线过长,这是一个老问题。""我认为我们在实现四个现代化中,除了上若干大项目以外,着重点应该放在国内现有企业的挖潜、革新、改造上。我们国内现有企业的基础是不小的。要在这个基础上引进新技术(软件),或则填平补齐,或则成龙配套,用这些办法来扩大我们的生产能力。这是我们除了上若干大项目以外所必须注意的大事,也是重点所在。"陈云还说:"用上述办法来进行基本建设,充分利用现有企业并对它们进行技术改造,这是脚踏实地的前进,表面上看来像慢,但实际上是快。"陈云指出:"目前人民向往四个现代化,要求经济有较快的发展。但他们又要求不要再折腾,在不再折腾的条件下有较快的发展速度。我们应该探索在这种条件下的发展速度。"②

1979年和1980年两年的初步调整虽然取得了一些成效,但是,长期形成的国民经济比例失调的现象很难在短期内完全纠正过来,长期在经济建

---

① 《陈云文选》第3卷,人民出版社1995年版,第251~522页。
② 《陈云文选》第3卷,人民出版社1995年版,第264~268页。

设中形成的"左"的思想也很难立即清除,同时在调整工作中又出现了一些新的问题和困难。从中央到基层的一些负责人,还没有完全摆脱"左"的思想的影响,对调整的必要性认识不足,对调整的方针执行很不得力。因此,这两年的调整工作虽然使经济形势出现好转,但仍存在不少潜在的危险和隐患,存在以下几个突出的问题。①基本建设战线仍然过长,投资规模控制不住。全国在建大中型基建项目虽然比调整前减少了,但基本建设总规模没有真正压下来,国家预算内投资突破了计划,预算外投资急剧膨胀。在停建、缓建一批项目的同时,又新开工了一批项目,总规模仍然大大超过国家财力的可能。②消费基金增长过猛,财政支出过多,出现巨额财政赤字。1979年和1980年成为新中国成立以来财政赤字最多的两年。与此相应,银行增发货币130亿元,商品货源与社会购买力出现很大差额,市场物价波动。③工业生产战线过长,工业改组和整顿进展不快。1980年以来,关、停、并、转了几千个企业,但同时又新建了2万多个企业,新投产的企业大多数是盲目发展起来的小型加工工业,加剧了本就很紧张的燃料、动力、原材料工业和加工工业之间的矛盾。工业改组和整顿进展较慢,企业经济效益不高。

这些情况说明,虽然经过了两年的调整,但经济工作中存在的问题仍然不少。如果不采取有力措施加以解决,1981年,即"六五"计划的第一年,还会有一百几十亿元的赤字,几年来人民生活所得到的改善将会丧失,比例失调的状况将进一步加剧,国家经济生活将发生严重混乱,安定团结的局面就难以巩固和发展。

鉴于这种情况,在1980年10月、11月先后召开的国务院全体会议,全国省长、市长、自治区主席会议和全国计划会议上,都对经济工作进行了讨论。同年12月,中共中央召开工作会议,在对全国形势做了符合实际的估量的基础上,做出了"在经济上实行进一步调整,政治上实现进一步安定"的重大决策。陈云在会议上讲话,他分析了经济形势,总结了两年来调整中的经验教训，提出经济工作中的 12 条原则。他指出，调整意味着某些方面的后退，而且要退够，不要害怕这个清醒的健康的调整，调整不是耽误。这次中央工作会议是国民经济调整过程中一次重要会议。这次会议统一了全党的认识，坚持了"调整、改革、整顿、提高"的八字方针，在对我国社会主义发展道路的认识上，真正"解放了思想，摆脱了多年来'左'的错误指导方针的束缚"。会议对 1981 年国民经济计划做了切合实际的调整和修订，为搞好"六五"计划开局奠定了基础，也为"六五"计划的制订提出了正确的指导原则。

1980 年 11 月 28 日，在政治局常委会和书记处会议上听取和讨论国务院关于调整 1981 年计划设想的汇报时，陈云又说："我脑子里有一条，基本建设要搞'铁公鸡'，一毛不拔。有人说，这会耽误了时间。从鸦片战争以来耽误了多少时间，现在耽误三年时间有什么了不得？就是要一毛不拔，就是要置之死地而后生。历史上有人讲我是右倾机会主义，我就再机会主义一次。我的方案比这还坏，坏到什么都不搞。要上，讲理由，也有的是。三年不搞，一毛不拔，还是中华人民共和国，了不起推迟三年。"[①] 当然，这只是陈云极而言之，并不是真要三年什么都不搞，只是反映了在当时他坚决压缩基本建设战线、解决经济失衡问题的决心。

---

① 《陈云文集》第 3 卷，中央文献出版社 2005 年版，第 471 页。

20世纪50年代前期高度集中经济体制的形成

把20世纪50年代我国经济体制概括为"高度集中",我认为包含了两层含义:一是指所有制(即产权)的高度集中,即由新中国成立初期的多种经济成分并存(私营和个体经济占很大比重)变成单一的政府所有和半所有(1958年以后农村的政社合一人民公社和城市的集体经济在经营和分配方面都必须听命于各级政府,从产权理论看,至少也是不完整的集体经济);二是指经济管理的高度集中,在政府与国有企业的关系方面,权力集中于政府,在中央政府与地方政府的关系方面,权力则集中于中央。关于第一层含义的高度集中,即社会主义改造和向公有制高级形式过渡问题,讨论和评价已经很多,这里只想专门探讨"高度集中"第二层含义的利弊得失问题,为了避免误解,这里用了"高度集中的管理体制"来表示上述第二层含义。

一、20世纪50年代的经济管理体制可否概括为"高度集中"

50年代的经济体制,若从管理决策的角度来看,经历了一个由分散到集中、又对集中体制进行改革的演变过程,这个过程大致可分为三个阶段。

1949~1952年为第一阶段,这个阶段以新民主主义经济理论和《共同纲领》为依据,建立和实施了符合当时国情的多种经济成分并存的新民主主义经济体制。从管理决策的角度看,这是集中和分散板块式结合阶段,即政府的集中管理只限于财政、国营经济、合作社经济和有关国计民生的重要部门及产品（如金融、外贸、棉纱、棉布）；而数量众多的城乡个体经济和私营经济（其产值，农业几乎占100%、工业占60%），其经营管理则是分散和自主的，政府主要是通过调控市场来间接引导其经营决策的。

1953~1957年为第二阶段。这是在"过渡时期总路线"指导下，由多种经济成分并存的新民主主义向单一公有制的苏联式社会主义过渡的阶段。从管理决策的角度看，有三个方面呈现出同方向的快速变化：一是由于社会主义改造的迅速推进，由政府直接管理决策的经济成分大为增加（1956年社会主义改造基本完成以后，农村的初、高级合作社仍然不能说是由政府直接管理）；二是在实施"一五"计划过程中，政府不断排斥市场机制的调节范围和作用，逐步确立了覆盖整个国民经济的行政性计划管理和调节；三是经济管理决策权向中央政府集中，地方政府和国营企业的权力很小。

1958~1960年为第三阶段。这个阶段在"社会主义建设总路线"的指导下，我们犯了急于求成和超越历史阶段的空想错误，经济体制发生了急剧变化。从管理决策的角度看，呈现出两种不同方向的变化：一是针对苏联社会主义经济模式的弊病和前一阶段向中央集中过多的问题，过快过多地将管理决策权下放给地方政府；二是为方便管理和受空想的影响，在所有制方面实行"升级过渡"，农村普遍建立了政社合一的人民公社，城市的集体经济也实际上变成了半国营，国民经济的管理决策权几乎完全集中于各级政府手中。

本文主要探索1949~1956年期间集中管理体制形成的原因、它的历史作用及其局限性、1958年改革失败的原因和启示等。既然要探索这个问题，首先就必须弄清1956年是否已经形成集中的经济管理体制，如果是，那么其集中程度到底有多高。

这里所说的管理，包括两个内容：一是指中央政府对宏观经济管理控制的程度，即对财政收支、金融、市场供求、进出口平衡等的控制程度；二是指政府对微观经济的控制，即对企业的控制程度。

从中央政府对宏观经济的控制来看，1949~1956年期间确实可以称为高度集中的管理体制。在财政方面，1950年3月统一财经以后，即基本形成了统收统支、分级管理的财政体制,中央政府的财政收入在国家财政收入中所占比重较大。"一五"时期,中央财政收入占全部财政收入的80%,中央财政支出占全部财政支出的74.1%,所占比重超过了以后各个时期。在金融方面,1952年底对私营金融业社会主义改造的完成,建立了高度集中银行体制的雏形;1954年,随着大区行政机构的撤销,中国人民银行在各大区的区行也随之撤销,1956年,公私合营银行纳入中国人民银行体系,经过"一五"时期的强化和集中,人民银行变成既是国家金融管理和货币发行的机构,又是统一经营全国金融业务的经济组织。在形成高度集中的银行体制的同时,中国人民银行还建立了纵向型的信贷资金管理体制,即全国银行的信贷资金,不论是资金来源还是资金用途,都由人民银行总行统一掌握,实行"统存统贷"。在市场管理方面,为了保证短缺条件下的供求平衡(市场稳定)和重点建设,从1953年起,政府对粮、棉、油料等主要农副产品实行了统购统销,并将工业品中的生产资料划分为三类:统配物资、部管物资、地方管理的物资(又称三类物资),其中前两类物资(即由中央调配的物资)1953年为227种(统配112种,部管115种),而到1957年则增加为532种(统配231种,部管301种)[①]。

从政府对企业的控制来看,1949年至1956年期间尚不能简单概括为高度集中的管理体制。从政府对国营企业的控制程度看,无论是直属中央的企业还是地方国营企业,都可称之为高度集中的管理体制,因为企业几乎没有什么自主权,政府向企业下达指令性计划指标,由主管部门供应生产资料,由国营商业、物资部门收购或调拨其产品,由财政部门统收统支其资金,由人民银行进行商业往来的划拨结算。从政府对供销合作社的控制程度看,亦可称之为高度集中的管理体制,因为经中央政府控制的全国供销合作总社实行自上而下的计划管理后,基层合作社也没有什么经营自主权。但是,上述两种经济成分所占比重在1956年以前毕竟不大。对于广大的城乡个体和私人资本主义经济、农业生产合作社、公私合营企业,在

---

① 《当代中国的经济体制改革》,中国社会科学出版社1984年版,第503页。

1955年社会主义改造高潮前,政府的管理和干预主要在企业外部,即对供销的控制和管理,这些企业的经营管理基本是自主的,政府的计划管理基本停留在指导性计划。1956年社会主义改造基本完成以后,农业合作社对于政府来说,仍然是独立的企业,政府的管理仍然是一种外部的干预,除了要求其遵守合作社章程外,计划管理只能是指导性的。对于城市的公私合营企业,虽然大部分实行了国营企业的管理办法,但是小部分仍然自主经营、独立核算、原有供销渠道不变;至于手工业、商业的合作组织,其经营管理方面的自主权利则更多一些。只是到1958年以后,农村实行政社合一的人民公社制度,城市也实行了进一步消灭私有制和向公有制高级形式过渡,才可以称之为高度集中的管理体制。

综上所述,1949~1956年形成的经济管理体制,固然可以称为"高度集中",但是它与后来的高度集中管理体制是不同的,即除了国营企业和供销合作社外,政府对微观层次的经济运行并没有实行直接管理,而国营企业在国民经济中的比重也不如后来那样大。

二、 1949~1956年集中管理体制形成的原因

如上所述,1949~1956年是高度集中经济体制逐步形成时期。为什么经济管理和决策体制在此期间会逐渐走向高度集中,市场调节作用迅速衰微?除了受党理论认识变化的影响外,我认为,从经济学的角度来看,还有以下几个重要原因:

1. 落后国家政府在工业化过程中的责任增大。

纵观世界各国的工业化过程,无论是英、法、美等老牌资本主义国家,还是后起资本主义国家及社会主义国家,政府在工业化过程中都起到了重要的推进作用。

资本主义国家的工业化是一个自发的社会运动,就国内的经济运行来看,基本上是市场调节,政府的直接干预较少。但是,政府在工业化过程中却有如下两种重要作用:一是在国内通过立法和强制的手段,为资本主

义经济的运行和发展提供了制度保障；二是通过武力向海外扩张和掠夺，为本国的工业化提供了丰富资源和广阔市场。在早期资本主义国家和后起资本主义国家工业化过程中，无不体现了上述两种政府的作用。

第二次世界大战以后，一大批殖民地半殖民地国家先后独立并开始工业化进程。由于这些国家已经不可能靠对外掠夺来加快工业化进程，相反却因经济落后而受发达国家的经济剥削和压迫。因此，一方面这些国家不得不主要依靠国内的积累来为工业化积聚资金，资源短缺成为这些国家的共同特征；另一方面，这些国家也必须通过统制对外贸易和限制外国资本来减少不平等贸易和富国的剥削。此外，为了改变经济落后面貌和节约成本，这些国家也必须直接学习和应用国际先进的技术，再加上要避免工业化初始阶段因贫富差距拉大引起社会动荡。这样，这些国家就更加强调政府在工业化过程中的作用，以国有化和社会公平为号召的形形色色的社会主义应运而生。总之，这些国家尽管大小不一、条件不同，但是在强调政府干预经济方面则几乎是一致的。这种干预主要表现在两个方面：一是政府直接经营企业，国有经济占较大比重，即孙中山所说的"节制资本"；二是加强了政府对国民经济的调控，尤其是在税收、金融、外贸方面。

可以说，在资本主义国家工业化过程中，无论是发达国家还是发展中国家，无论是工业化道路成功的还是曲折的国家，政府都无一例外地承担了重要责任。而苏联及战后建立的东欧社会主义国家则更是如此。由此可见，强调政府在工业化中的重要责任，并不是中国独有的特点。

2. **市场供求关系紧张，需要加强政府调控，尤其是中央政府的调控。**

50年代前半期，总的来说，我国国民经济是在短缺中紧运行的。旧中国经济落后和长期战争造成的贫困、抗美援朝、快速恢复发展经济的决策是导致经济紧运行的三大因素。紧运行的表现是物资、资金、技术人员长期在总量上需求大于供给。

我们知道，在短缺的情况下，实现供求平衡的办法有两种，一是市场调节的办法，即通过提高价格来扩大供给、抑制需求。这种办法对于可以较快扩大供给或能够降低需求的产品来说是有效的，成本低并且不会引起市场较大波动。但是对于那些短期内既不能扩大供给又不能降低需求的产品（如生活必需品）来说，市场调节就可能造成成本过高（如可能引起社会动荡）甚至调节无效。第二种办法是政府调节，即政府通过行政手段来分配短缺产品，在价格变化不大的情况下，抑制需求，实现供求平衡。这种办法对于能够靠提高价格来迅速扩大供给或降低需求的产品来说，弊大于利，但是对于那些短期内不能扩大供给并不能降低需求的产品来说，政府的调节不仅是必要的而且是利大于弊的。50年代前期的短缺，如农副产品、布匹、部分生产资料、信贷资金、技术人员等，大都是属于后一种情况，这就为政府的高度集中管理提供了客观条件。

3. 技术赶超和规模经济的需要。

新中国成立初期，无论从建立完整的工业体系还是从提高现有工业生产能力来说，我国都没有必要再走由落后、分散的小生产逐步发展到先进、集中的大生产的漫长道路，可以直接吸收外国的先进技术和成果，以适应生产力发展的客观要求和实现规模经济效益。新中国成立之初，我国工业技术水平非常落后，"一五"期间的国家重点建设的156项工程即是为了缩短我国工业与发达国家之间的差距。由于当时资金和技术人员有限，分散的地方政府和私人投资很难承担这种任务，由中央政府集中地使用投资，则能满足这种需要。"一五"期间，国家用于大中型项目的投资占全部投资的55.1%；为了保证重点项目按时建成投产，中央从各条战线抽调了上万名干部加强工业部门，并从党政军和人民团体中选送数万名人员到高校学习，培养专业人才。

4. 资金短缺和农业剩余有限。

我们知道，一国经济发展的快慢，从经济方面来说，是与其社会剩余的多少和积累率（又称储蓄率）的高低有很大关系的。新中国成立初期，由于一百多年来帝国主义、封建主义、官僚资本主义的压迫掠夺和战争的破坏，国家和人民手中的财富都消耗殆尽。新中国成立以后，由于我国的经济太落后，社会剩余量很少，积累很有限。1950年，全国人均国民收入仅为77元，1956年，则为142元。尽管全国80%以上的劳动力在农村，但是 1950 年全国人均占有粮食 479 斤、棉花 2.5 斤、油料 9.8 斤、生猪 0.12 头,由于人口增长,1956 年的上述人均数也没有多大增加,分别为 614 斤、4.6 斤、14.5 斤、0.13 头[①]。1950 年全国财政收入(包括债务收入)仅为 65.19 亿元,1956 年为 287.43 亿元,1949 年 10 月至 1957 年底,政府用于经济建设的财政支出仅为 796.51 亿元,平均每年近 100 个亿[②]。在这样低收入的水平上,要维持每年 15% 以上的经济增长率,资金供给是很紧张的。再从农村看,据 1954 年全国农户抽样调查,尽管经过四年的恢复发展,到 1954 年末,农民拥有的农业生产资料仍然相当少,平均每个农户拥有耕地 15.8 亩、耕畜 0.92 头、犁 0.62 部、水车 0.11 部。由于农业落后,1954 年平均每户的农业收入为 420.6 元(占农户当年总收入的 60.7%),尚不足以抵偿生活费用的支出(平均每户为 453.8 元),必须靠副业及其他收入来弥补。再从农民的消费来看,1954 年平均每个农户的生活消费支出占其总支出的 68%,尽管比重很高,但是生活水平却很低,人均消费粮食 373 斤、肉类 9.2 斤、食油 2.6 斤、食糖 0.8 斤、蔬菜 141 斤[③]。这种低水平的消费说明,新中国成立初期的农业剩余(农业税和出卖的农副产品)只是相对剩余,随着农业的发展和农民收入的增加,农民的食品消费也会相应增加,农副产品的供求关系在相当长的时间里都会是紧张的。在这种情况下,要压低消费,提高积累率,为"一五"计划的实现提供足够的资金,高度集中的管理体制不失为一个有效的办法。

5. 中国的产业结构和区域发展极不平衡。

新中国成立初期,从旧中国继承下来的国民经济在产业构成和所有制结构方面呈现出以下两个突出特点:一是在产业结构方面,工业比重和重工业比重都不大(1952 年工业产值占工农业产值的 43.1%;在工业总产值中,重工业所占比重为 35.5%);二是在现代城市经济中,除金融、交通、

[①]《中国农村经济统计大全(1949~1986)》,农业出版社 1989 年版,第 127 页。
[②]《中国财政统计(1950~1985)》,中国财政出版社 1987 年版,第 66 页。
[③]《1954 年我国农家收支调查报告》,统计出版社 1957 年版,第 34~35 页。

邮电、电力等基本国有国营外，规模较大的工业企业大部分也为国营和半国营（1952年，在全国工业总产值中，国营工业占52.8%）。1952年全国国营工业企业共有9517个，其中直属中央的企业为2245个，占23.6%，其余为地方国营企业。由于地方政府管理水平较低，据当时估计①，在7272个地方国营企业中，经营管理较好的企业约占5%（大多属于省市工业厅局直接领导的厂矿）。因此，对于国民经济中处于领导地位的国营经济，无论是从投资效益还是经营管理水平来看，在企业数量尚不太多的情况下，中央政府的集中管理是必要的。

从区域之间的发展水平来看，旧中国遗留下来的国民经济也是非常不平衡的。工矿、交通、能源等现代经济大部分集中在东南沿海的少数城市，生产力布局不合理，无论是从合理布局（至少降低往返运输成本），还是国防的角度看，调整投资发展格局都是必要的。但是，这种全局性的、关系到地方利益的宏观调控和统筹安排，是中央政府的职责，它必须以政治经济权力的集中为保证。

6. 国际政治经济环境的影响。

高度集中管理体制的形成，与这个时期的国际环境也不无关系。国际环境的影响主要表现在三个方面。一是以美国为首的西方资本主义国家对我国封锁禁运。为了打破经济封锁和避免损失，在对西方贸易方面，必须借助政府的力量，全盘统筹，统一对外；同时，封锁也导致我国的对外贸易重心向苏联东欧转移，而这些国家只愿意以协定贸易的方式与我国开展贸易，不仅私营进出口商被排斥在外，地方国营企业也难以直接参与。二是朝鲜战争爆发以后，国防压力增大，国防费用增加。这不仅需要中央政府集中一定的财力，而且需要尽快建立和发展国防工业，中央集权乃是不可避免的。三是50年代苏联对我国的经济援助主要集中于156项工程，它是"一五"计划的核心。苏联的援助方式以及这156项工程的内容和布局，

---

① 《中华人民共和国经济档案资料选编（1949~1952）·工商体制卷》，中国社会科学出版社1993年版，第283页。

都决定了只能由中央政府来决策和管理。

三、 高度集中管理体制的历史作用

在 50 年代的上半期,由于所有制结构还是多种经济成分并存,因此在短缺和市场发育不成熟的条件下,逐步形成的高度集中管理体制的积极作用是大于消极作用的,其历史功绩不应被抹杀。

1. 高度集中的资源配置,保证了国民经济的迅速恢复和短期内的高速发展。统一财经为中央集中使用财力提供了制度保障,保证了政府的有限财力和资金可以用于最需要的地方,实现了"边打、边稳、边建"方针,促进了国民经济的恢复发展;而 1952 年以后的集中,则从资源配置方面保证了工业的迅速发展和 156 项工程的建设。新中国成立初期,我国经济十分落后,大多数产品的供求关系紧张。从农产品来看,1951 年中央集中调拨棉花,1953 年对粮食统购统销,都避免了市场发生较大波动,保证了短缺条件下的供求平衡,使资源发挥了最大效益。从主要工业产品来看,亦是如此。1952 年,全国原煤产量、发电量、钢产量、棉布人均拥有量很低,仅为发达国家的几十分之一或十几分之一。为了保证市场稳定和重点建设,政府从 1951 年起,逐步加强了对棉纱、棉布、钢材、水泥、煤炭、汽油、橡胶等重要工业产品的供销控制。再从人力资源来看,虽然我国人口众多、劳动力丰富,但是由于经济文化的落后,高素质劳动力十分缺乏。在就业人口中,每万人中有科技人员 7.4 人,另据当时的估计,就全国就业人口而言,具有初中以上文化程度者不会超过 5%。这种劳动力素质水平,远不能满足国民经济迅速恢复发展的需要,"一五"时期科技人员的供给与需求之间也始终存在一个较大的缺口。因此,从 1951 年开始,国家不得不对大学毕业生实行统一分配(调配权在中央);1952 年以后,对科技人员的流动,中央也加强了管理,从而保证了重点建设的需要。

2. 高度集中的管理体制保证了高积累下的社会稳定。如前所述,新中国成立初期我国的生产能力是很低的,在低收入的条件和当时的国际环境下，要想快速恢复经济和发展工业，只有尽可能地压低生活消费，提高积累率，同时，将社会积累较多地投入生产资料的生产部门（即重工业部门），我国当时正是这样做的。为了消除压低消费提高积累时地区之间、行业之间、企业之间的苦乐不均，中央政府在农副产品统购和城市居民收入方面实行集中统一管理则是必要的。另一方面，在低消费和优先发展重工业的条件下，要保证社会的安定和物价平衡，在就业和社会保障以及生活必需品的供给方面，也需要实行高度集中的管理。如1952年基本禁止企业解雇职工，要求实行统一的劳动，1953年禁止城乡之间人口自由流动，对粮食实行统销，1954年消灭私营批发等。可以说，高度集中的管理体制不仅保证了高积累，而且使高积累下生活消费品相对平均地分配，保证了社会的稳定和劳动者的积极性。

3. 高度集中的管理体制使经济建设避免了资金分散、重复建设、乱铺摊子的弊病，保证了重点建设，改善了布局，提高了资金利用率。"一五"时期是新中国成立以来百元资金利润率最高的时期。以棉纺织工业为例：国民经济恢复时期，政府新建和扩建了13个棉纺厂，总规模为45万多锭，9300多台织机，建设工期短的一年，长的一年半。"一五"计划期间，共新建棉纺厂68个（指基本建设投资在500万元以上的），总规模240万锭，6.1万台织机，印染厂5个，生产能力3.5亿米，平均建设工期一年。投资的回收期也很短，工厂正式投产后，一年半左右的税金利润就可抵还国家的投资。纺织工业的投资不仅效益高，而且改善了原有布局。1949年，全国500万棉纺锭中，83.6%集中在沿海的3省2市（江苏、山东、辽宁、天津、上海），到1957年底，经过8年建设，棉纺织工业的布局已有较大改善，初步建成了西安、郑州、邯郸、石家庄、北京5个纺织基地，沿海3省2市棉纺锭所占比重已由83.6%降为58.2%，沿海地区与内地棉纺锭的比例关系由旧中国的6.4:1调整到3.5:1[①]。

1949~1957年的高度集中管理体制，在当时那种经济状况和国际环境

[①]《当代中国的纺织工业》，中国社会科学出版社1984年版，第3~43页。

下，促进了社会生产力的迅速恢复和发展。问题在于：随着"一五"计划的超额完成，我国的经济发展已经有了初步基础，在这种情况下，应对以优先发展重工业和经济紧运行为特征的发展战略做适当调整，也应对与上述发展战略相配套的高度集中管理体制做相应的调整；同时，由于1955年以后社会主义改造中存在着较为严重的"四过"问题，在微观管理体制方面也应做适当的调整，在经营形式、管理方法甚至所有制结构方面，应根据具体情况，将选择权利适当下放给人民群众，更多地发挥市场调节的作用。党的八大前后，党在上述各方面也确实提出了不少正确的思路。

四、1956年以后高度集中管理体制改革不成功的原因

在高度集中管理体制形成和发挥上述作用的同时，其弊病和副作用也随着经济发展和国营企业数量的增加而逐渐凸显。其弊病主要表现在三个方面：一是中央集权过多，抑制了地方的积极性和灵活性；二是政府集权过多，抑制了国营企业经营管理的灵活性；三是政府干预过多，压制了市场机制应有的调节作用。

我们知道，宏观的集中管理和微观的集中管理是两种完全不同的集中，结果也截然相反。过去高度集中管理体制的弊病，主要是由政府对企业的集中管理（即微观层次的集中管理）造成的。在多种经济成分并存的条件下，尤其是在非国有经济占较大比重的条件下，所谓的高度集中，主要是表现在对国民经济宏观管理和国营经济方面，因此，其集中的范围和程度毕竟是有限的，其正面作用一般大于负面作用，特别是在资源短缺、经济紧运行的条件下，高度集中管理的效果则更为明显。1949~1957年经济恢复和建设的巨大成就即说明了这一点。

1956年，随着社会主义改造高潮的兴起，以单一公有制和计划管理为特征的社会主义体制已逐步建立起来，而苏联经济体制弊病的暴露和我国6年经济建设的经验教训，也使得党感到有必要探索一条适合我国国情的建设社会主义的道路。党的八大前后，党在如何改善经营管理体制方面做了

较为深入的探索。但是，当 1958 年所有制结构变成几乎单一的公有制，尤其是政府对集体所有制经济实行行政管理和控制后（农村的"政社合一"和城市的"二轻局"），高度集中管理体制的改革就陷入了进退两难的境地。在这种条件下无论是中央集权还是地方分权，都是各有弊端，调整和改革实际上集中于中央和地方权限的反复划分上，结果陷入"一统就死，一死就叫，一叫就放，一放又乱，一乱又统"的改革怪圈。

在 1956 年探索社会主义经济体制改革及其以后的几次试验中，党并不是没有认识到应将一些经营管理权下放给企业甚至农户（如八大前后刘少奇、周恩来、陈云的探索和 1957 年的《国务院关于改进工业管理体制的规定》，1957 年邓子恢提出的"分层包干的生产责任制"和 1963 年的"包产到户"），但是这种改革遇到了两个障碍。①在城市企业改革方面，即使政府愿意将经营管理权下放给企业，企业也缺乏自主经营管理的客观环境和约束机制。我们知道，自主经营企业的约束来自两个方面：一是外部市场机制的约束，它以效益原则决定企业能否生存和发展；二是内部产权的约束，即企业所有者以利润最大化的原则监督管理企业的生产经营活动。在单一公有制和行政性计划管理的环境中，权利下放少无济于事，权利下放多则企业失去约束，引起混乱。②在农村经济改革方面，以"包产到户"为特征的经营管理权下放，必然导致商品经济和非公有制经济因素的产生发展（首先是农户自有的农业生产资料增加，然后随着多种经营的发展和劳动力向非农产业的转移，个体和私营经济自然要产生和发展起来），而这个后果则与斯大林的社会主义理论和模式相矛盾，会削弱传统的社会主义经济体制。因此，1956~1978 年，这方面的改革虽然几经尝试，但始终进展不大。

20世纪50年代市场萎缩及其原因

从过渡的意义讲，20世纪50年代与八九十年代一样，都是经济体制的过渡时期，只不过前者是我国从旧中国的畸形市场经济，经历新民主主义这个过渡阶段而走向社会主义计划经济时期；而后者则是从社会主义计划经济，经历改革开放过渡阶段，走向社会主义市场经济时期。50年的时间里，我国的经济体制经历了如此剧烈的否定之否定演进，其间的经验教训是相当丰富的，值得我们认真探索和总结。本文则试图通过对经济运行中市场机制及其作用的变化，来说明50年代经济体制演变的原因及教训。

一、20世纪50年代市场式微的历史过程

20世纪50年代市场机制逐渐退出经济运行，其作用越来越小，是与行政性计划经济体制逐步建立并被推向极端的过程相一致的。以市场机制的作用程度来划分，50年代市场机制逐渐退出经济运行大致可分三个阶段。即1949～1952年的国民经济恢复时期；1953～1957年的向社会主义过渡时期；1958～1959年的"大跃进"时期。由于篇幅所限，本文对第三个时期就不再加以叙述分析。

（一）1949～1957年市场主体的逐渐式微。

在第一个时期，由于国营经济、公私合营经济、合作社经济（指供销和手工业生产合作社）所占的比重不大，同时也因为党和政府认识到，要

促进经济的恢复和发展，就必须让市场机制发挥作用，因此国民经济是在计划管理和市场调节的共同作用下运行的，市场机制在宏观计划管理下发挥了基础性调节作用。

1949年新中国成立以后，尽管人民政府通过没收官僚资本建立了在国民经济中处主导地位的国营经济，并实行优先发展国营经济和合作社经济的政策，但是由于当时不仅农村的小生产者如汪洋大海一样，而且城市中私营和个体经济在数量、产值和从业人数上也占优势，在整个国民经济恢复时期，由于党和政府是遵循《共同纲领》规定的多种经济成分并存发展的新民主主义经济理论和政策，尽管国营经济发展很快，但是各种经济成分的绝对数量都在增加，故政府不得不充分利用市场调节作用来促进经济恢复和发展。

从所有制结构来看，从1953年起，国家开始有计划地、有步骤地消灭私营和个体经济。特别是1955年下半年以后，全国掀起了社会主义改造高潮，在一年多的时间里，就完成了计划用两个"五年计划"才实现的改造。下面是一组反映1949~1957年各种经济成分比重的数字。[①]

1952~1957年国民收入公私比重

	1952	1953	1954	1955	1956	1957
总计	100.0	100.0	100.0	100.0	100.0	100.0
国营经济	19.1	23.9	26.8	28.0	32.2	33.2
合作社经济	1.5	2.5	4.8	14.1	56.4	56.4
公私合营经济	0.7	0.9	2.1	2.8	7.3	7.6
资本主义经济	6.9	7.9	5.3	3.5	—	—
个体经济	71.8	64.8	61.0	51.6	4.1	2.8

---

① 中国科学院经济研究所、国家工商行政管理局：《中华人民共和国私营工商业社会主义改造统计提要(1949~1957)》，1958年10月。

1949～1957年全国工业总产值公私比重（包括手工业）

	国营	合作社	公私合营	私营	个体手工业	总计
1949年	26.3	0.4	1.6	48.7	23.0	100
1952年	41.5	3.3	4.0	30.7	20.5	100
1953年	43.1	3.9	4.5	29.3	19.2	100
1954年	47.1	5.3	9.8	19.9	17.9	100
1955年	51.3	7.6	13.1	13.2	14.8	100
1956年	54.5	17.1	27.2	0.04	1.2	100
1957年	53.8	19.0	26.4	0.05	0.8	100

1952～1957年全国公私营工业企业单位和职工数

企业单位数

	总计	国营	合作社	公私合营	私营
1952年	167403	10671	6164	997	149571
1953年	176405	12295	12799	1036	150275
1954年	167626	13666	17938	1744	134278
1955年	125474	15190	18282	3193	88809
1956年	60665	16226	10166	33404	869
1957年	57992	19034	8367	29598	993

职工人数（千人）

	总计	国营	合作社	公私合营	私营
1952年	5263	2781	178	248	2056
1953年	6127	3401	225	270	2231
1954年	6286	3635	322	533	1796
1955年	5986	3586	305	785	1310
1956年	7480	4776	260	2430	14
1957年	7907	5197	300	2397	13

（企业单位数和职工人数均不包括个体手工业和手工业生产合作社）

1950~1957年全国营业汽车公私比重

客车（座位）

	地方国营	公私合营	运输合作社	私营	合计
1950年	46.46	1.67	—	51.87	100
1951年	55.70	3.13	—	41.17	100
1952年	67.17	9.43	—	23.40	100
1953年	74.62	10.47	—	14.91	100
1954年	79.28	9.92	—	10.80	100
1955年	82.97	8.97	—	8.06	100
1956年	94.58	5.00	0.42	—	100
1957年	97.99	1.71	0.30	—	100

货车（吨位）

	地方国营	公私合营	运输合作社	私营	合计
1950年	23.47	0.07	—	76.46	100
1951年	28.17	0.20	—	71.63	100
1952年	39.49	0.66	—	59.85	100
1953年	47.98	1.00	—	51.02	100
1954年	54.23	3.15	—	42.62	100
1955年	62.06	6.86	1.32	29.76	100
1956年	82.49	17.44	0.06	0.01	100
1957年	90.57	9.37	0.06	—	100

1950~1957年全国轮驳船、木帆船（载重量）公私比重

轮驳船

	国营	公私合营	运输合作社	私营	合计
1950年	42.6	—	—	57.4	100
1951年	54.0	0.3	—	45.7	100
1952年	58.5	7.0	—	34.5	100

(续表)

	国营	公私合营	运输合作社	私营	合计
1953 年	61.7	13.8	—	24.5	100
1954 年	64.4	26.7	—	8.9	100
1955 年	69.0	27.3	—	3.7	100
1956 年	96.5	3.4	—	0.1	100
1957 年	98.1	1.8	0.1	—	100

木帆船

	国营	公私合营	运输合作社	私营	合计
1950 年	0.6	—	—	99.4	100
1951 年	0.5	—	—	99.5	100
1952 年	1.3	—	—	98.7	100
1953 年	0.8	—	—	99.2	100
1954 年	0.7	—	—	99.3	100
1955 年	0.7	—	1.5	97.8	100
1956 年	6.5	6.1	82.7	4.7	100
1957 年	6.2	6.5	85.2	2.1	100

1950~1957 年全社会商业、饮食业网点公私比重（单位：个）

商业

	国营	合作社营	公私合营及合作商店（食堂）	私营	总计
1950 年	7638	44640	—	4020000	4072278
1952 年	31444	112640	—	4300000	4444084
1953 年	37587	164034	—	4140000	4341621
1954 年	50229	218453	—	3140000	3408682
1955 年	97405	235811	181718	2772426	3287360
1956 年	121231	333755	1219239	432021	2106246
1957 年	139182	284547	1206015	413453	2043197

饮食业

	国营	合作社营	公私合营及合作商店（食堂）	私营	总计
1950 年	142	—	—	750000	750142
1952 年	310	—	—	850000	850310
1953 年	440	—	—	840000	840440
1954 年	569	—	—	860000	860569
1955 年	625	2357	91356	768760	863098
1956 年	2326	11226	356833	105622	476007
1957 年	907	7216	343695	118013	469831

这里需要指出的是，从 1950 年统一财经起，政府就开始对国营经济实行直接的计划管理，同时将公私合营企业的生产和供销也纳入了国家计划经济的轨道；对供销合作社、手工业合作社，经过清理整顿和重新登记，按照系统，逐步实行了由上至下的直接计划管理。

与上述所有制结构变化相对应，随着公有制经济比重逐渐增大，计划经济与市场调节的关系亦呈现出此进彼退、此起彼伏的变化，市场机制在经济运行中的作用也越来越小。

在国民经济恢复时期，尽管党和政府强调新民主主义经济是"有计划的经济"，建立了计划管理机构，并对国营经济和供销合作社实行了计划经济，对整个国民经济实行了宏观计划管理，但是由于私营和个体经济占有很大比重，市场机制仍然发挥着较大作用，特别是在微观经济方面。但是，就市场机制而言，其调控的范围和作用却在缩小。这主要表现在以下三个方面：一是市场调节退出金融领域；二是市场调节在劳动力资源配置方面开始受到限制；三是国家缩小和限制市场机制在产品市场中的调节作用。

在"一五"计划时期，由于投资结构向重工业和国防工业的过度倾斜和经济增长的指标过高，国民经济进入紧运行状态，由此导致政府用行政手段取代市场机制来进行资源配置；同时，国营经济、公私合营经济、合作社经济的比重越来越大，使市场主体日益萎缩，市场机制在经济运行中的作用逐步退缩到无足轻重的地位。

（二）市场调节率先退出金融领域，资金市场逐步纳入国家计划经济。

在旧中国，由于国民党政府长期实行剧烈的通货膨胀政策，导致金融业的畸形繁荣。不仅始终没有形成统一规范的长期资金市场，而且短期资金市场也极不正常，私营行庄除了积极从事非法拆借、炒汇、金银买卖等金融投机外，还将贷款主要用于投机商业。据天津、北京、沈阳三个城市的调查，当地解放时，私营行庄资金用于投机活动的占其资金总额的90%以上。因此，《共同纲领》规定：金融业属于有关国家经济命脉的重要行业，应受国家的严格管理。新中国成立以后，国家一方面努力扩大国家银行的业务，积极吸收存款、对国营企事业单位和供销合作社实行货币管理；另一方面，则通过对私营行庄实行"小的并""大的靠"（即小行庄实行联营，大银行实行公私合营）政策，到1951年以后，国家银行已经控制了全国存款总额的90%、贷款总额的97%。与此同时，国家对私营行庄的存贷业务也实行了严格的管理，规定其存贷利率由当地利率委员会制订，须经当地人民银行核准。1952年"五反"运动以后，又要求私营行庄的存贷利率向国家银行看齐。改变了旧中国存贷利率随资金市场供求关系波动的现象。1952年底，国家又对私营金融业实行了全行业社会主义改造，即将全部公私合营银行和私营行庄合并改造为一个实际由国家经营管理的公私合营银行，至此，金融业已经完全实行计划经济。另外，从1951年开始，国家开始禁止私营企业在内部的集资活动以及相互之间的拆借。

在长期资金市场方面，新中国成立前后，由于当时估计多种经济成分并存的新民主主义经济体制将存在一个较长时期，为适应这种投资主体多元化的需要，国家曾打算培育长期资金市场，如开设了天津、北京两个证券交易所，鉴于两个证券交易所的交易活动冷清，并主要是短期套利，缺少长期投资者，国家决定积极发展公私合营的投资公司，1950~1951年先后在北京、天津、武汉、南京、广州、厦门等地开办公私合营的投资公司，并准备将其债券上市。但是"五反"运动以后，天津、北京的证券交易所停业清理。1953年党提出了过渡时期总路线，投资公司也停止了发展。长期资金市场也就夭折了。

1952年底国家完成对私营金融业的全行业社会主义改造后，同时又将农村信用合作社置于当地人民银行的直接领导之下，从而建立了社会主义计划经济的金融体系。1954年，随着大区行政机构的撤销，中国人民银行在各大区的区行也随之撤销，1956年，公私合营银行也纳入中国人民银行体系，经过"一五"时期的强化和集中，人民银行变成既有中央银行的职能（发行货币和实施国家对金融的管理），又是统一经营全国金融业务信贷业务的商业银行。在信贷方面，中国人民银行还建立了纵向型的信贷资金管理体制，即全国各银行的信贷资金，不论是资金来源还是资金用途，都由人民银行总行统一掌握，实行"统存统贷"。另外，1953年以后，国家对私营工商业还实行了"以存定贷"的方针。1953年以后，除了民间还存在着私人之间的借贷外（企业之间的拆借和企业内部的集资在1952年以前就被禁止），资金市场已不复存在。

（三）市场调节在劳动力资源配置领域逐步受到限制，直至劳动力市场基本消失。

新中国成立以后，在新民主主义多种经济成分并存，并且私营、个体经济占很大比重的情况下，劳动力市场是存在的。当时，国家面对城市中大量失业人口的压力和劳动力结构性短缺（高素质劳动力极为缺乏）的现实，不得不对劳动力市场进行计划调控。这主要表现在以下几点。①成立城市职业介绍所和劳资纠纷仲裁委员会；1952年又成立中央和省市级劳动就业委员会，由政府帮助缓解失业问题。②从1951年开始，禁止国营企事业单位自行招收在校学生；大中专毕业生由国家统一分配（据当时材料反映，毕业生也愿意）。③国营企事业单位之间职工的跨地区流动，须经政府有关部门批准；禁止国营企事业单位之间的"挖雇"技术人员（实际很难禁止）；帮助城市有条件的失业人员回乡生产。

1953年我国转入大规模经济建设后，大量农村劳动力自发涌入城市和工矿区，给城市和工矿区造成很大压力。于是1953年4月政务院发出通知，禁止农民（或农村政府介绍）随意流入城市寻找工作，城市公私企业非经政府有关部门批准，不得自行招雇农民工。禁止了城乡之间劳动力的自由流动。在城市，1952年7月召开的全国劳动就业会议鉴于"五反"后城市失业严重和对经济发展的乐观估计，制定了"关于劳动就业问题的决定"，其中规定：严格限制公私企业解雇职工；实行劳动力由国家统一调配（1953年改为逐步实行，城市就业应实行"介绍就业与自行就业相结合"）的方针。到1956年，出于社会主义改造的需要，国家又对公私合营企业的职工实行了"包下来"的政策。与此同时，国家还实行了第二次全国工资改革，此后不仅国营企事业单位和公私合营企业的工资由国家直接管理，而且集体经济（手工业合作社和合作商店）的工资也由国家控制。在农村，当1956年农民普遍转入高级合作社后，由于生产资料的公有和失去退社的可能，农民除了按国家计划的招工、升学、参军，以及"盲流"外，已被固定于所在的集体经济中。

（四）市场机制在产品市场方面的调控作用和范围越来越小。

在产品市场方面，新中国成立初期，为了稳定物价，保障供给，政府首先对棉纱实行统购，并实行主要日用品牌价措施，即通过国营商业公司公布国家牌价，当某种商品的市价高过牌价时，国营商业公司抛售，当某种商品的市价低于牌价时，国营商业公司大量收购，以此来使市价围绕国家牌价上下波动。同时，国家还制定了粮、棉、布之间的比价，有计划地控制工农产品的剪刀差和调控粮棉的种植。可以说，此时国家是利用市场调节作用的。1953年以后实行主要农副产品统购统销后，主要工农产品之间的市场调节基本消失。1954年，国家又消灭了私营批发商业，批发业纳入了国家计划经济轨道。到1956年底，私营零售商业也基本完成了社会主义改造。

在生产资料市场方面，1950年，只有煤炭、钢材、木材、水泥、纯碱、杂铜、麻袋、机床8种物资在各大区之间进行计划调拨，1951年上升为33种，1952年上升为55种。但此时由于私营经济还占有相当大的比重，通过市场供给的上述产品仍占较大比重。

1953年以后，由于基本建设摊子铺得过大，主要生产资料供不应求，为了保证短缺条件下的供求平衡（市场稳定）和重点建设，于是国家加强了对生产资料的计划管理，由国家计划分配的物资达到115种。同时，还将工业品中的生产资料划分为三类：统配物资、部管物资、地方管理的物资（又称三类物资），其中前两类物资（即由中央调配的物资）1953年为227种（统配112种，部管115种），而到1957年则增加为532种（统配231种，部管301种）。对上述物资，国家实行直接计划与间接计划相结合的分配供应办法，即对小型公有制企业和私营个体经济通过国营商业部门供给。但是这种间接计划供应所占的比重在不断缩小。以钢材为例：通过市场供应的钢材占全国供应总量的比重，1953年为25.9%，1956年则降至8.2%。①

在对外贸易方面，从新中国成立之初即实行统制贸易（进出口许可证制度），朝鲜战争爆发后，由于西方对我国实行经济封锁，私营对外贸易所占比重大幅度降低，国家也加强了对其的计划管理。在1950年至1957年期间，市场调节几乎没有起到多少调节作用。

下面是1950~1957年商业中各种经济成分所占比重的变化②，由此可见国家对产品市场的控制程度。

1950~1957年全社会商品零售额公私比重

	国营经济	合作社经济	国家资本主义及合作化经济	私营经济及农民贸易	总计
1950年	6.9	4.7	0.1	88.3	100
1951年	11.5	7.5	0.2	80.8	100
1952年	16.2	18.2	0.4	65.2	100
1953年	17.4	24.3	0.5	57.8	100

---

① 《当代中国的经济体制改革》，中国社会科学出版社1984年版，第503页。
② 中国科学院经济研究所、国家工商行政管理局：《中华人民共和国私营工商业社会主义改造统计提要（1949~1957）》，1958年10月。

(续表)

	国营经济	合作社经济	国家资本主义及合作化经济	私营经济及农民贸易	总计
1954 年	21.0	38.6	4.5	35.9	100
1955 年	28.1	30.9	11.9	29.1	100
1956 年	34.0	30.1	28.3	7.6	100
1957 年	37.2	24.9	31.9	6.0	100

1950～1957 年全国纯商业机构批发额与零售额公私比重

批发额

	国营商业	合作社商业	国家资本主义及合作化商业	私营商业	总计
1950 年	23.2	0.6	0.1	76.1	100
1951 年	33.4	1.0	0.2	65.4	100
1952 年	60.5	2.7	0.5	36.3	100
1953 年	66.3	2.9	0.5	30.3	100
1954 年	83.8	5.5	0.5	10.2	100
1955 年	82.2	12.6	0.8	4.4	100
1956 年	82.0	15.2	2.7	0.1	100
1957 年	71.5	23.8	4.6	0.1	100

零售额

	国营商业	合作社商业	国家资本主义及合作化商业	私营商业	总计
1950 年	8.3	6.6	0.1	85.0	100
1951 年	14.1	10.3	0.1	75.5	100
1952 年	19.1	23.5	0.2	57.2	100
1953 年	19.9	29.8	0.4	49.9	100
1954 年	23.4	45.6	5.4	25.6	100
1955 年	31.9	35.7	14.6	17.8	100
1956 年	38.3	30.0	27.5	4.2	100
1957 年	41.7	24.0	31.6	2.7	100

可以说，伴随着社会主义改造的逐步进行，在产品市场方面，生产资料逐步由国家实行直接计划管理，主要农副产品实行统购统销，市场机制的自发调节作用已经很有限。特别需要指出，当社会主义改造基本完成以后，尽管在公有制内部分为国营经济和集体经济两部分，并且集体经济的比重相当大，但是由于城市中的集体经济（主要是手工业合作社）按照系统纳入国家计划管理，而农村的集体经济的主要产品被国家统购统销，工业品由国家商业系统供应，故市场机制只能在农村副业及城市的个体经济中发挥着调节作用。

二、市场萎缩的原因分析

50年代我国经济体制由计划与市场并重逐步转向以行政管理为特征的计划经济，将市场机制逐渐从经济运行中排斥出去，固然有理论认识上的原因，即当时对社会主义的理解以及对计划、市场作用的认识，但是若从当时的经济体制变迁以及中国共产党的经济思想和政策演变的历史轨迹来看，就会发现人的主观认识只是客观现实的一种反映，排斥市场作用与其说是推行苏联模式社会主义理论的结果，不如说是当时中国的经济基础、发展要求和国际环境共同促成的。

（一）一百多年来的教训和国际环境的压力要求快速工业化。

鸦片战争以后的一百多年来，中国虽然在人口和国土面积上是一个大国，但是在经济和军事实力上却"积贫积弱"，受尽西方列强和邻国日本的欺凌，成为工业强国、自立于世界民族之林，是鸦片战争以来中国人民梦寐以求的愿望。因此，当民主革命胜利后，即国家的独立和经济发展的障碍扫除后，迅速工业化就成为新中国政府的首要责任。

纵观世界各国的工业化过程，除了英、法、美等老牌资本主义国家外，无论是后起资本主义国家还是社会主义国家，政府在工业化过程中都起到了重要推进作用。

早期资本主义国家的工业化是一个自发的社会运动，就国内的经济运行来看，基本上是市场调节，政府的直接干预较少。但是，政府在工业化过程中却起到如下两种重要作用：一是在国内通过立法和强制的手段，为资本主义经济的运行和发展提供了制度保障；二是通过武力向海外扩张和掠夺，为本国的工业化提供了丰富资源和广大市场。没有上述两种政府的作用，英、法、美等早期资本主义国家的工业化是不可能实现的。英、法、美等国的工业化和日益强大极大地刺激了德、俄、日以及中国等尚未沦为殖民地的国家。德、俄、日等国利用强大的政府力量，实施了赶超战略。这种赶超战略就是对内利用强大的政府（中央集权）加强对资源配置的管理，扶持现代工业尤其是基础工业的发展；对外则走上军国主义道路，通过瓜分或重新瓜分国际市场和殖民地来掠夺资源和开辟市场。以德国和日本为例，如果没有政府对国内工业的大力扶持和对外的侵略掠夺，是不可能很快实现工业化的。第二次世界大战以后，一大批殖民地半殖民地国家先后独立并开始工业化进程。由于这些国家已经不可能靠对外掠夺来加快工业化进程，相反却因经济落后而受发达国家的经济剥削和压迫。因此，一方面这些国家不得不主要依靠国内的积累来为工业化积聚资金，资源短缺成为这些国家的共同特征；另一方面，这些国家也必须通过统制对外贸易和限制外国资本来减少不平等贸易和富国的剥削；此外，为了改变经济落后的面貌和节约成本，这些国家也必须直接学习和应用国际先进的技术，再加上要避免工业化初始阶段因贫富差距拉大引起社会动荡，这些国家就更加强调政府在工业化过程中的作用，以国有化、社会公平和计划经济为号召的形形色色的社会主义应运而生。总之，这些国家尽管大小不一、条件不同，但是在强调政府干预经济、限制市场作用方面几乎是一致的。

可以说，在战后发展中国家的工业化过程中，无论是成功的还是曲折的国家，政府都无一例外地强调国家计划管理在经济发展中的重要作用。而战后建立的东欧社会主义国家则更是如此。由此可见，强调计划在工业化中的重要作用，并不是中国独有的特点，而是战后发展中国家的共同特点。

我国计划经济体制的形成，与这个时期的国际环境也不无关系。国际环境的影响主要表现在两个方面。第一，朝鲜战争的爆发，使我国这样一个经济落后、亟待发展的大国，直接与美国这个经济和军事超级大国发生武装对抗，这一方面使我国国防压力增大，发展国防工业成为当务之急；另一方面，朝鲜战争爆发后，不仅我国从西方吸引外资用于建设变得不可能，而且西方资本主义世界对我实行封锁禁运，使我国无法利用对外贸易的比较优势，因此必须建立自己的独立的工业体系。同时，为了打破经济封锁和避免损失，在对西方贸易方面，必须借助政府的力量，全盘统筹，统一对外。另外，封锁也导致我国的对外贸易重心向苏联东欧转移，而这些国家只愿意以协定贸易的方式与我国开展贸易，不仅私营进出口商被排斥在外，地方国营企业也难以直接参与，因此，对外贸易是市场机制首先退出的领域。第二，朝鲜战争爆发后，我国的对外经济交往主要是苏联和东欧及亚洲的社会主义国家。一方面，这些国家基本上都是实行计划经济和优先发展重工业，都存在着程度不同的"短缺"和资金不足，对我国不可能给予很大的经济援助，更不用说民间的资金融通了。另外，由于产业结构相近和几乎都实行"进口替代"政策，在贸易方面的互补性也不大。因此，50年代前半期的国际环境使我国必须将快速工业化放在首位。

（二）人均资源短缺（包括人力资源结构性短缺），使市场供求关系紧张，需要加强政府调控。

50年代前半期，总的来说，我国国民经济是在短缺中紧运行的。旧中国经济落后和长期战争造成的贫困、抗美援朝、快速恢复发展经济决策是导致经济紧运行的三大因素。紧运行的表现是物资、资金、技术人员长期和总量上需求大于供给。从物资方面看，西方经济封锁和国内消费上升，不仅农副产品全面供不应求（粮、棉、油、麻、毛、猪等，作为直接消费品和工业原料），而且重要的工业产品也供不应求（如布、电力及其他生产资料）。从资金方面看，短缺也是严重的。新中国成立以后，百废待兴，而国家和人民的积累能力有限，人民对旧中国通货膨胀尤有余悸，政府也不敢采用通货膨胀办法来扩大信用，因此资金供给不足。物价稳定以后城市资金市场贷款利息过高，经政府限制后又暗息流行、黑市利息过高，在农村，土改以后高利贷死灰复燃、普遍存在，即可说明这个问题。从人力资源方面看，是过剩和短缺并存，即一方面低素质劳动力大量富余，另一方面高素质劳动力极为短缺，供不应求。

我们知道，在短缺的情况下，实现供求平衡的办法有两种。第一种是市场调节的办法，即通过提高价格来扩大供给、抑制需求。这种办法对于可以较快扩大供给或能够降低需求的产品来说是有效的，成本低并且不会引起市场较大波动。但是对于那些短期不能扩大供给并不能降低需求的产品（如生活必需品）来说，市场调节就可能成本过高（如可能引起社会动荡）甚至调节无效。第二种是政府调节，即政府通过行政手段来分配短缺产品，在价格变化不大的情况下，抑制需求，实现供求平衡。这种办法对于能够靠提高价格来迅速扩大供给或降低需求的产品来说，弊大于利，但是对于那些短期内不能扩大供给并不能降低需求的产品来说，政府的调节不仅是必要的而且是利大于弊的。50年代前期的短缺，如农副产品、布匹、部分生产资料、信贷资金、技术人员等，大都是属于后一种情况，这就为政府排斥市场机制、实行计划经济提供了客观条件。

（三）资金短缺和农业剩余有限

我们知道，一国经济发展的快慢，从经济方面来说，是与其社会剩余的多少和积累率（又称储蓄率）的高低有很大关系。新中国成立初期，由于一百年来帝国主义、封建主义、官僚资本主义的压迫掠夺和战争的破坏，无论国家和人民手中的财富都消耗殆尽。新中国成立以后，由于我国的经济太落后，社会剩余量很少，积累很有限。1950年，全国人均国民收入仅为77元，1956年，则为142元；尽管全国80%以上的劳动力在农村，但是1950年全国人均粮食479斤、棉花2.5斤、油料9.8斤、生猪0.12头，由于人口增长，1956年的上述人均数也没有多大增加，分别为614斤、4.6

斤、14.5 斤、0.13 头。① 1950 年全国财政收入（包括债务收入）仅为 65.19 亿元，1956 年为 287.43 亿元，1949 年 10 月至 1957 年底，政府用于经济建设的财政支出仅为 796.51 亿元，平均每年近 100 个亿。② 在这样低收入的水平上，要维持每年 15% 以上的经济增长率，资金供给是很紧张的。再从农村看，据 1954 年全国农户抽样调查，尽管经过四年的恢复发展，到 1954 年末，农民拥有的农业生产资料仍然相当少，平均每个农户拥有耕地 15.8 亩、耕畜 0.92 头、犁 0.62 部、水车 0.11 部。由于农业落后，1954 年平均每户的农业收入为 420.6 元（占农户当年总收入的 60.7%），尚不足以抵偿生活费用的支出（平均每户为 453.8 元），必须靠副业及其他收入来弥补。再从农民的消费来看，1954 年平均每个农户的生活消费支出占其总支出的 68%，尽管比重很高，但是生活水平却很低，人均消费粮食 373 斤、肉类 9.2 斤、食油 2.5 斤、食糖 0.8 斤、蔬菜 141 斤。③ 这种低水平的消费说明，新中国成立初期的农业剩余（农业税和出卖的农副产品）只是相对剩余，随着农业的发展和农民收入的增加，农民的食品消费也会相应增加，农副产品的供求关系在相当长的时间里都会是紧张的。另外，由于个体经济和小型私营经济在国民经济中占有很大比重，其剩余不仅少，而且非常分散，特别是农民，在当时温饱还没有解决的情况下，靠市场调节并不能提高其产品的商品率。因此，要压低消费，提高积累率，为"一五"计划的实现提供足够的资金，高度集中的计划管理体制则不失为一个有效的办法。

总之，当时的经济发展水平（剩余）和人均资源以及国际环境（及引进外资）都不能让我国具备经济起飞的条件。如果按照自由的市场机制的调控，我国将经历一个缓慢的、长期的、动荡的发展过程。而"一五"计划体现的优先发展重工业、国防工业和经济增长高指标，则必须要求将资

---

① 《中国农村经济统计大全（1949~1986）》，农业出版社 1989 年版，第 127 页。
② 《中国财政统计（1950~1985）》，中国财政出版社 1987 年版，第 66 页。
③ 《1954 年我国农家收支调查报告》，统计出版社 1957 年版，第 34~35 页。

源配置权集中于国家，甚至集中于中央政府。

四、1949～1957年市场萎缩的特点和启示

纵观50年代市场逐渐萎缩的过程，可以发现它有以下几个特点：

1. **市场主体基本消失，是市场萎缩的根本因素。** 50年代所有制结构由初期的私营、个体经济占优势到末期的"政社合一"、政企不分的单一公有制的转变，使市场失去了赖以存在的基础。

2. **市场机制退出调控领域的顺序恰好与现在向市场经济过渡的顺序相反**，即先是金融领域，再是劳动力资源配置，最后才是产品市场，换句话说，市场的式微首先是从资金市场开始，然后是劳动力市场，最后才是产品市场。

3. **市场机制与所有制多样性呈正相关关系，与社会的供求关系呈正相关关系**，即供求关系平衡或供略大于求，市场机制就可发挥较大的调节作用，而需求大于供给，经济处于紧运行状态时，市场机制的调控作用就被政府的行政调控所替代。

通过对50年代市场萎缩的过程及其原因后果的考察，我以为它起码能够给我们以下几点启示：

1. **市场调节的范围和作用的大小**，可视当时的资源稀缺程度、经济运行中宽紧程度，由政府采取相应的措施来把握，但是，市场机制能否存在并发生作用，则必须以多种经济成分并存为前提。社会主义改造完成以后，想利用市场调节作用，已不可得。

2. **民营经济**（这里借用此词来指那些既非国营又非国家直接控制的经济）占一定比重，可以对政府的经济发展目标和宏观计划起到提供修正坐标和制衡的作用。由于政府不能用直接计划管理的方式来管理民营经济，便不得不利用市场机制来调控它们，因此，当政府的宏观计划管理目标和手段不当时，在民营经济方面就会立刻反映出来，如1950年统一财经"刹车过猛"出现的私营工商业萧条（即"后仰"现象），1952年"三反""五

反"中出现的私营工商业萧条,都迫使政府"调整工商业";同样,1953年农村出现"五多",1954年国家征了"过头粮",也都立刻在个体农民中反映出来,迫使国家去修正政策。只要国家不打算消灭民营经济,目标或政策的不当就会引起这部分经济的萧条或不安,而立刻反映出来。另外,由于市场机制的存在,它还能以物价波动的形式来反映政府的经济增长计划和资源配置是否合理。如果多种经济成分并存,"大跃进"那样的悲剧是绝不可能发生的。

中国计划经济的重新审视

20世纪下半叶是中国经济制度变化最为剧烈的时期。50年代中国由计划与市场并存的新民主主义经济向单一公有制的计划经济体制的转变,前后大约用了5年左右的时间,其变动之剧烈、参与人数之多、影响之深远,在整个世界经济体制变迁史上都是罕见的。随后用了20年的时间试图巩固和完善这种经济制度,其手段之激烈、教训之惨痛又是古今少有的。1978年以后,以邓小平为代表的中国共产党人吸取了教训,实行改革开放,中国又开始了由计划经济向市场经济转变的过程,其后20多年中国经济所取得的伟大成,不仅证明了市场经济这个世界文明的成果同样适用于中国,也增强了中国人民对世界发展做出贡献的自信心。就50年代的体制变革与1978年以后的经济体制改革相比,可以明显看出:中国经济体制在20世纪的后50年里,经历了一个由计划与市场并存向计划经济转变,再由计划经济向市场经济转变的螺旋式发展过程。中国在50年代为什么会选择计划经济体制?是怎样实现这种转变的?这种转变的后果如何?认真研究和回答这些问题,是我们认识和总结中国20世纪经验教训、丰富和完善中国特色社会主义经济理论不能回避的重大历史问题。

一、 两种经济基础上的两种计划管理

在改革开放以前,甚至可以说在1992年确立社会主义市场经济体制目标以前,许多人对计划经济与计划管理的本质是区分不开的。由于单一公

有制下必然要实行计划经济（或者说计划管理只能是主要的手段），而过渡时期（无论是 1949～1956 年由新民主主义经济向计划经济过渡，还是 1978～1992 年由计划经济向市场经济过渡），政府的行政性计划管理在经济运行中发挥了主导作用，因此就造成了如下错觉：似乎计划经济就是政府实施行政性计划管理的那部分经济。以致将计划管理的必要性与计划经济混为一谈，将手段与基本制度当作一回事。直至 1992 年我国将市场经济作为基本经济制度以后，计划管理不言自明成为一种手段，于是关于计划与市场的争论才烟消云散。

并不是带有计划管理的经济就叫计划经济。计划管理分为宏观计划管理和微观计划管理。前者是现代社会和国民经济必需的东西。不论是发达的资本主义经济，还是社会主义市场经济，都包含这个内容。例如日本、法国在战后所制订的中期计划，威廉·刘易斯为发展中国家设计的发展计划，都是建立在市场经济基础上的指导性宏观计划。① 邓小平所说的计划和市场都是手段，资本主义有计划、社会主义有市场，也是指的这种计划；而后者，即政府对微观经济运行（企业生产经营）进行计划管理，才是计划经济的独有特征。

关于计划经济，《中国大百科全书》所下的定义为："以社会化大生产为前提，在生产资料公有制的基础上，由社会主义国家根据客观经济规律的要求，特别是有计划按比例发展规律的要求，通过指令性和指导性计划来进行管理和调节的国民经济。它不仅是一种管理国民经济的方法和体制，而且是一种经济制度，是社会主义社会的基本特征之一。"②

计划经济的建立又都是依靠生产资料的社会主义改造来实现的，它不是在市场经济基础上自然成长和发展起来的。同样，计划经济的瓦解，或者说向市场经济的过渡，也是以打破单一公有制局面开始的。计划经济与

---

① 参见威廉·刘易斯：《发展计划》，北京经济学院出版社 1989 年版；张浩朋：《法国的计划工作》，中共中央书记处研究室经济组：《经济问题调查研究资料（1980）》，中国财政经济出版社 1983 年版。
② 《中国大百科全书》（电子版），中国大百科出版社 1999 年版。

单一公有制这种相互依存的关系，或者说计划经济只能建立在单一公有制的基础之上，是由二者本身的性质所决定的。因为计划经济的实质是国家必须能够直接控制企业和个人的经营活动。这就要求生产资料实行国有或国家能够控制的集体所有制（单一公有制下的集体所有制，实际上并不是真正意义的集体所有，其所有权的不可分割和不可继承性，使得其成员不可自由退出、转让或单独行使权力，而在民主管理条件不具备的情况下，政府很容易实现对它的控制）。因为只有在此基础上，才能基本上排斥市场机制，建立起自上而下的、以行政管理为特征的计划经济。

纵观 20 世纪的计划经济，可以看出，它实际上是政府主导型经济发展最极端化的模式。各级政府部门的经济计划深入经济运行的程度，取决于政府对国民经济的控制手段和力量。计划经济之所以兴起于经济落后的社会主义国家，一方面是这些国家的政府是通过革命建立起来的，拥有强大的权威和力量；另一方面，这些国家之所以发生革命，一般都是由于受帝国主义和国际资本压迫，经济落后和不独立，因此要求实行赶超战略，而计划经济所具有的强大社会动员能力、政府集中资源配置以及高积累机制，都使得无产阶级政党通过革命取得政权后去选择它。

二、 中国计划经济形成的原因

20 世纪 50 年代上半期，是中国计划经济体制形成时期。在此期间，中国结束了长期的战乱，实现了真正的民族独立，建立了强大廉洁的政府，真正开始了大规模的经济建设。但是，这个时期，由于朝鲜战争的爆发，中国的国家安全受到威胁，而国内落后的工业和众多的人口，使得建立独立工业体系和提高积累率成为促进经济发展的两个重要因素。在这种背景下，强大的政府自然要选择政府主导型的发展模式，而这种要求与中国共产党的社会主义目标相结合，就使中国走上了单一公有制和计划经济道路。

计划经济的形成是以市场失灵（包括公平）和政府追求高速经济增长（包括国家安全）为主要诱因，以强大的不受人民约束的政府为条件的。

中国计划经济的形成基本上体现了上述两个诱因。概括起来，除了主观认识的局限外，计划经济形成，主要有以下几个因素。①

1. 落后国家政府在工业化过程中的责任增大。

纵观世界各国的工业化过程，无论是英、法、美等老牌资本主义国家，还是后起资本主义国家及社会主义国家，政府在工业化过程中都起到了重要的推进作用。

早期资本主义国家的工业化是一个自发的社会运动，就国内的经济运行来看，基本上是市场调节，政府的直接干预较少。但是，政府在工业化过程中却有如下两种重要作用：一是在国内通过立法和强制的手段，为资本主义经济的运行和发展提供了制度保障；二是通过武力向海外扩张和掠夺，为本国的工业化提供了丰富资源和广大市场。在早期资本主义国家和后起资本主义国家工业化过程中，无不体现了上述两种政府的作用。

第二次世界大战以后，一大批殖民地半殖民地国家先后独立并开始工业化进程。由于这些国家已经不可能靠对外掠夺来加快工业化进程，相反却因经济落后而受发达国家的经济剥削和压迫。因此，一方面这些国家不得不主要依靠国内的积累来为工业化积聚资金，资源短缺成为这些国家的共同特征；另一方面，这些国家也必须通过统制对外贸易和限制外国资本来减少不平等贸易和富国的剥削。此外，为了改变经济落后面貌和节约成本，这些国家也必须直接学习和应用国际先进的技术，再加上要避免工业化初始阶段因贫富差距拉大引起社会动荡。于是，这些国家就更加强调政府在工业化过程中的作用，以国有化和社会公平为号召的形形色色的社会主义应运而生。总之，这些国家尽管大小不一、条件不同，但是在强调政府干预经济方面几乎是一致的。这种干预主要表现在两个方面：一是政府直接经营企业，国有经济占较大比重，即孙中山所说的"节制资本"；二是

---

① 朱恒源、倪凡在《通向计划的道路》（1998）中把"战争的威胁"和"资源的硬约束"作为计划经济形成的原因，与本文有相通之处。

加强了政府对国民经济的调控，尤其是在税收、金融、外贸方面。因此，政府总是要扩大自己的权力，关键是社会能否形成对政府的制约。

可以说，在资本主义国家工业化过程中，无论是发达国家还是发展中国家，无论是工业化道路成功的还是曲折的国家，政府都无一例外地承担了重要责任。而苏联及战后建立的东欧社会主义国家更是如此。由此可见，强调政府在工业化中的重要责任，并不是中国独有的特点。由于中国具有强大的政府传统，加上革命所形成的空前强大的共产党领导的政府，使得转向计划经济的成本并不高。

2. 市场供求关系紧张，需要加强政府调控，尤其是中央政府的调控。

20世纪50年代前半期，总的来说，我国国民经济是在短缺中"紧运行"的。旧中国经济落后和长期战争造成的贫困、抗美援朝、快速恢复发展经济的决策是导致经济"紧运行"的三大因素。"紧运行"的表现是物资、资金、技术人员在总量上长期需求大于供给。

我们知道，在短缺的情况下，实现供求平衡的办法有两种，一是市场调节的办法，即通过提高价格来扩大供给、抑制需求。对于可以较快扩大供给或能够降低需求的产品来说，市场调节是有效的，成本低并且不会引起市场较大波动。但是对于那些短期内既不能扩大供给又不能降低需求的产品（如生活必需品）来说，市场调节就可能造成成本过高（如可能引起社会动荡）甚至调节无效。第二种办法是政府调节，即政府通过行政手段来分配短缺产品，在价格变化不大的情况下，抑制需求，实现供求平衡。这种办法对于能够靠提高价格来迅速扩大供给或降低需求的产品来说，弊大于利，但是对于那些短期内不能扩大供给且不能降低需求的产品来说，不仅是必要的而且是利大于弊的。50年代前期的物资短缺，如农副产品、布匹、部分生产资料、信贷资金、技术人员等，大都是属于后一种情况，这就为政府的高度集中管理提供了客观要求。此外，即使市场调节从长期看可能优于计划调节，但是从发挥作用的速度上看，却没有政府行政手段调节见效快；并且这部分因短缺造成的超额利润，也会落到生产者和经营者手中而不是政府手中。

3. 技术赶超和规模经济的需要。

新中国成立初期，无论从建立完整的工业体系还是从提高现有工业生产能力来说，我国都没有必要再走由落后、分散的小生产逐步发展到先进、集中的大生产的漫长道路，可以直接吸收外国的先进技术和成果，以适应生产力发展的客观要求和实现规模经济效益。新中国成立之初，我国工业技术水平非常落后，"一五"期间的国家重点建设156项工程即是为了缩短我国工业与发达国家之间的差距。由于当时资金和技术人员有限，分散的地方政府和私人投资很难承担这种角色，由中央政府集中地使用投资，则能满足这种需要。再从人力资源来看，"一五"期间，国家用于大中型项目的投资占全部投资的55.1%，经济建设最缺乏的是高素质的技术人员：尽管大力发展高等教育事业，但是同期从高等及中等专业学校培养的毕业生（仅包括理、工、农、医，下同）共计为52.1万人，平均每年培养出10.4万人，其中，高等学校毕业的学生14.4万人，平均每年毕业2.9万人。① 连当时需要量的一半都不到。因此从1952年起，为了保证重点建设的需要，政府不得不对大学毕业生实行统一分配。

至于数量虽然很多，但是规模小、技术落后，大部分停留在手工业的私营和个体工业，依靠政府的力量，以公私合营、合作社的形式来实现改组、兼并、重组，似乎也可以在不增加投资或少增加投资的条件下，扩大生产规模、提高技术水平。

在农村，对于数量众多、规模狭小、技术落后的小农经济，也确实有改造的必要，问题是出在怎样改造小农经济，马克思主义设想的通过"合作化"来避免大部分小农经济的破产和痛苦，当时被认为是最好的办法，并且还有利于工业化。

4. 资金短缺和农业剩余有限。

我们知道，一国经济发展的快慢，从经济方面来说，是与其社会剩余的多少和积累率（又称储蓄率）的高低有很大关系的。新中国成立初期，

---

① 国家统计局：《我国科学技术队伍和职工业余大学的情况调查》，1960年1月11日。

由于一百多年来帝国主义、封建主义、官僚资本主义的压迫掠夺和战争的破坏，国家和人民手中的财富都消耗殆尽。新中国成立以后，由于我国的经济太落后，社会剩余量很少，积累很有限。1950年，全国人均国民收入仅为77元，1956年，则为142元。尽管全国80%以上的劳动力在农村，但是1950年全国人均占有粮食479斤、棉花2.5斤、油料9.8斤、生猪0.12头，由于人口增长，1956年的上述人均数也没有多大增加，分别为614斤、4.6斤、14.5斤、0.13头。[1] 1950年全国财政收入（包括债务收入）仅为65.19亿元，1956年为287.43亿元，1949年10月至1957年底，政府用于经济建设的财政支出仅为796.51亿元，平均每年近100个亿。[2] 在这样低收入的水平上，要维持每年15%以上的经济增长率，资金供给是很紧张的。再从农村看，据1954年全国农户抽样调查显示，尽管经过四年的恢复发展，到1954年末，农民拥有的农业生产资料仍然相当少，平均每个农户拥有耕地15.8亩、耕畜0.92头、犁0.62部、水车0.11部。由于农业落后，1954年平均每户的农业收入为420.6元（占农户当年总收入的60.7%），尚不足以抵偿生活费用的支出（平均每户为453.8元），必须靠副业及其他收入来弥补。再从农民的消费来看，1954年平均每个农户的生活消费支出占其总支出的68%，尽管比重很高，但是生活水平却很低，人均消费粮食373斤、肉类9.2斤、食油2.6斤、食糖0.8斤、蔬菜141斤。[3] 这种低水平的消费说明，新中国成立初期的农业剩余（农业税和出卖的农副产品）只是相对剩余，随着农业的发展和农民收入的增加，农民的食品消费也会相应增加，农副产品的供求关系在相当长的时间里都会是紧张的。在这种情况下，要压低消费，提高积累率，为"一五"计划的实现提供足够的资金，高度集中的计划经济体制不失为一种见效快的办法。

---

[1]《中国农村经济统计大全（1949~1986）》，农业出版社1989年版，第127页。
[2]《中国财政统计（1950~1985）》，中国财政出版社1987年版，第66页。
[3] 国家统计局：《1954年我国农家收支调查报告》，统计出版社1957年版，第34~35页。

5. 国际政治经济环境的影响。

计划经济的形成，还与这个时期的国际环境有很大关系。国际环境的影响主要表现在三个方面。一是以美国为首的西方资本主义国家对我国封锁禁运。为了打破经济封锁和避免损失，在对西方贸易方面，必须借助政府的力量，全盘统筹，统一对外；同时，封锁也导致我国的对外贸易重心向苏联东欧转移，而这些国家只愿意以贸易协定的方式与我国开展贸易，不仅私营进出口商被排斥在外，地方国营企业也难直接参与。二是朝鲜战争爆发以后，国防压力增大，国防费用增加。中国鉴于"落后就要挨打"的历史教训，出于国家安全的考虑，必须加快重工业的发展，不仅要尽可能地提高积累，而且要将这部分剩余集中在政府、甚至中央政府手中。因此，高度集权的计划经济体制就不可避免了。三是在 20 世纪 50 年代，苏联是唯一愿意和能够大规模援助我国的国家，苏联的援助是有前提的，那就是中国必须认同社会主义制度，站在社会主义阵营一边。同时，苏联的经济体制也决定它的援助只对中国政府，而不是私营企业。苏联的援助方式以及"一五"和"二五"计划的工业建设重点和布局，都促进了中国向计划经济的转变。

三、 中国计划经济形成和消亡的历程

中国的计划经济从形成到消亡，大致经历了四个阶段：①1949～1952 年为第一个阶段，即为建立计划经济创造条件阶段；②1953～1957 年为第二个阶段，即计划经济形成阶段；③1958～1978 年为第三个阶段，是计划经济完整形态阶段；④1979 年至今为第四阶段，即计划经济逐渐消亡和市场经济逐渐建立阶段。

1. 1949～1957 年是计划经济从准备条件到基本形成阶段，即由计划与市场相结合的新民主主义经济向计划经济转变时期。

这个转变是以国营经济迅速发展和社会主义改造为基础，先从有关国计民生的重要行业和重要产品开始，然后逐步扩展的。1949～1952 年，国

家首先对金融业和对外贸易实行了计划管理，并对棉纱、棉布等少数短缺而又重要的产品实行了统购统销。1953~1956年，随着国家对主要农副产品实行统购统销和对私营商业的社会主义改造，计划管理基本涵盖了产品市场；与此同时，随着社会主义改造的基本完成，劳动力市场也消失，由于中国劳动力严重过剩，中国对劳动力的流动和择业的限制远远大于苏联和东欧。但是，1956年实现了农业合作化以后，高级社还是真正的集体经济，国家的计划仅对其生产经营具有指导作用，直到1958年建立政社合一的人民公社，政府直接控制了农村经济运行，计划经济才完全形成。

2. 1958~1978年是其完整形态时期，即计划经济占绝对主体地位。

在这个时期，虽然国民经济计划的管理水平很低，经济波动很大，有些年份甚至没有年度计划。但是就计划经济的基础来看，单一的公有制虽然分为全民所有制和集体所有制，但是无论是农村的人民公社还是城市的集体企业，实际上其经营管理都严密控制在各级政府部门手中，尽管国家并不承担其亏损，对职工也没有"包下来"。有人认为在这个时期，计划经济程度并不是很高，理由有二：一是计划管理远没有苏联那样缜密和严肃；二是在许多时候，例如国民经济调整时期和"文革"期间，市场机制在很大范围内仍然发挥着作用。但是这些并不能说明这个时期的计划经济程度较低，只能说明计划管理的水平很低，因为计划经济的实质是政府以行政手段干预微观经济运行，而这个时期，这个特点特别突出，各级政府的行政管理更加随意。

3. 1979~1991年是其向市场经济转变时期。

1978年以后，随着改革开放的推进，在农村，政社合一的人民公社解体，农民极其乡镇企业摆脱了政府的直接计划管理，获得了经营自主权；在城市，随着个体经济、私营经济和"三资"企业的迅速发展，以及国有企业的"简政放权"，特别是政府放松了对市场的控制，主动缩小了指令性计划范围，使得越来越多的企业经营活动脱离了政府的直接干预，市场调节的范围越来越大。到1992年党的十四大正式提出市场经济改革目标和强调市场调节的基础作用以后，不仅非国有经济依靠市场调节，政府不再直接干预其经营，国有经济也进入适应市场经济的体制改革和结构调整阶段。可以说，1992年以后，中国就不再是计划经济，因为不仅确立了市场经济的改革目标，而且逐步完成了由计划经济向市场经济的转变（转变基本完成的标准，是看微观经济运行究竟以计划管理为主还是以市场调节为主）。

4. 计划经济形成过程的特点。

50年代中国计划经济形成过程的第一个特点，是在较短的时间里为追求高速度而逐渐推进的。在1957年以前，市场机制在微观经济运行方面尽管作用日渐萎缩，但是仍然发挥着作用，而宏观经济运行方面，严重的物资短缺和财力弱小，使得宏观调控和中央集权都主要表现出积极有效的一面。因此就整个经济运行和增长来看，经济效益还是比较好的，追求效益是走向计划经济的重要诱因。

计划经济形成过程的第二个特点，是推进过程中的随意性较大，缺乏充分的准备。虽然自1953年中国共产党提出过渡时期总路线以后，我国向社会主义计划经济过渡目标已经非常明确，而且开始实施第一个五年计划，此时也有苏联的过渡经验可供借鉴。但实际上，在向社会主义计划经济过渡的过程中，由于既定目标与中国的国情差异较大，向计划经济的过渡仍然表现出缺乏充分准备，有些仓促的特点。例如1953年的粮食统购统销，1955年的社会主义改造高潮，1958年的人民公社化。此外，当时对计划经济体制的研究也非常薄弱。在1956年以前，我国的计划经济理论基本上是照搬苏联的，这可以从当时我国计划管理部门出版的有关计划经济的期刊中看出。1956年苏共二十大以后，随着苏联社会主义建设中存在的严重问题被揭露，我国开始探索自己的建设道路，对计划经济理论的探索也形成了不少自己的看法和符合实际的论点。但可惜的是，1957年"反右运动"以后，这种探索的主流偏离了正确的方向。

5. 计划经济消亡的特点。

与中国计划经济形成相比，或者与苏联东欧国家计划经济消亡相比，中国计划经济的消亡不仅是一个渐进的漫长的过程，长达20多年；而且是一个国民经济高速发展的过程，避免了苏联东欧转轨过程中出现的经济动荡和衰退。这方面的论述很多,这里就不再赘述。① 不过,这应该是我们重新审视和评价中国计划经济的重要参考因素。

四、中国计划经济的特点和影响

中国计划经济与苏联相比,明显地表现出经济发展水平和人均资源的差异。由此导致了中国计划经济的特点以及与苏联迥然不同的改革道路。

1. 中国计划经济的基础和特点。

按照马克思主义的基本原理,社会主义计划经济是建立在资本主义社会化大生产基础之上的,高度的工业化、市场化和城市化,已经为计划经济的实行和发挥优越性提供了必要的条件。但是,中国的计划经济却形成于落后的农业国阶段,不仅工业体系没有建立,大部分人口还停留在传统的农业和农村,而且也没有经历过一个比较发达的市场经济阶段。这种生产力水平很低和地区之间经济发展的严重不平衡;传统的农业、手工业和小型工业所占比重很大,农业基本上是靠天吃饭;生产的社会化程度很低,使得中国的计划经济管理者,在实施计划管理时所遇到的困难也远远大于苏联和东欧社会主义国家。例如,准确、全面的统计和信息收集非常困难,因此政府对国民经济的管理,特别是指令性计划管理,受到较大局限。

(1) 计划管理表现为高权力和低水平(即政府权力和威望非常高,但是各级政府管理人员的水平却很低,计划与实际相差较远,计划的多变性和随意性突出。主要是经济落后和发展不平衡造成的)。

(2) 计划管理明显划分为城乡两大块。农村这一块,由于主要是集体所有制(国营农场所占比重很低),因此国家的农业计划基本上是估计性、随意性较大的计划,既缺乏准确、可靠的统计基础,也不作为考核农村基层单位生产和效益的指标。而国家对城市经济的计划,特别是国营企事业单位计划和基本建设计划,则受到严格控制和监督。

---

① 参见武力:《中国经济体制改革及其比较研究综述》,《中共党史研究资料》2002 年第 7 期。

(3) 计划权力在中央与地方（"条与块"）之间来回摆动。中国是世界上人口最多的大国，并且各地区之间的经济发展水平非常不平衡。中央集权过多，就导致地方的积极性受到压抑，活力不足；但是权力下放过多，地方之间的攀比和不承担国家宏观平衡的特性又导致混乱。于是计划经济时期，计划管理权限的划分表现为"一放就乱，一乱就收，一收就死，一死又放"这种周期性循环。

(4) 市场因素低于同期苏联和东欧社会主义国家。中国生产力水平落后和经济发展的不平衡，使得无论是在计划经济形成阶段还是确立以后，除少数年份外（"大跃进"时期），计划经济始终做不到铁板一块，严重短缺和管理成本过高使政府不得不放松控制，但是与苏联和东欧国家的计划经济相比，市场因素仍然要低得多，这主要表现在劳动力的流动、企业自主权和人民公社（集体农庄）对剩余产品的处置权方面。中国1956年开始的扩大市场调节范围的探索和改革自1957年"反右运动"以后即停滞，国民经济调整时期的恢复尽管没有达到1956年的程度，但仍然遭到否定。

2. 影响计划经济发挥预期优越性的两个因素。

按照马克思主义经典理论对计划经济的描述，计划经济是通过全社会成员共同占有生产资料，并在国家的统一计划下按照社会需要进行生产和消费。这种制度可以避免资本主义制度下的因生产资料私有制、生产无政府状态和市场竞争所造成的浪费和"两极分化"，使社会生产力和社会公平都达到前所未有的高度。

但是，一但计划经济建立起来，人们就发现要实现原来预期的计划经济优越性，将是非常困难的。就中国来说，首先，中国还处于工业化前期，传统农业和小生产者所占比重还很大，远没有达到生产的社会化程度。因此，计划经济赖以发挥优越性的关键——足够信息的及时获得和及时处理问题，就成为制订正确计划的最大难题。而且这种困难几乎看不到因工业化的进展和计划人员素质的加强而得到明显改善。计划决策者难以及时获得足够的信息，还不仅是因为经济本身的复杂多变和手段的落后；还因为这些信息是经过许多机构或人员收集和转达的，在此过程中，有关机构和人员很自然地根据自己的认识和偏好（里面除个人利益外，还有阶层、集团、单位、行业、地区等多种因素在起作用），对信息加以过滤甚至扭曲。例如，陈云在 1954 年 2 月主持编制第四稿"一五"计划草案时就说："现在的问题是，财政收入越算越少，而投资越算越多，因此要确实计算每个项目的单价。各部门不要故意把次要项目算进去，而把重要项目有意漏掉。"①

从客观上来看，制订计划的方法也有问题。第一个五年计划时期，我们是学习苏联的计划制订方法，即以主要产品平衡的方法来制订五年计划和年度计划。但是由于当时我国农业还是靠天吃饭，并且在国民经济中占很大比重，因此即使计划数字很精确，但仍然有许多不确定的因素。正如毛泽东在 1964 年 6 月讨论"三五"计划时所说："过去制订计划的方法基本上是学习苏联的，先定下多少钢，然后根据它来计算要多少煤炭、电力和运输力量，再计算要增加多少城镇人口、多少福利；钢的产量变小，别的跟着削减。这是摇计算机的办法，不符合实际，行不通。这样计算，把老天爷计算不进去，天灾来了，偏不给你那么多粮食，城市人口不增加那么多，别的就落空。"② 从编制第二个五年计划开始，我们试图探索符合中国实际的计划方法。③ 但是这个探索并不成功，到 1978 年改革开放时止，除第一个五年计划外，我国始终没有制订出一个正式的五年计划。

其次，在单一公有制和计划经济体制下，人们处于自上而下的金字塔型的权力等级中，不仅自主的权利很小，企业和个人能力很难充分发挥，而且其工作绩效也很难与其收益挂钩。例如新疆石油管理局独山子炼油厂厂长段振廷在 1979 年就说："我们厂游泳池的两个看门的退休老工人，利用工余时间拾些破砖头，盖了两间没有顶棚的更衣室。这本来是件好事，

---

① 中共中央文献研究室：《陈云年谱》中卷，中央文献出版社 2000 年版，第 198 页。
② 薄一波：《若干重大决策和事件的回顾》（下卷），人民出版社 1997 年版，第 1235~1236 页。
③ 1964 年，毛泽东提出我们不再采用苏联以主要工业品为基础的平衡方法，改为将农业作为制订计划的基础。

可是银行却找上门来，指责你没有事先报计划。"① 于是在计划经济体制下，就普遍存在着缺乏激励机制的问题。正如当时流行的一副对联所描写的那样："'人财物各有所管，产供销互不见面'，横批是'书记难当'。"② 中共中央也看到了这种弊病，曾经实行过两次权力下放改革，但每次都是"一放就乱"，不得不重新回到中央集权。

3. 对计划失误的纠正，成本太高，甚至不得不动用政治运动和所谓"阶级斗争"的严厉手段。从1951年开始的"增产节约"运动几乎年年要进行一次，以反对官僚主义为中心的整党、整风等运动也几乎每隔几年就来一次。这也反映出毛泽东为纠正因信息不对称和缺乏激励机制而导致的低效率，而不得不采取运动的形式。尽管如此，因计划失误造成的浪费和低效仍然很严重。以改革开放前最受重视的钢铁工业为例，1958年以后长远规划和年度计划多变，造成钢铁企业方案、设计多变，成为影响投资效果的重要因素。例如酒泉钢铁厂，从1958年到1980年方案变了6次，还未定下来，规模在400万吨到50万吨之间摆动，建了20多年只有一座高炉在生产。1970年动工的舞阳钢铁厂，建厂4年后发现矿石有问题，把联合企业改为特殊钢厂，采、选、烧、耐火、炼焦工程全部停建，窝工6年不能投产。而"一五""二五"计划期间新建或扩建的鞍山、本溪、武汉、太原几个大钢铁厂，长时间停留在原有的规模水平上，有的到1980年甚至连设计的水平也未达到。由于在"大跃进"和20世纪70年代初期提倡"多搞中小""搞独立的工业体系的省、区"，结果投资花了，形成不了多大的生产能力，而且由于工艺设备落后，浪费亏损很大。从1957年到1976年，我国吨钢生产能力平均费用为920美元，比苏联同期的平均费用高37%。③

---

① 中共中央书记处研究室经济组：《经济问题研究资料（1979）》，中国财政经济出版社1983年版，第212~213页。

② 中共中央书记处研究室经济组：《经济问题调查研究资料（1979）》，中国财政经济出版社1983年版，第46~47页。

③ 中共中央书记处研究室经济组：《经济问题调查研究资料（1980）》，中国财政经济出版社1983年版，第571~574页。

4. 计划经济对后来改革开放和经济发展的影响。

由于中国的计划经济不是建立在资本主义经济高度发达基础之上的，因此计划经济体制所面临的任务就不是解决生产社会化与生产资料私人占有所导致的"无政府"状态，而主要是如何加快工业化，这实际上成为中国计划经济的主要目标，即解决工业化的资金问题、优先发展重工业问题、城市化问题。计划经济的上述任务，在一定程度上使得计划经济本身的作用不是体现在能否准确地计算社会生产与需求之间的平衡和资源的最佳配置，而是表现为最大限度地动员社会资源，加速工业化步伐，实现赶超战略。从这个角度观察问题，计划经济本身所表现出的低水平和粗放型、随意性很大的管理，就显得不那么重要了，重要的是这种自上而下的行政性管理所具有的最大限度集中资源用于工业化的特性。这可以说是计划经济为什么能够在中国形成并持续了20年之久的主要原因。也是我们今天对计划经济的历史作用褒贬不一的重要原因。

简单地说，50年代形成的计划经济，在当时起码适应了中国追求高速工业化和建立独立工业体系的需要，它具有以下两个市场经济体制在短期内无能为力的作用：

（1）在经济落后的条件下，保证了高积累和优先快速发展重工业，建立了比较完整的独立的工业体系和基础实施（如水利工程）。

（2）在经济落后和高积累的情况下，除了在个别非正常时期外，保证了人民的基本生活和社会安定。

另外，20余年计划经济所形成的城乡隔离，在客观上也为后来的农村改革和乡镇企业发展提供了制度基础：农村人口不能自由流向城市，使得他们不得不在农村发展非农产业，这就为80年代的体制外改革和经济的高速增长提供了基础。

还应该看到，20余年的计划经济体制，虽然管理水平很低，力不从心，但是毕竟提高了中国政府管理经济的能力，积累了丰富的计划管理经验教训。这一点对于改革开放以后中国政府的宏观经济调控，保障国民经济的持续快速增长起到了一定作用。

中国共产党对中国工业化道路认识的深化

中国共产党与中国工业化的关系,大致可以分为三个时期:1921~1949年为第一个时期,即中国共产党为中国工业化扫清障碍阶段;1949年中华人民共和国成立到1978年为第二个时期,即以传统的社会主义工业化为目标模式,以单一公有制和计划经济为基础,实行优先发展重工业策略。在这个时期,通过高积累和集中有限财力,基本建立起相对独立完整的工业体系,为后来的工业化奠定了坚实的基础;1978年"三中全会"以来为第三个时期,在这个时期,通过改革开放,调动了各种积极性,充分利用了两种资源和两个市场,大大加快了中国工业化的步伐,并寻找到一条既符合中国国情、又加快发展的工业化道路。

从1949年中华人民共和国成立到今天,中国共产党领导中国人民在探索符合中国国情的工业化道路方面,经历了三次重大选择和转变,不仅大大推进了中国的工业化,也为未来的发展寻找到一条新型工业化道路,从而为中国完全实现工业化奠定了良好的基础。

一、新民主主义的工业化道路设想

中国共产党领导的新民主主义革命,从某种意义上来说,就是完成资产阶级无力完成的任务:为中国的工业化扫清道路。正如毛泽东所说:"民主革命的中心目的就是从侵略者、地主、买办手下解放农民,建立近代工业社会。"①

在通过革命为工业化扫清障碍的同时,中国共产党在民主革命时期也开始考虑怎样实现工业化的问题。1949年3月,毛泽东在党的七届二中全会上又提出中国工业化实现必须以"节制资本"和"统制对外贸易"为前提。1949年6月,刘少奇在论述新中国的财政经济政策时指出,"中国要工业化,路只有两条:一是帝国主义;一是社会主义。历史证明,很多工业化的国家走上帝国主义的路。如果在没有工业化的时候,专门想工业化,而不往以后想,那是很危险的,过去日本和德国就是个例子。"②

新中国成立之初,由于缺乏经验和国民经济正处于恢复阶段,党对新中国的工业化模式还处于摸索中,既强调优先发展重工业的重要性,也强调优先恢复发展农业和轻工业的重要性,对经济发展战略尚未形成明确一致的看法。

1949年7月,周恩来在全国工会工作会议上指出:"我们要恢复生产,首先就得恢复农业生产。"将恢复经济的大致顺序列为:农业、交通运输、工业。③ 1950年6月,陈云在七届三中全会上谈到农业和工业的关系时,认为将来工业的投资需要从农业汲取,因此要重视农业发展。④

在朝鲜战争爆发前,由于建设资金短缺和外贸恢复很快,当时不少人都提出过先发展农业和收益快的轻工业,为发展重工业积累资金。对这个设想做了最完整、最明确阐述的,是刘少奇同志。

1950年(估计为朝鲜战争爆发前),刘少奇在一份手稿中专门谈了中国的工业化问题,他提出:"首先,我们必须恢复一切有益于人民的经济事业,并使那些不能独立进行生产的已有的工厂尽可能独立地进行生产。其次,要以主要的力量来发展农业和轻工业,同时,建立一些必要的国防工业。再次,要以更大的力量来建立我们重工业的基础,并发展重工业。最

---

① 《毛泽东书信选》,人民出版社1983年版,237页。
② 《刘少奇论新中国经济建设》,中央文献出版社1993年版,139页。
③ 《周恩来选集》上卷,人民出版社1980年版,第361页。
④ 参见《陈云文选(1949~1956)》,人民出版社1984年版,第97~98页。

后,就要在已经建立和发展起来的重工业的基础上,大大发展轻工业,并使农业生产机器化。中国工业化的过程大体要循着这样的道路前进。"① 随后,刘少奇进一步说明了为什么要采取这种发展步骤的道理。

朝鲜战争爆发后,尽管我国所处的国际环境变得紧张,但是刘少奇仍然坚持了他不同于苏联工业化道路的设想。1951年5月,刘少奇在第一次全国宣传工作会议上说:"我们的建设方针是什么呢?工农业都要发展。现在首先要恢复和发展农业。发展农业才有原料和粮食,工业才有市场。其次是发展工业:重工业和轻工业,开始还是要搞一些轻工业。因为轻工业可以赚钱,也容易办些,又不用很多资本。"② 同年7月,刘少奇在"春藕斋讲话"中,再次解释了先发展农业、轻工业和必要可能的重工业,然后再发展重工业的道理。他说:"为什么不可以先发展重工业?因为农业是工业的基础,没有很好的农业,工业就没有基础。不发展农业就没有原料,要棉花没有棉花,要麻没有麻,要烟叶没有烟叶。农村也是工业品的市场,工业品不能都拿到国外,必须拿到农村,如果农业不发展,工业的市场就不大。还因为人民生活要迅速提高一步。要迅速提高人民的生活水平,就要发展农业和轻工业。要依靠农业来积累工业的资金。轻工业也是赚钱的。重工业积压资金很厉害,需要大批资金才能建立重工业。"他强调,我们不能采用帝国主义靠掠夺殖民地及剥削来建立重工业的办法,"筹集重工业资金的办法,就是在提高人民生活水准的基础上要求人民节省,再加少数向苏联等国家的借款"③。

刘少奇等人根据中国经济落后和资金缺乏的国情,认为工业化应从优先发展投资少、见效快的农业和轻工业起步,以便为投资大、建设周期长的重工业发展提供必要的资金。虽然上述思想后来没有被中共中央接受,但是上述思想所包含的真理至今仍然闪耀着光辉,给后人以启迪。另外,

---

① 《刘少奇论新中国经济建设》,中央文献出版社1993年版,第172~173页。
② 《刘少奇论新中国经济建设》,中央文献出版社1993年版,第181页。
③ 《刘少奇论新中国经济建设》,中央文献出版社1993年版,第204页。

这个时期提出的中国的工业化只能走社会主义的道路,即自我积累、节制资本的道路,则成为后来中国共产党相当长时期的主导思想。

二、对苏联社会主义工业化模式的选择

1953年8月,毛泽东在修改中央财经会议结论时,对过渡时期总路线做了完整的表述:"从中华人民共和国成立,到社会主义改造基本完成,这是一个过渡时期。党在这个过渡时期的总路线和总任务,是要在一个相当长的时期内基本上实现国家工业化和对农业、手工业、资本主义工商业的社会主义改造。"至此,过渡时期总路线最终形成。同年9月24日,作为庆祝新中国成立三周年的口号,中共中央将其公之于世。

在此以前,党和政府在谈到中国的经济发展时一般都是用"工业化"这个词,毛泽东主持编写的《为动员一切力量把我国建设成为一个伟大的社会主义国家而斗争——关于党在过渡时期总路线的学习和宣传提纲》(以下简称《宣传提纲》)首次明确提出中国要实行的是"社会主义工业化"并解释了其含义,即:社会主义工业化具有两个重要特点,一是将发展重工业作为工业化的中心环节;二是优先发展国营经济并逐步实现对其他经济成分的改造,保证国民经济中的社会主义比重不断增长。

总路线还认为小农经济与社会主义工业化存在不可调和的矛盾,认为小农经济不是社会主义的基础。《宣传提纲》引用斯大林的话:"可以在多少长久的时期内,把苏维埃政权和社会主义事业建筑在两个不同的基础上,建筑在最巨大集中的社会主义工业基础上和最散漫落后的小商品农民经济基础上吗?当然是不可以的。长此以往,整个国民经济都会有完全瓦解的一日。出路何在呢?出路就在于使这个农业成为巨大的农业,使它成为能够实行积累,能够实现扩大再生产的农业,并依此而改造国民经济的农业基础。可是,怎样才能使它成为巨大的农业呢?为要达到这一步,只有两条道路可走。一条是资本主义的道路……另外一条是社会主义的道路";

"同样，社会主义的道路也是我国农业唯一的出路"①。

在国民经济恢复任务完成、中国转入大规模建设后，中国共产党之所以选择了苏联创造的社会主义工业化模式，除了当时中国共产党的社会发展目标是单一公有制和计划经济的社会主义，而苏联的工业化模式可一箭双雕（既实现了工业化，又过渡到社会主义）外，还有以下几个具体因素促成：一是朝鲜战争所导致的国家安全和国际地位受到威胁，中国缺乏独立的工业体系和先进的国防工业，与大国地位太不相称；二是当时中国的重工业基础薄弱，而轻工业则相对发达，重工业是瓶颈产业，制约着中国工业的进一步发展；三是恢复时期的经济增长和财政收入出乎意料的好，加上苏联的援助，使中国共产党认为有能力来实施苏联的优先发展重工业战略；四是"三反""五反"反映出城镇私营经济的负面作用和国家资本主义方式的效果良好，1951 年对农业合作化组织形式和效益的判断，都使中国共产党认为有能力、有办法来改造资本主义经济和个体经济，并且能够促进经济发展。

当然，我国转入大规模经济建设后选择苏联的社会主义工业化模式，还与苏联对中国的经济援助有很大关系。

三、社会主义改造基本完成后（1956～1978），党对工业化道路的探索

优先发展重工业和追求工业发展高速度，亦即工业化的速度，是苏联经济建设模式的特点，也是其 20 世纪 30 年代经济建设的成功之处。新中国成立以后，党一直将苏联的工业化速度作为中国的榜样。党的八大前后，在对待经济发展速度方面，尽管由于国际压力和国内人民要求，党依然坚持经济增长的高指标，但是通过对 1953 年和 1956 年"冒进"的教训总结，提出了综合平衡、稳步前进的建设方针和四大平衡理论，使经济增长保持

---

① 中共中央文献研究室：《建国以来重要文献选编》第 4 册，中央文献出版社 1995 年版，第 714~715 页。

合理的速度有了一个检验标准。

(一) 从国情出发的探索和正确思想

从 1956 年到 1978 年，以毛泽东为核心的党的领导集体针对苏联模式的弊病，积极探索中国自己的工业化道路。这里仅从三个方面探索叙述有关工业化理论的探索。

1. 针对苏联提出的优先发展重工业思想，提出农、轻、重协调发展的思想。

1956 年以后，我党针对苏联长期过分强调工业、尤其是重工业而忽视轻工业和农业的弊病和中国几年来的实践，提出了农、轻、重协调发展的方针，毛泽东在《论十大关系》中提出："我们现在发展重工业可以有两种办法，一种是少发展一些农业轻工业，一种是多发展一些农业轻工业。"① 1957 年 2 月，毛泽东在《关于正确处理人民内部矛盾的问题》中专门论述了中国工业化的道路："这里所讲的工业化道路的问题，主要是指重工业、轻工业和农业的发展关系问题。我国的经济建设是以重工业为中心，这一点必须肯定。但是同时必须充分注意发展农业和轻工业。""农业和轻工业发展了，重工业有了市场，有了资金，它就会更快地发展。这样，看起来工业化的速度似乎慢一些，但实际上不会慢，或者反而可能快一些。"② 1957 年 10 月 9 日，毛泽东在扩大的八届三中全会上又提出："讲到农业与工业的关系，当然，以重工业为中心，优先发展重工业，这一条毫无问题，毫不动摇。但是在这个条件下，必须实行工业与农业同时并举，逐步建立现代化的工业和现代化的农业。过去我们经常讲把我国建成一个工业国，其实也包括了农业的现代化。"③ 应该说，毛泽东提出的这个工农业并举的思想，将农业现代化纳入工业化范畴来考虑，与当时无论是以苏联为首的社会主义国家还是西方主流经济学家的理论相比，都有较大价值。

---

① 《毛泽东选集》第 5 卷，人民出版社 1977 年版，第 269 页。
② 《毛泽东选集》第 5 卷，人民出版社 1977 年版，第 400 页。
③ 《毛泽东选集》第 5 卷，人民出版社 1977 年版，第 472 页。

1961年国民经济被迫转入调整以后,以毛泽东为代表的中共中央总结了新中国成立以来工业化的经验教训,提出了"以农业为基础,以工业为主导"的工业化思想。1962年9月,中共中央八届十中全会提出"以农业为基础,以工业为主导"的发展国民经济总方针。

2. 在对待积累与消费关系方面,根据苏联工业发展很快但几十年内人民生活水平提高缓慢的教训,毛泽东提出要处理好国家与企业、企业与个人三者之间的关系,要做到三者兼顾。

毛泽东特别提出要处理好国家与农民的关系,指出:"苏联的办法把农民挖得很苦。他们采取所谓义务交售制等项办法,把农民生产的东西拿走太多,给的代价又极低。他们这样积累资金,使农民的生产积极性受到极大的损害。""我们对农民的政策不是苏联的那种政策,而是兼顾国家和农民的利益。""鉴于苏联在这个问题上犯了严重错误,我们必须更多地注意处理好国家与农民的关系。"①

1956年11月,陈云在商业部扩大部务会议上也指出:"经济建设和人民生活必须兼顾,必须平衡。"② 当时任国家经委主任的薄一波在党的八大会议上专门就积累与消费的关系做了发言,提出了积累与消费二者兼顾的"二三四"比例。③

3. 针对中国人口多、底子薄的状况,提出大中小企业并举、城市和乡村工业共同发展的思想。

新中国成立初期,针对中国农村人口众多、农业劳动力过剩以及城市失业问题严重的状况,中国共产党就提出了关于农业劳动力就地转移的思想。在以往研究毛泽东工业化思想时,人们对毛泽东提出的工业与农业并举、中央工业与地方工业并举的思想关注较多。实际上,大型企业与中小型企业并举、城市工业与农村工业并举的思想在毛泽东的工业化思想中占

---

① 《毛泽东选集》第5卷,人民出版社1977年版,第274页。
② 《陈云文选》(1956~1985),人民出版社1986年版,第30页。
③ 参见《中国共产党第八次全国代表大会文献》,人民出版社1957年版。

有很重要的地位。

1958年成都会议在发展工业问题上，提出了发展中央工业和发展地方工业同时并举的方针。中央认为：由于地方工业同农业有更为直接、更为密切的联系，所以，实行这个方针，就可以更有成效地使发展工业和发展农业同时并举和相互支持；就可以把地方办工业的积极性、人民群众办工业的积极性更广泛、更充分地调动起来，从而必然会加快我国工业化的速度和农业技术改造的速度。会议通过了《中共中央关于发展地方工业问题的意见》。这是中共中央第一次正式通过社办工业的文件。此后，全国普遍建立人民公社。而人民公社又在"大跃进"和"大办工业"的热潮中，大力发展工业，形成了新中国成立以后农村工业发展的第一次浪潮。1959年底至1960年初，毛泽东在读苏联《政治经济学》教科书时，再次比较全面地阐释了中国农村要发展工业、农民就地向非农产业转移的道理。

1963年9月，中共中央下发征求意见的《关于工业发展问题（初稿）》又提出了实行大中小企业相结合的发展思路：由于中小企业具有投资少、收效快、适应性强、便于搞专业化和便于转移等优点，要更多地建立现代化的中小型工厂。

（二）正确思想没有得到贯彻的原因分析

应该说，关于工业化过程中的上述认识，都是符合国情和正确的，但是，直到1978年改革开放以前，上述思想不仅难以贯彻始终，而且也没有取得预期的效果。究其原因，大概有以下几个方面。

1. 在工业化的制度安排方面，这个时期的探索不仅没有突破单一公有制和计划经济的大框架，反而为了维护和完善这种制度，采用阶级斗争和政治运动的办法，结果"南辕北辙"，变成"阶级斗争为纲"，经济工作受到严重干扰。

在1956年党的"八大"前后，针对社会主义改造中出现的问题，党对社会主义经济体制曾经提出过一些较好设想。首先，在所有制结构方面，针对我国社会主义改造快速、基本完成后存在的问题，陈云在党的八大上提出了"主体—补充"的设想,即社会主义可以存在少部分的个体经济作为公有制经济的补充。这种观点得到毛泽东、刘少奇和周恩来等的赞同。其次,在对计划经济的认识方面,根据中国的实际情况,提出了不同于苏联计划体制的直接计划与间接计划相结合、计划管理与自由生产(实际上是市场调节)相结合的设想。但是,自1957年"反右运动"以后,脱离实际的"左"倾认识愈演愈烈,直至爆发"文化大革命",其间许多针对单一公有制、计划经济甚至"大锅饭"的改革要求,都被视为"资本主义"或修正主义,遭到压制和批判。

2. 关于备战与工业化关系。

新中国成立以后到1978年改革开放以前,中国共产党的工业化思想很大程度上还受到备战的影响。毛泽东所处的年代,是世界划分为两大阵营的冷战时期。20世纪50年代,朝鲜战争和台湾问题加剧了中国与美国的紧张关系,随后中国经历了与周边国家的一系列紧张关系,这使中国感到安全受到威胁。但是最根本的原因,是毛泽东坚持了列宁和斯大林关于帝国主义和无产阶级革命时代战争不可避免的理论。而美国和苏联到处插手、干涉别国内政以及民族独立的浪潮似乎也证明了这个理论。

1955~1956年,是改革开放前中国国际关系最缓和的时期,即使如此,毛泽东在1955年仍然指出要备战。① 1956年在《论十大关系》中又提出:"过去朝鲜战争还在打,国际形势还很紧张,不能不影响我们对沿海工业的看法。现在,新的侵华战争和新的世界大战,估计短时期内打不起来,可能有十年或者更长一点的和平时期。"② 60年代中苏交恶以后,加上中印边境紧张、国民党叫嚣反攻大陆、越南战争升级,使得国家安全问题更加突出。在制订"三五"计划时,原来打算先解决吃、穿、用问题,后来还是转变为以备战和"三线建设"为中心。工业化向备战倾斜更加明显。

---

① 参见《毛泽东选集》第5卷,人民出版社1977年版,第141页。
②《毛泽东选集》第5卷,人民出版社1977年版,第270页。

四、1978~1995 年关于工业化道路的探索

以 1978 年召开的中共中央十一届三中全会为标志，中国共产党从思想路线、政治路线和组织路线都进入了一个新的历史时期。在解放思想、实事求是思想路线和以经济建设为中心的政治路线指导下，中国共产党关于中国工业化道路的探索取得了重大突破，逐步摸索到一条符合中国国情的工业化道路。

"文革"结束后的 1977~1978 年，虽然纠正了"文革"遗留下来的许多"左"的错误，并使国民经济很快恢复和有所发展，但是由于中共中央主要领导人仍不能彻底否定"文革"，却固守毛泽东的一些不符合国情的认识，国民经济的调整受到局限，进一步发展的后劲也不足。在这种情况下，1978 年 12 月召开的中共中央十一届三中全会，在邓小平、陈云等老一辈革命家的大力主张下，确立了解放思想、实事求是的思想路线，为彻底清除"左"的错误思想开辟了道路。同时，会议还提出将全党工作重点转移到社会主义现代化建设上来，要改变生产关系和上层建筑不适应生产力的方面，但改变必须有利于提高生产力。中共中央十一届三中全会以后，在解放思想、实事求是的气氛下，中国共产党继续探索适合中国国情的工业化道路，并逐步形成了以下述特点为标志的工业化转轨。

1. 从国情和实际出发，改变急于求成的浮躁思想，降低过去长期追求的高指标。1979 年 12 月 6 日，邓小平在会见日本首相大平正芳时，首次提出了"小康"概念和 20 世纪末中国经济要达到的目标。这个思想经过完善，得到全党的认同，从而将中国的"四个现代化"目标落在了比较实在的基础上，消除了长期以来"急于求成"的思想根源，使均衡发展和提高人民生活水平成为可能。1980 年 10 月，邓小平在与中央负责人谈话时就指出："年度计划、五年计划、十年规划，中心和重点不要多考虑指标，而要

把人民生活逐年有所改善放在优先的地位。"①

2. 贯彻农轻重均衡发展。

十一届三中全会以后,随着经济建设方面"拨乱反正"的展开,国民经济重大比例严重失调成为经济工作中最突出的问题。正如邓小平在1980年1月所说:"我们过去长期搞计划,有一个很大的缺点,就是没有安排好各种比例关系。农业和工业比例失调,农林牧副渔之间和轻重工业之间比例失调,煤电油运和其他工业比例失调,'骨头'和'肉'(就是工业和住宅建设、交通市政建设、商业服务业建设等)比例失调,积累和消费比例失调。……除了这些比例以外,还有一个重要的比例,就是经济发展和教育、科学、文化、卫生发展的比例失调,教科文卫的费用太少,不成比例。"②

3. 改变过去因备战而强调的生产力布局向内地倾斜和全国均衡发展的思想,提出和贯彻"两个大局"的思想,在共同发展的基础上,鼓励条件好的地区加快发展,先富起来。

4. 改变社会主义工业化以单一公有制和计划经济为基础的思想,建立了多种经济成分并存的市场经济体制,充分调动了人民群众的积极性,利用了市场机制来提高竞争力,优化资源配置。

5. 顺应世界形势的变化,改变"关起门来搞建设"思想和进口替代战略,实行对外开放,充分利用国外的资源和市场。1978年10月,邓小平就指出:"关起门来,故步自封,夜郎自大,是发达不起来的。"此后,对外开放,成为党坚定不移的基本经济政策。

上述工业化思想和政策,充分调动和利用了国内外各种积极因素,既有长期物资短缺造成的国内巨大市场和国外市场,以及人民群众急于解决温饱问题的强烈要求,又有大量人力资源和投资(民间投资和外国资金、技术和市场)做后盾。因此,工业化进展迅速,表现出大中小企业并举,

---

① 中共中央文献研究室:《邓小平思想年谱》,中央文献出版社1998年版,第172页。
②《邓小平文选》第2卷,人民出版社1994年版,第250页。

中外企业并举，资本、技术密集型和劳动密集型企业并举的共同扩张局面，使国民生产总值在不到20年的时间里翻了两番，令世界称奇。但是这种发展主要表现为数量型的扩张，即外延型的发展为主。

五、1996年以来的探索和新型工业化道路的形成

20世纪90年代中期以后，随着我国国民生产总值翻两番目标的提前实现，我国人民基本上解决了温饱问题，不仅经济总量已经较大（世界银行按购买力平价计算，中国2001年的GDP总量已经居世界第二，仅次于美国），而且形成了买方市场，即生产能力超过了市场需求。同时，我国的资源和环境随着发展，压力也越来越大，以水资源为例，我国人均淡水资源排在世界第88位，仅约为世界人均水平的1/4。但1995年水利部的检查表明，我国700余条河流中水质良好的仅剩32.2%。2000年受污河流较1984年增加了1倍以上。上述因素都使得外延型的经济扩张和粗放增长受到很大约束，很难再继续下去了。与此同时，以信息化为代表的科技革命和经济全球化浪潮方兴未艾，使工业化再次遇到了一个跨越式发展的历史契机。在这种背景下，中国共产党又一次开始探索新形势下的工业化道路问题。

1992年6月，联合国在巴西召开有146个国家元首和政府首脑参加的第二次环境会议，发表了《里约环境与发展宣言》和《21世纪议程》，并签署了几个单项环境保护公约。这次大会提出了建立经济、社会、资源和环境相协调、可持续发展的新模式。大会以后，我国也开始组织编制《中国21世纪议程》，经过反复论证和讨论，于1994年经国务院批准颁布。

1995年5月，《中共中央、国务院关于加快科技进步的决定》正式颁布，首次提出"科教兴国"战略。1996年，八届人大四次会议通过的《国民经济和社会发展"九五"计划和2010年远景目标纲要》，第一次把可持续发展与科教兴国并列为国家基本战略。1999年11月，中央经济工作会议正式提出西部大开发战略，标志着我国的工业化的区域发展战略转入第二个阶段，即由改革开放以来实施的梯度发展、部分地区先富起来转入协调

发展、开发西部的阶段。在对外经济关系方面，2001年底，中国经过长达15年的艰苦谈判，终于加入WTO，标志着中国充分利用国外资源和国外市场也进入了一个新的历史阶段。

工业化由外延型向内涵型、由数量型向效益型的转轨，与中国劳动力富余、城乡就业压力大必然要产生一些矛盾。加快农村大量劳动力向非农产业转移，解决城镇大量国有企业下岗职工和新增就业人口就业，不仅关系到中国工业化转轨能否成功，也关系到社会主义工业化目的（共同富裕）能否实现。因此，中国共产党在积极探索和大力推进工业化转轨的同时，也开展了城镇"再就业"工程，并加快了社会保障制度的建设。

总之，以2000年10月中共中央十五届五中全会通过的《中共中央关于制定国民经济和社会发展第十个五年计划的建议》为标志，中国共产党形成了新型工业化道路的基本思路和方针政策，完成了关于工业化认识上的转变。2003年，党的十六大将"新型工业化"道路正式概括为："坚持以信息化带动工业化，以工业化促进信息化，走出一条科技含量高、经济效益好、资源消耗低、环境污染少、人力资源优势得到充分发挥的新型工业化路子。"

资本主义全球化与中国应对战略的演变

如果从世界近代历史看,自 17 世纪资本主义产生到今天,资本主义制度在内涵发展的同时,还有一个在外延和空间上全球化的过程。资本主义的发展,到目前为止,也可以说大致经历了 3 个阶段:早期资本主义阶段(17~19 世纪),帝国主义阶段(20 世纪前半期:1900~1945 年),后帝国主义阶段(战后至今)。从对内和对外看,资本主义制度也在发展和成熟。第一阶段,是资本主义依靠武力和商品向外扩张和建立殖民地阶段,是"我为刀俎、人为鱼肉"阶段。第二阶段,是殖民地瓜分完毕,资本主义列强依靠战争来重新瓜分殖民地和世界市场并失败阶段,两次世界大战之惨烈警示了世界人民,特别是帝国主义国家的人民。第三阶段,社会主义国家的兴起与对抗、民族国家的独立和发展要求,都对资本主义列强构成了强大的挑战和威胁;迫使资本主义列强在对外方面,不敢再单纯以战争来欺压和掠夺其他国家(只敢进行有限的局部战争),对内,为生存和发展而被迫进行的政治经济改革,则加强了民主化进程,不断完善了市场经济;这些都使资本主义发展进入了一个新的阶段。

而中国从 1840 年开始与资本主义列强正面接触到今天的一百六十多年里,其历史过程也是痛苦而曲折的。作为早期资本主义发展的受害者和中期帝国主义战争的牺牲者,在后帝国主义的第三阶段,中国则经历了一个巨大的变化:由对抗转变为合作,找到了一条可以与资本主义世界并行发展、吸取资本主义文明成果的社会主义道路。

一、 自由资本主义阶段的侵略与中国的应对战略

从 17 世纪资本主义制度首先在英国诞生到 19 世纪末,是资本主义国家依靠武力和商品向外扩张和建立殖民地阶段。对于这些少数资本主义国家来说,也是"我为刀俎、人为鱼肉"阶段。在欧洲 18 世纪工业革命前,受生产工具和交通条件的限制,世界各地的交流是有限的,但是到 19 世纪中期,由于科技的发展和第二次工业革命的兴起,"资产阶级由于一切生产工具的迅速改进、交通的便利,把一切民族甚至是最野蛮的民族卷到文明中来了;资产阶级在不到一百年的统治中所创造的生产力比过去一切时代创造的全部生产力还要多,还要大"。但是,资本所固有的追逐利润最大化的本性,使得它的发展必须以市场需求为前提;在资本主义发展初期,为加速积累,只有广阔的国外市场,才能使资本家尽可能压低工人工资和消费而又不至于导致生产过剩的危机。因此开拓海外市场和寻求殖民地,及人口和商品的"出口导向",是早期资本主义国家发展的普遍特点。在 19 世纪上半叶之前,由于资本主义生产方式和制度只是在少数几个国家处于主导地位,世界其他地区还可以为这些资本主义国家的发展提供丰富的资源和市场空间,因此资本主义国家内部(供给大于需求)、资本主义国家之间(争夺世界市场和资源)的矛盾还不突出。但是到 19 世纪下半叶,随着第二次工业革命的完成和资本主义扩张,世界市场已经被瓜分完毕,而此时崛起的德国、日本等新兴资本主义国家,为了寻求新的发展空间和资源,就要求重新瓜分世界资源和市场。1900 年帝国主义列强强迫中国签订《辛丑条约》以及随后爆发的日俄战争,即标志着资本主义自由发展时代的结束。

在整个 19 世纪,如果说 1840 年的鸦片战争是中国与资本主义全球化的第一次正面冲突,那么随后的 60 年里,面对"三千年未有之变局",中国政府对资本主义采取了"师夷长技以制夷"和"中学为体,西学为用"的战略,无奈这种移植技术、不变制度的战略却导致了国家不断衰落和解体,

陷入困境。

从鸦片战争到"戊戌变法"前的50多年间，中国面对内忧外患，在"中学为体，西学为用"的观念下，试图将近代工商业依然包容在原有的封建政治体制之内，采取了"官办""官督商办"，限制民间发展资本主义工商业的政策。对于政府经济职能，也是采取改革局部、维持整体的政策，其标志就是"洋务运动"。中国为什么会在50多年的时间里，在屡战屡败的情况下，依然执迷不悟，坚持"中学为体，西学为用"，即仅学习西方的技术，而不学习西方的资本主义政治和经济制度呢？这与1840年以前传统社会中政府的作用和由此形成的观念是分不开的。

1840年以前的中国，是一个建立在农业文明高度发达基础上的封建社会。直到1840年以工业文明为基础的西方列强打开中国大门以前，中国社会仍然按照自身的农业文明发展规律向前发展，并达到较高水平。这主要表现在以下两个方面：

（1）以传统农业为基础的社会经济高度发达，农业进入精耕细作阶段，农田的单位面积产量较高，农业的剩余可以养活大量人口，维持庞大的城市和国家机构；与农业高度发达相一致的是手工业、商业和金融业也很发达，明中叶以后大量白银内流即是一例。这种传统农业文明高度发达的另一个表现，是经济体制表现出的高级形式，即土地可以作为商品自由买卖，地主经济和大量自耕农并存，租佃制和雇佣制普遍存在，家庭财产继承在诸子间相对平均，国家税制相对统一和完善。

（2）政治体制从管理效能和相互制约角度看，表现出较高级的形态。传统中国社会的政治体制经过夏商周以来三千余年的发展，就传统的农业文明社会而言，到清代已经相当完备。第一，形成了统一而庞大的封建行政管理体系。其特点是条块结合、分级管理，实行对皇帝负责的三权分立、互相制约（行政、监察、司法）。第二，官府具有较强的经济职能，即除了承担国防和维护经济秩序，承担了"治河""救灾""市政建设"等公共工程和社会事业外，还通过官营工商业和专卖制度，将工商业纳入政府控制。第三，形成了一整套官吏选拔、考评和调任制度。特别是科举制度，不仅打破了贵族和豪强垄断官府机构的局面，而且将教育纳入了官僚选拔，"学而优则仕""白衣可致卿相"，使社会的优秀人材进入官府管理阶层。

在上述基础上建立的官府机构及其官僚，不可能随着西方资本主义的入侵而迅速消失，相反，中国由于农业文明高度发达而导致的社会结构的"超稳定"性（包括官府的强大有力）和大国特点，对西方资本主义政治、文化的入侵和替代，保持了强大的排斥力。这种排斥主要来自于建立在农业文明基础上的官府和统治阶级观念（任何上层建筑都必然要维护其赖以生存的经济基础）。因此，1840年以后，清王朝在西方"船坚炮利"的打击下被迫推行工业化的时候，封建统治阶级的观念自然是"中学为体，西学为用"。① 当然，近代中国对外部工业文明冲击的反应迟缓，也与清王朝经过200年统治走向腐败有关（中国农业文明存在着明显的以朝代更替为标志的政治周期）。

二、帝国主义阶段中国对发展道路的选择

从19世纪末，第二次工业革命使少数资本主义国家国力大增，资本主义开始进入由少数发达资本主义国家对世界资源和市场瓜分完毕并不断重新瓜分的阶段。这种以战争的形式、以殖民地和半殖民地为掠夺对象的重新瓜分，导致由局部战争演化为世界大战，而两次世界大战的间隔不到20年（如果从1919年巴黎和会算一战结束，从1937年日本全面侵华战争作为二战开始），第二次世界大战的规模、时间和死亡人数都大大超过了一战。其间还爆发了严重的世界性的1929年经济危机。这些都充分暴露出资本主义的严重弊病，"帝国主义是资本主义的垂死阶段"的结论被越来越多的人接受。

---

① 参见严仲平：《中国近代经济史（1840~1894）》，人民出版社1989年版；夏东元：《洋务运动史》，华东师范大学出版社1992年版；丁伟志：《"中体西用"论在洋务运动时期的形成与发展》，《中国社会科学》1994年第1期。

当世界资本主义发展到帝国主义阶段，即依靠武力来重新瓜分世界资源和世界市场的时候，社会主义作为制约这种资本主义灾难的一种新生力量应运而生。如果从世界范围看，到第一次世界大战前，资本主义制度只是在少数国家取得胜利，资本主义生产方式和工业化只是在少数几个国家得以实现，而大多数国家仍然处于这些资本主义国家的剥削和奴役下，国内的资本主义经济没有处于主导地位，资产阶级也没有获得统治地位。一句话，资本主义经济基础和上层建筑都还没有在这些落后国家建立起来。在这种状况下，当帝国主义国家发动重新瓜分世界资源和市场的世界大战后，因为这些帝国主义国家同时又是发达的资本主义国家，是资本主义生产方式和社会制度的代表，因此，无论是殖民地、半殖民地人民，还是帝国主义国家的人民，其反对帝国主义的斗争和革命就必然包含有反对和否定资本主义的因素。这也是列宁为什么将帝国主义视为无产阶级革命的前夜，将帝国主义时代的民主革命纳入社会主义世界革命范畴的基本原因和历史根源，这一点也被历史事实所证明。

因此，当第一次世界大战爆发后，帝国主义国家之间、帝国主义国家内部、帝国主义国家与殖民地人民之间的矛盾，就自然被社会主义革命者所利用，从而掀起一场反对资本主义的社会主义革命。第一个社会主义国家苏联的诞生，就是列宁领导的"布尔什维克"利用俄国战争期间国内矛盾的激化和资产阶级"二月革命"后的社会动荡和人民不满的时机，迅速进行了"十月革命"。可以说，第一个社会主义国家的诞生，虽然内部条件是人民对沙皇的封建军事帝国主义的抛弃，但是从整个大背景来看，却是广大人民通过第一次世界大战，对资本主义制度已经失去了信心，认为这是一个"恶"的制度，不愿意再建立这种制度。同样的，第二次世界大战以后，新产生的社会主义国家，除了那些主要依靠外部力量建立起来的国家，凡是主要依靠自己力量建立起来社会主义制度的国家，都是第二次世界大战的被侵略、被压迫者，都是由民族、民主革命转变到社会主义革命的。这些国家的社会主义革命，与其说是因为资本主义充分发达基础上的无产阶级与资产阶级的矛盾，不如说是因为这些国家是资本主义世界的受害者,这些国家的人民不愿意再选择资本主义制度。可以说,20世纪50年代社会主义在世界范围内形成浪潮,即反映了这种现象。

因此,可以说社会主义国家的诞生,既不是资本主义制度向更高层次的演进,也不是发达资本主义国家人民的选择,而是那些作为帝国主义受害者的国家和人民的另一种选择,即在许多国家发展资本主义的同时,对另外一种摆脱帝国主义奴役的发展道路的选择。因此,除了选择时的预期外,无论从理论上还是从实际上看,20世纪建立起来的社会主义制度,并不比资本主义制度更优越,相反,却在经济发展水平上落后于发达资本主义国家。

如果把20世纪世界资本主义进入帝国主义阶段作为这个阶段的开始,第二次世界大战后社会主义阵营的形成作为这个阶段的结束,那么中国在这个阶段则是处于备受欺凌、社会动荡的危亡时期。

"甲午战争"的结果是中国惨败,宣告了"中学为体,西学为用"观念和政策的破产,日本成功的经验证明了中国不仅需要在技术上学习西方,还需要从制度上学习西方。随后掀起的"戊戌变法"及其失败,则反映出封建顽固势力仍然把持着政权和不愿意全面彻底学习西方的制度。但是在随后出现的义和团运动和八国联军入侵的双重危机压力下,清王朝在1903年以后也不得不推行瓦解封建政权基础的经济和政治改革。在"戊戌变法"失败至1911年辛亥革命前,虽然在资产阶级中对改变现有政治体制上始终存在着"革命"与"改良"的争论,但无论在政治上主张共和制还是君主立宪制,在中国应实行资本主义经济制度上都是一致的。

辛亥革命以后,清王朝被推翻,中国名义上建立了资产阶级共和国,但是这个政权却把持在带有封建性质的军阀手中。资产阶级在经济上的软弱,必然也导致政治上的软弱。政府频繁更替和政治动荡,固然削弱了政府对民族资本主义经济的钳制,但是也使其无力维持社会的安定和秩序,无力制止军阀的横征暴敛,无力抵御外国列强的欺压。换句话说,政府无力为经济发展提供一个良好的环境。而后者对当时的中国来说,更为紧迫。于是,以"巴黎和会"中国"丧权辱国"为标志,先进的知识分子开始寻找比资本主义自由经济和资产阶级"共和制"更有效的制度。在这种背景下，俄国的"十月革命"对中国产生了巨大的影响，不仅导致了中国共产党的产生，也最终促成了孙中山建立强大政府、节制私人资本观念的确立。

孙中山"以俄为师"，改组了国民党。并发动了由共产党积极参与的"国民革命"，但是这场革命由于以蒋介石为代表的国民党右派排斥激进的共产党而中途与旧势力妥协，尽管国民党于1928年形式上实现了大陆的统一。

由于南京国民党政府是建立在蒋介石背叛革命，镇压共产党和工农运动基础上的，因此，就政权的基础来说，它排斥了工、农、小资产阶级，甚至部分主张自由民主的资产阶级左翼。为了对抗共产党领导的广大人民群众，南京国民党政府就不得不依靠旧有的地主豪绅、军阀甚至地痞流氓和黑社会组织。这些人一方面不愿意变革政治，实行民主，因为这样会危及他们的利益；另一方面，他们又会搭政府的"便车"来捞取自己的经济利益，并为了捞取更多的经济利益而进一步扩张权力。国民党政府时期的苛捐杂税多如牛毛、大小官吏以权谋私，国家资本实际上变为"官僚资本"，就说明政府权力的扩张还有官吏自身的原因。

国民党统治时期，也正是帝国主义列强发动战争、宰割世界的时代，而国民党政府的腐败，则加剧了中国的衰落，涣散了民族凝聚力，使得中国遭受了日本帝国主义进一步的侵略和蹂躏。

就南京国民党政府来说，其目的还是要建立一个资产阶级共和国，但是这种目标受到来自三个方面的挤压：一是来自大地主、权贵资产阶级等旧势力的挤压，他们反对真正意义的经济改革和政治改革；二是来自以共产党为代表的人数众多的工农挤压，他们因贫困或破产、甚至没有活路而对现政权严重不满，要求进行激烈的改革，如迅速实行"耕者有其田"；三是来自日本帝国主义侵略和欧美绥靖政策的挤压，使得大多数人对资本主义制度产生强烈反感和敌视态度。而这三个方面的力量和影响都很大。

19世纪末到20世纪初，西方资本主义由自由竞争进入垄断阶段，其弊病日益暴露，最突出的是第一次世界大战。由此也使中国的先进知识分子对资本主义的私人占有和自由竞争产生了批判态度,孙中山思想的变化可以说很具有代表性。他的"平均地权"和"节制资本"思想即反映出对西方古典经济学将政府视为"守夜人"理论的根本修正,应该说这种强调国家在经济发展和社会分配中处于主导地位的思想,对后来的南京国民党政府产生了一定的影响。

更重要的是,南京国民党政府统一后不久,1929年就爆发了世界性的经济危机。此后,以美国的罗斯福新政为代表,强调国家干预的凯恩斯主义开始在西方流行起来,在这个背景下,德国、日本、意大利等则走上了法西斯主义(又称"国家社会主义")道路,对国民经济实行"统制"。至于社会主义国家苏联,则走得更远,到1935年更是建立了单一公有制和计划经济的体制。国家干预经济成为世界的主流。抛开国民党和共产党不说,就是在知识分子中,受西方和苏联的影响,绝大多数也主张中国应该实行政府主导型经济。1933年《申报》就中国现代化问题向社会各方面知名人士征文,在收到的26篇短论和专论中,绝大多数主张走受节制的资本主义或非资本主义道路。据大体统计,主张走自由资本主义道路的仅1篇,倾向于社会主义方式的5篇,主张采取资本主义和社会主义两者之长,即混合方式的有9篇,其余未正面或明确回答。① 在20世纪30年代和40年代关于中国应该实行什么样的经济体制讨论中,绝大部分的学者都强调政府的主导作用。他们强调通过政府实施有计划的经济,强调发展国营经济。② 即使是对国民党政府采取批判态度的马寅初也认为:"我们不完全采用英美资本主义自由竞争的制度,亦不完全采用苏联社会主义一切国营的制度,乃提出一种混合经济的制度,官营企业与民营企业同时并进,完全用英美式的建设,是不合时代的需求,完全用苏俄式的建设,是非中国所能办到的;故不得已采用混合制"。③

---

① 参见罗荣渠:《从"西化"到现代化》,北京大学出版社1990年版,第14~15页。
② 参见赵晓雷:《中国工业化思想及发展战略研究》,上海社会科学出版社1995年版,第82~88页。
③《马寅初经济论文选集》上册,北京大学出版社1981年版,第346页。

上述思想可以说是对孙中山"民生主义"思想的延续和发展。当时，无论是国民党、共产党，还是中立的学者，在强调政府主导作用和发展国营经济方面都是一致的，只是焦点集中在如何建立起一个代表人民利益的、廉洁有效的政府，正是在这一点上，阵线才是分明的。

因此，由中国共产党领导的新民主主义（经济上三大政策：没收官僚资本、耕者有其田和保护民族工商业、政治上反对独裁和实行民主政治），自然就成为战后（1945~1949年）中国人民的最终选择。

三、 冷战时期新中国的成立及战略选择

如果说第一次世界大战导致了苏联的诞生，那么第二次世界大战的结果，则是导致了一个强大的欧亚社会主义阵营的形成，以及众多国家的独立。对于战后这种世界形势的巨大变化，以美国为首的资本主义世界，一方面大力推行"冷战"和局部"热战"以遏制"共产主义"蔓延；另一方面，则不得不在国内推行改革。对于中国来说，在战后，美国在国共两党的斗争中采取了支持腐败的国民党的政策。随后又在朝鲜战争爆发后派军队进驻台湾，明确表示要阻止新中国政府统一台湾的计划。

在新中国成立初期，基于过去的历史经验和苏联的成功范例，我国也是毫不犹豫地站在了以苏联为首的社会主义阵营一边，而朝鲜战争则加剧了中国对资本主义世界的敌对。这种敌对，使得本来就以社会主义为目标的中国共产党，自然在民主革命任务完成以后，迅速选择了向社会主义过渡。

从政治上看，中国共产党及其所领导的政府的强大，不仅表现在没有任何政党或组织能够在政治上独立或制约中国共产党的决策和权力；还表现在其得到广大民众的支持，具有坚实的基础。就社会各阶层来说，人数最多的农民，经过彻底的土地改革，不仅使过去在政治上可以与基层政府抗衡的士绅阶层消失，甚至连可能对中国共产党不满的小地主和富农实际上也被消灭了。农村中不仅形成了清一色的个体农民，基层组织的领导者

（乡村干部和农会领袖）也是革命的获益者，不仅其财富，其权力和地位也来自中国共产党。他们是中国共产党最忠实的支持者。从城市看，中国共产党及其政府在就业、工资和劳动保护及保险方面确实大大改善了他们的处境，他们自然要拥护这个从农村来的、自称是他们阶级的政党。至于所谓的资产阶级，经过日寇和国民党政府的摧残和战争的破坏，到解放时已经衰落，又经过新中国政府整顿市场、限制政策以及"五反"的整治，到1952年底不仅政治上没有了表达自己意见的地位，在经济上也远不能与国家抗衡。

从经济上看，旧中国强大的"官僚资本"为新中国建立强大的国家资本奠定了基础。新中国政府通过没收官僚资本和敌产，控制了金融、重工业、现代交通通讯等关系国民经济命脉的行业。另外，在新中国成立初期，受战争和国民党经济长期通货膨胀的影响，市场混乱，为了保证供给和稳定市场，国营贸易企业也迅速发展起来，并控制了主要工农业产品的流通。在对外贸易方面，西方的封锁和贸易重心转向苏联和社会主义国家，是国营外贸企业在"统制外贸"后形成垄断的另一个重要原因。在投资方面，政府也成为现代工业和基础设施的主要投资者，这一方面是因为可能成为投资主体的农民太穷、资产阶级元气大伤、外资不能进入；另一方面，也是政府发行"公债"、控制信贷和限制资产阶级的结果。

至于当时在国民经济中占很高比重的小农经济（约有一亿多户），不仅因为规模小、经营分散，无力与市场和国家抗衡；而且更重要的原因是土地改革所实行的无偿的、平均分配土地的方法，动摇了私有财产神圣不可侵犯的信念（本来中国传统社会对这个观念就很薄弱），已经将国家的权力和意志铸入了农民的私有土地。特别是人数众多的、在农村掌握基层政权的贫下中农，作为中国共产党的既得利益者，在统购统销和合作化面前，不仅无力、也不愿意反抗。

从发展预期看，迅速改变中国经济落后的面貌，实际上是实现中国强大的根本。新中国成立以后，面对的是一个人口众多、人均资源缺乏、资金极为短缺的现实，要赶上欧美和周边的日本和苏联，必须要加快发展速度。而要加快速度，就必须加快重工业的发展。此时，对于中国这个大国来说，依靠对外扩张来获取资源和市场显然不可能，苏联的援助也很有限。实际上新中国面临着与"十月革命"后的俄国所面临的几乎完全一样的国际环境和国内经济。1922年，列宁针对苏联需要迅速发展重工业的情况说："重工业是需要国家补助的。如果我们找不到这种补助，那我们就会灭亡，而不成其为文明的国家，更不必说成为社会主义的国家了。所以我们在这方面采取了坚决的步骤。"[1]

1953年中国转入大规模经济建设后，资金和物资立即捉襟见肘，要么放慢工业发展速度，按照市场化配置资源，这在今天看也未尝不可，甚至可能从长期看经济发展速度并不慢，但是当时根据历史经验和理论（帝国主义和无产阶级革命时代），因担心战争随时可能爆发，中国或再次成为"鱼肉"，因而政府不愿意放慢工业化速度；要么尽可能地将剩余拿到国家手里，压低消费，并采取行政办法配置资源，使投资向重工业倾斜，加快工业化步伐。而后者就是苏联的办法。因此中国在20世纪50年代选择了社会主义制度和发展道路。

根据马克思主义理论，无论斯大林还是毛泽东所设想的单一公有制和计划经济体制，都要比资本主义制度表现出更高的效益、更快的发展速度。因为计划经济避免了资本主义的无政府状态和生产过剩危机，使资源得到最佳利用；而公有制则避免了资本主义阶级压迫和剥削所造成的劳资对立和劳动者的缺乏积极性。但是，从1956年社会主义改造完成以后，无论是哪个行业，都没有出现预期的效果，相反，据统计，在1978年以前的五年计划中，劳动生产率和经济效益最好的是"一五"时期，而"一五"时期又不如恢复时期。

在宏观经济管理方面，本来计划经济是为了提高资源利用效率，降低经济运行成本，避免企业和个人生产的无政府状态造成资源配置不当和浪

---

[1]《俄国革命的五年和世界革命的前途》（1922年11月13日），《列宁论新经济政策》，人民出版社1992年版，第200页。

费。但是,由于计划经济在决策方面的信息不充分、滞后甚至扭曲,执行过程中的不可遇见因素过多,以及官僚主义的阻碍,失误频繁,"计划赶不上变化""一年计划,计划一年"成为形象的概括。即使改革开放前最好的"一五"计划,也是在执行了两年半后才正式确定和公布,其间还出现了两次波动。至于1958年以后的计划,更是缺乏科学性,经济运行几乎不是按照计划,而是按照行政命令,甚至领袖的随心所欲。其效果也就可想而知了。浪费和低效几乎成为1978年以前体制的代名词。

在微观经济运行方面,公有制也同样没有起到调动人民群众生产积极性的预期作用。在农村,人民公社的集体生产和平均分配,压抑了农民的生产积极性,这一点与当时以及1978年后普遍实行的"包产到户"相比,结果是很清楚的,无须赘述。在城市,"职工吃企业的大锅饭,企业吃国家的大锅饭",压抑了企业和职工的积极性。

由于上述生产和分配制度,职工和农民的生产积极性自然不高,不仅与原来所预期的社会主义积极性相去甚远,甚至不如过去的私有制和"单干",因此"怀旧"和商品经济暗潮总是时起时伏,威胁到"社会主义";同时,官僚主义、浪费和低效愈演愈烈,于是"阶级斗争"和政治运动就成为不可缺少的督促机制,"增产节约"运动、社会主义教育运动等,几乎没有停顿过,并且间隔越来越短,声势越来越大,论调越来越高,直至爆发打倒"走资派"的"文革"。

四、1978年以后中国应对战略的根本转变

第二次世界大战结束以后,由于强大的社会主义阵营的出现,广大殖民地、半殖民地国家独立和民族解放运动的兴起,使得原来的经济发达的资本主义国家,不能再依靠以前的对外扩张和重新以武力划分世界市场来推进本国的发展,它们不得不将其发展中心和注意力集中到国内和依靠技术进步来占有世界市场。这种外部环境的变化,一方面使得这些资本主义国家不得不将扩大内需作为经济增长的主要推动力,从而也能够缓解国内

的工人阶级与资产阶级的矛盾（战后资本主义国家工人运动兴起也是一个重要原因），因此，战后各资本主义国家在政治上推行民主化、经济上推行凯恩斯主义和扩大社会保障和福利，从而形成一个庞大的中产阶级，保证了社会的基本稳定。另一方面，由于对外受到社会主义国家的对抗和民族解放运动的制约，原来依靠武力任意压迫和剥削落后国家的条件已经丧失（甚至在20世纪50～60年代资本输出的风险也大大增加），这些发达的资本主义国家，不得不去依靠技术进步和优化经营管理来从经济上进行竞争，以保持和扩大在世界市场和资源方面的份额。这种经济发展路径的变化，导致了这些资本主义国家内部的改革加速，而国内经济运行机制的改善、政治体制的进步和政府经济职能的调整，又反过来促进了科技发展和社会稳定。特别是90年代以后，由于冷战的结束、科技的迅速发展以及前社会主义阵营国家和中国的经济转轨，以资本跨国流动和打破贸易壁垒为特征的经济全球化迅速推进，使得资本主义全球化又进入一个新的时期。

在战后，由于发达资本主义国家内部的改革和世界环境的变化，无论是冷战时期还是现在，由几个帝国主义国家依靠战争来重新瓜分世界资源和市场的条件已不存在，世界大战的可能性越来越小。但是这种变化毕竟是逐步的、渐变的过程，因此中国对资本主义世界的认识也自然是一个基于列宁帝国主义论上逐步随着世界变化而发生变化的过程。

社会主义制度是帝国主义时代的产物，即它是帝国主义列强侵略战争和民族压迫的结果。因此当外部环境和条件发生变化后，它也必须随着经济发展和外部环境变化而与时俱进，做出相应的制度变革。

由于社会主义仅仅是资本主义全球化过程中出现的一种纠偏浪潮，社会主义制度和阵营的产生，不仅是与资本主义全球化同步进行的，也是相互制约的。从全球来看，社会主义制度不是作为资本主义制度的掘墓人，而是与资本主义制度并行发展、相互竞争的，它们之间不是替代的关系。从马克思主义的社会主义理论来讲，社会主义是比资本主义更高级的制度，是资本主义制度在全球发展的结果，但是在实际上，传统的社会主义制度从诞生之日起，它既是那些资本主义发展受到阻碍，而不能顺利发展国家的产物（当然，这种阻碍有的来自国内，有的来自国外，俄国、中国都是如此），也是对资本主义全球化发展过程中帝国主义阶段的纠偏和制约。而当国际形势一旦发生变化，这些社会主义国家由于依靠高度集权建立起现代工业体系和产业，那种单一公有制和计划经济因替代市场而取得的国家安全、社会稳定和高积累优势，就完全被计划经济的低效和缺乏人本精神所抵消，甚至成为进一步发展的障碍。改革和放弃传统的社会主义制度就成为必然，问题只是改革的目标和步骤怎样确定，这种变革需要支付多大成本、如何顺利进行。

1978年的改革开放，从根本上来说，一开始是对单一公有制和计划经济弊病的纠正。这种纠正是由于受到来自三个方面的压力和诱导：一是开眼看世界感到落后的压力；二是人民生活贫困的压力；三是新中国成立以来自己总结的经验教训和整个世界市场化趋势。特别值得一提的是，如果说中国文化传统将失误归结到政权的好坏（中国共产党将其概括为政权的性质），那么在1978年中国共产党人则不能够利用这个说法来解释这20年的失误，否则将失去执政的合法性和合理性。因此，只能从另外的角度，即经济体制的缺陷来解释问题。这也为正确认识单一公有制和计划经济的弊病开了方便之门。

1978年以后的对外开放是建立在两个重要认识转变基础之上的。没有这两个重新认识和判断，就不可能有对外开放。

一是对社会主义的判断：社会主义的实质从根本上说是快速发展社会生产力。实际上，中国共产党建立社会主义制度的目的和合法性，就在于社会主义制度比资本主义制度优越，可以比资本主义创造出更快的经济发展速度。毛泽东在20世纪50年代末就曾经说："我就不相信，无产阶级取得政权以后不能取到副食品，如果结论真是这样的话，那就请蒋介石回来。"① 党的十一届三中全会前后，邓小平总结新中国成立以来的经验教训，特别是"文革"期间"四人帮"的破坏，多次强调社会主义最根本的任务

---

① 《李富春同志在各协作区办公厅主任座谈会上的讲话（纪要）》，1959年6月10日。

是发展社会生产力。1977年12月26日，邓小平在会见澳大利亚共产党（马列）主席希尔和夫人乔伊斯时说："怎样才能体现列宁讲的社会主义的优越性，什么叫优越性？不劳动、不读书叫优越性吗？人民生活水平不是改善而是后退叫优越性吗？如果这叫社会主义优越性，这样的社会主义我们也可以不要。"① 1978年9月16日，邓小平在听取吉林省委汇报工作时指出："按照历史唯物主义的观点来讲，正确的政治领导的成果，归根结底要表现在社会生产力的发展上，人民物质文化生活的改善上。如果在一个很长的历史时期内，社会主义国家生产力发展的速度比资本主义国家慢，还谈什么优越性？"②

1980年5月，邓小平在会见几内亚总统杜尔时又说："根据我们自己的经验，讲社会主义，首先就要使生产力发展，这是主要的。只有这样，才能表明社会主义的优越性。社会主义经济政策对不对，归根到底要看生产力是否发展，人民收入是否增加。这是压倒一切的标准。空讲社会主义不行，人民不相信。"③

邓小平对社会主义本质的反思和重新界定，使一切"左"的阻碍改革开放的论点都失去了合理性。当然，这也得益于当时全党和全国人民对"文革"错误的反思这个大背景。

二是对战争问题的认识。仅有对社会主义本质的重新认识，对开放来说还是不够的。还有一个如何认识国际形势的问题。从列宁1917年创建了第一个社会主义国家苏联起，战争的阴霾就笼罩在社会主义国家的头上。中华人民共和国成立以后，我国经历了与周边国家的一系列紧张关系。从20世纪50年代初到70年代前期，中国长期处于战争的威胁下：50~60年代威胁主要来自以美国为首的西方，60年代末至70年代威胁则主要来自苏联。当然，这也与我们自己的某些"左"的错误政策有关系。实际上，从

---

① 中共中央文献研究室：《邓小平思想年谱》，中央文献出版社1998年版，第51页。
②《邓小平文选》第2卷，人民出版社1994年版，第128页。
③《邓小平文选》第2卷，人民出版社1994年版，第312~314页。

60年代以后，随着社会主义阵营的破裂、民族解放和国家独立运动的兴起，第三世界的力量越来越强大，以欧洲为代表的和平力量也越来越大，世界性战争爆发的可能性不是越来越大，而是越来越小，1972年尼克松访华打破了西方长达20多年的封锁敌视，1975年越南战争的结束，都说明中国的国际环境正在向好的方向转变。能否正确认识这种国际形势的变化，改变从列宁、斯大林时期就形成的战争不可避免的结论，积极发展与西方发达国家的经济关系，利用国际市场和国际资源来加快发展，是马克思主义能否与时俱进的关键所在。正是在这个问题上，邓小平再次做出了重大决断，提出了和平和发展是世界主流的观点。

1985年邓小平回忆说："粉碎'四人帮'以后，特别是党的十一届三中全会以后，我们对国际形势的判断有变化，对外政策也有变化，这是两个重要的转变。"[①]

正是根据上述两个重要认识和判断，认识到市场经济不是资本主义的专利，认识到平和发展是世界主流，认识到与资本主义长期共存、共同发展将是一个相当长的历史时期，这才使得中国走上了改革开放的道路，实现了经济转型与和平崛起。

[①] 邓小平:《在军委扩大会议上的讲话》，1985年6月4日。《邓小平文选》第3卷，人民出版社1993年版，第126~127页。

国际环境与中国发展道路的选择

从 17 世纪资本主义产生到今天，可以说是一个资本主义制度在内涵发展的同时，在外延和空间上不断全球化的过程。资本主义的发展，到目前为止，大致经历了 3 个阶段：早期资本主义阶段（17~19 世纪），帝国主义阶段（20 世纪前半期：1900~1945 年），后帝国主义阶段（1945 到今天）。不论是对内还是对外，资本主义制度自身也在发展和成熟。对外而言，第一阶段，资本主义依靠武力和商品向外扩张和建立殖民地，是"我为刀俎、人为鱼肉"的阶段；第二阶段，殖民地瓜分完毕，资本主义列强依靠战争来重新瓜分殖民地和世界市场并最终失败，两次世界大战之惨烈给了世界人民教训，特别是帝国主义国家的人民；第三阶段，社会主义国家的兴起与对抗、民族国家的独立和发展要求，都对资本主义列强构成了强大的挑战和威胁，迫使列强尽管对外仍有局部战争，却不敢再单纯以战争手段来欺压和掠夺其他国家。对内而言，为生存和发展而被迫进行的政治经济改革，客观上推动了民主化进程和市场经济的不断完善，使资本主义发展进入了一个新的阶段。这些都是新中国发展模式形成和演变的外部条件。

而中国从 1840 年开始与资本主义列强正面接触到今天的 170 余年里，其经历也是痛苦而曲折的：作为早期资本主义发展的受害者和中期帝国主义战争的牺牲者，在新中国成立以后，我国经历了与周边国家的一系列紧张关系，必然对国家安全问题十分忧虑和不安，存在着强烈的防范心理。正如有学者指出的那样，近代以来所形成的民族"危机感"，在 1949 年以后并没有消失,而是表现为对国际上的危机仍有着过高的估计。① 因此,中国不仅要进行工业化,还要"首先集中主要力量发展重工业,建立国家工业化和国防现代化的基础"②。哪怕这种非均衡的发展代价很高,直接的经济效益并不明显。就像著名的经济史学家罗斯托在《经济增长的阶段》中所说的:"反抗更先进的国家的入侵——素来是从传统社会转变为现代社会的最重要的和最强大的推动力,其重要性至少与利润动因等量齐观。"③

直到20世纪70年代后期,随着中国国防能力的大幅度提高和国际形势的缓和,和平与发展已经明显成为世界发展的主题后,中国与外部世界的关系,才由对抗为主转变为合作为主,并找到了一条可以与资本主义世界并行发展、吸取资本主义文明成果的社会主义道路。

一、自由资本主义阶段的列强侵略与中国的应对

从17世纪资本主义制度首先在英国诞生到19世纪末,是资本主义国家依靠武力和商品向外扩张和建立殖民地的阶段。对于这些少数资本主义国家来说,也是"我为刀俎、人为鱼肉"的殖民主义扩张阶段。在欧洲18世纪工业革命前,受生产工具和交通条件的限制,世界各地的交流是有限的,但是到19世纪中期,由于科技的发展和第二次工业革命的兴起,"资产阶级由于一切生产工具的迅速改进、交通的便利,把一切民族甚至是最野蛮的民族卷到文明中来了。资产阶级在不到一百年的统治中所创造的生产力比过去一切时代创造的全部生产力还要多,还要大"。但是,资本所固有的追逐利润最大化的本性,使得它的发展必须以市场需求为前提,在资本主义发展初期,为加速积累,只有广阔的国外市场,才能使资本家尽可能压低工人工资和消费而又不至于导致生产过剩的危机,因此开拓海外市场和

---

① 邹谠:《二十世纪中国政治》,牛津大学出版社1994年版,第234~237页。
② 中共中央文献研究室:《建国以来重要文献选编·1953》第4册,中央文献出版社1993年版,第353页。
③ 罗斯托:《经济增长的阶段》,转引自《发展经济学的先驱》,经济科学出版社1988年版,第243页。

寻求殖民地,及人口和商品的"出口导向",是早期资本主义国家发展的普遍特点。在19世纪上半期之前,由于资本主义生产方式和制度只是在少数几个国家处于主导地位,广大的世界其他地区还可以为这些资本主义国家的发展提供丰富的资源和市场空间,因此资本主义国家内部(供给大于需求)、资本主义国家之间(争夺世界市场和资源)的矛盾还不突出。但是到19世纪下半期,随着第二次工业革命的完成和资本主义扩张,世界市场已经被瓜分完毕,而此时崛起的德国、日本等新兴资本主义国家,为了寻求新的发展空间和资源,就要求重新瓜分世界资源和市场。1900年帝国主义列强强迫中国签订《辛丑条约》以及随后爆发的日俄战争,即标志着资本主义自由发展时代的结束。

在整个19世纪,如果说1840年的鸦片战争是中国与资本主义全球化的第一次正面冲突,那么随后的60年里,面对"三千年未有之变局",中国政府对资本主义采取了"师夷长技以制夷"和"中学为体,西学为用"的战略,无奈这种移植技术、不变制度的战略却导致国家不断衰落和解体,陷入困境。

从鸦片战争到"戊戌变法"前的50多年间,中国面对内忧外患,在"中学为体,西学为用"的观念下,试图将近代工商业依然包容在原有的封建政治体制之内,采取了"官办""官督商办",限制民间发展资本主义工商业的政策。对于政府经济职能,也是采取改革局部、维持整体的政策,其标志就是"洋务运动"。中国为什么会在50多年的时间里,在屡战屡败的情况下,依然执迷不悟,坚持"中学为体,西学为用",即仅学习西方的技术,而不学习西方的资本主义政治和经济制度呢?这与1840年以前传统社会中政府的作用和由此形成的观念是分不开的。

1840年以前的中国,是一个建立在农业文明高度发达基础上的封建社会。直到1840年以工业文明为基础的西方列强打开中国大门以前,中国社会仍然按照自身的农业文明发展规律向前发展,并达到较高水平。这主要表现在以下两个方面:

(1)以传统农业为基础的社会经济高度发达,农业进入精耕细作阶段,农田的单位面积产量较高，农业的剩余可以养活大量人口，维持庞大的城市和国家机构；与农业高度发达相一致的是手工业、商业和金融业也很发达，明中叶以后大量白银内流即是一例。这种传统农业文明高度发达的另一个表现，是经济体制表现出的高级形式，即土地可以作为商品自由买卖，地主经济和大量自耕农并存，租佃制和雇佣制的普遍存在，家庭财产继承在诸子间的相对平均，国家税制的相对统一和完善。

（2）政治体制从管理效能和相互制约角度看，表现出较高级的形态。传统中国社会的政治体制经过夏商周以来三千余年的发展，就传统的农业文明社会而言，到清代已经相当完备。第一，形成了统一而庞大的官府行政管理体系。其特点是条块结合、分级管理，实行对皇帝负责的三权分立、互相制约（行政、监察、司法）。第二，政府具有较强的经济职能，即除了承担国防和维护经济秩序，承担了"治河""救灾""市政建设"等公共工程和社会事业外，还通过官营工商业和专卖制度，将工商业纳入官府控制。第三，形成了一整套官吏选拔、考评和调任制度。特别是科举制度，不仅打破了贵族和豪强垄断政府机构，而且将教育纳入了官僚选拔，"学而优则仕""白衣可致卿相"，使社会的优秀人才进入官府管理阶层。

在上述基础上建立的政府机构及其官僚，不可能随着西方资本主义的入侵而迅速消失；相反，中国由于农业文明高度发达而导致的社会结构的"超稳定"性（包括政府的强大有力）和大国特点，对西方资本主义政治、文化的入侵和替代，保持了强大的排斥力。这种排斥主要来自于建立在农业文明基础上的政府和统治阶级观念（任何上层建筑都必然要维护其赖以生存的经济基础）。因此，1840年以后，清政府在西方"船坚炮利"的打击下被迫推行工业化的时候，封建统治阶级的观念自然是"中学为体，西学为用"。[①] 当然，近代中国对外部工业文明冲击的反应迟缓，也与清王朝经

[①] 参见严仲平：《中国近代经济史（1840~1894）》，人民出版社1989年版；夏东元：《洋务运动史》，华东师范大学出版社1992年版；丁伟志：《"中体西用"论在洋务运动时期的形成与发展》，《中国社会科学》1994年第1期。

过200年统治走向腐败有关（中国农业文明存在着明显的以朝代更替为标志的政治周期）。

二、帝国主义阶段外国侵略和无产阶级革命对中国的双重影响

从19世纪末，第二次工业革命使少数资本主义国家国力大增，资本主义开始进入由少数发达资本主义国家对世界资源和市场瓜分完毕并不断重新瓜分的阶段。这种以战争的形式、以殖民地和半殖民地为掠夺对象的重新瓜分，导致由局部战争演化为世界大战，而两次世界大战的间隔不到20年（如果从1919年巴黎和会算"一战"结束，从1937年日本全面侵华战争作为"二战"开始），第二次世界大战的规模、时间和死亡人数都大大超过了"一战"。其间还爆发了严重的世界性的1929年经济危机。这些都充分暴露出资本主义的严重弊病，"帝国主义是资本主义的垂死阶段"的结论被越来越多的人接受。

当世界资本主义发展到帝国主义阶段，即依靠武力来重新瓜分世界资源和世界市场的时候，社会主义作为制止这种资本主义灾难的一种新生力量应运而生。如果从世界范围看，到第一次世界大战前，资本主义制度只是在少数国家取得胜利，资本主义生产方式和工业化只是在少数几个国家得以实现，而大多数国家仍然处于这些资本主义国家的剥削和奴役下，国内的资本主义经济没有处于主导地位，资产阶级也没有获得统治地位。一句话，资本主义经济基础和上层建筑都还没有在这些落后国家建立起来。在这种状况下，当帝国主义国家发动重新瓜分世界资源和市场的世界大战后，因这些帝国主义国家同时又是发达的资本主义国家，是资本主义生产方式和社会制度的代表，因此，无论是殖民地、半殖民地人民，还是帝国主义国家的人民，其反对帝国主义的斗争和革命就必然包含有反对和否定资本主义的因素。这也是列宁为什么将帝国主义视为无产阶级革命的前夜，将帝国主义时代的民主革命纳入社会主义世界革命范畴的原因，这一点也被历史事实所证明。

因此，当第一次世界大战爆发后，帝国主义国家之间、帝国主义国家内部、帝国主义国家与殖民地人民之间的矛盾，就自然被社会主义革命者所利用，从而掀起一场反对资本主义的社会主义革命。第一个社会主义国家苏联的诞生，就是列宁领导的"布尔什维克"利用俄国战争期间国内矛盾的激化和资产阶级"二月革命"后的社会动荡和人民不满的时机，迅速进行了"十月革命"。可以说，第一个社会主义国家的诞生，虽然内部条件是人民对沙皇的封建军事帝国主义的抛弃，但是从整个大背景来看，却是广大人民通过第一次世界大战，对资本主义制度已经失去了信心，认为这是一个"恶"的制度，不愿意再建立这种制度。同样的，第二次世界大战以后，新产生的社会主义国家，除了那些主要依靠外部力量建立起来的国家，凡是主要依靠自己力量建立起来社会主义制度的国家，都是第二次世界大战的被侵略、被压迫者，都是由民族、民主革命转变到社会主义革命的。这些国家的社会主义革命，与其说是因为资本主义充分发达基础上的无产阶级与资产阶级的矛盾，不如说是因为这些国家是资本主义世界的受害者，这些国家的人民不愿意再选择资本主义制度。可以说，20世纪50年代社会主义在世界范围内形成浪潮，即反映了这种现象。

因此，可以说社会主义国家的诞生，既不是资本主义制度向更高层次的演进，也不是发达资本主义国家人民的选择，而是那些作为帝国主义受害者的国家和人民的另一种选择，即在许多国家发展资本主义的同时，对另外一种摆脱帝国主义奴役的发展道路的选择。因此，除了选择时的预期外，无论从理论上还是从实际上看，20世纪建立起来的社会主义制度，并不比资本主义制度更优越，相反，却在经济发展水平上落后于发达资本主义国家。

如果把20世纪世界资本主义进入帝国主义阶段作为这个阶段的开始，第二次世界大战后社会主义阵营的形成作为这个阶段的结束，那么中国在这个阶段则是处于备受欺凌、社会动荡的危亡时期。

"甲午战争"的中国惨败，宣告了"中学为体，西学为用"观念和政策的破产，日本成功的经验证明了中国不仅需要在技术上学习西方，还需要从制度上学习西方。随后掀起的"戊戌变法"及其失败，则反映出封建顽固势力仍然把持着政权和不愿意全面彻底学习西方的制度。但是在随后出现的义和团运动和八国联军入侵的双重危机压力下，清政府在1903年以后也不得不推行实质上是瓦解封建政权基础的经济和政治改革。在"戊戌变法"失败至1911年辛亥革命前，虽然在资产阶级中对改变现有政治体制上始终存在着"革命"与"改良"的争论，但无论在政治上主张共和制还是君主立宪制，在中国应实行资本主义经济制度上都是一致的。

辛亥革命以后，清王朝被推翻，中国名义上建立了资产阶级共和国，但是这个政权却把持在带有封建性质的军阀手中。以"巴黎和会"中国政府"丧权辱国"为标志，先进的知识分子开始寻找比资本主义自由经济和资产阶级"共和制"更有效的制度。在这种背景下，俄国的"十月革命"对中国产生了巨大的影响，不仅导致了中国共产党的产生，也最终促成孙中山"以俄为师"和国共合作。

在以蒋介石为领袖的国民党统治时期，也正是帝国主义列强发动战争、重新瓜分世界的时代。就南京国民党政府来说，其目的还是要建立一个资产阶级共和国，但是这种目标受到来自三个方面的挤压：一是来自大地主、权贵资产阶级等旧势力的挤压，他们反对真正意义的经济改革和政治改革；二是来自以共产党为代表的人数众多的工农挤压，他们因贫困或破产、甚至没有活路而对现政权严重不满，要求进行激烈的改革，如迅速实行"耕者有其田"；三是来自日本帝国主义侵略和欧美绥靖政策的挤压，使得大多数人对资本主义制度产生强烈反感和敌视态度。而这三个方面的力量和影响都很大。

由于以蒋介石为首的国民党统治集团的腐败，其独裁统治不仅遭到了以中国共产党为代表的工人和农民反对，也遭到了小资产阶级和民族资产阶级的反对，因此在抗战胜利后爆发的内战中，貌似强大的国民党很快被中国共产党打败，赶出大陆。历史最终选择了中国共产党和新民主主义。

三、战后两大阵营和民族解放运动对新中国的影响

如果说第一次世界大战导致了苏联的诞生,那么第二次世界大战的结果,则是导致了一个强大的欧亚社会主义阵营的形成,以及众多国家的独立。对于战后这种世界形势的巨大变化,以美国为首的资本主义世界,一方面大力推行"冷战"和局部"热战"以遏制"共产主义"蔓延;另一方面,则不得不在国内推行改革。对于中国来说,在战后,美国在国共两党的斗争中采取了支持腐败的国民党的政策。随后又在朝鲜战争爆发后派军队干涉台湾,明确表示要阻止新中国政府统一台湾的计划。

在新中国成立初期,基于过去的历史经验和苏联的社会主义的实践成功范例,我国也是毫不犹豫地站在了以苏联为首的社会主义阵营一边,而朝鲜战争则加剧了中国对资本主义世界的敌对。这种敌对,使得本来就以社会主义为目标的中国共产党,自然在民主革命任务完成以后,迅速选择了向社会主义过渡。

从政治上看,中国共产党及其所领导的政府的强大,不仅表现在没有任何政党或组织能够在政治上独立或制约中国共产党的决策和权力;还表现在其得到广大民众的支持,具有坚实的基础。就社会各阶层来说,人数最多的农民,经过彻底的土地改革,不仅使过去在政治上可以与基层政府抗衡的士绅阶层消失,甚至连可能对中国共产党不满的小地主和富农实际上也被消灭了。农村中不仅形成了清一色的个体农民,基层组织的领导者(乡村干部和农会领袖)也是革命的获益者,不仅其财富,其权力和地位也来自中国共产党。他们是中国共产党最忠实的支持者。从城市看,中国共产党及其政府在就业、工资和劳动保护及保险方面确实大大改善了他们的处境,他们自然要拥护这个从农村来的、自称是他们阶级的政党。至于所谓的资产阶级,经过日寇和国民党政府的摧残和战争的破坏,到解放时已经衰落,又经过新中国政府整顿市场、限制政策以及"五反"运动的整治,到1952年底,他们不仅在政治上和舆论上没有了表达自己意见的地位,在

经济上也远不能与国家抗衡。

从经济上看，旧中国强大的"官僚资本"为新中国建立强大的国家资本奠定了基础，新中国政府通过没收官僚资本和敌产，控制了金融、重工业、现代交通通讯等关系国民经济命脉的行业。另外，在新中国成立初期，受战争和国民党长期通货膨胀的影响，市场混乱，为了保证供给和稳定市场，国营贸易企业也迅速发展起来，并控制了主要工农业产品的流通。在对外贸易方面，西方的封锁和贸易重心转向苏联和社会主义国家，是国营外贸企业在"统制外贸"后形成垄断的另一个重要原因。在投资方面，政府也成为现代工业和基础设施的主要投资者，这一方面是因为可能成为投资主体的农民太穷、资产阶级元气大伤、外资不能进入；另一方面，也是政府发行"公债"、控制信贷和限制资产阶级的结果。

至于当时在国民经济中占很高比重的小农经济（约有一亿多户），不仅因为规模小、经营分散，无力与市场和国家抗衡；而且更重要的原因是土地改革所实行的无偿的、平均分配土地的方法，动摇了私有财产神圣不可侵犯的信念（本来中国传统社会对于这个观念就很薄弱），已经将国家的权力和意志铸入了农民的私有土地。特别是人数众多的、在农村掌握基层政权的贫下中农，作为中国共产党的既得利益者，在统购统销和合作化面前，不仅无力、也不愿意反抗。

从发展预期看，迅速改变中国经济落后的面貌，实际上是实现中国强大的根本。新中国成立以后，面对的是一个人口众多、人均资源缺乏、资金极为短缺的现实，要赶上欧美和周边的日本和苏联，必须要加快发展速度。而要加快发展还有一个非常重要的原因，那就是中华民族的独立和国家安全，因为对中国人民来说，近代以来"落后就要挨打"的教训太深刻了。

要加快工业发展速度，就必须加快重工业的发展。此时，对于中国这个大国来说，依靠对外扩张来获取资源和市场显然不可能，苏联的援助也很有限。实际上新中国面临着与"十月革命"后的俄国所面临的几乎完全一样的国际环境和国内经济。1922 年，列宁针对苏联需要迅速发展重工业的情况说："重工业是需要国家补助的。如果我们找不到这种补助，那我们就会灭亡，而不成其为文明的国家，更不必说成为社会主义的国家了。所以我们在这方面采取了坚决的步骤。"①

1953年中国转入大规模经济建设后，资金和物资立即捉襟见肘，要么放慢工业发展速度，按照市场化配置资源，这在今天看也未尝不可，甚至可能从长期看经济发展速度并不慢，但是当时根据历史经验和理论（帝国主义和无产阶级革命时代），因担心战争随时可能爆发，中国或许再次成为"鱼肉"，因而政府不愿意放慢工业化速度；要么尽可能地将剩余拿到国家手里，压低消费，并采取行政办法配置资源，使投资向重工业倾斜，加快工业化步伐。而后者就是苏联的办法。因此中国在50年代选择了社会主义制度和发展道路。其发展战略就是以应对未来战争为目的之一的优先快速发展重工业和实现赶超。

四、世界和平与发展主题对中国的影响

1971年中国恢复在联合国的合法席位和1972年美国总统尼克松访华以及随后形成的中国与西方国家建立外交关系浪潮，使得中国面对的国际环境大为改善。而战后经过20世纪50~60年代的国家独立、民族解放运动和西方发达国家的民主和反战运动，使得武力对抗越来越为和平竞争所取代，世界大战或者针对中国的大规模武装入侵的可能性越来越小。和平与发展已经成为世界发展的主流。这种国际形式和环境的变化，既促进了中国的改革开放，也为中国的发展提供了一个难得的战略机遇期。

第二次世界大战结束以后，由于强大的社会主义阵营的出现，广大殖民地、半殖民地国家独立和民族解放运动的兴起，使得原来的经济发达的资本主义国家，不能再依靠以前的对外扩张和重新以武力划分世界市场来

---

① 《俄国革命的五年和世界革命的前途》（1922年11月13日），《列宁论新经济政策》，人民出版社1992年版，第200页。

推进本国的发展，它们不得不将其发展中心和注意力集中到国内和依靠技术进步来占有世界市场。这种外部环境的变化，一方面使得这些资本主义国家不得不将扩大内需作为经济增长的主要推动力，从而也能够缓解国内的工人阶级与资产阶级的矛盾（战后资本主义国家工人运动兴起也是一个重要原因），因此，战后各资本主义国家在政治上推行民主化、经济上推行凯恩斯主义和扩大社会保障和福利，从而形成一个庞大的中产阶级，保证了社会的基本稳定。另一方面，由于对外受到社会主义国家的对抗和民族解放运动的制约，原来依靠武力任意压迫和剥削落后国家的条件已经丧失（甚至在 50~60 年代资本输出的风险也大大增加），这些发达的资本主义国家，不得不去依靠技术进步和优化经营管理来从经济上进行竞争，以保持和扩大在世界市场和资源方面的份额。这种经济发展路径的变化，导致了这些资本主义国家内部的改革加速，而国内经济运行机制的改善、政治体制的进步和政府经济职能的调整，又反过来促进了科技发展和社会稳定。特别是 90 年代以后，由于冷战的结束、科技的迅速发展以及社会主义阵营国家和中国的经济转轨，以资本跨国流动和打破贸易壁垒为特征的经济全球化迅速推进，使得资本主义全球化又进入一个新的时期。

在战后，由于发达资本主义国家内部的改革和世界环境的变化，无论是冷战时期还是现在，由几个帝国主义国家依靠战争来重新瓜分世界资源和市场的条件已不存在，世界大战的可能性越来越小。但是这种变化毕竟是逐步的、渐变的过程，因此中国对资本主义世界的认识也自然是一个基于列宁帝国主义论上逐步随着世界变化而发生变化的过程。

社会主义制度是帝国主义时代的产物，即它是帝国主义列强侵略战争和民族压迫的结果。因此当外部环境和条件发生变化后，它也必须随着经济发展和外部环境变化而与时俱进，做相应的制度变革。

由于社会主义仅仅是资本主义全球化过程中出现的一种纠偏浪潮，社会主义制度和阵营的产生，不仅是与资本主义全球化同步进行的，也是相互制约的。从全球来看，社会主义制度不是作为资本主义制度的掘墓人，而是与资本主义制度并行发展、相互竞争的，它们之间不是替代的关系。

从马克思主义的社会主义理论来讲，社会主义是比资本主义更高级的制度，是资本主义制度在全球发展的结果，但是在实际上，传统的社会主义制度从诞生之日起，它既是那些资本主义发展受到阻碍，而不能顺利发展国家的产物（当然，这种阻碍有的来自国内，有的来自国外，俄国、中国都是如此），也是对资本主义全球化发展过程中帝国主义阶段的纠偏和制约。而当国际形势一旦发生变化，这些社会主义国家由于依靠高度集权建立起现代工业体系和产业，那种单一公有制和计划经济因替代市场而取得的国家安全、社会稳定和高积累优势，就完全被计划经济的低效和缺乏人本精神所抵消，甚至成为进一步发展的障碍。改革和放弃传统的社会主义制度就成为必然，问题只是改革的目标和步骤怎样确定，这种变革需要支付多大成本、如何顺利进行。

1978年的改革开放，从根本上来说，一开始是对单一公有制和计划经济弊病的纠正。这种纠正是由于受到来自三个方面的压力和诱导：一是开眼看世界感到落后的压力；二是人民生活贫困的压力；三是新中国成立以来自己总结的经验教训和整个世界市场化趋势。特别值得一提的是，如果说中国文化传统将失误归结到政权的好坏（中国共产党将其概括为政权的性质），那么在1978年中国共产党人则不能够利用这个说法来解释这20年的失误，否则将失去执政的合法性和合理性。因此，只能从另外的角度，即经济体制的缺陷来解释问题。这也为正确认识单一公有制和计划经济的弊病开了方便之门。

1978年以后的对外开放是建立在两个重要认识转变基础之上的。没有这两个重新认识和判断，就不可能有对外开放。

一是对社会主义的判断：社会主义的实质从根本上说是快速发展社会生产力。实际上，中国共产党建立社会主义制度的目的和合法性，就在于社会主义制度比资本主义制度优越，可以比资本主义创造出更快的经济发展速度。毛泽东在20世纪50年代末就曾经说："我就不相信，无产阶级取得政权以后不能取到副食品,如果结论真是这样的话,那就请蒋介石回来。"① 党的十一届三中全会前后,邓小平总结新中国成立以来的经验教训,特别是"文革"期间"四人帮"的破坏,多次强调社会主义最根本的任务是发展社会生产力。1977 年 12 月 26 日,邓小平在会见澳大利亚共产党(马列)主席希尔和夫人乔伊斯时说:"怎样才能体现列宁讲的社会主义的优越性,什么叫优越性?不劳动、不读书叫优越性吗?人民生活水平不是改善而是后退叫优越性吗?如果这叫社会主义优越性,这样的社会主义我们也可以不要。"② 1978 年 9 月 16 日,邓小平在听取吉林省委汇报工作时指出:"按照历史唯物主义的观点来讲,正确的政治领导的成果,归根结底要表现在社会生产力的发展上,人民物质文化生活的改善上。如果在一个很长的历史时期内,社会主义国家生产力发展的速度比资本主义国家慢,还谈什么优越性?"③

邓小平对社会主义本质的反思和重新界定,使一切"左"的阻碍改革开放的论点都失去了合理性。当然,这也得益于当时全党和全国人民对"文革"错误的反思这个大背景。

二是对战争问题的认识。仅有对社会主义本质的重新认识,对开放来说还是不够的。还有一个如何认识国际形势的问题。从列宁 1917 年创建了第一个社会主义国家苏联起,战争的阴霾就笼罩在社会主义国家的头上。中华人民共和国成立以后,我国经历了与周边国家的一系列紧张关系。从 20 世纪 50 年代初到 70 年代前期,中国长期处于战争的威胁下:50~60 年代威胁主要来自以美国为首的西方,60 年代末至 70 年代威胁则主要来自苏联。当然,这也与我们自己的某些"左"的错误政策有关系。实际上,从 60 年代以后,随着社会主义阵营的破裂、民族解放和国家独立运动的兴起,第三世界的力量越来越强大,以欧洲为代表的和平力量也越来越大,世界性战争爆发的可能性

---

① 《李富春同志在各协作区办公厅主任座谈会上的讲话(纪要)》,1959 年 6 月 10 日。
② 中共中央文献研究室:《邓小平思想年谱》,中央文献出版社 1998 年版,第 51 页。
③ 《邓小平文选》第 2 卷,人民出版社 1994 年版,第 128 页。

不是越来越大，而是越来越小，1972年尼克松访华打破了西方长达20多年的敌视和封锁，1975年越南战争的结束，都说明中国的国际环境正在向好的方向转变。能否正确认识这种国际形势的变化，改变从列宁、斯大林时期就形成的战争不可避免的结论，积极发展与西方发达国家的经济关系，利用国际市场和国际资源来加快发展，是马克思主义能否与时俱进的关键所在。正是在这个问题上，邓小平再次做出了重大决断，提出了和平和发展是世界主流的观点。

1985年邓小平回忆说："粉碎'四人帮'以后，特别是党的十一届三中全会以后，我们对国际形势的判断有变化，对外政策也有变化，这是两个重要的转变。"①

正是根据上述两个重要认识和判断，认识到市场经济不是资本主义的专利，认识到平和发展是世界主流，认识到与资本主义长期共存、共同发展将是一个相当长的历史时期，这才使得中国走上了改革开放的道路，实现了经济转型与和平崛起。

五、 经济全球化和政治多极化对中国的影响

1991年苏联的解体标志着以美苏两个超级大国对抗为特征的冷战时代的结束。世界呈现出美国独大和世界多极化的格局；同时，在经济方面，以计算机和互联网等科技带来的信息革命大大推进了经济全球化的速度，也导致了以金融深化为特征的虚拟经济的繁荣。进入新世纪以后，世界经济逐步形成了新的增长格局，那就是：新兴市场国家逐步成为全球主要制造基地，美国等发达国家成为全球主要消费市场，资源富集的国家成为全球初级产品主要提供者；国家资本市场也形成了与上述国家对应的环流关系。这种由"主要制造基地""主要消费市场"和"初级产品主要提供者"

---

① 邓小平：《在军委扩大会议上的讲话》，1985年6月4日。《邓小平文选》第3卷，人民出版社1993年版，第126~127页。

三大板块构成的新国际分工形态，使生产与消费由不同的国家和经济体实现，即出现了相当程度的物质生产者与消费者的脱离。发达国家，特别是美国依赖其经济、技术领先地位，尤其是美元作为主要国家货币的金融优势，在国际资本循环流动中聚敛起足以支撑其作为全球消费市场的财富，把持了世界再生产过程既作为终点也作为起点的消费环节，从而导致了世界经济发展的失衡。

在这个背景下，中国自1992年明确了社会主义市场经济的改革目标，进一步扩大了对外开放，提出了充分利用国外市场和国外资源的"两个利用"战略，并不失时机地于2001年加入了世界贸易组织（WTO）。从而使得中国获得了更加广阔的发展空间和更强的动力。从1992年到2011年，尽管经历过1997年的亚洲金融危机和2008年的世界金融危机，但是中国的对外贸易总额却从1655亿美元增加到36421亿美元。

自1978年改革开放以来，随着国际环境的变化，中国以对外开放的姿态越来越深地融入世界经济，并在国际政治舞台上发挥着越来越大的作用。以参加国际组织为例，2000年，中国共参加了3090个国际组织，其中1415个是协定性政府间组织；到2007年，中国共参加了4386个国际组织，其中1753个是协定性政府间组织。[①] 2001年4月，由中国主导并发起成立了"博鳌亚洲论坛"这一非政府、非营利性的国际组织；同年6月成立了上海合作组织（这是在中国主导之下创立的首个政府间国际组织）；同年12月中国加入世界贸易组织（WTO）；这三件大事标志着自2001年起中国的国际地位取得了突破性进展。2008年11月中国参加了在美国华盛顿召开的二十国集团（G20）首次首脑峰会，在会上发挥了主要作用；2009年6月，中国参加了"金砖四国"领导人首次峰会；在此前后成立的中非合作论坛、中阿合作论坛、中国—太平洋岛国经济发展合作论坛、中国—加勒比地区经贸合作论坛，以及2009年世界银行发展委员会通过了发达国家向发展中国家转移投票权的改革方案，中国的投票权从2.77%提高到4.42%，并于

[①] 参见蒲聘：《全球化时代的国际组织变迁与中国的战略选择》，《教学与研究》2012年第1期。

2012年进一步提高到6.39%，仅次于美国和日本；2010年中国在联合国正常预算中的会费比例提高到3.189%，比1999年的0.97%提高了两倍多。都显示出中国以更加积极的姿态活跃在国际舞台上。

另一方面，经过改革开放以来30多年的持续快速发展，中国的经济总量在世界各国中的排名，已经由1978年的第10位上升到2010年的第2位，占世界经济的总量也由1978年的1.8%上升到2010年的10%左右。中国作为一个新兴的快速发展的经济体，对世界经济增长的拉动作用越来越大，特别是2008年世界金融危机以来更是如此。

但是，中国快速的贸易增长和经济增长，使得美国、欧盟以及日本等发达国家感到不安，他们并不希望中国成长为一个经济强国，为了保持对世界经济发展的主导权，西方发达国家通过设定各种进出口管制措施阻止中国的劳动密集型产品进入本国，同时又限制高技术产品出口中国，延缓中国产业升级的步伐，从而达到抑制中国发展的目的。例如：虽然中国与美国在商品和服务贸易方面一直处于顺差，但美国对向中国高科技产品出口一直受到非常严格的限制。据海关统计，2001年中国自美国进口的高技术产品占中国高技术产品进口总额的18.3%，到2010年这一比重下降到7.1%。欧盟一贯严格限制核材料设备、复合材料化学制品、大功率直流电源、电流脉冲发生器、高性能计算机、传感器、激光器、船舶、航空电子设备、推进系统航天器等高科技产品的对华出口。此外，日本对包括中国在内的10个国家实行严格的出口管制。发达国家高技术产品出口对中国的限制使得中国的产业结构升级滞后、出口产品长期以劳动密集型为主，难以向资本密集型和技术密集型转化。

中国从国际舞台的边缘走向中央，将经历一个中国与外部世界相互适应、相互影响的磨合过程。在西方学者和政治家眼中，全球治理体系仍需以美国为主导，新参与者必须遵守既定的游戏规则。针对以美国为首的西方继续维持霸权的思维定式和战略，中国提出了建立和谐世界的主张。2005年9月15日，胡锦涛在纽约召开的纪念联合国成立六十周年首脑会议上，发表了题为《努力建设持久和平，共同繁荣的和谐世界》的讲话，系统阐述了中国的和谐世界理念。他说,"应该从四个方面建设和谐世界:第一,坚持多边主义,实现共同安全;第二,坚持互利合作,实现共同繁荣;第三,坚持包容精神,共建和谐世界;第四,坚持积极稳妥方针,推进联合国改革。"

2008年由美国次贷危机引发的世界金融危机反映了在科技革命和经济全球化下的世界经济失衡,国际关系进入一个新的调整时期。即胡锦涛所总结的四个特点:一是世界经济结构进入调整期;二是世界经济治理机制进入变革期;三是创新和产业转型处于孕育期;四是新兴市场国家力量步入上升期。[①] 由新兴市场国家参与的20国集团峰会在国家取代西方7国首脑会议在国际经济事务中发挥越来越大的作用即是例证,中国已经成为20国集团中具有重要影响力和代表性的成员。但是,正如胡锦涛在世界金融危机发生时所指出的那样,应该看到,世界经济增长格局会有所变化,但是经济全球化深入发展的大趋势不会改变;政府维护市场正常运行的职责会有所强化,但是市场在资源配置中的基础性作用不会改变;国际货币多元化会有所推进,但是美元作为主要国际货币的地位没有发生根本改变;发展中国家整体实力会有所上升,但发达国家综合国力和核心竞争力领先的格局没有改变。基于上述判断,中共中央在关于制定"十二五"规划的建议中提出:"我国发展重要战略机遇其存在的基本条件和我国发展机遇大于挑战的基本面并没有因为国际国内形势新变化而发生根本性改变。"[②]

在上述国际形势下,中国提出了"加快经济发展方式转变,在继续保持和扩大国际市场份额的同时努力扩大内需,增强我国抵御国际市场风险的能力"的对策。与此同时,我国提出还要推进20国集团的机制化建设,将其从应对国际金融危机的有效机制转向促进国际经济合作的主要平台,使之"从协同刺激转向协调增长,从短期应急转向长效治理,从被动应对转向主动谋划。"[③]

[①] 参见《胡锦涛在中央经济工作会议上发表重要讲话》,新华社2010年12月10日。
[②]《十七大以来重要文献选编》(中),中央文献出版社2011年版,第1007页。
[③]《人民日报》,2010年6月28日。

陈云对中国社会主义政治经济学的贡献

2015年11月23日,习近平总书记在主持中央政治局第二十八次集体学习时指出,全党要认真学习马克思主义政治经济学,特别是中国共产党将马克思主义基本原理与中国实践相结合基础上形成的中国社会主义政治经济学。学习马克思主义政治经济学,既要坚持其基本原理和方法,更要同我国经济发展实际相结合,不断形成新的理论成果。习近平同志回顾了新中国成立以来我国的实践和创新,由此我想到了长期领导我国经济工作的陈云,他对中国社会主义政治经济学形成和发展的贡献彪炳史册,他的思想和实践内容丰富,博大精深,常学常新。

一、关于发挥计划和市场两个作用的思想

陈云是新中国建立以后较早认识到市场调节作用的领导人,他在国民经济恢复时期就认识到要充分利用市场调节的作用。1950年"统一财经"后出现"刹车后仰",城市工商业遇到困难,他就提出扩大城乡交流的办法;同时还利用国营商业的"牌价"引导市价,利用国家调整粮棉比价来引导农民生产等办法,实行"计划管理"和"市场调节"相结合来调控经济。

在资本主义工商业改造的过程中,陈云根据改造的需要,加强了对市场的控制和管理,将农民、个体手工业者、合作经济和资本主义工商企业纳入国家的计划管理。当然,计划管理分指令性计划和指导性计划。但是

当社会主义改造基本完成、计划经济体制确立之后,陈云就开始强调要重视市场调节的作用。

1956年6月30日,陈云针对社会主义改造后因市场调节消失引起的生产流通中的问题和部分人大代表的意见,提出应改变过去因社会主义改造而采取的对市场管理过严的办法,应允许农村自由市场的存在来作为国家市场的补充。7月21日,陈云指出:"市场管理办法应该放宽。现在从大城市到小集镇大部分都管得太死,放宽后,害处不大,好处很多。"① 在23—26日召开的上海、北京、天津、沈阳、开封七个公私合营公股代表座谈会上,陈云又一次明确提出:"现在应该来一个社会主义基础上的计划经济范围内的自由市场。资本主义生产是无政府状态,在大范围内不合理,在小范围内还是合理的。社会主义生产,在大范围内合理,在小范围内还有不合理之处。我们要做到既在大范围内合理,又在小范围内合理。"② 这说明陈云已经看到了单一公有制和计划经济体制下微观经济中的缺陷,并力图引入市场机制来弥补它的不足。

8月23日,陈云在国务院召开的关于工商业改造的组织形式座谈会上明确提出:"过去只有国家市场,没有自由市场,现在要有国家市场,也要有在国家市场领导下的自由市场。如果没有这种自由市场,市场就会变死。这种自由市场不同于资本主义国家的自由市场,因为它不是盲目的市场,而是国家市场的助手。"③

9月11日,陈云主持国务院第三十七次全体会议,讨论《中共中央、国务院关于加强农业生产合作社的生产领导和组织建设的指示》,在会上再次阐述了他关于"主体—补充"的思想,他提出:"事无大小,统统计划不行。个体生产是集体所有制的补充。这种自由市场只有百分之二十五,百分之七十五都是国家统购。如果没有这个百分之二十五的自由就搞死了,

---

① 《陈云文选》第2卷,人民出版社1995年版,第335页。
② 《陈云文集》第3卷,中央文献出版社2005版,第74页。
③ 《陈云文集》第3卷,中央文献出版社2005版,第99页。

这个百分之二十五的自由是必要的。现在，就是要在社会主义经济基础上，恢复一九五三年的情况，搞死了不行。应该是大的方面计划，小的方面自由。"①

1956年9月20日，在中国共产党第八次全国代表大会上，陈云在题为《社会主义改造基本完成以后的新问题》的大会发言中，专门讲到了要利用市场机制问题。陈云指出："市场管理办法限制了私商的采购和贩运。这些办法使农产品、农业副产品实际上成为由当地供销合作社或国营商业独家采购，而没有另外采购单位的竞争。因此，当供销合作社和国营商业对于某些农产品、农业副产品没有注意收购或者收价偏低的时候，这些农产品和农业副产品就会减产。"② 针对这种情况，陈云提出了"主体—补充"设想，"在社会主义的统一市场里，国家市场是它的主体，但是附有一定范围内国家领导的自由市场"，并指出因开放自由市场而引发的市场波动只是暂时的，是国家可以控制住的。

在党的八大肯定了陈云提出的开放农村自由市场的设想后，10月4日，陈云为国务院起草了《关于放宽农村市场管理问题的指示》，在充分肯定了开放农村自由市场好处的前提下，提出了比较具体的管理农村自由市场的办法。10月28日，国务院第五办公室召开了农村市场汇报会议，陈云在会上做了重要讲话。就农村自由市场问题，陈云提出两点：一是要开放，二是要管好。他说："农民贸易的开展，对刺激农业社多种经营，增加农民收入，增加供应社会需要的商品，活跃城乡市场，满足人民需要，弥补社会主义商业不足等，都起很大的作用。但是，自由市场开放后，有些农业社和农民进行商品贩运，影响农业社的巩固和农业生产的发展。"因此有必要对农民贸易做几项规定，限制农民贩运和专业经商，上市交易的产品一般限制在自产的范围内。陈云还提出："农村市场开放后，为了加强市场领导工作，需要有一个统一的市场管理机构。在区、镇或乡政府指定的专人领

---

① 《陈云文集》第3卷，中央文献出版社2005版，第103页。
② 《陈云文选》第3卷，人民出版社1995年版，第5页。

导下,由国营商业、供销社、银行、税务所等单位组成市场管理委员会,统一管理农村市场。"①

这里需要特别指出,陈云对自由市场的看法,是随着对计划经济体制和运行结果认识的深入而发生变化的。他不仅看到了将市场机制引入社会主义微观经济运行中的必要性,而且还通过农村自由市场运行中所产生的问题,看到了在计划经济体制下,仅在流通领域引入市场机制是不够的,它对于增加供给的作用也是非常有限的,而在供给不能有效增加、短缺成为常态的前提下,自由市场并不一定能够发挥出它的积极作用,甚至适得其反。他在1961年11月10日中共各中央局第一书记会议上讲粮食问题时就指出:"我们物资充足、市场稳定的时候,跟现在物资不足、市场不稳定完全不同。所以我说,现在对农村的集市贸易开放不开放这样的问题要加以考虑,这也是问题之一。开放多大,开放到哪一级,应该考虑。不要说自由市场一定好,不见得。我向来主张开放自由市场,但是我现在怕这个东西。"②

与利用市场机制相匹配的,除了应允许少部分个体甚至私营经济的存在外,还应允许国营企业和合作社利用市场机制。1956年9月,陈云在党的第八次全国代表大会上的发言,全面深入分析了社会主义改造基本完成后出现的新问题,主张要及时纠正在改造过程中只注意集中生产、集中经营,而忽视分散生产、分散经营的错误做法。主张对一部分商品采取选购和自销,让许多小工厂单独生产,把许多手工业合作社划小、分组或按户分散经营,把许多副业产品归社员个人经营,放宽小土产的市场管理,等等。陈云提出:"我们的社会主义经济的情况将是这样在工商业经营方面,国家经营和集体经营是工商业的主体,但是附有一定数量的个体经营。这种个体经营是国家经营和集体经营的补充。至于生产计划方面,全国工农业产品的主要部分是按照计划生产的。但是同时有一部分产品是按照市场

---

① 《陈云文集》第3卷,中央文献出版社2005版,第109~111页。
② 《陈云文集》第3卷,中央文献出版社2005版,第385页。

变化而在国家计划许可范围内自由生产的。计划生产是工农业生产的主体,按照市场变化而在国家计划许可范围内的自有生产是计划生产的补充。因此,我国的市场,绝不会是资本主义的自由市场,而是社会主义的统一市场。在社会主义的统一市场里,国家市场是它的主体,但是附有一定范围内国家领导的自由市场。"①

在1956年社会主义改造取得伟大胜利和计划经济体制确立后,绝大多数党内外人士甚至经济学家都对单一公有制和计划经济抱有很高的期望时,陈云却能够敏锐地发现单一公有制和计划经济存在的问题,从实际出发,及时地提出了上述意见,不仅难能可贵,而且为1962年的国民经济调整和1978年以后的改革开放产生了重大影响,起到了思想和政策的先导作用。

二、关于综合平衡、稳步前进的思想

中国作为一个地域辽阔、人口众多的发展中大国,经济发展不平衡和实行赶超型发展战略,必然导致经济发展不均衡。在这种情况下,当实行计划经济时,如何做到经济发展综合平衡、稳步前进,是非常困难的。陈云从新中国成立初期领导国民经济恢复工作和编制"一五"计划时就开始研究这个问题。

1954年,陈云负责起草"一五"计划草案时,就注意到了积累与消费的平衡问题。1954年7月,针对"一五"计划编制中的问题,陈云提出了中国经济计划中需要遵循四大平衡——物资平衡、财政收支平衡、购买力与商品供给平衡、信贷平衡——的思想,并强调,"各生产部门之间的具体比例,在各个国家,甚至一个国家的各个时期,都不会是相同的。一个国家,应根据自己当时的经济状况,来规定计划中应有的比例。……我国因为经济落后,要在短时期内赶上去,因此,计划中的平衡是一种紧张的平

---

① 《陈云文选》第2卷,人民出版社1995年版,第13页。

衡"①。1956年12月，陈云又提出"工业、交通等内部的基本建设应该有适当的比例。首先是工业内部应该有适当的比例。现在，各说各的少，弄不清楚。应该按照中国的情况，研究出正确的比例关系。"②

早在我国"一五"计划的编制过程中，陈云就深刻论述了比例和平衡的关系。他说："按比例发展的法则是必须遵守的，但各生产部门之间的具体比例，在各个国家，甚至一个国家的各个时期，都不会是相同的。一个国家，应根据自己当时的经济状况，来规定计划中应有的比例。究竟几比几才是对的，很难说。唯一的办法只有看是否平衡。合比例就是平衡的，平衡了，大体上也会是合比例的。"③

陈云在领导经济工作中，很快发现按比例和综合平衡是防止因"急于求成"而脱离实际的有效方法，只要实行综合平衡，就能够稳步前进，避免不切实际的高指标，防止大起大落，使国民经济可以持续稳定发展。

为了使国民经济能够按比例和平衡发展，陈云对于关系国民经济全局的重大比例和综合平衡问题进行了长期的调查研究。例如，他对于积累和消费的比例关系，农业、轻工业、重工业的比例关系，两大部类的比例关系，以及农业为基础、工业为主导的问题，能源、交通必须先行的问题，重点建设与一般建设的关系问题，都提出了切合实际的重要意见。陈云关于综合平衡的论述也是很丰富的。

1957年1月，陈云系统地总结了新中国成立以来有关综合平衡的经验教训，提出"建设规模的大小必须和国家的财力、物力相适应"的平衡发展理论。陈云还结合当时的实际情况，提出了5条防止建设规模超过国力的制约方法："①财政和信贷都必须平衡，而且应略有节余；②物资要合理分配，排队使用；③人民购买力的提高必须同消费品的可供量相适应；④基建规模与财力物力之间的平衡，不单要看当年，而且必须瞻前顾后；⑤重

---

① 《陈云文选》第2卷，人民出版社1995年版，第241~242页。
② 《陈云文集》第3卷，人民出版社2005年版，第135页。
③ 《陈云文选》第2卷，人民出版社1995年版，第241页。

视农业对经济建设规模的约束力。"①

在实行综合平衡、稳步前进的方针方面,还反映出陈云一贯坚持的"不唯书、不唯上,要唯实"的思想品格。陈云的"四大平衡思想"和"短线平衡"主张,曾经在1958年受到毛泽东的批评,被认为是"消极的平衡",不利于调动积极性和主动性,结果从上到下实行了"积极平衡",即"长线平衡"的办法,结果导致了国民经济的严重失调。1962年,陈云在中央财经小组会议上讲到关于综合平衡时就说:"无非是长线、短线。过去几年,基本上是按长线搞平衡。这样做,最大的教训就是不能平衡。结果,建设项目长期拖延,工厂半成品大量积压,造成严重浪费。在这方面,这几年的教训已经够多了。按短线搞综合平衡,才能有真正的综合平衡。所谓按短线平衡,就是当年能够生产的东西,加上动用必要的库存,再加上切实可靠的进口,使供求相适应。所以,一定要从短线出发搞综合平衡,这样做,生产就可以协调,生产出来的东西就能够配套。配了套才能做大事情,不配套就只是一堆半成品,浪费资金。"②

三、关于发挥中央与地方"两个积极性"的思想

中国是一个地域辽阔、人口众多、区域经济发展非常不平衡的大国,如何处理好经济发展中的中央和地方关系,充分发挥中央政府和地方政府"两个积极性",始终是新中国党和政府面临并需要解决的重大问题。新中国成立后,根据国情需要,我们实行了高度集中的单一制管理体制,这种体制的优越性是可以做到"全国一盘棋",统筹兼顾,特别是在经济落后和发展极端不平衡的条件下,有利于国家的统一和稳定。但是,这种体制对于现代经济的发展具有不利影响,那就是中央的政策往往"一刀切""齐步走",容易忽视地方的特点,压抑地方发展经济的灵活性、主动性和积极

---

① 《陈云文选》第3卷,人民出版社1995年版,第52~55页。
② 《陈云文选》第3卷,人民出版社1995年版,第211~212页。

性，但是如果过于"放权"，又容易出现各自强调自己的特殊性，"自行其是"。这是一个两难选择。为了充分发挥中央和地方两个积极性以加快经济发展，陈云在这方面做了大量的积极探索，并留下了重要的思想和历史经验。

1957年前后，我国对中央地方经济关系的调整，是在社会主义改造完成、计划经济建立后的第一次体制变革尝试。陈云主持了这次调整的方案设计，虽然这次调整依然没有摆脱"一管就死，一放就乱"的两难困境。但是从中可以了解到陈云对国情的认识以及各种因素对中央地方关系调整的制约。

1953年我国转入大规模经济建设以后，国家经济建设的主要目标是保证以苏联援助的"156项"为核心的694个限额以上建设项目完成。而在当时资金和技术人员都非常有限的条件下①，将国营企业的利润主要集中在中央，将财政收入主要集中在中央，将有关人民生活和经济建设的主要物资的配置权力主要集中在中央，是保证优先快速发展重工业的"一五"计划顺利实施的基本前提和条件。这种高度集中的计划经济体制有一个很大的优点，就是能够把当时国家非常有限的资金、物资和技术力量集中起来，用于有关国计民生的重点项目、国民经济发展中的薄弱环节和经济落后地区，特别是国防工业方面，从而比较迅速地形成新的生产力，促使国民经济有计划按比例迅速地发展。例如在1953年全国财经会议上国家计委曾经根据地方的要求，提出发展地方工业的"三就地"方针，结果"就使得上海、天津等工业比较集中的大城市，得不到原料，销不出产品，造成某些工厂减产甚至停工，失业工人增加，生产设备闲置起来；另一方面，许多工业生产设备很差甚至没有设备的地方，却要求扩大生产，多掌握本地原料，甚至盲目建设新厂，以致不足的原材料得不到合理分配，已经积压的

---

① 按照当年价格计算，1953年全国财政收入仅223亿元人民币，1957年仅达到310亿元；在人才方面，据1956年初周恩来在知识分子会议上的估计，工程师和讲师以上职称的知识分子不足10万人，而且其中相当大的部分在文教卫生系统、高校和政府里。

产品由于盲目生产而更形积压"。① 这也说明了在当时的条件下，适当的权力集中的必要性。

但是，它的弊病也是很明显的。例如：中央有的部限制安徽地方发展工业，竟然以安徽工业落后为理由，说省里没有资格办工厂，不能把合肥变成"人为的"工业城市。又如，新中国成立后五年中，中央只给天津地方工业安排20万元基本建设投资，建什么都要报中央有关部门批准，甚至连市里设多少电影队、每队配备多少人，也都要报中央主管部门同意。这种中央对国营经济和地方财政管得过多的弊病，在1956年社会主义改造完成，国营经济比重大大提高以后，问题就更加突出了。

1957年1月中旬，陈云主持召开五人小组会议。讨论贯彻落实毛泽东在《论十大关系》中提出的适当划分中央与地方经济权限问题。会议向中央提议在国务院之下组织六个小组，研究中央与地方的权力划分问题。这六个组是：工业，贾拓夫为组长；交通，王首道为组长；农林水利，邓子恢为组长；文教，林枫为组长；商业，程子华为组长；财政，李先念为组长。这六个组于3月底制订出一个草案，到6月底，五人小组再将修改过的这个方案提交国务院。1月27日，陈云在省市自治区党委书记会议上专门讲了中央与地方经济权力的划分问题的设想和步骤。陈云指出："中国一个省的大小相当于外国一个国。如果像现在这样，地方机动的余地很小，这种情况不应该是经常的，中央不可能包揽全国的事情。所以，五人小组会议认为应该有适当的分权，重点不能过分集中。正如毛主席所指示的关于重工业、轻工业、农业要有适当的比例关系，这样分散之后，地方可以多搞一点轻工业、农业，其结果对于我国发展重工业并不是放慢了，可能还快一点。"关于调整的步骤，陈云说："只能今年作准备，明年再实行。总理召开的体制会议定的原则也是这样的，去年讨论，今年准备，明年实行。""将来分的方法怎么样？我想了一下，可能是逐步分，不可能一次就

---

① 中国社会科学院、中央档案馆：《1953～1957年中华人民共和国经济档案资料选编》综合卷，中国物价出版社2000年版，第363页。

分得很好。"①

1957年1月30日，陈云在国务院第五办公室办公会议上又一次谈到中央与地方的分权问题。② 针对社会主义改造完成以后商业的新情况，陈云说：国营商业公司"在建国初期以至国家经济建设的前几年，垂直领导多一些是必要的。现在，情况已经发生变化了，公司条条太多，下边不好管理。原来，我们要求商业企业机构上边分细，下边分粗。但是，下边分得粗也就要求上边分得粗，只有上边分粗才能下边分粗"。关于商业的利润分成问题，陈云提出："中国之大，几百万商业利润也要经过中央批准是不正常的。采取企业分成的办法有苦乐不均的情况，贫富省如何调剂？总之，分成要做到中央与地方各得其所，地方的积极性要和中央的计划性结合起来。如果商业利润全归地方，就有可能发生商品调拨不灵，或是尽先安排当地产品的情况。还是批发、零售一齐分，各级都分一点为好。这样，既能发挥地方的积极性，又不致使国家的财政过分分散。"③

对于中央经济权力下放容易导致经济失衡、"一放就乱"的可能性，陈云是党内最早预见并考虑防范措施的。1957年9月24日，陈云在党的八届三中全会上做了《经济体制改革以后应该注意的问题》发言，他已经预见到了地方分权后最大的危险是不顾全局，从而打破综合平衡。他说："中央某些职权下放以后，必须加强对各个地方的平衡工作。""扩大地方的职权是完全必要的，一般来说，当地的事情，地方比中央看得更清楚一些。体制改变以后，更可以因地制宜地办事。但是，必须加强全国的平衡工作。因为经济单位是分散的，没有全局、整体的平衡，就不是有计划的经济。过去中央各部可能忽视地方，但是职权下放以后，地方也可能发生不顾全局的倾向。因此，一方面要有适当的分权，同时又要加强综合。"④ 1958年

---

① 《陈云文集》第3卷，中央文献出版社2005年版，第146页。
② 第五办公室的主要职责是协助总理负责掌管财政部、粮食部、商业部、对外贸易部、中国人民银行的工作，并负责指导中华全国供销合作总社的工作。
③ 《陈云文集》第3卷，中央文献出版社2005年版，第155~156页。
④ 薄一波：《若干重大决策与事件的回顾》（修订本）下卷，人民出版社1997年版，第794页。

4月11日，在国务院第七十五次全体会议讨论《国务院关于改进税收管理体制的规定》时，陈云也讲到"改进税收管理体制，给了下面这么多权利，是不是会乱，需要给大家讲清楚"。①

针对中国是一个经济发展非常不平衡而又资金匮乏的大国，陈云始终强调在中央经济权力适当下放以后，要更加关注发挥中央在经济建设方面统筹安排的独有功能。他还以水利方面的建设为例子，说明只能由中央统筹的好处："第二个五年计划、第三个五年计划要花一点力量，花一点财力治涝，治了涝之后，冀、鲁、豫等地区的老百姓会喊'毛主席万岁'。钱就那么点，治了涝其他各省用钱就少了，别的地区不是很吃亏了吗？我想，你们地区比较富裕一些，冀、鲁、豫、苏北、皖北比较穷，你们看了也不会舒服。无产阶级不解放其他阶级，自己也不能解放。道理就是如此。你们好的地区不牺牲一点集中力量救济灾区的话，灾区年年受灾，年年要救济，你们那个地方增产以为可以多吃一点粮食，其实还是要调出来。所以说，真正灾区好了，你们那里也有好处。因此，治涝是为了冀、鲁、豫、苏北、皖北，也是为了你们。"②

为了防止"一放就乱"，地方政府的随意性泛滥和"投资饥渴症"加重。陈云还设想了一些监督制约措施。例如在上述实行粮食"包干分成"的省份，陈云提出："地方分成的粮食，财务仍归中央，粮食使用权归地方。"③ 这样以来，对于地方分成得到的粮食，中央就可以实行比较有效地监督。在国营商业企业实行中央与地方利润分成以后，陈云也提出："采取分成办法后，商业基本建设投资低值易耗待摊费用等，也都归地方开支。中央应该在企业利润上抓紧。"④ 这样在将利润分给下面的同时，也将成本管理和自我约束加到了地方身上，于是因信息不对称而导致的中央监督成本过高的问题也就解决了。

---

① 《陈云文集》第3卷，中央文献出版社2005年版，第200页。
② 《陈云文集》第3卷，中央文献出版社2005年版，第215页。
③ 《陈云文集》第3卷，中央文献出版社2005年版，第184页。
④ 《陈云文集》第3卷，中央文献出版社2005年版，第156页。

四、关于处理好积累与消费关系的思想

新中国成立时,中国内陆还是一个经过百余年战乱破坏、以传统农业为主的经济落后国家,人民的温饱问题还没有解决,生产剩余非常有限,国家有限的财力与即将开始的经济建设所需要的巨额资金之间存在着巨大的缺口,中国如何克服"贫困循环",即跨越所谓的"贫困陷阱"[①],成为新中国开展大规模经济建设后面临的最严重问题。在这个时候,苏联又答应全面援助中国经济建设,特别是尖端科技和国防工业,这是一个难得的历史机遇。在这种形势下,一方面是西方国家的"经济封锁",另一方面则是社会主义阵营的国家经济结构相似,没有剩余资金,对中国的援助有限,这就决定了中国必须主要依靠自身积累来加快工业化进程。因此,在改革开放以前的 30 年里,如何处理好积累与消费的关系,则关系到国民经济平稳快速发展和人民生活持续提高这两个社会主义最根本的问题。正如 1953 年因基本建设规模过大而引发农副产品供不应求、价格上涨,陈云负责制订农产品统购统销政策时,他就形象地说:"我现在是挑着一担'炸药',前面是'黑色炸药',后面是'黄色炸药'。如果搞不到粮食,整个市场就要波动;如果采取征购办法,农民又可能反对。两个中间要选一个,都是危险家伙。"[②] 虽然这里讲的是统购统销,但是实际上反映的是积累与消费的关系。面对这个两难选择,陈云用极为浅显明了的语言"一要吃饭、二要建设"来说明这个关系。他认为改善民生不仅仅是一个经济问题,同时也是一个重大的政治问题。正如陈云所指出:"现在是我们管理国家,人民有无饭吃就成了我们的责任。"[③]

[①] 发展经济学家罗格纳·纳克斯归纳了贫困循环,即从供给来看"低收入—低储蓄水平—低资本形成—低生产率—低产出—低收入"的恶性循环,而从需求上看,存在"低收入—投资引诱不足—低资本形成—低生产率—低收入"。

[②]《陈云文选》第 2 卷,人民出版社 1995 年版,第 208 页。

[③]《陈云文选》第 2 卷,人民出版社 1995 年版,第 15 页。

1956年10月23日，陈云在国务院常务会议上发言时又指出："我国的建设规模究竟应该多大，是个根本性的问题。前三年的建设基本上按计划进行，今年规模大了。国家建设和人民生活的矛盾要很好解决，现在国内市场很紧张，人人都有意见。今后搞建设，粮食、肉、植物油等吃的东西必须得到保证。"①

改革开放以后，随着以"放权让利"为特点的改革推行，特别是农村家庭联产承包责任制的实行，调动了人民群众的积极性，农业连年大幅度增产，加上调整经济、压低积累率，激发了广大人民群众迅速提高生活水平的愿望和迫切心情；经过"文革"十年的破坏，使许多人对社会主义的优越性产生怀疑，党的领导干部也希望通过迅速提高人民群众生活水平来凝聚人心。因此在经济调整期间，强调消费，强调生活水平的现代化又成为主要倾向，出现滥发奖金、补贴，消费基金增长过快的现象。针对这种倾向，陈云开始从另一个方面来调整积累与消费的关系，即强调适度积累的必要性。

1981年9月2日，陈云在中央政治局会议上提出："人民生活改善的幅度不能大于生产增长的幅度。工资也好，奖金也好，对农民的补贴也好，都要有一定的幅度。每年国家增加的收入，分给人民生活多少，用于建设多少，要有通盘的筹划。一要吃饭，二要建设。饭可以吃得好一点，特别是现在吃得差的人，总要慢慢让他们吃得好一点。但吃得太好也办不到，总还要有钱搞建设。"②

陈云在1981年12月召开的省、自治区、直辖市党委第一书记座谈会上再次提出，我们经济工作的一个大方针就是，"一、要使十亿人民有饭吃；二、要进行社会主义建设。只顾吃饭，吃光用光，国家没有希望。必须在保证有饭吃后，国家还有余力进行建设。因此，饭不能吃得太差，但也不能吃得太好。吃得太好，就没有力量进行建设了。这里就包含着一个提高

---

① 中共中央文献研究室：《陈云年谱》中卷，中央文献出版社2000年版，第338页。
② 中共中央文献研究室：《陈云年谱》下卷，中央文献出版社2000年版，第280页。

人民生活水平的原则界限：只有这么多钱，不能提高太多，必须做到一能吃饭、二能建设。"① 1982 年 1 月 25 日，陈云邀请姚依林、宋平等国家计委负责人举行春节座谈会，他又指出，"人民的生活需要改善，可以改善，但改善的幅度要很好研究。还是那句话：从全局看，第一是吃饭，第二要建设。吃光用光，国家没有希望。吃了之后，还有余力搞建设，国家才有希望。"②

1983 年 6 月 30 日，在中央工作会议上，陈云又一次提出，"这几年人民群众的生活比过去有了较大的改善，今后也还需要进一步改善。但是，人民生活改善的幅度不能大于生产增长的幅度。工资也好，奖金也好，对农民的补贴也好，都要有一定的限度。还是那句话：一要吃饭，二要建设。吃光用光，国家没有希望；吃了之后，还有余力搞建设，国家才有希望。"③

1984 年以后，城市经济体制改革全面启动，受到农村改革成功和农民生活水平大幅度提高的鼓舞，加上通货膨胀的影响，城市居民对提高收入的预期目标也空前高涨。1988 年 10 月，陈云在同中央负责同志谈当前经济工作的几个问题时，又强调"提高人民生活水平，要掌握一定的幅度，不能过高、过快。还是那两句老话：一要吃饭，二要建设。好事要做，又要量力而行"④。

陈云提出"经济建设和人民生活必须兼顾，必须平衡"的思想和主张，反映出他始终坚持以人民为主体地位的宗旨，出发点都是为了处理好人民群众的长远利益和眼前利益的关系。1962 年 3 月 7 日，陈云在中央财经小组会议上讲："我们花了几十年的时间把革命搞成功了，千万不要使革命成果在我们手里失掉。现在我们面临着如何把革命成果巩固和发展下去的问题，关键就在于要安排好六亿多人民的生活，真正为人民谋福利。"老百姓吃饭穿衣，是生活所必需的，经济不摆在有吃有穿的基础上，我看建设是

---

① 《陈云文选》第 3 卷，人民出版社 1995 年版，第 306 页。
② 中共中央文献研究室：《陈云年谱》下卷，中央文献出版社 2000 年版，第 289 页。
③ 《陈云文选》第 3 卷，人民出版社 1995 年版，第 323 页。
④ 《陈云文选》第 3 卷，人民出版社 1995 年版，第 367 页。

不稳固的。①

经济建设方面，在如何保证基本建设规模与物力、财力保持平衡的问题上，陈云为了解决好"吃饭"与"建设"的关系，特别提出："要先生产，后基建；先挖潜、革新、改造，后新建。"②他指出："在原材料供应紧张的时候，首先要保证生活必需品的生产部门最低限度的需要，其次要保证必要的生产资料生产的需要，剩余的部分用于基本建设。"③这样做就可以避免盲目扩大基本建设规模，挤掉必需品、生活资料和生产资料的生产，影响人民群众的生活和社会安定。陈云还多次强调"不能用发票子来搞基本建设"。因为多发票子就会导致通货膨胀，受害的是人民群众。他说："基建投资年年有赤字是不行的，因为年年用发票子来搞基建，到了一定的时候，就会'爆炸'。"④

五、小结

陈云作为党的第一代领导集体的重要成员，是中国社会主义经济建设的开创者和奠基人之一，为确立社会主义基本经济制度、建立独立的比较完整的工业体系和国民经济体系做了大量卓有成效的工作，为探索我国社会主义建设道路做出了杰出贡献。改革开放后，他又作为党的第二代领导集体的重要成员，积极支持邓小平同志倡导的改革开放，支持和推动农村和城市改革，支持从沿海到内地不断扩大对外开放。他提出，在社会主义经济中要有意识地发挥和扩大市场调节作用，支持探索符合实际、充满活力的社会主义经济新体制。他提出改革要不断总结经验，脚踏实地向前推进。这一切都为构建中国社会主义政治经济学提供了丰富的思想和实践，值得我们好好发掘、深入学习和发扬光大。

---

① 《陈云文选》第 3 卷，人民出版社 1995 年版，第 86 页。
② 《陈云文选》第 2 卷，人民出版社 1995 年版，第 240 页。
③ 《陈云文选》第 2 卷，人民出版社 1995 年版，第 45 页。
④ 《陈云文选》第 3 卷，人民出版社 1995 年版，第 237 页。

改革开放初期邓小平对中国经济发展目标的调整

新中国成立以后,作为一个有着悠久历史和灿烂文明的社会主义大国,一方面中国继续面临着来自外部世界对国家安全和统一的威胁,另一方面人口多、底子薄的经济落后状况制约着中国的发展;在这种条件下,如何尽快改变中国贫穷落后面貌,赶上和超过世界发达国家,使中华民族不仅自立于世界民族之林,而且为人类社会的发展做出更大的贡献,始终是执政的中国共产党一贯追求的目标。从民主革命和国民经济恢复任务完成以后党立即提出"过渡时期总路线",到1958年提出社会主义建设总路线,再到改革开放以后提出"以经济建设为中心"的基本路线,都反映了加快经济发展的要求,这也代表了中国人民的要求,反映了中国社会主义理论、道路和制度的本质。但是,事物总是有两个方面的作用,在上述思想成为推动中国经济和社会改革发展的强大动力,并取得了令世界瞩目的伟大成就的同时,党内的急躁情绪也产生了,经常出现超过现实和国情的"高指标""大干快上"等发展冲动和偏差,导致新中国经济发展中多次出现波动和被迫调整,并造成不应有的损失。

一、 新中国的发展战略和难以克服的急于求成

实现经济上赶上和超过资本主义发达国家,是20世纪社会主义国家普遍实行的国家经济发展战略,它不仅是这些国家发展的需要,也是社会主义生存的需要。可以说,经济发展速度关系到社会主义国家的生死存亡。

第二次世界大战以后，新产生的绝大多数社会主义国家，都是第二次世界大战的被侵略、被压迫者，都是由民族、民主革命转变到社会主义革命的。因此当这些国家建立起社会主义制度的同时，还面临着本该由资产阶级完成的工业化任务，而这些国家的工业化任务，与依靠外部资源和市场发展起来的资本主义国家工业化相比，更加艰巨。同时，世界两大阵营的对立和战争威胁，使得这些社会主义国家工业化任务也更加迫切。社会主义只有在经济发展上表现出超过资本主义的优越性和速度，才可能存在和发展。这就是赶超战略形成的根本原因。

中国作为一个人口多、底子薄、多民族、经济落后的社会主义大国，自然也面临着上述的快速实现工业化的艰巨任务，同时国家尚未统一和严峻的国际环境使得国家安全问题更加突出，这些都使得中国必然实行经济上的赶超战略。这个赶超战略的形成，以"一五"计划为标志，可以简单概括为：主要依靠国内积累建设资金，从建立和优先发展重工业入手，高速度地发展国民经济；实施"进口替代"政策，通过出口一部分农产品、矿产品等初级产品和轻工业产品换回发展重工业所需的生产资料，并用国内生产的生产资料逐步代替对它们的进口；改善旧中国留下的工业生产布局极端不合理和区域经济发展极端不平衡的畸形状态；随着重工业的建立和优先发展，用重工业生产的生产资料逐步装备农业、轻工业和其他产业部门，随着重工业、轻工业和农业以及其他产业部门的发展，逐步建立独立完整的工业体系和国民经济体系，逐步改善人民生活。这种赶超战略具有以下几个特点。①以高速度发展为首要目标。②优先发展重工业。③以外延型的经济发展为主。外延型的发展是指实现经济增长的主要途径是靠增加生产要素。④从备战和效益出发，加快内地发展，改善生产力布局。⑤以建立独立的工业体系为目标，实行进口替代。由于实行赶超战略，加上单一的公有制，因此在经济发展上就呈现出"投资饥渴症"和"资源约束型"的经济波动，而短缺则成为常态。

在制订和实施"一五"计划期间，核心问题还是如何加快中国的经济发展速度问题。对于这个问题的紧迫性，毛泽东在1956年的话就很有代表性:"你有那么多人,你有那么一块大地方,资源那么丰富,又听说搞了社会主义,据说是有优越性,结果你搞了五六十年还不能超过美国,你像个什么样子呢?那就要从地球上开除你的球籍!"①

中国与大多数社会主义国家一样,之所以选择社会主义和实施计划管理,重要原因就是要通过这种制度,主要依靠国内的积累和集中资源,在社会安定的前提下加快经济发展速度。因此,我国从制订第一个五年计划开始,始终将加快经济发展和早日实现工业化作为第一目标。"一五"和"二五"计划是以15年左右实现工业化为目标;"三五""四五""五五"计划是以20世纪末基本上实现四个现代化为目标。

粉碎"四人帮"以后,领导层和群众中普遍存在着要求加快建设,"把'四人帮'耽误的时间夺回来,把'四人帮'造成的损失补上去"的良好愿望,大多数中央领导人在这个问题上的意见也是一致的。经济形势在原来低起点上的较快好转,使当时的中央主要领导人产生了急于求成的情绪。1977年2月15日,国家计委向国务院汇报1977年经济方针,提出要调整经济部署,整顿企业。3月1日中央政治局讨论时,华国锋说:"今年有调整的意思,但考虑来考虑去,没有提调整。今年经过努力,要前进,而且为今后三年更好完成五年计划打基础。要积极一点,要看到困难,更要看到有利条件、有利因素。"于是,1977年的经济方针只确定要整顿企业,不提调整经济。这个当时尚属谨慎的设想很快又被突破。

4月19日,粉碎"四人帮"刚刚过去半年,《人民日报》就发表了题为《抓纲治国推动国民经济新跃进》的社论,提出"一个新的跃进形势正在形成"。要求"赶超'三个水平'",即"首先达到和超过本单位历史最高水平,再赶超全国同行业的最高水平,进而赶超世界先进水平"。

1977年9月11日,华国锋召集国务院负责人举行会议,研究加快经济建设速度问题。他批评国家计委提出的工业增长幅度"太保守",要求"要开足马力,挽起袖子大干","明年的积累要加快"。他还说,不能满足今年

---

① 《毛泽东选集》第5卷,人民出版社1977年版,第296页。

工业增长10%，要争取更高速度，12%的速度也不满足，要争取更高的速度。甚至说："假如工业只增长10%，你们就不要来向政治局汇报。"①

随后，10月26日《人民日报》发表评论员文章《速度问题是一个政治问题》，要求用"革命加拼命的精神，争时间，抢速度，大大加快我国国民经济发展的步伐"。1978年元旦的社论把这个建设速度问题上升得更高，"建设的速度问题，不是一个单纯的经济问题，而是一个尖锐的政治问题"，"我们不能满足已有的成绩，一定要有一个高速度。这是社会主义历史阶段无产阶级战胜资产阶级，社会主义战胜资本主义的需要"。1978年2月26日，华国锋在第五届全国人大的政府工作报告中提出："工业学大庆、农业学大寨的群众运动蓬勃发展，一个新的跃进形势已经来到了。"这成为了当时经济工作的总体方针。

急于求成表现在规划上，是修改和执行《十年规划纲要》中提出了违背中国当时国情、超过国家综合国力的经济跃进计划，制定了一大批经济建设的高指标。表现在方法上，是继续采用投入大量资金、人力搞大会战的"大跃进"运动。与以往经济过热表现不同的是，这次跃进还依赖大量借贷外国资金、引进外国设备的手段，因此后来又被人称为"洋跃进"。

《1976～1985年发展国民经济十年规划纲要》，是1975年由国家计委拟定并经邓小平主持中央政治局会议讨论通过的。当时还难以摆脱"文革"的政治压力进行科学论证，已经存在着指标过高的问题。随后的1976年，由于政治动荡和唐山大地震，实际上已经降低指标实行。到1977年，已经不具有可行性了。然而，这个《纲要》仍然被当作总体规划考虑。

1977年11月18日，国家计委向中央政治局汇报了今后23年的设想和"六五"计划，经过讨论，得到批准。11月24日至12月11日，全国计划会议研究了长远规划，向中央政治局提出了《关于经济计划的汇报要点》。

《汇报要点》建议：今后到2000年的23年中，分三个阶段打几个大

---

① 国家计委档案：《粉碎"四人帮"以后经济指导工作中的问题》，1980年11月15日。

战役，到本世纪末使我国的主要工业产品产量分别接近、赶上和超过最发达的资本主义国家，各项经济技术指标分别接近、赶上和超过世界先进水平。具体安排是：第一阶段即1978～1980年的头三年，重点抓农业和燃料、动力、原材料工业，使农业每年以4%～5%、工业每年以10%以上的速度大步前进；第二阶段即1981～1985年，展开基本建设的大计划，工业方面要建成120个大项目，包括30个大电站、8个大煤炭基地、10个大油气田、10个大钢铁基地、9个大有色金属基地、10个大化纤厂、10个大石油化工厂、十几个大化肥厂，新建和续建6条铁路干线，改造9条旧干线，重点建成秦皇岛、连云港、上海、天津、黄埔5个港口，这一阶段，粮食生产要达到8000亿斤，钢铁产量要达到6000万吨，原油要达到2.5亿吨；第三阶段，在2000年以前全面实现四个现代化，使我国国民经济走在世界前列。

这个不切实际的过高指标计划是在有关部门更高的规划基础上制定的。10月，煤炭部向中央政治局汇报时提出，"要拿下前所未有的高速度"，1987年煤炭产量要突破10亿吨，赶上美国。冶金部在汇报中提出，到1985年钢产量要达到6000万吨，力争7000万吨，到本世纪末要建成二十几个鞍钢。1978年1月，全国农业机械化会议强调指出，1980年基本上实现农业机械化，是"毛泽东主席向全党和全国人民发出的伟大号召"，要全党动员，苦战三年，使1980年全国农业机械化水平达到70%左右，大中型拖拉机拥有量增长70%，手扶拖拉机拥有量增长36%，排灌动力机械拥有量增长32%，化肥年产量增长58%。[1]

1978年2月，中共中央政治局批准了高指标的《汇报要点》，与1978年国民经济计划指标一起下达，要求贯彻执行，并写进了五届全国人大政府工作报告稿。2月9日，在讨论政府工作报告时，邓小平提出："还是说稳当一些好。我们的总产值达到美国的水平，按人口平均也比美国差得多。到那个时候，农民的比重仍然会这么大。就是160元，生活也不怎么高。"

---

[1]《中华人民共和国国民经济和社会发展计划大事辑要》，红旗出版社1987年版，第384～388页。

关于引进，中央政治局一致认为要抓紧时间，加快谈判，加大规模。1978年3月，全国第五届人大一次会议通过了高指标的《1976年到1985年发展国民经济十年规划纲要》。华国锋在政府工作报告中表现出了乐观的态度，他说："实现了十年规划，我国经济技术水平将发生巨大变化，物质基础会雄厚得多，就有把握再经过三个五年计划的努力，使我国国民经济走在世界的前列。""10年规划和23年设想提出的任务是宏伟的，也是完全能够做到的。"他的依据，仍然是学大庆、学大寨："大庆油田产量在17年间平均增长28%，大寨去年平均每人生产粮食2000多斤，如果我们所有企业、社队都能向他们看齐，我们国民经济将会出现一个多么令人欢欣鼓舞的景象啊！"

从当时的经济状况看，要实现这一系列计划指标是不符合实际的。1978年国民经济虽然比"文革"时期有了较大好转，但多年积淀的问题没有得到根本解决，主要反映在农、轻、重比例失调上。农业方面，农产品严重不足，很多农村地区还存在着吃饭问题，需要国家救济，外出逃荒讨饭现象严重。为了保证供应，国家全年进口粮食139.1亿斤、棉花1901万担、油5.8亿斤、食糖123.8万吨，共用外汇21亿元。大寨的成就，后来被证实有较大的水分，而且得到国家投资的特殊照顾。当时全国只有1600个农机制造厂、2700个农机修造厂，进行低规模的简单农机制造修配。在这样的条件下，3年实现农业机械化显然是不可能的。据估计，实现中等标准的机械化每亩需投资300元，而当时每亩年积累不到6元。工业方面，重工业虽然得到一定发展，内部比例却很不协调，机械加工能力超过了钢铁工业所能提供的原材料，不得不通过进口解决。能源工业与其他工业比例严重失调，大庆油田的成就是显著的，但也有其特殊性，较多地依靠自然资源的储藏和采掘，建设十几个大庆并没有得到地质勘探结果的论证。况且，能源工业的单方面发展，并不能直接带动钢铁、机械制造等基础工业的同步发展，对电子、纺织等轻工业的影响更小。科技力量和工艺、管理水平方面也没有可能对全面跃进予以足够的支持。

二、"文革"后开眼看世界和解放思想第一人

20世纪60年代以来,随着中苏关系的恶化,中国陷入了一个经济对外相对封闭的状态,尤其是受"文革"极左错误的影响,即使在1972年中国恢复了在联合国的合法席位以及中国与西方的关系大为缓和以后,中国对西方世界战后变化的了解还是受到很大局限。而邓小平自1974年复出后即参与外交工作,1975年率团出席联合国大会,并取道法国,成为中国高层领导集体中最早出访和了解外国的人。而1977年再次复出后,他继续抓外交,仅在1978~1979年,就先后访问了朝鲜、日本、缅甸、泰国、马来西亚、新加坡、美国等,加上他早年留学法国,使得邓小平成为1976年以后中共领导集体中最先开眼看世界、最了解西方发达国家经济状况的人。

1964年,在三届人大一次会议的政府工作报告中,周恩来代表中央政府第一次宣布了两步走的现代化发展战略:从第三个五年计划开始,第一步,建立一个独立的比较完整的工业体系和国民经济体系;第二步,全国实现农业、工业、国防和科学技术的现代化,使中国经济走在世界的前列。① 1975年1月,周恩来在四届人大政府工作报告中重申了"两步设想":第一步,在1980年以前,建成一个独立的比较完整的工业体系和国民经济体系;第二步,在本世纪内,实现农业、工业、国防和科学技术的现代化。时任国务院副总理的邓小平在同年3月为了强调实现四个现代化的重要性还特别指出:"距离把我国建设成具有现代农业、现代工业、现代国防和现代科学技术的社会主义强国从现在算起还有二十五年时间,全党全国都要为实现这个伟大目标而奋斗,这就是大局。"② 粉碎"四人帮"以后,中国出现的"大干快上"实现"四个现代化"的热潮也引起国际社会的高

---

① 《周恩来选集》(下卷),人民出版社1984年版,第419页。
② 《邓小平文选》第2卷,人民出版社1994年版,第4页。

度关注。1977年9月10日，邓小平在会见日中友好议员联盟代表团时，在谈到中国实现四个现代化问题时，邓小平指出："这个问题实际上是毛主席、周总理生前提出的计划、设想。由于'四人帮'的干扰，不仅耽误了时间，而且受到相当的破坏。现在，我们的任务是要把'四人帮'耽误的时间和破坏的东西抢回来。"①

邓小平在1977年恢复工作并主抓教育、科研和外交过程中，对中国经济、教育和科技落后的情况比较清楚，针对国内不少人不清楚或不敢承认这个问题，他曾多次讲。1977年9月29日，邓小平在会见英籍华人作家韩素音时说："1975年我曾讲过，同日本相比我国落后了50年。那时我老想抓科研，结果不仅没有抓上去，反而我自己被抓下去了。"②"后来又说有些人专门搞形而上学，什么都自己第一。20年代我出国就是坐的5万吨邮轮。凤庆轮一万吨还没过关就吹起来了。江青责问我，我就和她辩论。"③ 在29日下午会见参加国庆28周年的华侨、华人、港澳台同胞旅行团部分成员时他就指出："世界发展到了什么样子，他们不知道，也不敢知道。我们要承认落后，不要怕丑。最近我跟外国人谈话都是讲这些话，有些外国朋友觉得惊奇。这有什么惊奇？承认落后就有希望，道理很简单，起码有个好的愿望，就是要干，想出好方针、政策和办法来干。"④ 10月7日，会见日本三冈访华团在谈到科技现代化时他又说："科学本身就是老老实实的，一点弄虚作假也不行。不行就是不行，再吹也不行。知道自己不行，就有希望。"⑤ 1978年2月9日，在参加政治局讨论《政府工作报告（草案）》经济部分的会议时，针对报告中关于到20世纪末"人民的物质和文化生活水平将大大提高，三大差别将显著缩小"的提法，邓小平指出："还是说稳当一点好。我们的总产值达到美国的水平，按人口平均也比美国差得多。'三

---

① 《邓小平年谱（1975~1997）》（上），中央文献出版社2004年版，第198页。
② 《邓小平年谱（1975~1997）》（上），中央文献出版社2004年版，第210页。
③ 《邓小平年谱（1975~1997）》（上），中央文献出版社2004年版，第245页。
④ 《邓小平年谱（1975~1997）》（上），中央文献出版社2004年版，第211页。
⑤ 《邓小平年谱（1975~1997）》（上），中央文献出版社2004年版，第217页。

大差别将显著缩小'这句话可以删掉。"①

1978年5月28日,邓小平在会见阿尔及利亚总统特使时又说:"过去由于'四人帮'的干扰,就是关起门来搞建设,连世界是个什么样子都不清楚。如果说60年代前半期我们同世界技术上的发展有些差距,但不很大,那么这十多年则拉得很大。"②

10月22~29日,邓小平应日本政府邀请访问日本,这是他继1975年参加联合国大会去美国和顺道经过法国后,再一次访问经济发达国家,访问期间,邓小平再一次亲身感受到中国经济与日本经济发展水平的差距。开眼看世界,实事求是地承认自己落后,实际上成为邓小平解放思想、大力提倡恢复实事求是优良传统的现实基础,也是他后来提出"小康"目标的客观依据。

5月30日,邓小平在同胡乔木同志就准备全军政治工作会议讲话的谈话中指出:"毛主席没有讲的,华主席没有讲的,你讲了,也不行。怎么样才行呢?照抄毛主席讲的,照抄华主席讲的,全部照抄才行。这不是一个孤立的现象,这是当前一种思潮的反映。这些同志讲这些话的时候,讲毛泽东思想的时候,就是不讲要实事求是,就是不讲要从实际出发。实事求是,从实际出发,很容易被一些同志忘记、抛弃,天天讲毛泽东思想,就是忘记这个根本观点、根本方法。""我们的脑子里还都是些老东西,不会研究现在的问题,不从现在的实际出发来提出问题,解决问题。这样天天讲四个现代化,讲来讲去都会是空的。"③

6月2日,邓小平出席中国人民解放军全军政治工作会议,他在讲话中指出:"我们一些同志天天讲毛泽东思想,却往往忘记、抛弃甚至反对毛泽东同志的实事求是、一切从实际出发、理论与实践相结合的这样一个马克思主义的根本观点,根本方法。不但如此,有的人还认为谁要是坚持

---

① 《邓小平年谱(1975~1997)》(上),中央文献出版社2004年版,第267页。
② 《邓小平年谱(1975~1997)》(上),中央文献出版社2004年版,第316页。
③ 《邓小平年谱(1975~1997)》(上),中央文献出版社2004年版,第319~320页。

实事求是，从实际出发，理论和实践相结合，谁就是犯了弥天大罪。他们提出的这个问题不是小问题，而是涉及到怎么看待马列主义、毛泽东思想的问题。""按照实际情况决定工作方针，这是一切共产党员所必须牢牢记住的最基本的思想方法、工作方法。实事求是，是毛泽东思想的出发点、根本点。毛泽东同志历来坚持要用马列主义的立场、观点、方法来提出问题，分析问题，解决问题。马克思主义的活的灵魂，就是具体地分析具体情况。马列主义、毛泽东思想如果不同实际情况相结合，就没有生命力了。"①

6月23日，在会见即将离任的罗马尼亚驻华大使格夫里列斯库时他又说："我们党的优良作风之一就是实事求是，这是马克思主义最起码的原则。解决任何问题都要从实际出发，采取科学的、老老实实的态度，一点弄虚作假也不行，事物的本来面目用语言是改变不了的。比如，我们的发展停滞了十一二年，这个事实否认不了，落后的面貌也否认不了。认清这个落后是好事。"②

7月22日，邓小平同胡耀邦谈话，明确肯定和支持真理标准问题的讨论。指出："《实践是检验真理的唯一标准》这篇文章是马克思主义的。争论不可避免，争得好。引起争论的根源就是'两个凡是'。"③ 8月19日，邓小平又说："我们做事一定要从实际出发，实事求是，理论联系实际，要认真思考问题，提出问题，解决问题。毛主席没有讲过的话多得很呢。我们不要下通知，划禁区。能够讲问题，能够想问题就好。要敢于正视现实，敢于提问题、想问题，这样才能够很好地实现新时期的总任务，为四个现代化服务。"④ 在此前后开展的真理标准讨论为全党和全国人民解放思想、为历史性转折的党的十一届三中全会召开做好了思想准备。

---

① 《邓小平年谱（1975~1997）》（上），中央文献出版社2004年版，第321~322页。
② 《邓小平年谱（1975~1997）》（上），中央文献出版社2004年版，第329页。
③ 《邓小平年谱（1975~1997）》（上），中央文献出版社2004年版，第345~346页。
④ 《邓小平年谱（1975~1997）》（上），中央文献出版社2004年版，第360页。

三、邓小平对"四个现代化"目标的修订

"文革"10 年中,国民经济增长缓慢,从 1967 至 1976 年(考虑到"文革"在 1966 年年中虽已开始,但经济尚未受到严重冲击,当年不计入内),社会总产值年平均增长 6.8%,其中 1967 年、1968 年出现倒退,分别比上年下降 9.9% 和 4.7%,1974 年和 1976 年比上年分别只增长 1.9% 和 1.4%。工农业总产值年平均增长 7.1%,国民收入(净产值)年平均增长 4.9%。10 年中,国民经济收入总额虽然有增加,但是企业管理制度的破坏和比例失调也使消耗、浪费现象严重,经济效益降低。以 1966 年和 1976 年的全民所有制独立核算工业企业各项指数相比,每百元资金实现的税金和利润由 34.5 元下降到 19.3 元,减少 44.1%。1976 年我国人均年消费粮食只有 381 斤,低于 1952 年的 395 斤。住宅、教育、文化、卫生保健等方面也出现了严重欠账。"文革"前经过三年调整,供应的商品本来已经有不少取消了配给票证,"文革"时期又不得不恢复甚至增加。住房紧张,老少三代同居一室,甚至"四世同堂"的现象十分普遍。

与此同时,中国的香港、台湾地区,以及新加坡、韩国,在 20 世纪 60 年代以后快速崛起,被称为"亚洲四小龙"。这些国家和地区在 20 世纪 60~80 年代实现了经济快速发展,但在这之前他们只是以农业和轻工业为主的发展中国家或地区。它们利用西方发达国家向发展中国家转移劳动密集型产业的机会,吸引外国资本和技术,利用本地的劳动力优势适时调整经济发展战略,使得经济迅速发展,人民生活水平显著改善。

1978 年 9 月 12 日,邓小平访问朝鲜,他在同金日成会谈时就说:"最近我们的同志出去看了一下,越看越感到我们落后。什么叫现代化?50 年代一个样,60 年代不一样了,70 年代就更不一样了。"①

1978 年党的十一届三中全会以后,中国共产党确立了解放思想、实事

---

① 《邓小平年谱(1975~1997)》(上),中央文献出版社 2004 年版,第 360 页。

求是的思想路线,同时邓小平也成为第二代领导集体的核心。在邓小平的领导下,中国共产党仍然将加快经济发展作为体现社会主义优越性的最基本标志和最迫切任务。邓小平再三强调:"我们坚持社会主义,要建设对资本主义具有优越性的社会主义,首先必须摆脱贫穷。"① "根据我们自己的经验,讲社会主义,首先就要使生产力发展,这是主要的。只有这样,才能表明社会主义的优越性。社会主义经济政策对不对,归根到底要看生产力是否发展,人民收入是否增加。这是压倒一切的标准。空讲社会主义不行,人民不相信。"② 邓小平还将经济发展速度提高到直接关系中国共产党领导地位的大问题上来:"按照历史唯物主义的观点来讲,正确的政治领导的成果,归根结底要表现在社会生产力的发展上,人民物质文化生活的改善上。如果在一个很长的历史时期内,社会主义国家生产力发展的速度比资本主义国家慢,还谈什么优越性?"③

但是,与过去相比,中国经济发展的目标,则由过去超过现实条件调整到比较切实可行。从1949年新中国成立到1978年,党的经济发展目标长期超出了国情和经济发展的实际可能,这种过高的目标来源于急于求成的思想,并成为制订经济发展计划和政策的依据,成为1978年以前制约中国经济发展和制度变迁中的一个重要因素。而以邓小平为核心的第二代领导集体,则根据实际调整了过去的高指标。

1979年3月30日,邓小平就国民经济的调整发表讲话指出:"过去十多年来,我们一直没有摆脱经济比例的严重失调,而没有按比例发展就不可能有稳定的、确实可靠的高速度。看来,我们的经济,我们的农业、工业、基建、交通、内外贸易、财政金融,在总的前进过程中都还需要有一段调整的时间,才能由不同程度的不平衡走向比较平衡。"④

12月6日,邓小平在会见日本首相大平正芳时,首次提出了"小康"

---

① 《邓小平文选》第3卷,人民出版社1993年版,第225页。
② 《邓小平文选》第2卷,人民出版社1994年版,第312~314页。
③ 《邓小平文选》第2卷,人民出版社1994年版,第128页。
④ 《邓小平文选(1975~1982)》,人民出版社1983年版,第147页。

概念和 20 世纪末中国经济要达到的目标,即人均国民生产总值达到 800 美元。这个思想经过完善,形成了明确的"三步走"战略,并得到全党的认同,从而将中国的"四个现代化"目标落在了比较实在的基础上,消除了长期以来"急于求成"的思想根源,使均衡发展和提高人民生活水平成为可能。1980 年 10 月,邓小平在与中央负责人谈话时就指出:"年度计划、五年计划、十年规划,中心和重点不要多考虑指标,而要把人民生活逐年有所改善放在优先的地位。"①

1980 年 12 月,中共中央召开工作会议,在对全国形势做了符合实际的估量的基础上,做出了"在经济上实行进一步调整,政治上实现进一步安定"的重大决策。邓小平在讲话中指出:"要通过调整,继续摆脱一切老的和新的框框的束缚,真正摸准、摸清我们的国情和经济活动中各种因素的相互关系,据以正确决定我们的长远规划的原则,然后着手编制切实可行的第六个五年计划。"②

早在 1975 年,邓小平就对中国在 20 世纪末实现四个现代化发展目标的时间进行过客观分析与清醒评估。他在 1975 年 10 月会见外国客人时说:"说赶上西方,就是比较接近,至少还要五十年。这不是客气话,这是一种清醒的估计。"③ 党的十一届三中全会后,邓小平明确提出了"中国式现代化"的思想,并强调中国式现代化"必须从中国的特点出发"④。1979 年初,邓小平出访美国、日本,目睹了其现代化发展水平,特别是在参观日本大型企业时很受触动,耳闻目睹西方现代化的现状,想到经济十分落后的中国,邓小平开始思考在 20 世纪末实现四个现代化的目标是否理性科学的问题,3 月 21 日,邓小平会见英中文化协会执委会代表团时,开诚布公地告诉来宾,中国现代化的概念与西方不同,中国定的在本世纪末实现四

---

① 《邓小平思想年谱(1975~1997)》,中央文献出版社 1998 年版,第 172 页。
② 《邓小平文选》第 2 卷,人民出版社 1994 年版,第 356 页。
③ 《邓小平思想年谱》(1975~1977),中央文献出版社 1998 年版,第 21 页。
④ 《邓小平文选》第 2 卷,人民出版社 1994 年版,第 164 页。

个现代化的目标其实是"中国式的四个现代化"①。10月4日，邓小平在中共省、市、自治区委员会第一书记座谈会上讲话，他幽默地说："本世纪末实现四个现代化是狮子大开口，我后来把标准放低了，改口叫中国式的现代化。"② 这就说明，邓小平出访美、日后看到了其他国家的现代化水平，清醒地意识到"本世纪末实现四个现代化"的不可能性。因此邓小平改口为"中国式的现代化，就是把标准放低一点"，当30年前大平正芳提出疑问时，邓小平在略加思考后的回答是：我们要实现的四个现代化是中国式的现代化，就是"小康之家"。这也是小康思想的第一次提出。

小康社会作为一个上承贫困、下启富裕的温饱型社会，是社会主义初级阶段不可逾越的重要组成部分，比较符合中国的国情。

1981年4月14日，邓小平会见日中友好议员联盟访华团，对"中国式的现代化"做了更详细的阐述，他说："我们讲四个现代化，开始的时候提出的是一个雄心壮志。但我们一摸索，才感到还只能是中国式的现代化。讲到中国式的现代化的概念，就是在本世纪末我们肯定不能达到日本、欧洲、美国和第三世界中有些发达国家的水平。到本世纪末，我们只能达到一个小康社会，日子可以过。"邓小平认为经过这一时期的摸索，"我们设想十年翻一番，两个十年翻两番，就是达到人均国民生产总值一千美元也不容易，如果八百，也可以算是小康生活了"③。

根据邓小平建议，1982年9月中国共产党十二大报告提出了从1981年到2000年的20年里，争取工农业总产值比1980年"翻两番"的战略目标。这个目标的提出，并不是"拍脑袋"和主观臆断的结果，而是经过深入研究和计算的。一是借鉴了日本60年代实施的国民经济"倍增计划"经验。1960年年底，深受凯恩斯主义影响的池田勇人内阁宣布启动为期10年的"国民收入倍增计划"。池田勇人首相认为，日本的经济增长率很快就可以

---

① 《邓小平思想年谱》（1975~1977），中央文献出版社1998年版，第111页。
② 《邓小平思想年谱》（1975~1977），中央文献出版社1998年版，第132页。
③ 《邓小平思想年谱》（1975~1977），中央文献出版社1998年版，第187~188页。

稳定在年均增长 7% 左右。在此基础上，日本应当在 1970 年把国民生产总值从 398 亿美元增加到 720 亿美元。这一计划规定：国民生产总值和国民收入年平均增长速度为 7.8%，人均国民收入年平均增长速度为 6.9%。到 1967 年，倍增计划提前实现，而从 1960 年到 1973 年，日本人均实际国民收入甚至增加了 2 倍。失业率也保持在 1.1%～1.3% 的低水平。著名经济学家孙冶方 1982 年 11 月 19 日发表在《人民日报》上的《二十年翻两番不仅有政治保证而且有技术保证》，即反映出当时论证的严谨性。这篇文章也得到了陈云、姚依林等长期从事经济领导工作的同志的赞同。

1984 年，邓小平会见日本首相中曾根康弘，再次提到小康社会，他言简意赅地说道："到本世纪末国民生产总值翻两番，人均达到八百美元，中国就建立了一个小康社会，这也是中国式的现代化。"①

1987 年 4 月，邓小平会见西班牙副首相时第一次提出了"三步走"发展战略目标的设想，即从 1980 年到 20 世纪末的 20 年，第一个 10 年国民经济生产总值翻一番，第二个 10 年在此基础上再翻一番，实现这个目标意味着我们进入小康社会，然后第三步是在 21 世纪用 30 年到 50 年达到中等发达国家水平。

1987 年 4 月 30 日，邓小平同志在会见西班牙工人社会党副总书记、政府副首相格拉时指出："总的说我们的情况是好的。粉碎'四人帮'以后，从十一届三中全会开始，我们制定了一系列新的方针政策，实践证明这些方针政策是正确的。但毕竟我们只是开步走。我们原定的目标是，第一步在 80 年代翻一番。以 1980 年为基数，当时国民生产总值人均只有 250 美元，翻一番，达到 500 美元。第二步是到本世纪末，再翻一番，人均达到 1000 美元。实现这个目标意味着我们进入小康社会，把贫困的中国变成小康的中国。那时国民生产总值超过一万亿美元，虽然人均数还很低，但是国家的力量有很大增加。我们制定的目标更重要的还是第三步，在下世纪用 30 年到 50 年再翻两番，大体上达到人均 4000 美元。做到这一步，中国

---

① 《邓小平文选》第 3 卷，人民出版社 1993 年版，第 54 页。

就达到中等发达的水平。这是我们的雄心壮志。目标不高,但做起来可不容易。"

综上所述,邓小平"小康"概念的提出,并不是对中国传统词语简单随意地沿用,而是开眼看世界、实事求是、解放思想的产物,是他对中国20世纪末实现现代化发展目标进行重新审视、定位的结果。"拿国际水平的尺度"①来作为中国经济发展的坐标系,而不是空喊现代化,也反映了邓小平反对空谈、主张实干兴邦的作风。在现代化的国际参照标准方面,邓小平曾提出过"第三世界中比较富裕一点的国家的水平"②"接近发达国家的水平"③等几种设想,而最终他确定了"中等发达国家"④这个标准。邓小平曾充满自信地说:"我可以大胆地说,到本世纪末,中国能达到国民生产总值翻两番的目标,也就是我曾经跟大平正芳先生讲的达到小康水平,那时中国对于世界和平和国际局势的稳定肯定会起比较显著的作用。"⑤可以说,"小康"概念内涵的拓展始终是在与国际性的横向比较中获得的。邓小平采用了国际上通用的衡量一个国家或地区生产力水平和生活水准的"人均国民生产总值"(此前用"人均收入"),这就为原本很抽象的社会发展目标确定了一个具体的标度(如人均国民生产总值达到 800~1000 美元),这样使现代化目标既易于为广大民众所掌握,又便于与世界各国作对照,还能根据各种具体情况的改变而适时进行新的调整。⑥

---

① 《邓小平文选》第 2 卷,人民出版社 1994 年版,第 270 页。
② 《邓小平文选》第 2 卷,人民出版社 1994 年版,第 237 页。
③ 《邓小平文选》第 2 卷,人民出版社 1994 年版,第 417 页。
④ 《邓小平文选》第 2 卷,人民出版社 1994 年版,第 266 页。
⑤ 《邓小平文选》第 3 卷,人民出版社 1993 年版,第 105 页。
⑥ 赵美岚、黎康:《中国化马克思主义新概念的典范创造——以邓小平"小康"概念的形成过程为分析范本》,《江西社会科学》2012 年第 11 期。

邓小平南方谈话的意义

毛泽东逝世以后，邓小平作为中国共产党第二代领导集体的核心，对中国的改革开放和发展做出的突出贡献有两件：一是启动了中国的改革开放，使中国的发展进入了一个新的历史时期；二是发表"南方谈话"，保证了中国的改革和发展沿着中国特色社会主义道路快速推进。

邓小平的南方谈话发生在中国改革和发展向何处去、怎样走的关键时刻，他不仅从思想理论的高度讲了社会主义本质和中国经济体制改革的方向问题，从政治的高度讲了抓住机遇加快发展问题，还深刻总结了历史经验，讲了改革策略、党的建设和工作方法问题。从而为中国共产党指明了前进的方向，实际上成为新时期改革与发展的宣言书和路标。

一、解放思想，突破"姓社姓资"的改革瓶颈

东欧剧变和苏联解体，证明了社会主义改革和发展的确存在着巨大的风险，面临着在政治、经济和文化方面都处于强势的以美国为首的西方发达国家的"和平演变"威胁。随着东欧剧变和苏联解体，从意识形态来讲，美国作为唯一的超级大国，开始把斗争的矛头指向正在兴起的社会主义大国中国。而中国国内的多种经济并存、市场化改革和对外开放，也确实带来了文化的多样性和对传统社会主义理论和价值观念的冲击。面对东欧剧变和世界第一个社会主义大国轰然倒塌，中国怎样继续进行改革，怎样发展非公经济，怎样继续对外开放，都成为1989～

1991年国民经济治理整顿期间没有真正解决的重大问题。这些问题又集中在如何区别社会主义与资本主义这个根本问题上,而其中分歧最大并与实际关系密切的又是如何认识计划经济和市场经济的关系。这已经成为中国继续改革开放的瓶颈,不解决这个认识问题,中国的改革开放就可能停滞甚至倒退。

正是在这个背景下,邓小平在南方谈话中从马克思主义基本理论和中国实际出发,回答和解决了这个问题。

首先,针对党内和社会上出现的将反对"和平演变"作为头等大事的倾向,邓小平强调:"要坚持党的十一届三中全会以来的路线、方针、政策,关键是坚持'一个中心、两个基本点'。不坚持社会主义,不改革开放,不发展经济,不改善人民生活,只能是死路一条。基本路线要管一百年,动摇不得。只有坚持这条路线,人民才会相信你,拥护你。"①

其次,针对党内和社会上存在的"姓社姓资"问题和不少人不敢大胆改革的现象,邓小平尖锐地指出:"改革开放迈不开步子,不敢闯,说来说去就是怕资本主义的东西多了,走了资本主义道路。要害是姓'资'还是姓'社'的问题。"② 针对这个问题,他提出:"判断的标准,应该主要看是否有利于发展社会主义社会的生产力,是否有利于增强社会主义国家的综合国力,是否有利于提高人民的生活水平。"③ 他回顾历史说:"革命是解放生产力,改革也是解放生产力。推翻帝国主义、封建主义、官僚资本主义的反动统治,使中国人民的生产力获得解放,这是革命,所以革命是解放生产力。社会主义基本制度确立以后,还要从根本上改变束缚生产力发展的经济体制,建立起充满生机和活力的社会主义经济体制,促进生产力的发展,这是改革,所以改革也是解放生产力。过去,只讲在社会主义条件下发展生产力,没有讲还要通过改革解放生产力,不完全。应该把解放

---

① 《邓小平文选》第3卷,人民出版社1993年版,第370~371页。
② 《邓小平文选》第3卷,人民出版社1993年版,第372页。
③ 《邓小平文选》第3卷,人民出版社1993年版,第372页。

生产力和发展生产力两个讲全了。"①

邓小平将解放和发展生产力作为社会主义的本质，将"是否有利于发展社会主义社会的生产力"作为判断各方面工作的是非得失标准，既简明扼要，又完全符合马克思主义的基本原理和中国的实际，应该说是一锤定音，解决了改革以来就莫衷一是的纷争。

最后，针对有关经济改革方向的计划与市场的关系这个焦点问题，邓小平在南方谈话再次重申了他关于计划和市场都是经济手段的论断，指出："计划多一点还是市场多一点，不是社会主义与资本主义的本质区别。计划经济不等于社会主义，资本主义也有计划；市场经济不等于资本主义，社会主义也有市场。计划和市场都是经济手段。"②邓小平进一步提出："社会主义要赢得与资本主义相比较的优势，就必须大胆吸收和借鉴人类社会创造的一切文明成果，吸收和借鉴当今世界各国包括资本主义发达国家的一切反映现代社会化生产规律的先进经营方式、管理办法。"③

邓小平的以上论述，被随后召开的党的十四大接受。

这里需要特别指出，邓小平在突破社会主义公有制和计划经济理论束缚的同时，还强调了社会主义必然胜利的信念。他说："封建社会代替奴隶社会，资本主义代替封建主义，社会主义经历一个长过程发展后必然代替资本主义。这是社会历史发展不可逆转的总趋势，但道路是曲折的。资本主义代替封建主义的几百年间，发生过多少次王朝复辟？所以，从一定意义上说，某种暂时复辟也是难以完全避免的规律性现象。一些国家出现严重曲折，社会主义好像被削弱了，但人民经受锻炼，从中吸收教训，将促使社会主义向着更加健康的方向发展。因此，不要惊慌失措，不要认为马克思主义就消失了，没用了，失败了。哪有这回事！"④

---

① 《邓小平文选》第3卷，人民出版社1993年版，第370页。
② 《邓小平文选》第3卷，人民出版社1993年版，第373页。
③ 《邓小平文选》第2卷，人民出版社1993年版，第373页。
④ 《邓小平文选》第3卷，人民出版社1993年版，第382~383页。

二、抓住机遇,结束徘徊前进的发展局面

1991年是"八五"计划实施的第一年。这一年,宣布治理整顿结束,改革也有新的进展,国民经济增长幅度也有较大幅度的回升,但是,总的经济形势却不能令人满意。

在制订1991年年度计划时,根据1990年国民生产总值比上年增长5%、结构调整缓慢、经济循环不畅、国有企业效益下降(全年预算内国营工业企业实现利税比上年下降18.5%,企业亏损额增加一倍多)、财政困难加剧(收入增长缓慢,而支出增长较多,收支差额比计划有所扩大)的情况,1991年的计划也是偏于保守的:国民生产总值比上年增长4.5%,其中农业总产值增长3.5%,工业总产值增长6%。

但是,1991年的国民经济增长速度,却超过了原定计划。1991年国民生产总值比上年增长7%,其中农业为3%,工业为14.2%,第三产业为5.3%,铁路货运量为3.3%,主要港口货物吞吐量为10.1%。[①] 后来《中国统计年鉴(1995)》公布的修正数字如下:国民生产总值为8.2%,其中第一产业为2.4%,工业为13.8%,第三产业为5.5%。与此同时,对外贸易和吸引外资进展则出乎意料地好,当年进出口货物总额1357亿美元,比上年增长17.5%;全年新签订利用外资协议金额178亿美元,比上年增长47.6%,实际利用外资金额113亿美元,比上年增长9.6%;全年旅游外汇收入28.4亿美元,比上年增长28.3%。

上述情况说明,第一,原计划对经济增长的潜力和势头估计偏于保守了,对国际环境的估计也过于严重了,国民经济和对外开放已经出现较快回升,尤其是1991年第四季度,因此,需要充分利用有利时机,重新考虑加快发展的问题。第二,国民经济遇到的困难说明,必须加大改革的力度,

---

[①] 李鹏:《政府工作报告》,1992年3月20日;邹家华:《关于1991年国民经济和社会发展计划执行情况与1992年计划草案的报告》,1992年3月21日;《中国经济年鉴(1992)》,经济管理出版社1992年版。

加速国营企业改革，调动各种经济成分的积极性，充分利用市场机制和改掉计划经济的弊病。

在这种情况下，邓小平非常担心中国丧失快速发展的时机，他在南方谈话中指出："抓住时机，发展自己，关键是发展经济。现在，周边一些国家和地区经济发展比我们快，如果我们不发展或发展太慢，老百姓一比较就有问题了。""低速度就等于停步，甚至等于后退。要抓住机会，现在就是好机会。我就担心丧失机会。不抓呀，看到的机会就丢掉了，时间一晃就过去了。"

他还进一步论述了发展与稳定的关系："对于我们这样发展中的大国来说，经济要发展得快一点，不可能总是那么平平静静、稳稳当当。要注意经济稳定、协调地发展，但稳定和协调也是相对的，不是绝对的，发展才是硬道理。这个问题要搞清楚。如果分析不当，造成误解，就会变得谨小慎微，不敢解放思想，不敢放开手脚，结果是丧失时机，犹如逆水行舟，不进则退。"

邓小平还根据国内外的经验指出："从我们自己这些年的经验来看，经济发展隔几年上一个台阶，是能够办得到的。""从国际经验来看，一些国家在发展过程中，都曾经有过高速发展时期，或若干高速发展阶段。日本、韩国、东南亚等一些国家和地区，就是如此。现在，我们国内条件具备，国际环境有利，再加上发挥社会主义制度能够集中力量办大事的优势，在今后的现代化建设长过程中，出现若干个发展速度比较快、效益比较好的阶段，是必要的，也是能够办到的。我们就是要有这个雄心壮志！"①

邓小平的上述谈话，立即得到全党和全国人民的拥护，并很快得到落实。随后召开的中国共产党十四大指出："当前国际竞争的实质是以经济和科技实力为基础的综合国力较量。世界上许多国家特别是我们周边的一些国家和地区都在加快发展。如果我国经济发展慢了，社会主义制度的巩固

---

① 《邓小平文选》第 2 卷，人民出版社 1993 年版，第 375～377 页。

和国家的长治久安都会遇到极大困难。所以,我国经济能不能加快发展,不仅是重大的经济问题,而且是重大的政治问题。"

党的十四大报告提出:"90年代我国经济的发展速度,原定为国民生产总值平均每年增长6%,现在从国际国内形势的发展情况看,可以更快一些。根据初步测算,增长8%~9%是可能的,我们应该向这个目标前进。在提高质量、优化结构、增进效益的基础上努力实现这样的发展速度,到本世纪末我国国民经济整体素质和综合国力将迈上一个新的台阶。国民生产总值将超过原定比1980年翻两番的要求。"1993年3月,党的十四届二中全会根据十四大精神,通过了《中共中央关于调整"八五"计划若干指标的建议》,将"八五"期间国民经济平均增长速度,由原计划的6%调整为8%~9%。而实践的结果,是上述新指标仍然被超过了,国民经济总产值年均增长达到12%。而且"九五""十五""十一五"期间仍然保持了9%以上的增长速度。

三、总结经验,提供改革与发展的方法和智慧

南方谈话中还包含了许多邓小平退休以后从多个方面对历史经验,特别是改革开放经验的总结。其中比较突出的有两个方面:一是关于改革与发展的方法论;二是关于党的建设和人才培养问题。由于篇幅有限,这里只谈第一个方面。

第一,当改革涉及到原有的单一公有制和计划经济理论时,不搞强迫和运动,不争论。邓小平说:"对改革开放,一开始就有不同意见,这是正常的。不只是经济特区问题,更大的问题是农村改革,搞农村家庭联产承包,废除人民公社制度。开始的时候只有三分之一的省干起来,第二年超过三分之二,第三年才差不多全部跟上,这是就全国范围讲的。开始搞并不踊跃呀,好多人在看。我们的政策就是允许看。允许看,比强制好得多。我们推行三中全会以来的路线、方针、政策,不搞强迫,不搞运动,愿意

干就干,干多少是多少,这样慢慢就跟上来了。不搞争论,是我的一个发明。不争论,是为了争取时间干。一争论就复杂了,把时间都争掉了,什么也干不成。不争论,大胆地试,大胆地闯。农村改革是如此,城市改革也应如此。"

第二,改革要有创新精神,要敢闯敢干。1978年开始的改革开放,不仅在中国是新事物,也是马克思主义经典论述中没有的。因此敢于创新就成为推行改革开放和建设中国特色社会主义的必不可少的方法。邓小平在"南方谈话"中多次强调:"改革开放胆子要大一些,敢于试验,不能像小脚女人一样。看准了的,就大胆地试,大胆地闯。深圳的重要经验就是敢闯。没有一点闯的精神,没有一点'冒'的精神,没有一股气呀、劲呀,就走不出一条好路,走不出一条新路,就干不出新的事业。不冒点风险,办什么事情都有百分之百的把握,万无一失,谁敢说这样的话?一开始就自以为是,认为百分之百正确,没那么回事,我就从来没有那么认为。每年领导层都要总结经验,对的就坚持,不对的赶快改,新问题出来抓紧解决。"他还举例说:"证券、股市,这些东西究竟好不好,有没有危险,是不是资本主义独有的东西,社会主义能不能用?允许看,但要坚决地试。看对了,搞一两年对了,放开;错了,纠正,关了就是了。关,也可以快关,也可以慢关,也可以留一点尾巴。怕什么,坚持这种态度就不要紧,就不会犯大错误。"

第三,要政治、经济两手抓,两手都要硬。邓小平在"南方谈话"中一方面强调经济发展是硬道理,要求坚持党的基本路线一百年不动摇;另一方面,也不断强调经济发展不能代替精神文明建设,也不能解决一切问题。他强调说:"要坚持两手抓,一手抓改革开放,一手抓打击各种犯罪活动。这两只手都要硬。打击各种犯罪活动,扫除各种丑恶现象,手软不得。""在整个改革开放的过程中,必须始终注意坚持四项基本原则。十二届六中全会我提出反对资产阶级自由化还要搞二十年,现在看起来还不止二十年。""运用人民民主专政的力量,巩固人民的政权,是正义的事情,没有什么输理的地方。"

最后,关于方法论问题,邓小平提出要反对形式主义和本本主义。他总结说:"实事求是是马克思主义的精髓。要提倡这个,不要提倡本本。我们改革开放的成功,不是靠本本,而是靠实践,靠实事求是。"

邓小平从方法论的角度对改革开放经验的总结,是党和国家的一笔宝贵财富,对第三代、第四代领导集体的治党理政、推进改革和发展起到了重要借鉴作用。

均衡与非均衡：邓小平关于经济发展的辩证思想

作为一个幅员辽阔、人口众多的发展中大国，新中国 60 多年来的经济社会发展必然是一个不均衡与均衡交替往复的过程，其间体制与政策的阶段性变化是不可避免的。新中国的经济社会发展经历了如下一个历史演进过程：由半殖民地半封建社会的非均衡发展到计划经济的均衡发展；再从计划经济的均衡发展到市场经济的非均衡发展；最后走向市场经济与政府调控相结合的均衡发展。2002 年召开的中共十六大提出全面建设小康社会的战略目标，中国的经济发展从此开启了市场经济条件下转向均衡发展的大门。本文着重探讨在这个过程中，邓小平作为党的第二代中央领导集体的核心所做出的伟大贡献。

一、 从计划均衡到市场非均衡发展思路的转变

新中国成立以后，以毛泽东为核心的党的第一代领导集体面临的主要问题，除了要加快经济发展速度，以迅速改变旧中国遗留下来的贫穷落后面貌外，还有一条就是要避免走资本主义那种以牺牲农民和工人利益为代价、发展成果为少数人所享有的非均衡发展道路。因此在 1953 年转入大规模经济建设后，国家迅速进行了社会主义改造，并在"一五"计划中贯彻了生产力合理布局的思想，加大了对内地的投资力度。为了实现均衡发展，毛泽东在中共八大前后，提出了处理好农轻重关系，处理好国家、集体和个人关系，以及处理好沿海与内地的关系等一系列重大战略思想。周恩来、

刘少奇、陈云、薄一波、李富春等，也提出了综合平衡、计划管理与市场调节相结合、正确处理积累与消费的关系等思想。

但是由于中国是一个地域辽阔、各地资源条件差异大的大国，发展的不平衡是其工业化初期的客观规律，加上实施优先发展重工业的战略和追求经济增长的高速度，从而使得均衡发展只是一种良好的愿望。过度追求城乡之间、地区之间、阶层之间的均衡发展，尤其是居民收入分配的平等，反而导致了资金短缺条件下的重复建设、经济剧烈波动和公有制企业效益低下，从而形成了发展慢的脆弱的低水平均衡。

作为一个社会主义大国，迅速改变贫穷落后面貌是党和人民的迫切要求，急于求成、"大干快上"几乎是各个地区、各个产业、各个阶层的愿望。如何解决资金和资源短缺、使大量人口从农业向第二、第三产业转移，是中国工业化所遇到的最大难题；同样，如何解决中国工业水平落后、能耗高、投入产出比低的效益问题，也是中国共产党和政府长期关注和要解决的基本问题之一。20世纪五六十年代的几次重大经济体制调整，都与解决上述问题密切相关。例如：新中国成立初期的土地改革和社会主义改造，1957年开始的中央与地方经济关系调整，1958年的"大跃进"，以及20世纪60年代开始的"农业学大寨""工业学大庆""全国学人民解放军""政治挂帅"等等，都是试图发挥人力资源优势和精神激励作用，解决公有制经济激励不足、官僚主义滋生、经济效益与预期的社会主义优越性相差甚远的状况。在经济运行方面，则呈现出典型的供给约束型波动，即"跃进——失衡——调整——再跃进"；在经济效益方面，则呈现出精神激励作用递减而不断强化政治运动力度的趋势。

事实证明，在单一公有制和计划经济体制下，无论是"高度集中"还是"权力下放"，无论是规范管理还是群众运动、"全民大办工业"，都不仅没有达到预期目标，反而造成经济运行混乱和资源的巨大浪费。改革开放之前20多年的历史证明，在单一公有制和行政性计划管理体制范围内想主意、找办法、打转转，不能解决职工吃企业"大锅饭"、农民吃集体"大锅饭"、企业吃国家"大锅饭"的问题，不能避免资金利用率和劳动力资源利用率"双低"的结果。改革的结果跳不出"一统就死，一放就乱"的怪圈。这就是1978年改革开放的逻辑起点。

正是在这个背景下，邓小平在1978年12月13日《解放思想，实事求是，团结一致向前看》的著名讲话中提出："在经济政策上，我认为要允许一部分地区、一部分企业、一部分工人农民，由于辛勤努力成绩大而收入先多一些，生活先好起来。一部分人生活先好起来，就必然产生极大的示范力量，影响左邻右舍，带动其他地区、其他单位的人们向他们学习。这样，就会使整个国民经济不断地波浪式地向前发展，使全国各族人民都能比较快地富裕起来。……这是一个大政策，一个能够影响和带动整个国民经济的政策，建议同志们认真加以考虑和研究。"① 这一段看似简单而浅显的话，实际上成为后来中国经济发展基本路径的滥觞，它包含了从均衡发展向非均衡发展思路转变的四个重大内容：一是经济发展速度的波浪式前进，而不是均衡匀速；二是地区之间的发展是不平衡的；三是人群之间的收入是不均衡的（或者说是不平均的）；四是通过这种不均衡的发展，最终实现均衡发展。改革开放以来30多年的经济发展，反映出邓小平上述思路历史与逻辑的高度一致。

二、从被动的"经济波动"到主动的"波浪式"发展

经济发展的速度并不是凭着主观愿望想多高就能多高，必须建立在切实可行的基础上。新中国人口多、底子薄，经济落后，建设资金积累困难，1978年改革开放以前的经济发展目标和预期速度长期超出了国情和经济发展的实际可能。这种过高的目标来源于急于求成的思想和心态，并成为制订经济发展计划和政策的依据，从而造成了经济发展的剧烈波动，经济调整不仅是被动的，而且往往代价很高。怎样认识中国经济发展速度方面的规律，成为改革开放初期直至今日都在探索的重要问题。

---

① 《邓小平文选》第2卷，人民出版社1994年版，第152页。

邓小平对这个问题的认识视野很宽，思考得很深。

首先，邓小平肯定了中国经济发展必须也必然是高速度的。他指出："按照历史唯物主义的观点来讲，正确的政治领导的成果，归根结底要表现在社会生产力的发展上，人民物质文化生活的改善上。如果在一个很长的历史时期内，社会主义国家生产力发展的速度比资本主义国家慢，还谈什么优越性？"[①] 但是这种速度又不能是空泛和不切实际的。因此，邓小平经过认真细致的测算，将宣传了近 20 年的到 20 世纪末实现"四个现代化"的目标，改为"小康"目标。

1979 年 12 月 6 日，邓小平在会见日本首相大平正芳时，首次提出了"小康"概念。1982 年 8 月 6 日，邓小平在会见澳大利亚总理弗雷泽时又说："我们要达到四个现代化的目标，必须有正确的政策，光讲空话不行。三中全会确定的思想路线就是实事求是、从实际出发来制定我们的方针和政策。有一个问题是，到本世纪末，四个现代化要达到一个什么标准？要达到一个什么水平？现代化这个名词很好。什么是现代化？一九七九年我回答日本大平首相说，到本世纪末达到小康水平，达到国民生产总值人均一千美元。我们经过反复研究之后，觉得可能一千美元还是高了一点，因为必须考虑到人口增长的因素。所以我们把本世纪末的国民生产总值人均放在争取达到八百美元的水平上。"[②] 随后邓小平提出了"三步走"战略，即到 21 世纪中叶，中国才达到世界中等发达国家的水平，从而将中国的"四个现代化"目标落在了比较实在的基础上。这样，就从根本上消解了长期以来形成的急于求成的思想和心态，使经济发展速度的设计和预期更加科学化，既保证了高速度，又不至于失去理性，陷入盲目和狂热。可以说，邓小平完成了中国经济发展速度和目标由过去长期超过实际可能调整到切实可行的转变。

其次，邓小平还认识到中国经济发展不会是匀速前进，而是波浪式地

---

① 《邓小平文选》第 2 卷，第 128 页。
② 《邓小平年谱（1975~1997）》（下），中央文献出版社 2004 年版，第 836~837 页。

向前推进。这既符合科技和生产力发展规律，也符合生产关系与生产力矛盾的运动规律。1992年初，邓小平在"南方谈话"中，进一步论述了发展与稳定的关系："对于我们这样发展中的大国来说，经济要发展得快一点，不可能总是那么平平静静、稳稳当当。要注意经济稳定、协调地发展，但稳定和协调也是相对的，不是绝对的。发展才是硬道理。这个问题要搞清楚。如果分析不当，造成误解，就会变得谨小慎微，不敢解放思想，不敢放开手脚，结果是丧失时机，犹如逆水行舟，不进则退。"[①] 邓小平还根据国内外的经验指出："从我们自己这些年的经验来看，经济发展隔几年上一个台阶，是能够办得到的。""从国际经验来看，一些国家在发展过程中，都曾经有过高速发展时期，或若干高速发展阶段。日本、韩国、东南亚等一些国家和地区，就是如此。现在，我们国内条件具备，国际环境有利，再加上发挥社会主义制度能够集中力量办大事的优势，在今后的现代化建设长过程中，出现若干个发展速度比较快、效益比较好的阶段，是必要的，也是能够办到的。我们就是要有这个雄心壮志！"[②]

邓小平关于中国经济发展"三步走"的战略和发展将会是波浪式前进的论述，不仅对于后来中国抓住机遇、深化改革、避免经济发展大起大落，以及坦然应对经济波动发挥了重要指导作用，更重要的是他提供了认识经济发展规律的新视角和新方法。

三、从均衡发展到"两个大局"思想

旧中国遗留下来的经济布局极为不合理，现代交通和工业基本上集中在沿海地区，内地特别是西部地区经济非常落后；而新中国成立初期帝国主义的经济封锁，也使得沿海地区工业的原料和产品销售两头都要转移到内地。为了国家的经济安全，同时也使工业企业接近原料产地和消费地区，

---

① 《邓小平文选》第3卷，人民出版社1993年版，第377页。
② 《邓小平文选》第3卷，人民出版社1993年版，第376、377页。

必须尽快改变这种现代工业和交通布局极为不合理的状况。于是，从第一个五年计划开始，国家实施区域均衡发展战略，国家投资开始向内地倾斜。这种均衡发展战略在"一五"时期取得了很好的效果，改善了国家生产力布局。但是从1964年开始，受我国与周边国家的一系列紧张关系的影响，国家开始实施"三线建设"，投资过度投向中西部地区。"三五"期间，沿海十一省市的基本建设投资总额比"二五"减少了43.2%，而云、贵、川、西藏、陕、青、甘、宁、新疆等省区的基本建设投资总额则比"二五"增加了28.1%；"三五"期间，军工和"三线建设"的投资约占国家固定资产投资总额的53.1%。[1] 这一方面促进了中西部地区的经济发展；但是另一方面由于这些地区的其他发展条件欠缺，也造成投资的经济效益不高，这在资金极为短缺的条件下是很可惜的，机会成本太高。在此背景下，邓小平在1978年召开的中央工作会议上，提出了让一部分地区先发展起来的区域非均衡发展新思路。此后直至20世纪90年代初，随着改革开放的不断深入，邓小平将这个思路发展成为完整的"两个大局"的思想。

1985年，针对沿海地区，特别是经济特区、开放城市利用政策优惠和外向型经济率先发展起来，并从内地吸引了人才和资金的情况，邓小平指出："我们提倡一部分地区先富裕起来，是为了激励和带动其他地区也富裕起来，并且使先富裕起来的地区帮助落后的地区更好地发展。"[2] 1988年，他进一步明确提出"两个大局"的思想："沿海地区要加快对外开放，使这个拥有两亿人口的广大地带较快地先发展起来，从而带动内地更好地发展，这是一个事关大局的问题。内地要顾全这个大局。反过来，发展到一定的时候，又要求沿海拿出更多力量来帮助内地发展，这也是个大局。那时沿海也要服从这个大局。"[3]

1992年，邓小平在"南方谈话"中还提出了区域经济发展从不均衡走

---

[1] 参见曹尔阶等：《新中国投资史纲》，中国财政经济出版社1992年版，第230~231页。
[2]《邓小平文选》第3卷，人民出版社1993年版，第111页。
[3]《邓小平文选》第3卷，人民出版社1993年版，第277~278页。

向均衡的方法和时间表,他说,解决地区之间贫富差距的办法之一,"就是先富起来的地区多交点利税,支持贫困地区的发展。当然,太早这样办也不行,现在不能削弱发达地区的活力,也不能鼓励吃'大锅饭'。什么时候突出地提出和解决这个问题,在什么基础上提出和解决这个问题,要研究。可以设想,在本世纪末达到小康水平的时候,就要突出地提出和解决这个问题。到那个时候,发达地区要继续发展,并通过多交利税和技术转让等方式大力支持不发达地区。不发达地区又大都是拥有丰富资源的地区,发展潜力是很大的。总之,就全国范围来说,我们一定能够逐步顺利解决沿海同内地贫富差距的问题。"①

邓小平的上述设想,在世纪之交中国实现小康目标后,即通过中央政府的"西部大开发""中部崛起""振兴东北等老工业基地"等区域经济发展战略而得以实施。西部大开发战略,标志着我国区域发展战略转入第二个阶段,即由改革开放以来实施的梯度发展、部分地区先富起来,转入协调发展、开发西部的阶段。2003年,中共中央又提出振兴东北等老工业基地的决策,初步形成了政府投资向西部和东北倾斜、东中西部协调发展的区域经济发展战略。2005年3月,温家宝总理在政府工作报告中将其概括为:"实施西部大开发,振兴东北地区等老工业基地,促进中部地区崛起,鼓励东部地区加快发展,是从全面建设小康社会和加快现代化建设全局出发做出的整体战略部署。"②

随着西部大开发、振兴东北等老工业基地以及中部崛起战略的实施,中西部地区的发展速度加快,与沿海地区的差距也呈现出缩小趋势。根据国家统计局的测算,进入新世纪以来,我国各地区的综合发展指数都在稳步提升,虽然东部地区明显高于其他地区,但西部地区的增速最快。2000~2010年,综合发展指数年均增速排在前十名的省区分别为贵州、新疆、重

---

① 《邓小平文选》第3卷,人民出版社1993年版,第374页。
② 温家宝:《政府工作报告——二〇〇五年三月五日在第十届全国人民代表大会第三次会议上》,《人民日报》2005年3月15日。

庆、山西、四川、江西、西藏、安徽、宁夏和甘肃。①

四、从"让一部分人先富起来"到共同富裕

1956年社会主义改造完成后至改革开放前这段时期，中国居民的收入分配呈现低水平、单一化和平均化的特点，在当时人口多、底子薄、资金少的条件下，这是推行工业化赶超战略难以避免的结果。实行赶超战略主要有三个条件。第一，最大限度地提取剩余，主要投入到重工业中，以建立独立的工业体系。第二，高度的集权化和计划化，以便于集中资源配置，低成本地保证第一个条件。既然要最大限度地提取剩余，即最大限度地提高积累的比例，那么消费的比例必然要压缩到最低，居民的低收入水平因此也就是必然的。第三，确保社会稳定。在当时生产力水平低下的条件下，高积累、低消费政策最多只能保证人民的温饱，只有采取平均分配的方式，才能保证全体人民的生存和社会安定。

1978年以前以城乡分隔为基础、以平均分配为特点的分配制度，再加上三年"大跃进"和十年"文革"极左思潮的影响，单一公有制和计划经济限制了劳动者和经营管理者多劳多得，抑制了他们的积极性，因此国家和集体不得不主要依靠政治运动和精神激励来促进生产。可以说，就微观经济来说，收入分配体制促进生产发展的绩效不大。正如邓小平后来所说："过去搞平均主义，吃'大锅饭'，实际上是共同落后，共同贫穷，我们就是吃了这个亏。"② 但是，从宏观经济来看，这种分配制度却大大提高了国民经济的积累率，这对于中国走出因经济落后、积累过低而形成的所谓"贫困陷阱"，意义重大。它对于中国在短短的28年间，尽管经历了"大跃进"和"文革"这样的大折腾，仍然基本建立起独立的工业体系，发挥了至关重要的保障作用。另外，这种按照人口定量供应主要生活必需品、普

---

① 参见"综合发展指数研究"课题组：《2010年地区综合发展指数报告》，《调研世界》2012年第1期。
②《邓小平文选》第3卷，人民出版社1993年版，第155页。

遍低水平地提供公共产品（医疗、教育）和社会保障（农村以集体为单位），对于维持高积累条件下的社会稳定和人力资本积累还是起到了重要的作用。

改革开放后的第一个十年，由于"放权让利"和"开放搞活"，允许一部分人先富起来，不仅带来了居民收入的大幅度增长，而且出现了与前后历史阶段相比的居民收入差距缩小的独特景观。"脱贫致富"成为整个20世纪80年代经济高速增长的最大动力。正如邓小平在1983年1月所指出的那样："农村、城市都要允许一部分人先富裕起来，勤劳致富是正当的。一部分人先富裕起来，一部分地区先富裕起来，是大家都拥护的新办法，新办法比老办法好。"① 1992年他在"南方谈话"中回顾说："农村改革初期，安徽出了个'傻子瓜子'问题。当时许多人不舒服，说他赚了一百万，主张动他。我说不能动，一动人们就会说政策变了，得不偿失。"② 邓小平认为，我们坚持走社会主义道路，根本目标是共同富裕，然而平均发展是不可能的。过去搞平均主义，实际上是共同落后，共同贫穷。改革首先要打破平均主义，打破"大锅饭"，"这个路子是对的"③。

怎样让一部分人先富起来，而又不导致两极分化，并最终走向共同富裕。邓小平提出了根本性的保障措施，那就是坚持社会主义。他在不同场合多次强调这一点。1985年他在会见津巴布韦总理穆加贝时就说："至于不搞两极分化，我们在制定和执行政策时注意到了这一点。如果导致两极分化，改革就算失败了。……总之，我们的改革，坚持公有制为主体，又注意不导致两极分化，过去四年我们就是按照这个方向走的，这就是坚持社会主义。""我们社会主义的国家机器是强有力的。一旦发现偏离社会主义方向的情况，国家机器就会出面干预，把它纠正过来。"④

在经历了20多年的改革开放和经济持续高速增长后，收入差距的扩大

---

① 《邓小平文选》第3卷，人民出版社1993年版，第23页。
② 《邓小平文选》第3卷，人民出版社1993年版，第371页。
③ 《邓小平文选》第3卷，人民出版社1993年版，第155页。
④ 《邓小平文选》第3卷，人民出版社1993年版，第139页。

已经成为阻碍扩大内需、不利社会和谐的重要因素,因此,邓小平提出的共同富裕问题被提上党和政府的议事日程。2002年,党的十六大报告提出:"初次分配注重效率,发挥市场的作用,鼓励一部分人通过诚实劳动,合法经营先富起来。再分配注重公平,加强政府对收入分配的调节职能,调节差距过大的收入。"① 2007年党的十七大报告提出要对收入分配制度和政策做进一步的调整。报告指出:"要坚持和完善按劳分配为主体、多种分配方式并存的分配制度,健全劳动、资本、技术、管理等生产要素按贡献参与分配的制度,初次分配和再分配都要处理好效率和公平的关系,再分配更加注重公平。""保护合法收入,调节过高收入,取缔非法收入。""逐步扭转收入分配差距扩大趋势。"②

经过持续不断的努力,新世纪以来的十年间,城乡居民收入大幅增长,免费九年义务教育全面实现,城镇基本养老保险覆盖人数、新型农村合作医疗覆盖率提前达标,城乡呈现一体化发展的良性互动趋势。③

新中国六十多年来的历史证明,中国共产党领导的社会主义革命、建设和改革事业,都是为了避免中国走西方资本主义工业化那种对内剥削压迫劳动人民、对外掠夺殖民地半殖民地的非均衡发展道路。中国作为一个城乡、地区之间发展极不平衡和人均资源极为匮乏的大国,非均衡发展在一定阶段是不可避免的,关键是如何把握这个发展阶段的规律,制定出既能促进经济发展、又能保证社会稳定的方针政策;同时,当均衡发展的条件具备后,又能够及时调整方针政策,促进经济发展方式顺利转变,避免陷入"中等收入陷阱",实现共同富裕。在新的起点上,我们思考上述问题时,邓小平关于经济发展的均衡与非均衡关系的辩证思想以及改革开放30多年来的历史经验,仍然具有重要的现实启示和借鉴意义。

---

① 《江泽民文选》第3卷,人民出版社2006年版,第550页。
② 《十七大以来重要文献选编》(上),人民出版社2009年版,第30页。
③ 参见白天亮:《保障和改善民生责无旁贷——人力资源和社会保障部部长尹蔚民回望"十一五"、展望"十二五"》,《人民日报》2010年11月26日。

1949~2017 中国对外经济关系的演变

1492年哥伦布发现新大陆标志着世界几大文明（欧洲、非洲、亚洲、美洲）发源地通过海洋交通联系在了一起，大大提高了各大洲之间交往的便捷和效率，开启了全球化时代。随后随着资本主义殖民地和商业文明的海外扩张，市场规模空前扩大，这又反过来刺激了科技发展，并在18世纪爆发了工业革命，而工业革命不仅为资本主义制度的确立奠定了物质条件，也为资本主义的全球化提供了物质基础。正如《共产党宣言》所说的："美洲的发现、绕过非洲的航行，给新兴的资产阶级开辟了新天地。东印度和中国的市场、美洲的殖民化、对殖民地的贸易、交换手段和一般商品的增加，使商业、航海业和工业空前高涨，因而使正在崩溃的封建社会内部的革命因素迅速发展。"

"资产阶级除非对生产工具，从而对生产关系，从而对全部社会关系不断地进行革命，否则就不能生存下去。反之，原封不动地保持旧的生产方式，却是过去的一切工业阶级生存的首要条件。生产的不断变革，一切社会状况不停地动荡，永远地不安定和变动，这就是资产阶级时代不同于过去一切时代的地方。一切固定的僵化的关系以及与之相适应的素被尊崇的观念和见解都被消除了，一切新形成的关系等不到固定下来就陈旧了。一切等级的和固定的东西都烟消云散了，一切神圣的东西都被亵渎了。人们终于不得不用冷静的眼光来看他们的生活地位、他们的相互关系。"

"不断扩大产品销路的需要，驱使资产阶级奔走于全球各地。它必须到处落户，到处开发，到处建立联系。资产阶级，由于开拓了世界市场，使一切国家的生产和消费都成为世界性的了。"

"资产阶级,由于一切生产工具的迅速改进,由于交通的极其便利,把一切民族甚至最野蛮的民族都卷到文明中来了。它的商品的低廉价格,是它用来摧毁一切万里长城、征服野蛮人最顽强的仇外心理的重炮。它迫使一切民族——如果它们不想灭亡的话——采用资产阶级的生产方式;它迫使它们在自己那里推行所谓文明,即变成资产者。一句话,它按照自己的面貌为自己创造出一个世界。"

中国从传统农业文明向现代工业文明的转型是在外部压力下进行的。从17世纪资本主义产生到今天,可以说是一个资本主义制度在内涵发展的同时,在外延和空间上不断全球化的过程。资本主义的发展,到目前为止,大致经历了3个阶段:早期资本主义阶段(17~19世纪),帝国主义阶段(20世纪前半期:1900~1945年),后帝国主义阶段(1945年到今天)。不论是对内还是对外,资本主义制度自身也在发展和成熟。对外而言,第一阶段,资本主义依靠武力和商品向外扩张和建立殖民地,是"我为刀俎、人为鱼肉"的阶段;第二阶段,殖民地瓜分完毕,资本主义列强依靠战争来重新瓜分殖民地和世界市场并最终失败,两次世界大战之惨烈让世界人民吸取了教训,特别是帝国主义国家的人民;第三阶段,社会主义国家的兴起与对抗、民族国家的独立和发展要求,都对资本主义列强构成了强大的挑战和威胁,迫使列强尽管对外仍有局部战争,却不敢再单纯以战争手段来欺压和掠夺其他国家。对内而言,为生存和发展而被迫进行的政治经济改革,则推动了民主化进程和市场经济的不断完善,使资本主义发展进入了一个新的阶段。这些都是新中国发展模式形成和演变的外部条件。

而中国从1840年开始与资本主义列强正面接触到今天的170余年里,其经历也是痛苦而曲折的:作为早期资本主义发展的受害者和中期帝国主义战争的牺牲者,在新中国成立以后,我国经历了与周边国家的一系列紧张关系,必然对国家安全问题十分忧虑和不安,存在着强烈的防范心理,正如有学者指出的那样,近代以来所形成的民族"危机感",在1949年以后并没有消失,而是表现为对国际上的危机仍有着过高的估计。因此,中国不仅要进行工业化，还要"首先集中主要力量发展重工业，建立国家工业化和国防现代化的基础"。哪怕这种非均衡的发展代价很高，直接的经济效益并不明显。就像著名的经济史学家 W. W. 罗斯托在《经济增长的阶段》中所说的："反抗更先进的国家的入侵——素来是从传统社会转变为现代社会的最重要的和最强大的推动力，其重要性至少与利润动因等量齐观。"

直到20世纪70年代后期，随着中国国防能力的大幅度提高和国际形势的缓和，和平与发展已经明显成为世界发展的主题后，中国与外部世界的关系，才由对抗为主转变为合作为主，并找到了一条可以与资本主义世界并行发展、吸取资本主义文明成果的社会主义道路。

一、"一边倒"外交政策下的"独立自主"和"争取外援"

在新中国成立之初，由于朝鲜战争爆发和以美国为首的西方国家的敌视和经济封锁，中国义无反顾地加入了社会主义阵营，在得到苏联等社会主义国家的经济援助的同时，也积极援助周边的朝鲜、越南等社会主义国家。

（一）"一边倒"外交政策的形成及其对经济关系的影响。

1949年6月30日，毛泽东在《论人民民主专政》一文中，明确提出了"一边倒"的政策，郑重宣布新中国倒向社会主义阵营一边。这一政策的提出及实施，奠定了20世纪50年代新中国外交的基本格局，同时也成为新中国对外经济关系的基本政策，对50年代的中外经济关系产生了深刻影响。

1949年人民解放军解放南京、上海之后，胜利局面已定，在这种情况下，一方面苏联向中国共产党伸出友好之手，在刘少奇秘密访苏期间，斯大林表示将在政治上、经济上支持未来的新中国政府；而另一方面，美国则继续支持国民党政府，虽然南京解放时美国大使馆没有随国民党政府南下广州，但是大使司徒雷登北京之行的打算被美国政府否定和美国实际上默许国民党军舰封锁上海港口，都表现出美国政府对中国共产党采取了敌视和施加压力、以增加其困难的态度。在这种国际环境下，中国共产党在新中国成立之初，国家尚未稳固的情况下，只能采取政治上"一边倒"的政策，全力争取苏联的理解和支持，以避免在国际上处于孤立无援的地位。

1949年12月，国家尚未安定，毛泽东、周恩来即访问苏联，并与苏联签订了《中苏友好同盟条约》《关于苏联政府贷款给中国政府的协定》和《关于苏联将中东铁路及旅顺港设施归还给中国的协定》等，说明中国共产党的选择是正确的。尽管如此，中共产党对西方仍然积极恢复发展经济关系，并在其断绝与国民党政府外交关系的前提下，与其建立外交关系。1950年上半年，中国除了与北欧的许多国家建立了外交关系，与英国也正进行建交谈判，同美国的经济贸易往来恢复很快。由于中国历史上在与西方国家的经济往来中占有重要地位，因此，新中国仍然尽量维持这种历史关系，积极发展对外贸易，以促进国内经济的恢复，中国对西方的大门并没有关闭，中国不愿意在立足未稳的时候，在国际上树敌。

1950年6月，朝鲜战争的爆发从根本上改变了中国与外部世界的关系，由此导致的中国与西方世界的公开武装对抗，不仅造成了西方对中国的敌视和封锁，而且美国比中国强大这个事实和紧张的国际关系，使得中国处于巨大的压力之下，来自外部的威胁使得优先发展重工业和加强国防力量成为新中国的首要任务。在这种情况下，一方面，新中国不得不进一步靠近苏联，争取其经济上、军事上的援助；另一方面，中国共产党不愿意也不可能在经济上和军事上依赖苏联，因为中国的国情和朝鲜战争都表明即使中国想依靠，苏联也是靠不住的。

（二）新中国对外贸易的急剧转型。

国民经济恢复时期，是中国大陆对外贸易发生巨大变化的时期。这个变化主要表现在以下三个方面：①随着新中国的建立，中国大陆结束了百年动乱，实现了独立和统一，与此相应，在对外贸易方面，也建立了以独立自主、平等互利为原则的统制外贸体制；②国际环境因朝鲜战争发生重大转折，西方经济封锁对新中国的对外贸易产生了较大影响，使大陆的贸易重心由旧中国的以西方国家为主转向以苏联和东欧国家为主；③尽管国际环境不利，但是新中国对外贸易迅速恢复发展，1950年即结束了长达70年的贸易入超局面（至于1951年至1952年的入超，是为了打破西方封锁有意扩大进口所致），进出口贸易总额超过了历史最高水平。

实行"内外交流"和对外的"贸易统制"，是中国共产党在新中国成立前夕的七届二中全会上就确定下来的基本政策。新中国成立以后，人民政府首先对旧的海关制度进行了改造，使其与上述两项基本政策相适应。并在以美国为首的西方国家对中国大陆实行封锁禁运的情况下，采用各种贸易方式，发展新的贸易对象，使对外贸易迅速恢复发展。

早在新中国成立前夕，出于政治同盟、国际战略考虑和苏联承诺援助中国，中国共产党就决定未来新中国的对外贸易重心要逐步由旧中国的以西方国家为主转向苏联和社会主义国家。1950年4月，签订的中苏两国贸易协定和苏联向中国贷款的协定，立即使1950年两国间的贸易额在中国大陆对外贸易中的比重，由1949年的第三（第一为香港，第二为美国）上升为第一。其后，中国又与波兰、捷克斯洛伐克签订了政府间的贸易协定。1950年6月，朝鲜战争爆发后，由于西方的"封锁""禁运"，中国大陆与苏联和东欧等社会主义国家的贸易发展更快。中国不仅扩大了与苏联的贸易（进出口总额比1950年增长138.9%），而且又与朝鲜、民主德国、匈牙利、罗马尼亚、蒙古签订了政府间的贸易协定。到1952年，中国与苏联、东欧及亚洲社会主义国家的贸易总额已占中国大陆对外贸易总额的81.26%。

为了促进国民经济的恢复发展，新中国在迅速扩大与苏联贸易的同时，并没有忽视与西方国家的贸易。因为就贸易的互补性来说，中国与西方国家的互补程度超过了苏联、东欧国家。1950年上半年国家调动各方面的积极因素，利用中国与西方国家长期形成的贸易关系和进出口产品的互补性需求，大力开展对西方的贸易，即使到1950年12月初美国宣布对中国大陆实行严厉的"封锁""禁运"，并冻结中国大陆在美资产后之后，中国仍然努力打破"封锁"，开展贸易，为此采取了如下三个方面的措施：一是为避免损失，将对资本主义国家的贸易方式由"结汇"改为"易货"，实行"先进后出"，保证贸易不落空；二是采取"抢运""抢购"措施，抓紧抢运已经购买到手的进口货物，用手中积存的外汇抢购一批国家急需的战略物资和工业器材；三是采取利用矛盾，各个击破的办法，积极开展与亚非拉发展中国家的政府贸易和与西方国家的民间贸易。

上述三项措施取得了巨大成效。通过积极开展与西方国家的"易货贸易"，中国用国内积压的冷货（即国家贸易部门制定的出口货物附表中的"丙类"物资），换回了热货。据天津、青岛口岸的统计，1951年由资本主义国家进口的物资中，甲类物资占89.5%，乙类物资不到9%，丙类物资约占2%；而同期对资本主义国家的出口物资中，甲类物资占29%，乙类物资占35.7%，丙类物资占35%。在"抢运""抢购"物资方面，到1951年美国操纵联合国通过对华禁运法案时，中国大陆已经把积存的外汇全部用出，既把1950年定购的进口货物绝大部分抢运回来，又购进了大量的重要物资，使1950年的进口额大幅度增加。在积极开展与发展中国家的贸易方面，1952年与锡兰（今斯里兰卡）签订了"米胶贸易"协定，用锡兰短缺的大米换取中国急需的橡胶，打破了西方禁止向中国出口橡胶的局面。在此前后，中国还与印度、缅甸、印尼、巴西、智利以及瑞士、瑞典、挪威、丹麦等国家开展了政府间的贸易往来。从1952年下半年开始，中国与西方国家的贸易额又逐渐回升，到1953年，中国大陆与西方国家的贸易额比1952年增长了两倍多。

新中国成立以后，为了迅速恢复和扩大对外贸易，以促进国民经济的恢复，中央贸易部于1949年底至1950年初召开了一系列有关出口的全国性专业会议，如猪鬃会议、皮毛会议、丝绸会议、茶叶会议、油脂会议、钨锑锡专业会议等，研究这些大宗出口产品的产销情况，通报国际行情，制订1950年的出口计划和具体的保证措施。这些专业会议将上述出口产品从生产到出口的各个环节联系到一起，制定措施，有力地促进了1950年度出口的恢复和发展。使大陆主要商品的出口额经过一年的恢复，就基本达到或超过了历史最高水平。与此同时，贸易部还于1950年初召开了全国进口会议，专门讨论民用品的进口问题。根据会议制定的方针政策，既从根本上改变了过去西方列强向中国倾销产品的局面，又根据国内的需要掌握进口。1950年，在国内市场上，过去曾充斥一时的舶来品，诸如奶粉、罐头、饼干等食品及尼龙袜、化妆品等已销声匿迹。

为了充分调动各种积极因素发展对外贸易，政府在大力发展国营对外贸易业务的同时，还注意发挥当时占较大比重的私营外贸企业以及外资企业的作用，以实现在国营经济领导下分工合作、各得其所。1950年7月，中央贸易部牵头召开了全国进出口贸易会议。会议确定了对外贸易的基本任务是：保护与扶持生产、调剂供求、平稳物价。会议还在公私关系方面划分了公私经营范围：国营贸易公司除经营统购统销的进出口物品外，在出口方面只经营几种主要物品的一部分，在进口方面除经营国家所需要的工业器材外，对于民用器材的经营，只以能够调剂供求、稳定物价为限度，其余进出口商品，均归私人经营。为了克服进出口企业之间的盲目竞争，会议还决定利用"国际贸易研究会""同业公会专业小组""联合经营"三种方式，把进出口企业组织起来，统一对外。但是由于朝鲜战争爆发后西方实行封锁禁运，私营和外资企业的原有贸易渠道中断，而苏联和东欧国家又不与中国的私营外贸企业打交道，故私营和外资企业在1950～1952年的进出口贸易总额中的比重始终不到10%。

在对外贸易方式方面，针对不同的国家和西方国家经济封锁，采取了灵活多样的方式，以扩大对外贸易，换取大陆急需的货物。既有记账贸易、协定贸易、结汇贸易，也有易货贸易。

在国民经济恢复时期，尽管由于朝鲜战争导致西方对中国大陆实行"封锁""禁运"，中国大陆的对外贸易还是以相当快的速度恢复发展。

1950～1952 年中国大陆进出口贸易增长情况①

年份	进出口增长情况（亿美元）			在世界贸易中所占比重（%）		
	进出口总额	出口额	进口额	进出口总额	出口额	进口额
1950	11.3	5.5	5.8	0.9	0.91	—
1951	19.6	7.6	12.0	1.2	0.92	—
1952	19.4	8.2	11.2	1.2	1.02	—

从进出口贸易的产品结构可以看出：第一，当时我国还是一个经济发展水平相当落后的农业国，在出口产品中，农副产品及其加工产品占相当大的比重，1950 年为 90.7%，1952 年仍为 82.2%；在出口的工业品中，初级产品也占绝大部分。这种出口结构使我国在对外贸易中处于不利和软弱的地位。第二，从进出口来看，统制贸易体制的好处远大于其弊病，一方面它有助于突破西方的"封锁"和"禁运"，减少由其带来的不利地位和损失，扩大对外贸易；另一方面，它可以将有限的外汇用于急需恢复发展的工业和国防方面。与此同时，还应看到，西方的经济封锁和由此导致的外汇紧张，对中国以后走上优先发展重工业道路和实行进口替代政策也起到了促成作用。

（三）苏联和东欧社会主义国家对中国的经济援助。

1952 年，随着国民经济的迅速恢复，中共中央决定从 1953 年转入大规模经济建设，即开始执行发展国民经济的第一个五年计划。这也是中国有史以来的第一个全面发展国民经济的中长期计划。由于党和政府缺乏制订计划的经验，同时也为了获得苏联的全面经济援助，同年 6 月，周恩来、陈云、李富春等率领代表团访苏。代表团在苏期间，一方面斯大林和苏联有关部门对中国代表团带去的"一五计划"草案提出了非常好的修改意见；另一方面，中苏双方还就苏联如何援助中国经济建设进行了谈判，苏联同意给予中国长期的、全面的经济援助。由于中国缺乏大规模经济建设的技

---

① 国家统计局：《全国财贸统计资料（1949～1978）》，1979 年 10 月出版，第 289、295 页。

术资料和建设项目的充分准备，双方有关部门经过来来回回近一年的磋商谈判，于 1953 年 5 月 15 日签订了关于"苏联援助中国发展国民经济的协定"和议定书。①

根据协定，苏联承诺援助中国新建和改建 91 个工业建设项目，其中包括钢铁联合企业、有色金属企业、煤矿、炼油厂、机器制造厂、拖拉机制造厂、汽车制造厂、飞机制造厂以及一批现代军事工业项目。1954 年 10 月，赫鲁晓夫访华，中苏双方又签订了关于苏联向中国提供 5.2 亿卢布长期贷款协定和帮助中国新建 15 个工业企业和扩大原有协定规定的企业设备供应范围的议定书。至此，连同国民经济恢复时期苏联援助建设的 50 个项目，共计 156 项。为建设上述项目，苏联每年派遣数百名专家来华，并接受近千名中国技术人员和工人前去苏联学习培训。这 156 项工程，再加上与之配套建设的 140 多个项目，构成了"一五计划"基本建设的中心，为中国的工业化奠定了基础。据统计，"一五"计划期间基础工业部门（煤炭工业和化学工业除外）和国防军事工业新增的生产能力中，有 70%～80% 是苏联援建的 156 项提供的，如炼铁、炼钢、轧钢能力；有的行业甚至是 100%，如炼铝和汽车制造等。同时，随着这批项目的建成，中国改变了钢铁工业生产品种单一，有色金属只采不炼，机械工业和国防工业制造能力极低的局面。②

为了迅速改变中国科技落后的面貌，在科学技术方面，中国也积极争取苏联的帮助。1953 年 5 月 15 日，中苏经济合作协定第一次以独立条款的形式确定了苏联无偿向中国提供技术文件的原则。从 1950 年到 1953 年，苏联根据中苏两国政府间科学技术协定提供科学文献和技术资料 2928 套（件）。③ 1954 年 10 月，中苏两国还签订了"中苏科学技术合作协定"。根据协定，双方互相供应技术资料。交换有关情报，并互派专家和学者进行

---

① 参见袁宝华：《赴苏联谈判的日日夜夜》，《当代中国史研究》1996 年第 1 期。
② 当代中国丛书编委会：《当代中国的基本建设》（上），中国社会科学出版社 1989 年版，第 56 页。
③ 转引自沈志华：《中苏关系史纲（1917～1991）》，新华出版社 2007 年版，第 124～125 页。

合作研究。双方互相提供的技术资料，不付代价，仅支付用于复制副本所需要的实际费用。苏联根据协定，免费向中国提供了大量技术资料。1955年4月，中苏双方又签订了关于苏联帮助中国和平利用原子能的协定，使中国建立起第一个原子能反应堆和回旋加速器，中国还参加了苏联和各人民民主国家在莫斯科成立的国际原子能研究机构，这也有助于中国原子能工业的发展。据统计，从1950年至1959年，苏联无偿（只收取复印费）向中国提供科学技术文件有：整套技术设计文件31440套，基本建设方案3709套，机器和设备草图12410套，整套技术文件2970套，整套部门技术文件11404套。在中国的"一五"计划期间，苏联把对社会主义国家科学技术援助总数的一半给了中国。①

由于中国经济建设人才严重短缺，为了帮助中国建设，苏联还派遣了大批专家和顾问到中国工作。从1949年8月刘少奇携第一批苏联专家回国到1960年8月苏联撤回全部专家，12年中在中国各方面工作过的专家和顾问总计约18000人，其中1954年赫鲁晓夫访华前约5000人，1954年10月到1958年底约11000人，1959~1960年不到2000人。② 1956年底，在华工作的苏联专家人数达到高峰，为3113人，其中技术专家2213人，经济顾问123人，科教文卫专家和顾问403人，军事专家和顾问374人。③

1954年9月29日，赫鲁晓夫作为苏联首脑首次访华。作为访华的成果，10月12日中苏双方签订了《中苏关于将各股份公司中的苏联股份转让给中华人民共和国的联合公报》《中苏关于修建兰州—乌鲁木齐—阿拉木图铁路并组织联运的联合公报》《中华人民共和国政府、苏维埃社会主义共和国联盟政府和蒙古人民共和国政府关于修建从集宁到乌兰巴托的铁路并组织联运的联合公报》。根据协定，苏联将新中国成立初期中苏合办的四个企业中的全部苏联股份转让给中国，由中国以贸易的形式补偿。

---

① 转引自沈志华：《中苏关系史纲（1917~1991）》，新华出版社2007年版，第168~169页。
② 转引自沈志华：《中苏关系史纲（1917~1991）》，新华出版社2007年版，第165页。
③ 转引自沈志华：《对在华苏联专家的历史考察：基本状况及政策变化》，《当代中国史研究》2002年第1期。

整个20世纪50年代,中国与苏联共签订了引进304个项目的成套设备(包括"一五"时期的156个重点项目)和64个单项车间设备装置的合同,实际执行的总金额为17亿多新卢布,其中用苏联政府贷款支付的货款约3亿新卢布,占总金额的18%,其余82%则通过两国贸易账户结算。为建设这些项目,苏联政府派出了大批专家,并为中国培训了大批实习生。到1960年7月苏联单方面中止合同、撤回专家时止,上述304项成套设备项目中,已建成的有120个,基本建成的有29个,正在建设被迫中途停止的有66个(后来由中国自行继续建成),另外89个项目撤消了合同。上述已经完成和基本完成的149个项目,大多数是钢铁、有色金属、电力、机械、军工、煤炭、石油、化工、建材等重工业项目,少数是纺织、轻工、食品工业和广播电信工程项目。这批项目的建成,为新中国建立比较完整的工业体系奠定了初步基础。①

"一五计划"期间,除了苏联为中国的经济建设提供了巨大帮助外,东欧民主国家与中国在互惠互利的基础上,也对中国的经济建设提供了帮助。如1956年中国分别与东德、匈牙利、波兰、捷克签订了关于加强科技合作和互相提供援助的协定。整个50年代,我国与东欧民主国家先后签订协定引进成套设备建设项目116项,完成和基本完成108项,解除义务8项;单项设备88项,完成和基本完成81项,解除义务7项。

我国从东欧民主国家技术引进实施情况②

国别	成套设备项目(项)			单项设备(项)		
	合计	完成和基本完成	撤销	合计	完成和基本完成	撤销
民主德国	39	37	2	15	14	1
捷克	32	29	3	32	26	6
波兰	24	22	2	7	7	—
罗马尼亚	9	9	—	12	12	—

---

① 当代中国丛书编委会:《当代中国的对外经济合作》,中国社会科学出版社1989年版,第318页。
② 当代中国丛书编委会:《当代中国的基本建设》(上),中国社会科学出版社1989年版,第53页。

(续表)

国别	成套设备项目（项）			单项设备（项）		
	合计	完成和基本完成	撤销	合计	完成和基本完成	撤销
匈牙利	10	9	1	16	16	—
保加利亚	2	2	—	6	6	—
总计	116	108	8	88	81	7

苏联和东欧民主国家帮助我国建设的工业项目，不仅提供企业所需的机器设备，而且从勘察地质、选择厂址、收集设计资料、进行设计、指导建筑、安装设备和开工运转、供应新产品的技术资料，一直到新产品制造出来，都给予了全面的、系统的帮助。同时，在上述项目建设过程中，凡是中国能够生产的设备，能够进行的设计，都主动提出由中国自行解决，以促进中国设计能力的提高和生产的进一步发展。

在科学技术合作方面，截至1959年，中国从苏联和东欧民主国家共获得了4000多项技术资料。苏联提供的主要是冶炼、选矿、石油、机车制造和发电站等建设工程的设计资料，制造水轮机、金属切削机床等的工艺图纸，生产优质钢材、真空仪器等工业产品的工艺资料；东欧各国提供的主要是工业各部门和卫生、林业、农业等方面的技术资料。这些先进的技术资料，对于提高中国工农业的技术水平和生产新产品意义重大。而且更可贵的是，在互相提供技术资料时，各国采取了互相支援的优惠办法，即不按专利对待，仅收取复制资料的成本费。

（四）中国对其他国家的经济援助。

"一五计划"时期，一方面中国得到来自苏联和东欧民主国家的经济援助；另一方面，在资金短缺的情况下，中国仍然对其他国家进行积极援助，援助的力度，就当时中国的经济发展水平和能力来讲，是非常慷慨的。

从1950年到1955年，中国从苏联共获得贷款56.76亿卢布（1955年以后就没有再向苏联贷款），其中最大部分是用于抗美援朝战争，这类军事贷款共计34.25亿卢布，占贷款总额的60.4%；另外，还有一笔军事贷款，是驻旅大苏军撤退时移交的物资，共 7.23 亿卢布，占贷款总额的 12.7%；苏联对中国的经济贷款共计 15.28 亿卢布，占贷款总额的 26.9%。这些经济贷款中，有 12.38 亿卢布（即 81%）是 1953 年以前提供的。这些贷款条件也不是特别优惠的，有些贷款还附加了一些不平等的条件。而中国在抗美援朝战争中则承担了人员伤亡的重大牺牲和 100 多亿元人民币的军事费用，并且中国人民志愿军从朝鲜撤退时移交给朝鲜的军事物资，绝大部分是无偿的。

在新中国成立以后的 11 年（1950~1960 年）里，中国对外无偿援助和贷款也达到了 52.09 亿元人民币，约合 54.84 亿卢布，相当于同期苏联对中国贷款的 96.6%。在中国对外援助和贷款总额中，经济援助和贷款共计 42.86 亿元人民币，约合 45.11 亿卢布，几乎等于苏联对中国经济援助贷款 5.28 亿卢布的 3 倍。

得到中国经济援助最多的国家是朝鲜和越南。众所周知，1950 年抗美援朝战争爆发后，中国政府即给予朝鲜以巨大的人力和物力援助，中国不仅出动了一百余万志愿军，消耗各种物资 560 多万吨；而且中国成为朝鲜的战略后方和经济后盾。从 1950 年 6 月朝鲜战争爆发到 1953 年底，中国政府共向朝鲜提供了总值为 72952 万元的各种物资和器材援助。[①] 1953 年 8 月，朝鲜停战以后，中国又为朝鲜医治战争创伤、恢复和发展国民经济提供了大量援助。1953 年 11 月，金日成率领朝鲜政府代表团访问中国，中朝双方签订了经济文化合作协定。根据协定，中国政府将 1950 年 6 月 25 日至 1953 年 12 月 31 日为止所援助朝鲜的一切物资和费用，均无偿赠送朝鲜政府；同时还将于 1954 年至 1957 年间再无偿赠送朝鲜民主主义人民共和国 8 亿元人民币作为其恢复发展国民经济的费用。另外，中国还将派遣技术人员、提供建筑、交通器材和机器，帮助朝鲜恢复工农业生产和交通运输，同时接受朝鲜的留学生和技工到中国学习和实习。

对于越南民主共和国，中国一方面积极援助其抗击战后卷土重来的法

---

① 当代中国丛书编委会：《当代中国的对外经济合作》，中国社会科学出版社 1989 年版，第 24~25 页。

国殖民侵略者，帮助越南取得了决定性的奠边府战役胜利。另一方面，在1954年5月日内瓦会议结束越南北部战争后，又对越南医治战争创伤、恢复发展国民经济给予了大量援助。从1950年至1954年，中国政府共向越南政府提供了16700万人民币的援助。① 1954年12月，中国政府与越南政府在北京签订关于援助越南修复铁路的议定书，关于援助越南恢复邮政电信议定书，关于援助越南修复公路、航运、水利问题会谈记录，关于中越两国民用航空通航和援助越南建立民用航空站、气象设备问题会谈记录。1955年6月，胡志明率领越南政府代表团访华。经过双方讨论商谈，中国政府决定无偿赠送越南民主共和国8亿元人民币，作为其医治战争创伤、恢复和发展国民经济的费用；同时，中国还应邀派遣技术人员帮助越南恢复和新建工矿交通事业，越南也将派遣工人到中国实习。1956年7月，中越两国又签订了中国援助越南的议定书和中国给予越南技术援助的议定书。根据这两个议定书的规定，中国将供应越南成套设备和钢材、机床、机车、车辆、船只以及其他发展工农业生产和交通运输业所需要的器材；中国将派遣工业、农业、林业、水利、交通运输、邮电等方面的专家和技术人员到越南进行技术援助，越南也将派遣实习生到中国有关厂矿实习。1958年3月，两国政府又签订了中国援助越南建设和改造18个工业企业项目的协定，这些项目包括电站、化工、铬矿、造纸、制糖、陶瓷、搪瓷、卷烟、肥皂、牙膏等工厂，并于1960年前后陆续建成。

对于蒙古人民共和国，中国政府也给予了大量经济援助。1956年8月，中蒙两国签订了中华人民共和国给予蒙古人民共和国经济和技术援助协定。根据协定，中国从1956年至1959年内，无偿援助蒙古1.6亿卢布（约合人民币1.5亿元），用于帮助蒙古建设成套项目。1958年12月和1960年5月，两国政府又签订了两个经济技术援助协定，规定中国向蒙古提供两笔长期低息贷款，用于援建成套项目。鉴于蒙古缺乏技术力量，援蒙项目都采取"交钥匙"方式实施，即由中方设计，提供全部设备材料，并派出建筑施工

---

① 当代中国丛书编委会：《当代中国的对外经济合作》，中国社会科学出版社1989年版，第26页。

队伍全面负责施工。到1964年，共帮助蒙古建成了包括发电厂、毛纺厂、造纸厂、玻璃厂等21个项目。①

中国对阿尔巴尼亚的经济技术援助，始于1954年。1954年12月，两国政府签订了中国给予阿尔巴尼亚无息贷款的协定。这笔贷款用于提供物资援助。1959年1月，两国政府又签订了第二笔无息贷款协定。根据协定，由中国提供物资援助和援建一个玻璃厂，这是中国援助阿尔巴尼亚的第一个成套项目。

中国除了对周边经济落后的社会主义国家提供了大量经济和技术援助外，还尽可能对周边经济落后的非社会主义国家给予经济和技术援助，帮助其发展经济。1956年6月，中国与柬埔寨王国签订中柬两国关于经济援助的协定和实施经济技术援助协定的议定书。根据上述协定和议定书，中国将在1956年和1957年内，无偿给予柬埔寨价值8亿柬元（折合800万英镑）的物资。这是中国与亚非民族主义国家签订的第一个经济技术援助协定。同年10月，中国又与尼泊尔政府签订无偿经济援助协定。1958年1月，中国与也门王国（现名阿拉伯也门共和国）签订经济技术合作协定。

20世纪50年代中国大陆在对外经济关系方面，除了在平等互利的原则下积极发展与各国的贸易关系外，还在积极争取外援的同时，将心比心，在自己工业化资金非常短缺的情况下，对周边更困难的社会主义国家和友好的非社会主义国家给予了大量经济技术援助。从1949年10月到1957年底，中国的对外援助金额达到近21亿元人民币，其中无偿援助占95%。这种援助，体现了中国政府对社会主义阵营的高度责任感和对周边国家经济发展的关心。

二、"反帝、反修"外交政策下的"对外援助"和"技术引进"

1960年中苏关系恶化以后，随着国内"左"的思想逐步升级，对外经

---

① 当代中国丛书编委会：《当代中国的对外经济合作》，中国社会科学出版社1989年版，第34页。

济关系也越来越多地服从于政治和外交政策。1960～1971 年，为第一个历史阶段：这个阶段的主要特征是反帝、反修、支援世界革命，当时流行的口号是"打倒美帝、打倒苏修、打倒各国反动派"。1972～1978 年，为第二个历史阶段：这个阶段的特征是在"三个世界"理论指导下中美关系缓和、与西方国家出现建交高潮和重点反对苏联霸权。

（一）中苏关系的恶化对经济建设的影响。

1960 年 2 月，在华沙条约政治协商委员会会议上，中国观察员康生代表中共中央宣布："没有中国参加签字，赫鲁晓夫和艾森豪威尔签订的任何条约对中国没有约束力。"康生的发言阐明了中苏双方的分歧和中国的立场，对国际舆论震动很大。4 月，中国连续发表了《列宁主义万岁》等 3 篇文章，公开了与苏共中央关于国际共运和国际政策的理论和政策分歧。进一步恶化了中苏关系。

毛泽东之所以敢于在这个时候跟苏联分庭抗礼，公开批评苏联，与苏联不顾中国利益、企图以社会主义阵营领袖身份与美国谋求缓和固然是重要原因，但是更重要的原因，恐怕是"大跃进"的浮夸使得毛泽东以为找到了一条快速发展道路，可以不需要苏联的帮助就能迅速实现工业化。经济的浮夸实际导致了在国际战略上也不能客观地估计自己的力量。

本来中国"大跃进"的狂热和在国际问题上的"桀骜不驯"就已经引起苏联的不快，上述 3 篇文章的发表，更激化了这个矛盾，由此招致了苏共在同年 6 月的布加勒斯特会议上发起对中国共产党的围攻，但围攻没有达到压服中国的目的。为了进一步施加压力，7 月 16 日，苏联驻华大使向中国外交部递交照会，指出由于中国有关方面向苏联专家散发《列宁主义万岁》小册子，是把"自己的观点强加于苏联专家"，中国当局对苏联专家的劳动"公开的不尊重"，因此决定召回在中国的全部专家和顾问。不等中国答复，7 月 25 日，苏联政府即通知中国政府：在华工作的全部苏联专家，都将于 7 月 28 日至 9 月 1 日离境，同时终止派遣按照两国协议应该派遣的 900 多名专家。7 月 31 日，中国政府照会苏联，希望苏联政府重新考虑并且改变召回专家的决定，表示愿意挽留在华工作尚未期满的专家，继续按照原定聘期工作。照会还解释说：中国为满足大批苏联专家希望了解中国情况和政策的愿望，多年来一直向苏联专家提供材料，这并不是把自己的观点强加给苏联专家。但是苏联对中国的照会不予理会，以毫无商量的态度，在短短一个月内，即撤走了在华的1390名专家，撕毁了中苏两国政府签订的12个协定、两国科学院签订的1个议定书以及343个专家合同和合同补充书，废止了257个科学技术合作项目，停止了许多重要设备和物资的供应。

1961年2月27日，赫鲁晓夫致函毛泽东，表示愿意在1961年8月底以前，以借用的方式，向中国提供100万吨谷物和50万吨古巴糖，以缓解中国的经济困难。3月8日，周恩来代表中共中央以口头方式答复："对苏共中央的友好表示非常感谢。但苏联现在也有灾情，我们不愿加重苏联负担，中国争取以延期付款方式从国际市场再进口一些粮食，中国愿把苏联建议提供的粮食留作后备。只有在国际市场上进口粮食发生困难的情况下，再向苏联提出借用粮食的要求。中国同意接受50万吨糖的援助。"①

1961年上半年，中苏双方进行谈判，全面清理中国自苏联进口的成套设备项目和苏联撤走专家的人数。经过谈判，双方于6月19日签订了协定。

1962年5月13日，中苏双方又议定所保留的66个项目推迟到1964年再议。

1965年2月11日，周恩来总理与苏联部长会议主席柯西金在北京会晤，双方同意把过去的建设项目取消，以后在新的基础上重新开始。据此，4月21日，双方主管部门在北京交换了《中苏一九六五年关于成套设备项目问题的备忘录》，撤销了全部项目。

从1950年2月14日中苏之间签订第一批技术转让合同开始，到1959年2月7日止，我国与苏联共签订了304项成套设备合同。截至1961年上半年，上述合同全部执行完毕者为120项，基本完成者29项，解除义务者89项，其余66项在不同程度上履行了合同。后两类合同基本上是在1958

---

① 转引自丛进：《曲折发展的岁月》，河南人民出版社1989年版，第370~371页。

年8月8日和1959年2月7日签订的两批合同，也有少数属于早期签订的合同。66项部分履行的合同工程，有三分之二依靠国内制造部分设备加以建成或压缩生产规模后建成，有三分之一被迫停止建设。如包头钢铁厂原设计能力为年产钢300万吨，钢材240万吨以及相应的铁矿开采、炼铁、炼焦等，在1953年5月15日和1959年2月7日分别签订了一、二期工程的合同，其中第一期工程的设计建设规模为：年产铁156.5万吨、钢156.5万吨、钢材122万吨以及相应的铁矿开采与炼焦等能力。至1960年底止，苏方已交付100万吨炼钢能力和70万吨轧钢能力的设备。因此，该厂在1960年底投产时炼钢能力只能达到95万吨。另外，64个单项设备等引进合同，已执行的仅29项。上述解除义务的89项成套设备合同和35个单项设备等合同，实际用汇金额仅折合1.245亿美元，占50年代全部从苏联引进技术总用汇金额的6.4%。[①]

中苏两党之间政治关系和两国经济关系的恶化，也影响到中国与部分东欧国家之间政治经济关系的变化。20世纪50年代中国与东欧国家签订的成套设备供应合同116项，后撤销8项；单项设备供应合同88项，实际执行74项。解除义务的15项合同实际用汇金额约折合107万美元。[②]

关于还债问题：50年代，中国共与苏联签订了11笔贷款协定，总计金额为12.74亿新卢布（折合人民币53.68亿元），本息合计中国将归还苏联14.06亿新卢布（折合人民币57.42亿元）。在上述贷款中，用于购买军事装备物资和支付苏联移交旅大军事基地、合营公司等设施、物资的费用占76.1%；用于购买经济建设设备物资的费用占23.9%。[③] 在上述11笔贷款中，比较大的有两笔：一是1950年的3亿美元长期贷款，一是1954年的5.2亿卢布长期贷款。1960年以后，我国需要偿还的苏联债务，主要是以下3笔：一是1950年苏联长期贷款3亿美元，当时规定从1954年开始每年偿

---

① 陈惠秦：《技术进步与技术引进研究》，经济管理出版社1997年版，第26~27页。
② 陈惠秦：《技术进步与技术引进研究》，经济管理出版社1997年版，第27页。
③ 石林：《当代中国的对外经济合作》，中国社会科学出版社1989年版，第318页。

还 3000 万，到 1963 年底以前还清；二是 1954 年苏联长期贷款 5.2 亿新卢布（约合 5.3 亿美元），当时规定从 1955 年开始偿还，到 1964 年底还清；三是 1960 年中国对苏联的贸易欠账 2.88 亿新卢布，根据 1961 年双方的协定，不计利息，从 1961 年至 1965 年内分期偿还，即 1964 年偿还 1.7 亿新卢布，1965 年偿还 1.18 亿新卢布。另外，还有 1961 年苏联借给中国 50 万吨糖，当时规定在 1964～1967 年期间归还，不计利息。

到 1964 年，中国已经按期偿还了 13.89 亿新卢布贷款，剩下的 1700 万，中国又用 1964 年对苏贸易顺差的一部分提前还清。另外，中国还提前一年还清了 1960 年的贸易欠账；1965 年又提前两年还清了 1961 年借的 50 万吨糖。

1958～1965 年国家债务支出情况[①]

单位：人民币亿元

年份	1958	1959	1960	1961	1962	1963	1964	1965	合计
国外借款还本付息	7.23	7.11	6.73	6.58	6.42	2.86	0.96	0.70	38.59
国内借款还本付息	1.81	2.58	3.37	4.35	3.95	4.72	4.27	5.66	30.71

为什么要提前还借款？主要是出于政治原因。三年"大跃进"以后，我国国民经济陷入严重困难，尤其是农产品产量大幅度下降。本来在正常情况下，中国是可以向苏联提出请求延期偿还债务的。但是如果中国这样做，就等于承认了"大跃进"的失败，证明了苏联过去对"大跃进"的批评是正确的。1960 年 8 月 10 日，中共中央在《关于动员全党大搞对外贸易收购和出口运动的紧急指示》中就说："对苏联和东欧兄弟国家的贸易欠账务必做到今年少欠，明年基本还清。这不仅仅是关系到我国社会主义建设的问题，而且关系到我国在国际上的声誉，关系到我们同帝国主义、各国反动派和现代修正主义及其追随者进行斗争的问题。"[②]

1962 年以后，随着与苏联的分歧逐步发展到敌对关系（1962 年以后中

[①] 财政部综合计划司：《中国财政统计（1950～1985）》，中国财政经济出版社 1987 年版，第 89 页。
[②] 中共中央文献研究室：《建国以来重要文献选编》第 13 册，中央文献出版社 1996 年版，第 513 页。

国共产党认为苏共已经背叛了马克思列宁主义),中国共产党不仅不会低头请求延期偿还债务,而且还要提前偿还债务,以结束与苏联的这种债务关系。

(二) 技术引进转向西方国家。

1960 年中苏关系破裂,苏联撕毁合同并撤退在华专家,使中国技术引进的重点转向西方国家。方式主要是利用出口信贷和延期付款来引进成套设备。1962～1969 年,为了对冶金、石化、机械、电子、轻工业等部门进行技术改造和填补生产技术空白,我国先后从日本、英国、法国、西德、瑞典、意大利、奥地利、瑞士、荷兰、比利时等国引进技术和设备 84 项,累计用汇金额 14.5 亿美元。① 其中成套设备 52 项价值 3 亿多美元。其中主要的有从奥地利引进的纯氧顶吹转炉炼钢设备;从日本引进的日产 30 吨的维尼纶生产设备;从西德引进的原油裂解装置;从英国引进的腈纶生产设备和年产 10 万吨的合成胺生产设备等,这些设备占同期引进设备总金额的 55% 以上。② 引进工作到 1968 年又被迫中断,大部分进口项目受到严重影响。

1962～1963 年,我国从国外引进了 14 个成套设备项目和最新的石油化工技术。1963～1964 年,又批准冶金、精密机械、电子工业等 100 多个项目向国外考察、询价和相机签约。1964～1965 年,机械工业从日本、法国等国家引进了液压件、电动气动量仪、重型汽车三个项目,并引进玻璃电极、微电机等 7 项技术和设备。

但是,我国的技术引进,也受到外国反华势力的阻挠。1964 年 5 月,日本前首相吉田茂给台湾当局去信表示:"日本政府不再使用输出入银行资金向中国出口成套设备。"(此事通称"吉田书简")③ 而 1964 年 11 月上台的佐藤内阁,从一开始就推行敌视中国、公开制造"两个中国"的政策。

---

① 当代中国丛书编委会:《当代中国的对外贸易》(下),当代中国出版社 1992 年版,第 158 页。
② 樊勇明:《中国的工业化与外国的直接投资》,上海社会科学院出版社 1992 年版,第 3 页。
③ 沈觉人:《当代中国对外贸易》(上),当代中国出版社 1992 年版,第 408 页。

因此1965年1月，佐藤声称"吉田书简"有约束力，拒不批准日本纺织株式会社和日立造船株式会社等使用政府资金向中国出口第二套维尼纶设备和货轮，迫使两个合同相继失效。此后，直至1972年中日两国建交，日本未再向中国出口成套设备。

作为中国最高决策人的毛泽东，在强调自力更生的同时，也是希望通过引进技术来实现赶超战略的。1963年6月4日，毛泽东在会见越南劳动党代表团时就说，"同资本主义国家（法国、日本等）做生意，有两个好处：物美价廉，维修设备也卖给你，守信用。"① 1964年1月5日，毛泽东在会见日本共产党政治局委员听涛时又说："我们从日本资本家方面进口制造维尼纶的设备时，日本资本家把全部技术资料给我们。从欧洲进口的设备也是如此，而苏联总是对我们保留一部分关键性的东西，不告诉我们。"② 可见他对从西方引进技术是满意的。1月7日，毛泽东在听取工业交通会议情况汇报时又说："我考虑在一定时候，可以让日本人来中国办工厂、开矿，向他们学技术。"③

1965年毛泽东在听取关于第三个五年计划草案汇报时，赞同减少粮食、化肥等进口，而增加技术进口。

但是，毛泽东对外技术引进，特别是利用外国资金，却又是有所保留的。1965年，他说："工业要从外国引进一些，比如尖端技术，要搞一些，但不宣传。至于农业，我们要靠（山东曲阜）陈家庄陈玉梅、（山西昔阳）大寨陈永贵。"对于关于利用外资，毛泽东又说："还是要靠自力更生，事情总是起变化的。'只要有利，向魔鬼借钱也可以。'我们不走这条路。'魔鬼'不给我们贷款，很好；要贷给我们，我们也不要。""以后内债、外债都不借，完全靠自力更生。资金从农业和轻工业方面来，从重工业方面也来一些。"④

---

① 顾龙生：《毛泽东经济年谱》，中共中央党校出版社1993年版，第582页。
② 顾龙生：《毛泽东经济年谱》，中共中央党校出版社1993年版，第589页。
③《中华人民共和国国民经济和社会发展大事辑要（1949~1985）》，红旗出版社1987年版，第212页。
④ 顾龙生：《毛泽东经济年谱》，中共中央党校出版社1993年版，第598、604页。

1966年7月11日，毛泽东在与尼泊尔王太子比兰德拉的谈话时又说："现在外债已经还清，只有内债，再过两年也可以还清，那时就'无债一身轻'了。我们是被迫的。你们应逐步做到不要借外债。"①

由此可见，20世纪60年代上半期，由于受苏联毁约的刺激，加上国际环境严峻，起码可以断定毛泽东暂时放弃了利用外资的打算。

1965年4月13日，中共中央批转国家经委新技术进口小组《关于引进新技术工作几个主要问题的报告》。《报告》认为："一九六四年签订了十项成套设备进口合同（一九六三年签订六项），用汇一千二百万美元，没有完成预定签订二十一项合同、用汇一千七百五十万美元的计划。另外一种引进新技术的方式，即购买技术资料的工作，还没有打开局面。小组认为，引进新技术的工作去年以来是有成绩的，但进展太慢，不能适应当前经济形势和国家建设的要求。"

《报告》指出："去年十一月，小组曾检查过在向资本主义国家引进新技术工作中缺乏自力更生精神和不应当进口的设备也要进口的倾向，这种倾向过去确实存在，今后还要注意纠正。但是，另一种倾向也必须加以坚决纠正，这就是对引进新技术的工作抓得不紧，进行不力，丧失时机，使一些可以办到的事情没有办到。""引进新技术是使我国科学技术迅速赶上和超过世界水平这一战略认为下的一部分工作，是和帝国主义抢时间，对这一点有的同志有时认识不足，或者忘记了。""现在有一种想法，我们认为是不对的。例如因为英国、西德、奥地利、日本这些国家的政府的政治态度都不好，而不肯对这些国家厂商进行询价，对我们急需的东西也不敢积极进行谈判。这样做并不能达到打击敌人、加剧敌人营垒内部矛盾的目的；相反，这等于拒绝利用敌人的矛盾，束缚自己的手脚，结果路子越走越窄，使自己吃亏。这种做法是不足取的。"

《报告》在分析了国际形势和我国国际地位后，提出："我们可加利用的矛盾比过去不是减少了，而是更多了。总之，只要策略运用得当，目前

---

① 顾龙生：《毛泽东经济年谱》，中共中央党校出版社1993年版，第640页。

引进国外新技术工作的国际环境比过去有利条件不是减少了而是更多了。""一九六五年应当充分利用当前比较有利的国际环境，适应国内经济形势和建设的需要，抓住时机，更积极地展开从资本主义国家引进新技术的工作。"1965年的工作任务是：①争取谈判成交25至30个成套设备项目；②在引进新技术的三种方式中（进口成套设备、进口单项设备、购买技术资料），应当以更大的力量进行和探索后两种方式。①

1965年4月14日，中共中央批转的《一九六五年工业交通工作要点》和5月10日批转的国家科委党组《关于科学技术对外工作的报告》，也都强调了技术引进的重要性。可以说，技术引进工作自1965年以后即有根据我国的进口能力而加快的趋势。

由于解放了思想，经过有关部门努力，1965年签订了27项成套设备、39项单项设备、8项技术资料的合同，完成了预定计划，并初步打开了从西方国家引进技术资料的局面。1965年新技术进口成交的总金额为1.13亿美元，当年用汇724万美元。

1966年4月1日，国家经委印发新技术进口小组《1966年对资引进新技术的计划安排几个主要问题的报告（草稿）》，该报告提出，1966年计划成交的成套项目30项、单项设备68项、技术资料19项，引进新技术的重点是基础工业和国防工业，1966年计划当年用汇9630万美元。

(三) 中国对外贸易的变化。

1. "大跃进"时期对外贸易的波动。

1958年的"大跃进"带来的高指标和浮夸风，自然也蔓延到对外贸易部门。1958年2月，外贸部提出了脱离实际的"大进大出"口号，在盲目扩大进口的同时，超越国力出口。为了"大进"，不顾出口创汇的可能，不讲求进口货质量，甚至到国外"扫仓库"，把人家积压的低劣东西也买了回来；为了"大出"，签订大量合同而不认真落实货源，在"以收购来促进推

---

① 中共中央文献研究室：《建国以来重要文献选编》第20册，中央文献出版社1998年版，第147~151页。

销"的口号下盲目收购，甚至出现"指山买矿，指河买鱼"等浮夸现象，使对外履约率严重下降。"大进大出"的浪潮，还冲击了正常的对外贸易管理制度和经营秩序，随意向国外催交或要人家提前交货，特别是导致了互相争客户、争市场、抬价抢购、低价竞销等不良现象。

针对上述严重问题，1958年8月，中共中央政治局召开扩大会议谈论外贸问题，会议做出《关于对外贸易必须统一对外的决定》，强调必须严格执行统一对外的原则，彻底克服"资本主义自由竞争"倾向。为了统一对外，《决定》规定：除外贸部所属各总公司及其分公司外，任何地方、任何机构都不许从事进出口贸易；主要商品由外贸总公司统一对外成交，并由外贸总公司统一掌握其他商品的对外成交价格。这次会议还通过了中共中央《关于贸易外汇体制的决定》，规定"国家对于贸易外汇实行统一管理和重点使用"。

1959年3月，毛泽东在政治局扩大会议上听取副总理李先念汇报财贸工作时，在肯定了"国内市场为主，国外市场为辅"原则的同时，指出"这句话的后面应加一句：'但国外市场极为重要，不可轻视，不能放松'。过去陈云同志曾经提过有些东西应该内销服从外销，我很赞成这样提"；"我们要节衣缩食保证出口，否则六亿五千万人口多吃一点就吃掉了"。[①] 根据这一指示，中共中央重申1954年7月关于处理内外销指示的基本精神仍然适用。

由于1959年庐山会议以后转向"反右倾"和新"跃进"，对外贸易方面的初步纠"左"被打断，1959年，在1958年"大进大出"的基础上，又力争高速度。1958年进出口总额为38.71亿美元，比1957年的31.03亿美元增长了24.8%，已经是非常高了，但是1959年进出口总额又增加至43.81亿美元。比1958年增长13.2%。而实际上1959年我国的国民经济已经进入困难时期。1960年上半年，外贸收购和出口计划完成得很差，国家外汇收支出现很大逆差。到1960年7月，中共中央即发现当年的出口计划

[①] 转引自沈觉人：《当代中国对外贸易》（上），当代中国出版社1992年版，第26页。

很难完成,为了保证"对苏联和东欧兄弟国家的贸易欠账务必做到今年少欠,明年基本还清",中共中央于8月10日发出《关于全党大搞对外贸易收购和出口运动的紧急指示》。《紧急指示》要求千方百计挤出物资来出口;同时规定了"五先"原则,即:在国家计划规定的范围内,对于出口商品,应当安排在先,生产在先,原材料和包装物料供应在先,收购在先,运输在先。[1]

2. 对外贸易重心的第二次转移。

我国进入20世纪60年代以后,对外贸易的重心再次发生了转移。与50年代之初外贸重心由资本主义国家转向苏联等社会主义国家相反,这次是从苏联等社会主义国家再转回到资本主义国家。如前所述,中国这次对外贸易重心的转变,即1961~1965年中苏之间贸易额的急剧缩小,主要是由中苏两党、两国关系的恶化造成的。

表9-4 1958~1965年对苏贸易的变化[2]

单位:万美元

年份	出口	进口	进出口总额	占中国进出口总额%
1958	89887	63970	153857	39.8
1959	111794	97906	209700	47.9
1960	81878	84516	166394	43.7
1961	53626	29165	82791	28.2
1962	49066	21092	70158	26.4
1963	40678	19428	60106	20.6
1964	31164	13358	44522	12.9
1965	22167	18577	40744	9.6

中国与苏联及东欧社会主义国家经济关系的恶化,导致了中国的对外贸易向更加多元化发展。早在50年代,中国就积极开展了与资本主义世界

---

[1] 中央文献研究室:《建国以来重要文献选编》第13册,中央文献出版社1996年版,第512~513页。
[2] 转引自孟宪章:《中苏贸易史资料》,中国对外经济贸易出版社1991年版,第580、610页。

亚非拉发展中国家的贸易往来。并努力打破西方国家的封锁，积极寻求与西方国家的民间贸易和政府贸易。到1957年5月，随着英国宣布放宽对华贸易管制，参加"巴统"的大部分西方国家在一个月内陆续表态，放宽对中国的贸易限制。在这种压力下，美国政府不得不于1958年9月宣布在战略物资的国际货单方面再做一些放宽。至此，西方国家对中国大陆的经济封锁和禁运已经破产。①

自1960年中国将对外贸易目光转向资本主义国家以后，从1961年开始，中国在西方除美国以外的两个主要市场——日本和西欧，都取得了突破性的进展。

1958年5月由于日本岸信介政府对中国采取敌视政策，中日贸易关系中断。1960年6月，岸信介政府下台，趁此机会，周恩来总理于8月份即提出对日贸易"三原则"（即政府协定、民间合同、个别照顾），于是一度中断的中日贸易又恢复和发展起来，并由50年代的民间贸易阶段转入60年代的友好贸易和备忘录贸易阶段。1962年11月，中日友好协会会长廖承志与日本前通商大臣高崎达之助分别代表中日双方在北京签署了关于发展中日两国民间贸易的备忘录。"备忘录"规定：1963~1968年为第一个五年协议，平均每年成交额为3600万英镑。"备忘录"在形式上虽然是民间协议，但廖承志和高崎达之助实际上都是各自政府的代表，因此，"备忘录贸易"实质上是中日贸易三原则中提到的第一种政府协定下的贸易。

1962年12月，中国贸促会与日本的日中贸促会、国际贸促协会、国际贸促协会关西本部三个团体签订中日贸易议定书。这是继50年代中日双方签订了四次民间贸易协定之后，进一步发展两国民间贸易的新起点。至此，中日贸易形成了两个"车轮"：一个是廖承志—高崎达之助备忘录（简称"备忘录贸易"）；另一个就是中日贸易议定书（简称"议定书贸易"或"中日友好贸易"）。后者之所以又被称为"中日友好贸易"，是因为申请与中国外贸公司进行贸易的日本商社，必须由日本友好团体推荐，

---

① 参见董志凯：《跻身国际市场的艰辛起步》，经济管理出版社1993年版，第197~198页。

并经中国贸促会同意,指定为"中日友好贸易商社"之后,方能被中国公司接受为贸易伙伴。进行"友好贸易"的主要场所是广州中国出口商品交易会。

根据中日贸易议定书的规定,1963~1964年,在北京和上海举办了日本工业展览会;在东京、大阪举办了中国经济贸易展览会。这些展览会,不仅规模大、观众多,而且开展了丰富多彩的各种友好活动,促进了两国人民之间的相互了解。

在备忘录贸易方面,备忘录第一个五年协议执行比较顺利。1963年,日本政府批准仓敷人造丝株式会社利用日本输出银行出口信贷,以延期付款方式成功地向中国出口了维尼纶成套设备。1964年,双方还签订了为期3年的化肥长期合同。1966年"备忘录贸易"总额超过2亿美元。

1963年,中日贸易即恢复到1956年水平,1965年的贸易额又比1963年增长5倍多。①

中国大陆对西欧国家的贸易,在50年代即有较大幅度的增长。1959年中国对西欧国家的贸易总额达到6.51亿美元,比1950年增长3倍;其中出口为2.01亿美元,比1950年增长139.6%,占当年出口总额的8.9%;进口为4.5亿美元,比1950年增长438.2%,占当年进口总额的21.2%。②进入60年代以后,一方面中国将目光转向资本主义国家,另一方面西欧独立自强势头日益增长。中国与西欧国家的贸易遂呈进一步扩大之势,特别是1964年1月,中国与法国建交,不仅带动了中法贸易关系的发展,而且掀起西欧国家要求同中国发展贸易的热潮。11月份,英国在中国举办机械及科学仪器展览会;同年,中国分别同意大利、奥地利达成互设商务代表处的协议。60年代中国绝大部分技术引进是来自西欧的。

到1965年,中国大陆对西方资本主义国家的进出口总额在全国进出口总额中所占的比重,已经由1957年的17.9%上升到52.8%。

---

① 沈觉人:《当代中国对外贸易》(上),当代中国出版社1992年版,第31页。
② 沈觉人:《当代中国对外贸易》(上),当代中国出版社1992年版,第419页。

3. 对外贸易的调整和恢复发展。

由于1960年下半年出现了全国粮食供应极端困难的局面，京、津、沪、沈等大城市纷纷告急。由中共中央文献研究室编写的《周恩来传》中说："入夏以后，北京、天津、上海、辽宁等大城市和工业区的粮食库存非常薄弱，北京只能销七天，天津只能销十天，上海已经几乎没有大米库存，辽宁十个城市只能销八九天。在最紧张的日子里，京津沪库存只剩下几千万斤，甚至还不到，形势十分危险。"①

为解决粮食严重短缺问题，中央于1960年12月底决定进口粮食250万吨（原来计划1960年出口粮食100万吨），两个月后，从加拿大进口的第一船粮食来到天津港。尽管如此，进口粮食的决策仍然迟了，究其原因，是由于在政治高压下，中央没能及时得到缺粮的真实信息。

1961年3月，中共中央召开广州会议。中共中央根据当时的特殊情况和加强农业的决策，决定调整进口结构，增加进口粮食到500万吨。并在急需物资的进口中，把粮食列为首位，依次安排化肥、农药、油脂、工业原料、设备等。1961~1965年，中国每年进口小麦500万吨~600万吨。这占京、津、沪等几个大城市和辽宁省用粮总数的70%~80%，买这批粮食需用外汇5亿美元，约占当时中国外汇总数的四分之一。

在出口方面，一是从1960年开始，建立出口商品基地和出口专厂、专车间，提高产品质量，以挽回信誉、保证货源；二是从1961年开始，扩大了1957年以来外贸部实行的"以进养出"，进口原料加工成品出口。为适应资本主义国家市场需要，从品质、规格、款色、包装和装潢方面都有显著改进，新品种迅速增加。1963年以后，随着国民经济的好转，国家开始逐渐增加技术引进的比重。

如下表所示，对外贸易总额到1965年就已经迅速回升到42.45亿美元，比处于谷底的1963年增长59%，如果不算三年"大跃进"时期不正常的进出口，比1957年的31.03亿美元增加了36.8%。

---

① 金冲及：《周恩来传（1949~1976）》下，中央文献出版社1998年版，第600页。

表 9-5　1958~1965 年进出口贸易变化情况①

年份	进口		出口		进出口总额	
	绝对值（单位：亿美元）	指数（以1957年为100）	绝对值（单位：亿美元）	指数（以1957年为100）	绝对值（单位：亿美元）	指数（以1957年为100）
1958	18.90	126.00	19.81	123.81	38.72	124.75
1959	21.20	141.33	22.61	141.31	43.81	141.18
1960	19.53	130.20	18.56	116.00	38.09	122.74
1961	14.45	96.33	14.91	93.19	29.36	94.60
1962	11.73	78.20	14.90	93.13	26.63	85.81
1963	12.66	84.40	16.49	103.96	29.16	93.95
1964	15.47	103.13	19.16	119.88	34.64	111.61
1965	20.17	134.47	22.28	139.25	42.45	136.79

表 9-6　1958~1965 年中国大陆 22 进口商品构成（比重%）②

年份	成套设备和技术	机械仪器	五金矿产	化工	轻工	工艺	纺织品	粮油食品	土产畜产	其他
1958	23.7	22.0	17.4	18.8	0.5	0.3	4.2	3.1	4.8	5.2
1959	32.5	21.3	16.4	20.3	0.5	0.2	3.0	1.0	4.6	0.2
1960	33.2	16.2	18.9	19.2	1.0	0.2	7.6	1.7	1.9	0.1
1961	13.6	9.4	9.9	19.6	1.4	0.2	7.9	35.8	2.2	—
1962	9.1	6.3	10.2	20.4	1.6	0.3	7.7	41.3	3.1	—
1963	4.3	6.0	9.2	22.0	2.2	0.3	12.4	39.3	4.3	—
1964	3.5	8.4	11.4	16.3	2.4	0.4	13.3	39.9	4.2	—
1965	4.3	15.0	16.0	16.4	1.7	0.6	11.5	29.9	5.2	—

（四）中国的对外经济援助。

1958~1965 年，我国除了继续大力援助朝鲜、越南、蒙古、古巴、阿

---

① 沈觉人：《当代中国对外贸易》（下），当代中国出版社 1992 年版，第 370~371 页。
② 沈觉人：《当代中国对外贸易》（下），当代中国出版社 1992 年版，第 392~393 页。

尔巴尼亚外,还开展了对亚非民族主义国家的经济援助。

1. 对外经济援助的方针政策。

1958年10月29日,中共中央批转陈毅、李富春《关于加强对外经济、技术援助工作领导的请示报告》,批示中说:"认真做好对外经济、技术援助工作,是一项严肃的政治任务,也是我国人民对兄弟国家和民族主义国家的人民应尽的国际主义义务。"同年12月,国务院召集外交部、财政部、外贸部的负责人和部分驻外人员,研究对外经济技术援助工作。会议提出:"今后随着我国经济技术力量的增长和国际影响的扩大,我国对外援助的任务将日趋繁重。我们应该本着国际主义精神,援助那些需要我们援助的社会主义国家,认真做好对朝鲜、越南、蒙古、阿尔巴尼亚的援助工作,以发展生产和繁荣经济为主适当安排和确定援助项目。同时我们应该在力所能及的范围内,有重点地援助那些在经济上不够发达的亚非民族主义国家,帮助他们建立自己的工业基础,对这些国家的援助应该按照受援国的具体情况,采取因地制宜、以中小项目为主的办法,帮助他们建设。"[①]

进入60年代以后,中国的国际环境不断恶化。中苏交恶使得中国实际上失去了以苏联为首的社会主义阵营的支持;美国在韩国驻有重兵、在越南扩大侵略,与日本订有"安全条约";在西面,中国与印度发生了边境自卫防御战争,印度、美国对西藏叛乱分子暗中支持。同时,台湾的蒋介石也不甘寂寞,利用大陆的暂时经济困难和紧张的国际关系,叫嚣要"反攻大陆"。可以说,在60年代初期,中国几乎四面受敌,处于比较孤立的状态。

针对这种情况和国内正在调整国民经济和有关政策,中共中央对外联络部部长王稼祥经过反复思考,于1962年上半年在小范围内谈了自己对调整对外方针的意见,并征得中联部党委的同意,联名给周恩来、邓小平、陈毅写了一封建议信。王稼祥建议,"不要说必须在消灭美帝国主义以后,

---

[①] 石林:《当代中国的对外经济合作》,中国社会科学出版社1989年版,第31页。

第三次世界大战才能避免";他批评那种认为"在帝国主义存在的条件下,不可能有和平共处""必须打倒帝国主义,才能和平共处"的观点;他提出"不要只讲民族解放运动,不讲和平运动"。关于对外方针政策,王稼祥提出:为了争取时间,渡过困难,加速完成我国社会主义建设,对外有必要采取缓和的方针,而不是采取加剧的方针。对外经济援助,必须根据自己的具体条件,"实事求是,量力而行"。① 王稼祥的建议显然与毛泽东实行的对外方针不同。

1962年9月,陈毅在八届十中全会华东组的发言中批评了所谓"三和一少"的一股风(即主张对美国和缓一点,对苏联和缓一点,对印度和缓一点,对外经济援助少一点),这种说法的产生,应该说是有一定原因和道理的,由于当时国内经济处于非常困难时期,一些人不赞成在对外关系方面也弄得很紧张,四面出击;同时根据中国的经济能力,主张适当减少对外经济援助。陈毅说,我们同肯尼迪、赫鲁晓夫、尼赫鲁联合战线的斗争是躲不掉的,是非常必要的,但是斗争又是有分寸、有约束的,不能说已经斗过分了。对于民族解放运动,随着我们力量的不断增长和技术的提高,我们还应当给他们以更多的支持。在这个问题上,我们不能目光短浅,不能打小算盘,要打大算盘,不能只算经济账,要算政治账。陈毅的发言得到毛泽东的赞同。②

1963年5月,毛泽东将"三和一少"上升为修正主义的路线。他在同新西兰共产党总书记威尔科克斯的谈话中说:"我们党内,有些人主张'三和一少':对帝国主义和气一点,对反动派和气一点,对修正主义和气一点,对亚非拉人们斗争的援助少一些。这就是修正主义路线。"1964年2月,毛泽东再次会见威尔科克斯,又讲了上述内容。并说:"针对'三和一少',我们的方针就是'三斗一多'。'三和一少'是赫鲁晓夫的口号,'三

---

① 丛进:《曲折发展的岁月》,河南人民出版社1989年版,第501~502页。
②《建国以来毛泽东文稿》第10册,中央文献出版社1996年版,第188~189页。

斗一多'是我们的口号。"① 随后毛泽东在会见朝鲜劳动党金日成和日本共产党侉田里见时也谈了上述内容，并点名批评了王稼祥。1965年继续批评"三和一少"。毛泽东将王稼祥提出的旨在调整纠正对外政策"左"倾偏差的建议上升为"修正主义"，就给外事部门造成巨大压力，在对外经济援助方面，"量力而行"往往被置于脑后。

1963年12月14日至1964年2月29日，周恩来出访埃及、阿尔及利亚等15个亚非国家，推动了中国与亚非民族国家关系的发展。1964年1月14日，周恩来在与加纳总统恩克鲁玛会谈时，首次提出了中国对外经济技术援助的八项原则。第二天，周恩来在答加纳通讯社记者问时，公开宣布了八项原则的全部内容。

八项原则的内容是：

（1）中国政府一贯根据平等互利的原则对外提供援助，从来不把这种援助看作是单方面的赐予。

（2）中国政府在对外提供援助时，严格尊重受援国的主权，绝不附带任何条件，绝不要求任何特权。

（3）中国政府以无息或低息贷款的方式提供经济援助，在需要的时候延长还款期限，以尽量减少受援国的负担。

（4）中国政府对外提供援助的目的，不是造成受援国对中国的依赖，而是帮助受援国逐步走上自力更生、经济上独立发展的道路。

（5）中国政府帮助受援国建设的项目，力求投资少、收效快，使受援国政府能够增加收入，积累资金。

（6）中国政府提供自己所能生产的、质量最好的设备和物资，并且根据国际市场的价格议价。如果中国政府所提供的设备和物资不合乎商定的规格和质量，中国政府保证退换。

（7）中国政府对外提供任何一种技术援助时，保证做到使受援国的人员充分掌握这种技术。

---

① 丛进：《曲折发展的岁月》，河南人民出版社1989年版，第576~577页。

(8)中国政府派到受援国帮助建设的专家,同受援国自己的专家享受同样的物质待遇,不容许有任何特殊要求和享受。

上述八项原则既是对中国过去对外经济援助的总结,又成为后来对外经济援助的规范,它充分体现了中国政府平等待人、真诚帮助别人的博大无私胸怀,在国际经济关系中创立了真诚合作的典范,赢得了受援国政府和人民的广泛赞扬和高度评价。

2. 对外经济援助情况。

1958~1965年,中国政府除继续加强对社会主义国家的援助外,还大大增加了对亚非拉民族国家的经济技术援助。

在援助社会主义国家方面,除继续援助越南、朝鲜和蒙古外,就是在中国经济处于困难的时期,空前规模地援助阿尔巴尼亚。

对朝鲜,中朝两国政府于1958年9月和1960年10月先后签订了3个无息贷款协定,规定由中国帮助朝鲜建设成套项目、向朝鲜提供生产建设和人民生活必需的物资。1958~1963年,中国先后共承担了29个成套项目建设。1962年,为了满足朝鲜建设纺织厂的需要,经商议得到朝方同意,中国政府决定将刚建成尚未使用的邯郸第三、第五纺织厂的全套设备拆往朝鲜。

对越南,1958年3月31日,中越两国政府签订了中国援助越南建设和改造18个工业企业项目的协定。并要求于1960年以前建成。这些项目于1960年前后陆续建成,成为当时越南国民经济中的骨干企业。在建设18个工业项目的同时,1959年和1961年,中国又向越南提供一笔无偿援助和两笔长期无息贷款,用于提供越南生产建设和人民生活急需的物资,并承担了一批成套项目,其中钢铁厂、造船厂、电站、氮肥厂、纺织印染厂、味精厂和8个农场等项目,都是越南第一个五年计划(1961~1965年)时期的重要项目。

对蒙古,中国从1956年开始向蒙古提供经济技术援助。当年8月29日,中蒙两国政府签订了关于中国给予蒙古经济和技术援助的协定,规定由中国无偿提供1.6亿卢布(约合人民币1.5亿元),用于帮助蒙古建设成套项目。1958年12月和1960年5月，两国政府又签订了两个经济技术援助协定，规定由中国向蒙古提供两笔长期低息贷款，用于援建成套项目。鉴于蒙古缺乏技术力量，中国援蒙项目都采取"交钥匙"方式。到1964年，中国共帮助蒙古建成发电厂、毛纺织厂、造纸厂、玻璃厂等21个项目。

对阿尔巴尼亚，中国的经济技术援助始于1954年。1959年1月，两国政府签订了第二笔无息贷款协定（第一笔无息贷款协定于1954年签订），由中国援助阿尔巴尼亚建设第一个成套设备项目——玻璃厂。1960年布加勒斯特会议以后，中国和阿尔巴尼亚成为社会主义阵营内思想一致的盟友。鉴于苏联对阿尔巴尼亚停止一切援助，撤走全部专家和阿尔巴尼亚经济的严重困难，1961年2月2日，中阿两国政府签订了中国给予阿尔巴尼亚贷款的协定，规定在1961～1965年阿尔巴尼亚第三个五年计划期间，中国给予阿方1.125亿卢布的无息贷款，用于提供物资援助和援建24个成套项目。1962～1964年，中国又以无息贷款和无偿援助等方式，向阿尔巴尼亚提供了粮食、设备器材、建筑材料等物资。1962年12月，两国政府还签订议定书，由中国无偿援助阿尔巴尼亚3个军事工业项目。①

对亚非民族主义国家经济技术的援助，始于1956年。在50年代，中国对这些国家的援助不算太多，主要援助了柬埔寨、尼泊尔、埃及、也门等国家。进入60年代以后，特别是1964年中国与非洲国家的关系进入一个新阶段以后，中国对这类国家的援助，不仅受援国数量大增，而且援助力度也加强了。大力开展对非洲国家援助，是这个时期的一大特点。从1960年10月中国向几内亚提供经济技术援助开始到1965年，中国先后援助了几内亚、马里、刚果、坦桑尼亚。

下面是1958～1965年中国对外经济援助的有关情况，从中可以看出中国当时对外经济援助的情况，就当时国内的困难情况来说，已经超出了自己的能力；同时更让人感到这种援助的难能可贵。

---

① 石林：《当代中国的对外经济合作》，中国社会科学出版社1989年版，第36页。

对外签订协议援助情况[①]

单位：人民币亿元

年份	总计	无偿	贷款	占总计%	
				无偿	贷款
1958	4.35	0.18	4.17	4.1	95.9
1959	6.74	3.82	2.92	56.7	43.3
1960	10.36	1.25	9.11	12.1	87.9
1961	14.45	3.36	11.09	23.3	76.7
1962	2.65	1.89	0.76	71.3	28.7
1963	17.63	14.37	3.26	81.5	18.5
1964	9.20	3.66	5.54	39.8	60.2
1965	34.2	20.26	13.86	59.4	40.6

对外援助实际交付情况

单位：人民币亿元

年份	总计	无偿	贷款	占总计%	
				无偿	贷款
1958	1.90	1.58	0.32	83.16	16.84
1959	3.51	2.17	3.14	61.82	38.18
1960	2.47	1.65	0.82	66.80	33.20
1961	4.43	2.30	2.13	51.92	48.08
1962	5.76	2.27	3.49	39.41	60.59
1963	6.70	3.47	3.23	51.79	48.21
1964	10.12	7.02	3.10	69.37	30.63
1965	15.92	9.96	5.96	62.56	37.44

---

① 国家统计局：《全国财贸统计资料（1949～1978）》，1979年版。

(五)"文革"期间的对外经济关系。

20世纪60年代末,中国对国际局势的判断发生微妙变化。在苏联咄咄逼人的气势下,美国需要中国抗衡苏联,而中国也需要改善美国关系以增强国家安全,扩大国际交往。中国进入联合国,增强了国际声望。1971年联合国恢复了中国的合法席位和1972年尼克松访华后,西方世界与中国的关系大为缓和,对外经济关系出现新局面。一方面在经济危机的影响下,美国等西方世界有寻找海外产品销售市场的动力;另一方面中国作为发展中大国,有经济赶超的需求。将西方国家先进的技术应用于我国的生产领域,是提高经济运行效率,促使经济快速增长的重要措施。毛泽东、周恩来审时度势,在国务院领导人的积极努力下,果断提出"四三方案",进行了大规模的技术引进。

在1972年引进一系列项目工作顺利进行的基础上,1973年1月5日,国家计委向国务院提交《关于增加设备进口、扩大经济交流的请示报告》,对前一阶段和今后的对外引进项目做出总结和统一规划。报告建议,利用西方处于经济危机,引进设备对我有利的时机,在今后三五年内引进43亿美元的成套设备。其中包括:13套大化肥、4套大化纤、3套石油化工、10个烷基苯工厂、43套综合采煤机组、三个大电站、武钢1.7米轧机,及透平压缩机、燃气轮机、工业气轮机工厂等项目。这个方案被通称为"四三方案",是继50年代的156项引进项目后的第二次大规模引进计划,也是打破"文革"时期经济贸易领域"闭关自守"局面的一个重大步骤。以后,在此方案基础上,又陆续追加了一批项目,计划进口总额达到51.4亿美元。利用这些设备,通过国内自力更生的生产和设备改造,兴建了26个大型工业项目,总投资额约214亿元。到1982年,26个项目全部投产。其中投资额在10亿元以上的有:武钢1.7米轧机、北京石油化工总厂、上海石油化工总厂一期工程、辽阳石油化纤厂、黑龙江石油化工总厂等。这些项目对我国经济的发展和技术进步起到了重要的促进作用。尤其是一批大型石油化工项目的引进和建设,既为从数量上和质量上解决人民"吃穿用"问题发挥了重要作用,也为后来工业现代化建设、调整产业结构、提高生产效率和经济效益打下了重要的基础。从技术方面看,"四三方案"引进项目的主体基本上体现了60年代以来国际上技术革新的主要发展方向,如大力发展石油化工和合成材料,设备的大型化、自动化和使用计算机对生产进行动态控制等。从而使有关行业在原料路线和生产领域、生产单系列能力和效率,以及生产、质量管理与控制体系的精确度等方面都出现了结构性与技术性的变化。同时,引进项目的投产,对上、下游的相关行业、生产配套企业以及设计、施工、科研、设备制造等工作也起到了一定的技术推动作用;对同类产品企业也起到了一定的示范效应。

在"文化大革命"的特殊历史背景下,"四三方案"执行遇到了"四人帮"集团的阻挠,他们制造所谓"蜗牛事件""风庆轮事件",给技术引进带来消极影响。而且在传统计划经济体制下,这种突击的技术引进也存在一些问题。出现选址不够合理、国内配套未能及时跟上等问题。例如在没有天然气的云南建立以天然气为原料的化肥厂。① "四三方案"成套设备项目绝大多数没有按合同规定的日期交接验收。另外,尽管制定"四三方案"时周恩来提出要坚持"独立自主"方针,"学习与独创相结合、当前与长远相结合"原则,但是在具体执行过程中,仍然把技术引进的重点放在了进口生产能力方面,忽视了基础设计、产品设计、工艺技术以及设备制造技术等软件引进。

三、邓小平提出"和平与发展"时代主题观和拉开经济对外开放的大幕

1971年中国恢复在联合国的合法席位和1972年美国总统尼克松访华以及随后形成的中国与西方国家建立外交关系浪潮,使得中国的国际环境大为改善。而战后经过50~60年代的国家独立、民族解放运动和西方发达国

---

① 孔繁敏:《对七十年代前期引进技术设备问题的反思》,《经济科学》,1987年第5期。

家的民主和反战运动，使得武力对抗越来越为和平竞争所取代，世界大战或者针对中国的大规模武装入侵的可能性越来越小。和平与发展已经成为世界发展的主流。这种国际形势和环境的变化，既促进了中国的改革开放，也为中国的发展提供了一个难得的战略机遇期。

第二次世界大战结束以后，由于强大的社会主义阵营的出现，广大殖民地、半殖民地国家独立和民族解放运动的兴起，使得经济发达的资本主义国家，不能再依靠原来的对外扩张和重新以武力划分世界市场来推进本国的发展，它们不得不将其发展重心和注意力集中到国内和依靠技术进步来占有世界市场上。

中国 1978 年以后的对外开放是建立在两个重要认识转变基础之上的。没有这两个重新认识和判断，就不可能有对外开放。

一是对社会主义的判断。社会主义的实质从根本上说是快速发展社会生产力。实际上，中国共产党建立社会主义制度的目的和合法性，就在于社会主义制度比资本主义制度优越，可以比资本主义创造出更快的经济发展速度。毛泽东在 20 世纪 50 年代末就曾经说："我就不相信，无产阶级取得政权以后不能取得副食品，如果结论真是这样的话，那就请蒋介石回来。"十一届三中全会前后，邓小平总结新中国成立以来的经验教训，特别是"文革"期间"四人帮"的破坏，多次强调社会主义最根本的任务是发展社会生产力。1977 年 12 月 26 日，邓小平在会见澳大利亚共产党（马列）主席希尔和夫人乔伊斯时说："怎样才能体现列宁讲的社会主义的优越性，什么叫优越性？不劳动、不读书叫优越性吗？人民生活水平不是改善而是后退叫优越性吗？如果这叫社会主义优越性，这样的社会主义我们也可以不要。"1978 年 9 月 16 日，他在听取吉林省委汇报工作时指出："按照历史唯物主义的观点来讲，正确的政治领导的成果，归根结底要表现在社会生产力的发展上，人民物质文化生活的改善上。如果在一个很长的历史时期内，社会主义国家生产力发展的速度比资本主义国家慢，还谈什么优越性？"邓小平对社会主义本质的反思和重新界定，使一切"左"的阻碍改革开放的论点都失去了合理性。当然，这也得益于当时全党和全国人民对

"文革"错误的反思这个大背景。

二是对战争问题的认识。仅有对社会主义本质的重新认识，对开放来说还是不够的。还有一个如何认识国际形势的问题。从列宁1917年创建了第一个社会主义国家苏联起，战争的阴霾就笼罩在社会主义国家的头上。中华人民共和国成立以后，我国经历了与周边国家的一系列紧张关系。从50年代初到70年代前期，中国长期处于战争的威胁下：50~60年代威胁主要来自以美国为首的西方，60年代末至70年代威胁则主要来自苏联。当然，这也与我们自己的某些"左"的错误政策有关系。实际上，从60年代以后，随着社会主义阵营的破裂、民族解放和国家独立运动的兴起，第三世界的力量越来越强大，以欧洲为代表的和平力量也越来越大，世界性的战争爆发的可能性不是越来越大，而是越来越小，1972年尼克松访华打破了西方长达20多年的敌视和封锁，1975年越南战争的结束，都说明中国的国际环境正在向好的方向转变。能否正确认识这种国际形势的变化，改变从列宁、斯大林时期就形成的战争不可避免的结论，积极发展与西方发达国家的经济关系，利用国际市场和国际资源来加快发展，是马克思主义能否与时俱进的关键所在。正是在这个问题上，邓小平再次做出了重大决断，提出了和平和发展是世界主流的观点。

1985年邓小平回忆说："粉碎'四人帮'以后，特别是党的十一届三中全会以后，我们对国际形势的判断有变化，对外政策也有变化，这是两个重要的转变。"

正是根据上述两个重要认识和判断，认识到市场经济不是资本主义的专利，认识到和平发展是世界主流，认识到与资本主义长期共存、共同发展将是一个相当长的历史时期，这才使得中国走上了改革开放的道路，实现了经济转型与和平崛起。

四、 冷战结束和经济全球化为中国经济开放提供了难得机遇

1991年苏联的解体标志着以美苏两个超级大国对抗为代表的冷战时代

的结束。世界呈现出美国独大和世界多极化的格局；同时，在经济方面，以计算机和互联网等科技带来的信息革命大大推进了经济全球化的速度，也导致了以金融深化为特征的虚拟经济的繁荣。进入新世纪以后，世界经济逐步形成了新的增长格局，那就是：新兴市场国家逐步成为全球主要制造基地，美国等发达国家成为全球主要消费市场，资源富集的国家成为全球初级产品主要提供者；国家资本市场也形成了与上述对应的环流关系。这种由"主要制造基地""主要消费市场"和"初级产品主要提供者"三大板块构成的新国际分工形态，使生产与消费由不同的国家和经济体实现，即出现了相当程度的物质生产者与消费者的脱离，发达国家，特别是美国依赖其经济技术领先地位尤其是美元作为主要国家货币的金融优势，在国际资本循环流动中聚敛起足以支撑其作为全球消费市场的财富，把持了世界再生产过程既作为终点也作为起点的消费环节，从而导致了世界经济发展的失衡。

在这个背景下，中国自1992年明确了社会主义市场经济的改革目标，进一步扩大了对外开放，提出了充分利用国外市场和国外资源的"两个利用"战略，并不失时机地于2001年加入了世界贸易组织（WTO）。从而使得中国获得了更加广阔的发展空间和更强的动力。

自1978年改革开放以来，随着国际环境的变化，中国以对外开放的姿态越来越深地融入世界经济，并在国际政治舞台上发挥着越来越大的作用。以参加国际组织为例，2000年，中国共参加了3090个国际组织，其中1415个是协定性政府间组织；到2007年，中国共参加了4386个国际组织，其中1753个是协定性政府间组织。[①] 2001年4月，由中国主导并发起成立了"博鳌亚洲论坛"作为非政府、非营利性的国际组织；同年6月成立了上海合作组织（这是在中国主导之下创立的首个政府间国际组织）；同年12月中国加入世界贸易组织（WTO）；这三件大事标志着自2001年起中国的国际地位取得了突破性进展。

---

① 蒲聘：《全球化时代的国际组织变迁与中国的战略选择》，《教学与研究》2012年第1期。

五、以加入 WTO 为契机，中国融入国际经济体系

2001年底中国通过艰苦谈判，不失时机地加入了世界贸易组织，从而获得了更加广阔的经济发展空间。1992~2012年，尽管经历过1997年的亚洲金融危机和2008年的世界金融危机，但是中国的对外商品贸易总额却从1655亿美元增加到38668亿美元，首次超过美国，跃升至世界第一。

另一方面，经过改革开放以来30多年的持续快速发展，中国的经济总量在世界各国中的排名，已经由1978年的第10位上升到2010年的第2位，占世界经济的总量也由1978年的1.8%上升到2012年的12%左右。中国作为一个新兴的快速发展的经济体，对世界经济增长的拉动作用越来越大，特别是2008年世界金融危机以后，更是达到30%以上。

2008年由美国次贷危机引发的世界金融危机反映了在科技革命和经济全球化下的世界经济失衡，国际关系将进入一个新的调整时期。即胡锦涛同志所总结的四个特点：一是世界经济结构进入调整期；二是世界经济治理机制进入变革期；三是创新和产业转型处于孕育期；四是新兴市场国家力量步入上升期。

由新兴市场国家参与的20国集团峰会取代西方7国首脑会议，在国际经济事务中发挥越来越大的作用即是例证，中国已经成为20国集团中具有重要影响力和代表性的成员。但是，正如胡锦涛同志在世界金融危机发生时所指出的那样，应该看到，世界经济增长格局会有所变化，但是经济全球化深入发展的大趋势不会改变；政府维护市场正常运行的职责会有所强化，但是市场在资源配置中的基础性作用不会改变；国际货币多元化会有所推进，但是美元作为主要国际货币的地位没有发生根本改变；发展中国家整体实力会有所上升，但发达国家综合国力和核心竞争力领先的格局没有改变。基于上述判断，中共中央在关于制定"十二五"规划的建议中提出："我国发展重要战略机遇期存在的基本条件和我国发展机遇大于挑战的基本面并没有因为国际国内形势新变化而发生根本性改变。"

在上述国际形势下，中国提出了"加快经济发展方式转变，在继续保持和扩大国际市场份额的同时努力扩大内需，增强我国抵御国际市场风险的能力"的对策。与此同时，我国提出还要推进20国集团的机制化建设，将其从应对国际金融危机的有效机制转向促进国际经济合作的主要平台，使之"从协同刺激转向协调增长，从短期应急转向长效治理，从被动应对转向主动谋划"。

20世纪90年代的改革，奠定了中国经济发展的体制基础，也使中央政府有能力通过积极财政政策扩大基础设施投资，刺激中国经济挺过了亚洲金融危机后的萧条，并解决了长期困扰中国经济的基础产业瓶颈问题。2001年，"9·11"事件使美国的战略核心转向以反恐为核心的国家安全，对中国由围堵转向寻求合作，从而为中国提供了一个相对宽松的发展环境。同时，世界多极化趋势日益明显，欧盟因货币统一而实力大增，俄罗斯随着国际原油价格上涨而走出衰退，新兴市场国家也在美元流动性宽松的国际金融环境下加快了工业化步伐，这些都为中国的发展提供了更多的市场空间。2001年，以加入WTO为起点，中国自此始终牢牢抓住全球化的重要机遇。业已成型的社会主义市场经济体制，数量庞大的廉价劳动力，低成本甚至零成本的资源环境，以及各级政府的优惠政策，共同推动中国经济高速增长。沿海地区外向型经济蓬勃发展，全国各地城镇化加速推进，工业化迅速进入中后期，经济总量迅猛增长，综合国力大幅增强。2001~2012年，国内生产总值由110863.1亿增至540367.4亿，翻了近两番；进出口总额由42183.6亿增至244160.2亿，增长4.8倍；黄金储备由1608万盎司增至3389万盎司，外汇储备由2121.65亿美元增至33115.89亿美元，分别增长1.1倍和14.6倍。

2008年的金融危机使全球经济陷入低迷并严重影响了中国的货物出口，但是中国的劳动力、资源、环境的红利仍然存在，增长潜力巨大且增长需求迫切。中央政府有足够的财力实行积极的财政政策，而当时金融体系内的杠杆率也较低，有能力为财政扩张提供信贷支持。因此，规模空前的"四万亿"刺激计划出台。尽管对这一计划至今仍存在争议，但它在当时避免了中国经济增速的急剧下滑及由此带来的财政、就业等一系列问题，而且从全球视野来看，它延续中国经济高速成长的势头，在主要经济体徘徊甚至倒退的情况下，使中国经济总量持续壮大，国内基础设施面貌焕然一新，一批国有企业迅速成长为世界级巨头，贸易规模逆势上扬为后来的人民币国际化继续积蓄着力量。虽然刺激政策导致了后来的许多问题，但正是这几年的高速增长使中国成为了一个经济大国，也为党的十八大以后向强国的迈进奠定了基础。

六、党的十八大以来，中国与世界的互动：中国正在成为世界经济发展的引擎

党的十八大以来，无论从广度还是深度来说，中国也越来越融入国际经济，开始形成对外开放新格局，特别是"一带一路"愿景的提出和实践。中国已经成为全球治理变革进程最重要的参与者、推动者、引领者。在南北对话、南南合作中发挥着关键作用。

党的十八大以来，新一届领导集体以巨大的决心和魄力推进"四个全面"，从高压反腐、锻造廉洁高效的干部队伍入手，在利益格局错综复杂、既得利益日渐固化的形势下，使进入"深水区"的改革取得了一系列重大突破。然而，美国退出量化宽松货币政策所导致的流动性紧缺，以及"重返亚太"的战略威胁，对中国的发展形成了经济和政治上的双重压迫，欧洲债务危机、新兴市场国家经济下行，似乎也在预示着全球化有倒退的危险。在这样的国际环境下，中国采取了奋发有为的外交政策，提出了"一带一路"的重大倡议，成为国际舞台上全球化最坚定的推动者，国际地位得到空前提升。

2010年，中国超过日本成为世界第二大经济体。2013年，中国成为世界第一货物贸易大国。2014年，中国的服务贸易也从2001年的719亿美元增加到6070亿美元，从世界第13位上升至第2位。中国同时又是一个外汇储备最多的国家。

1978年中国外汇储备仅1.67亿美元，全球排名第38位，人均0.17美元，折合人民币不足1元钱。2014年最高时达到39500亿美元，占世界外汇储备的三分之一，连续9年稳居全球第一。

2014年，中国对外直接投资首次超过外商在华直接投资，达到1029亿美元，是2002年27亿美元的38倍。目前中国已经成为世界第三大对外直接投资国。境外中资企业超过2.5万家。预计未来5年，中国将进口超过10万亿美元商品，对外投资规模将超过5000亿美元，将有超过5亿人次出境访问旅游。今年前三季度出境人数已经超过一亿。

中国与世界的联系从来没有这样广泛和深入。

随着中国经济的快速发展和在国际经济、政治地位的大幅度提高，新中国成立以来几代人追求的中华民族应该为人类做出更大贡献的愿望正在逐步实现。例如，2015年11月30日，国家主席习近平在气候变化巴黎大会表示"中国在'国家自主贡献'中提出将于2030年左右使二氧化碳排放达到峰值并争取尽早实现，2030年，单位国内生产总值二氧化碳排放比2005年下降60%~65%，非化石能源占一次能源消费比重达到20%左右，森林蓄积量比2005年增加45亿立方米左右。虽然需要付出艰苦的努力，但我们有信心和决心实现我们的承诺。"随后中国发表气候变化联合声明，而此前宣布建立200亿元人民币的"中国气候变化南南合作基金"，于2016年启动在发展中国家开展10个低碳示范区、100个减缓和适应气候变化项目及1000个应对气候变化培训名额的合作项目，都为世界树立了榜样，中国的行动见证了负责任的大国担当。

"一带一路"是中国基于迅速强大的综合国力、为冲破国内资源、市场限制和旧国际经济秩序约束而提出的倡议，旨在实现沿线各国互联互通，共同发展。"一带一路"东连亚太经济圈，西接欧洲经济圈，沿线包括60多个国家和地区，44亿人口。该倡议的实施将把中国的优势产能和丰富的外汇资源与沿线发展中国家的迫切需求对接起来，缓解国内资源短缺、产能过剩、出口下滑的压力，使中国更好地利用世界资源和世界市场。当前，"一带一路"的成效已经初步显现，2016年对"一带一路"沿线国家的贸易规模增长,减小了外贸总规模的下降幅度,这将为中国经济转型争取更多的时间。为了给"一带一路"提供资金支持,由中国主导的丝路基金、金砖国家新开发银行、亚洲基础设施投资银行相继运营,中国凭借十几年高速增长而积累的资本,尤其是庞大的外汇储备开始发挥作用。而随着中国与沿线国家经济交往日益频繁,人民币也在朝着取代美元成为交易结算货币乃至储备货币的方向发展。2015年10月,中国启用人民币跨境支付系统(CIPS),开始建立由中国主导的将全世界人民币使用者联系起来的货币"高速公路",替代由美国主导的环球银行金融电信协会系统(SWIFT),使人民币国际化又向前迈进了一大步。这种趋势发展下去将最终打破二战结束以来美元的国际金融霸权,其意义之深远不可估量。在特朗普领导美国战略收缩、英国脱欧等逆全球化背景下,中国正在许多领域慢慢取代美国的位置,成为全球化的新领导者。

在2016年9月召开的G20杭州峰会上,中国倡导的"构建创新、活力、联动、包容的世界经济"倡议得到与会国领导人的赞同,体现在会议的《二十国集团领导人杭州峰会公报》《二十国创新增长蓝图》《二十国集团全球贸易增长战略》《二十国集团全球投资原则》《二十国集团支持非洲和最不发达国家工业化倡议》《全球基础设施互联互通联盟倡议》等一系列带有导向性的文件中。

2015年9月28日,习近平在联合国大会演讲时代表中国宣布:"中国决定设立为期10年、总额10亿美元的中国—联合国和平与发展基金,支持联合国工作,促进多边合作事业,为世界和平与发展做出新的贡献。"他同时还宣布:"中国将加入新的联合国维和能力待命机制,决定为此率先组建常备成建制维和警队,并建设8000人规模的维和待命部队。"所有这些都向全世界展现了和平发展的中国承担国际责任、履行国际义务的诚意,是坚持走和平发展道路的中国对世界做出的庄严承诺,使中国站在了影响世界、改变世界的新高点上。

中国提出的"开放、包容、合作、共赢"的"金砖精神","公正合理"的全球治理变革目标,一带一路倡议提出的"共商、共建、共享"原则和发展理念以及"人类命运共同体"的全球观等，都越来越得到国际的理解和认同。

自从 17 世纪资本主义工业文明兴起以来，中国从来没有像现在这样处于世界的潮头，并担负起引领世界发展的历史责任。20 世纪的苏联作为第一个世界社会主义大国失败了，21 世纪的中国作为一个世界最大的社会主义发展中大国，不仅要解决自己的发展问题，还面临着要回答和解决世界正面临的难题，2016 年 9 月 4 日召开的"二十国集团领导人杭州峰会"，即显示出中国有这个信心。

总之，资本主义世界所固有的矛盾得不到解决并愈演愈烈，是社会主义生存和发展的必要条件和动力，而社会主义彻底取代资本主义，则是一个长期的历史过程。从根本上和全球来看，一方面是世界发展的不平衡；另一方面是作为资本主义掘墓人的无产阶级还不够成熟，还没有真正掌握和驾驭资本主义所创造的文明成果：高度发达的生产力、市场经济和政治民主。中国今天的发展就是在创造这些条件。

资本主义的发展过程，同时也是社会主义不断成熟的过程。中国的每一步发展，每一个阶段目标的实现，都是社会主义在前进，中国可以发扬光大社会主义，并为人类社会的发展做出更大的贡献，这就是我们坚定"四个自信"的历史定力。

七、融入世界经济后中国面临的新问题

就对外经济关系来说，中国在经济发展取得巨大成就的同时，在未来也遇到了三个新的问题和挑战。

（一）成本上升问题。

成本低廉一直是"中国制造"行销全球的最大优势，但这种优势却在近几年逐渐缩小。成本上升在土地、电力、天然气、运输等方面表现明显，根据在美国投资办厂的慈溪江南化纤有限公司对浙江和南卡罗来纳州的对

比：国内土地成本（20万元/亩）约为美国（1万美元/亩）的3倍，电价（0.75元/度）是美国（不到0.4元/度）的近2倍，天然气（直供价1.8元/立方米、转供价3元/立方米）是美国（1.2元/立方米）的1.5～3倍左右。而我国一直倚重的劳动力成本优势也在缩小，根据牛津经济研究院在2016年发布的一份研究报告显示：由于中国的工资增长已经大幅超过了生产力的增长，所以从与员工产出相对应的工资来看，2003年时中国的劳动力成本为美国的四成左右，但2012年时就已经接近美国的成本，2016年中国的劳动力成本估计仅比美国便宜4%；而与中国相比，日本、墨西哥、印度的劳动力成本都要更低，其中印度劳动力成本仅为中国的三成多，日本也仅为中国的百分之七八十。类似的成本比较不一而足，尽管多有以偏概全之处，但成本上升妨碍经济发展已经成为不争的事实。在国内资源、环境约束日趋增大，居民收入刚性增长的情况下，我国当从全面深化改革和加快实施创新驱动发展战略入手，通过降低流通、信贷、税赋成本和提高全要素生产率来降低成本。

（二）金融风险问题。

由于新中国金融体制的特殊性，许多人对这个问题感到陌生。早在1952年，我国就完成了金融业的社会主义改造，建立了由中国人民银行领导的大一统的金融体制，资金按照计划分配，杜绝了金融风险的可能性，而当时中国也以"既无内债，又无外债"而自豪。改革开放以来，金融体系多元化，各种金融机构纷纷涌现，金融市场几度混乱。但当时的金融机构实力尚弱，受政府约束较多，国家往往通过"通知""方针政策""暂行办法"等形式便可以完成一刀切式的治理整顿。尽管20世纪90年代时商业银行曾被国有企业的坏账所累，但国家通过充实银行资本金、成立资产管理公司剥离坏账的方式化解了债务风险。此后直到2008年，中国的债务负担率一直较低。然而，2008年"四万亿"投资刺激计划推出，中央投资11800亿，其余的28200亿元来自地方财政预算、中央财政代发地方政府债券、政策性贷款、企业债券和中期票据、银行贷款以及吸引民间投资，其中又多以债务融资为主，这成为国内杠杆率上升的根本原因。与此同时，美国推出量化宽松政策，全球流动性开始泛滥。相比外国的低利率甚至负利率，中国的利率水平高，且经济增长迅速，大量热钱以各种渠道流入国内，也降低了国内的借贷成本。内外因共同作用下，中国的杠杆率急剧攀升，许多信贷流入了产能过剩行业、房地产行业或是直接在金融领域空转套利。2014年，随着美国退出量化宽松，全球流动性紧缩，资金借贷困难；而国内的债务陆续到期，加之出口低迷，致使一些企业资金链断裂，进而引发债务风险上升、财政收入下降等一系列问题，这也是中国经济进入"新常态"的直接原因。

审视中国的杠杆结构会发现，除刺激政策引发信贷膨胀外，金融业的不当创新、不当交易也是杠杆率飙升的重要原因。它们利用监管漏洞打"擦边球"，从事高风险信用扩张，致使国家的监管失效，货币政策难以发挥效果，信贷资源无法充分支持实体经济。而且当前的金融企业规模已经达到世界级，彼此联系盘根错节，其中不乏强势利益集团，更增加了治理的难度。可见，和去杠杆问题一起摆在中国共产党面前的，是一个更为复杂的问题——如何在市场经济条件下实现党对资本尤其是金融资本的管理，使之服从和服务于国家崛起和广大人民福祉。这是中国乃至世界都不曾解决的问题（发达国家的政党多服务于大资本，而金融资本的恣意发展往往导致金融危机，损害民众利益）。

为此，中共中央政治局在2017年4月25日就维护国家金融安全进行了第四十次集体学习。习近平在主持学习时强调，必须充分认识金融在经济发展和社会生活中的重要地位和作用，切实把维护金融安全作为治国理政的一件大事。同年7月14日至15日，习近平主持召开第五次全国金融工作会议，会议规格之高前所未有，会议突出防范化解金融风险的重要性和紧迫性，并设立国务院金融稳定发展委员会协调监管，切实做好防控金融风险，促进实体经济健康发展，实现金融稳定。

（三）全球化问题。

过去中国参与全球化的主要方式是出口贸易和招商引资，精力主要放在国内。但随着"一带一路"倡议的实施，我们要更多关注国际问题。首先，中国企业的海外投资，不仅面临着语言文化隔阂、法律政策差异、制度障碍和信息成本，而且存在着过度扩张、盲目并购的问题，这正是日本企业当年走出去时所犯的错误。要避免重蹈日本覆辙，就必须提高海外适应能力和产业协同能力，中国企业在这方面仍然任重道远。其次，中国外交将面临更大的挑战，"一带一路"包含着许多动荡不安的地区，不仅中国与许多沿线邻国存在着领土争端，而且各国之间也普遍存在着政治分歧；在传统政治风险之外，还存在着恐怖主义、极端势力的威胁，这不仅考验中国的外交智慧，而且对中国的军事实力也提出了更高的要求。中国不仅要有足够的经济实力，将沿线各国团结在"一带一路"的格局之下，而且还要有强大的军事力量来保护海外投资安全。最后，人民币国际化面临着艰巨而持久的考验。人民币要想成为各国普遍接受的储备货币，就必须要为离岸人民币提供足够的保值增值渠道，这不仅需要完善国内资本市场，而且需要提高人民币资本项目下的兑换自由度。然而，开放资本项目要求国内经济拥有过硬的生产、创新能力和平衡国际收支的能力，否则国际资本会利用中国国际收支失衡的漏洞来攻击人民币，1997年亚洲金融危机中的泰国，就是在国际贸易失衡的情况下过快开放资本项目，才成为了国际资本的俎上鱼肉。殷鉴不远，中国只有扎扎实实地推进经济体制改革和发展方式转型，才能为人民币国际化提供根本保证，而在此之前的人民币国际化之路，还需我们做出慎之又慎的探索。

中国与欧美政府经济职能演进的历史比较

政府经济职能转变实际上始终是中国经济体制改革的重要内容，只是在中国加入 WTO 后凸显出来，成为最近几年的热点问题。政府应该如何在经济发展中发挥作用，长期以来就是人们关注的问题。在发达国家，主要是关于如何纠正"市场失灵"和"政府失灵"的问题；而在发展中国家，则是如何在经济发展中发挥作用的问题。世界银行在发展报告中指出："没有一个有效的政府，不论是经济的还是社会的可持续发展都是不可能实现的。"但是，"有效的政府包括哪些内容，这在不同的国家及不同的发展阶段相差极大。比如说，在荷兰或新西兰有效的作法，在尼泊尔就未必如此。即便处于同等收入水平的国家，在国家大小、民族构成、文化和政治体制上的差异也使得各个国家各不相同"[①]。

应该说，经过多年的改革开放，随着"西学东渐"和中国对自己的经验总结，我们已经从理论上解决了中国政府经济职能转变的理论问题和方向问题，但是在界定中国"有效政府"的内涵和如何实现这种转变，仍然有不少问题有待解决。本文试图从政府经济职能演变的历史角度，分析中国与欧美发达国家各自演变过程中的差异，以期寻找出中国政府经济职能演变的条件和规律。

---

① 世界银行：《1997 年世界发展报告》，中国财经出版社 1997 年版，第 1 页。

一、欧美经济发展历程和政府经济职能的演变

欧美国家的政府经济职能演变,是否具有典型性,这里不去讨论,但是欧美国家作为今天发达的市场经济国家,则是不容置疑的。在今天,欧美国家所产生的有关政府经济职能的经济学理论对中国大陆的巨大影响,也是有目共睹的,因此,拿欧美政府经济职能演变的历史作为中国演变的参照物,找出异同,显然是有益的。

最早走上资本主义工业文明道路的西欧,其历程说明,工业化之路是从市场化开始的,即先有市场革命,才有工业革命。市场革命(或称之为制度创新)相对于工业革命来说,更是一个缓慢渐进的过程。马克思、恩格斯在《德意志意识形态》的"交往与生产力"一节中详细论述了封建经济向资本主义经济的过渡:它始于16世纪脱离行会约束的"特殊的商人阶级"的出现,造成城市间生产的分工,从而工场手工业兴起。随之竞争使商业政治化,诸如殖民主义、保护贸易、民族国家形成以至英、法革命和海上战争到18世纪晚期,世界市场的巨大需求产生了机器大工业,同时英、法等国已具备了自由贸易的条件,过渡完成。《共产党宣言》中说得更为简洁:"以前那种封建的或行会的工业经营方式已经不能满足随着新市场的出现而增加的需求了,工场手工业代替了这种经营方式";"市场总是在扩大,需求总是在增加,甚至工场手工业也不能再满足需要了,于是,蒸汽和机器引起了工业生产的革命"。①

工业革命反过来又为市场化提供了更加有力的物质武器,使这些先行工业化国家可以打破国界,去征服世界,实现市场的全球化,从而大大扩展了市场的空间。于是,工业化和市场化相互推进推动,加速了欧美资本主义经济的发展。而民主化则是在上述市场化和工业化已经进展到相当程度的国家,才能够取得重大进展。

---

① 《马克思恩格斯选集》第1卷,人民出版社1974年版,第252页。

在西欧市场化和工业革命过程中，特别值得注意的是政府的作用。西欧的市场化和工业化实际上是资本主义经济的产生、发展和完全取代封建经济的过程。资本主义生产方式的萌芽，最早出现于14、15世纪地中海沿岸的一些城市，但是由于这些城邦经济没有强大的国家做后盾，不能为资本主义生产方式的发展提供原始积累和开拓市场，因此这些地方也就失去了最早开始工业化的历史契机。最早确立资本主义生产方式并开展工业化的国家是英国，这并不是偶然的。16世纪的"圈地运动"和打败西班牙的无敌舰队，为英国的资本原始积累开辟了道路；而17世纪的资产阶级革命和打败号称"海上马车夫"的荷兰，则为英国工业化提供了制度和物质保障（资金、市场）。正是在此基础上，英国率先实现了工业化。从英国的工业化来看，虽然工业化是以私营企业为主要形式进行的，并且就国内经济运行来看，基本上是市场调节，政府直接干预较少。但是，政府在经济发展中却发挥了如下两种重要作用：一是在国内通过立法和强制的手段，为资本主义经济的运行和发展提供了制度保障；二是通过武力向海外扩张和掠夺，为本国资本主义经济的发展提供了丰富资源和广大市场。没有上述两种政府的作用，英、法、德，甚至美国等资本主义国家的市场化和工业化是不可能实现的。即便是一直信奉"管得最少的政府是最好的"原则的美国，政府也直接帮助建设了第一条电报线路（19世纪40年代的华盛顿至巴尔的摩电报线路）；帮助进行农业研究与技术的推广（1863年《莫里尔法案》开始的联邦政府支持的农业研究与技术推广计划）。

实际上，即使在实现工业化以后，西方资本主义国家政府仍然在为抢占殖民地和世界市场而角力，列宁将19世纪末至20世纪初说成是世界进入帝国主义时代，比较形象地反映了这些国家的政府致力于对外扩张或保护其在世界范围的既得利益。

自由放任的市场经济以其较高的经济效率急剧地增加了欧美国家的资本和财富，并使这些国家率先实现了工业化。但是，自由的市场经济体制并不是完美无缺的，它在成功地促进国民经济迅速增长的同时，也带来了许多问题。仅就国内来说，一是因收入差距过大引发的需求不足和周期性的经济危机,以及由此引发的大量人口失业和贫困;二是市场垄断和"外部化"问题;三是不能有效提供公共产品问题。此外还有国际收支平衡问题,市场调节滞后和代价过高问题,生产者与消费者信息不对称问题,等等。在对外方面,率先实现工业化的帝国主义列强,为了争夺世界资源和市场,转移国内矛盾,还引发了两次世界大战,从而导致了战后世界政治格局的变化(社会主义阵营的产生和众多殖民地的独立)。

战后,随着世界格局的变化和国内经济的调整发展,政治民主化和社会福利化有了较大进展,随之而来的宏观经济管理和国民收入二次分配,都要求扩大政府的经济职能。欧美资本主义国家政府经济职能的演变,基本上就是在这种大的政治和经济背景下进行的。1960~1995年,工业国的政府规模在原有的基础上扩大了一倍。[①]

二、欧美有关政府经济职能理念的演变

与欧美国家上述市场化、工业化以及民主化相对应的,是关于政府经济职能理念的演变。

在15世纪,随着封建庄园经济的解体,和市场的扩张,社会总需求急剧增长,由此也要求社会生产必须相应地增长。但是,生产的增长除了取决于已经解决的劳动力和土地的供给外,还取决于资本的供给,正是资本供给短缺导致了欧洲市场经济发展初期"重商主义"的崛起。

资本最初总是以货币形式出现的,因此对资本要素的追求必然导致对货币的追求,而市场的发展也增加了对货币的需求,这对那些缺乏金银矿山的欧洲国家来说,只能经由贸易顺差而输入金银硬通货。从这个需求出发,"重金"和"贸易出超"成为重商主义经济理论的两大支柱。

为了实现贸易出超,以达到积累货币资本和增加货币供给目的,几乎所有的重商主义者都倾向于政府管制。政府权力(或者说政府的经济职能)

[①] 世界银行:《1997年世界发展报告》,中国财经出版社1997年版,第22页。

主要体现在两个方面：一是对内建立和保护新生的市场经济新秩序；二是对外保护本国利益，扩大国外市场，实现"贸易出超"，以增加金银输入和国内货币（资本）的供给。

到18世纪中叶，随着欧美现代民族国家形成和市场经济日趋成熟，也随着资本原始积累的基本完成，关于政府作用的观念随之发生了巨大的变化，这就是以亚当·斯密为代表的"自由主义"的产生。

亚当·斯密从两个方面论述了政府对经济实行"自由放任"政策的必要性：一是"看不见的手"（市场）可以自发调节，实现资源配置的最优化；二是在对外贸易方面，以"比较成本"法则论证了自由贸易的必要性。政府只要扮演好"守夜人"的角色就可以了。以亚当·斯密为代表的自由主义经济学家的思想，很快为上升中的资产阶级所接受，形成了以自由企业为基础、以价格和竞争为运行机制、以各个经济主体追求各自的利益最大化为动力源泉，从而实现国家富强的理念，在这种理念下，对于政府的经济职能，自然要从重商主义时代的加强政府管制转变为严格限制政府干预。但是，实际上，在对外贸易方面，由于真正自由贸易的世界市场并没有形成，"比较成本"并不能打开许多国家的大门，因此政府仍然在对外经济扩张中扮演了重要的角色。

当然，在亚当·斯密的政府只需要充当"守夜人"观念盛行的时候，亚历山大·汉密尔顿、弗里德里希·李斯特等，也提出了政府应该干预经济的主张，特别是李斯特提出后发国家应该通过国家干预，如实行贸易保护政策来加快经济发展。李斯特的思想反映了德国等后起的带有封建性集权资本主义国家希望通过政府干预来实现赶超的愿望。

如前所述，从19世纪中期欧洲完成工业革命到第一次世界大战结束的70多年里，自由放任的市场经济暴露出许多弊病，其繁荣和发展是建立在对世界其他地区侵略和压迫基础之上的，并引发了不间断的帝国主义国家之间，帝国主义与殖民地、半殖民地人民之间的战争。在这个阶段，诞生了各种各样的批判资本主义的社会主义思想流派（其中马克思列宁主义成为主流），他们对资本主义经济的"无政府状态"加以严厉抨击外，以承认现有制度为前提的英国剑桥学派的阿瑟·塞西尔·庇古也从社会福利最大化的角度，提出了市场的局限和国家干预的必要性。

总之，自由放任的市场经济的弱点和缺陷，在1929年的世界性经济大危机中充分暴露，从而为凯恩斯主义的兴起提供了条件。凯恩斯主义的根本特点，就是针对自由主义经济思想，提出了国家干预经济的必要性，他论证了市场经济不能自动解决需求不足，提出必须通过政府的干预来扩大需求，从而增加就业和保证经济的增长。

以1930年的美国"罗斯福新政"为标志，经由战时管制，到战后资本主义发达国家纷纷奉行凯恩斯主义，到20世纪50～60年代西方各国先后走上了"福利国家"的发展道路，政府的经济职能不断扩大。

但是，自70年代以来，"福利国家"的国家干预主义，其经济表现并不比只有市场经济的国家更有效率，因为在解决社会问题和合理配置资源方面，政府并不比市场机制更有效率。"政府失灵"的现象处处可见。例如政府官员的"经济人"行为，政府中官僚主义的低效率问题，政府权力自发地对市场的排斥问题等等。随着西方许多经济学家对"政府失灵"的揭露与批判，凯恩斯主义日益失去其战后形成的主导地位，以限制政府干预的新自由主义经济思想则不断上升。正当二者各持一端，争执不下的时候，欧美国家却在80～90年代静悄悄地进行着一场观念和经济体制的重大变革，那就是探索综合自由市场经济与政府干预的优点，同时避免"市场失灵"和"政府失灵"。

三、 近代中国政府经济职能的演变

中国的情况与近代以来的欧美就根本不同了。首先，中国进入以资本主义工业化为特征的近代，是以鸦片战争为开端的，即是在资本主义工业文明国家打败了高度发达的农业文明大国后，中国才开始了资本主义化的过程的。因此，近代中国政府经济职能的起点，不是资本主义性质的政府，而是一个有着悠久历史传统、高度集权的、成熟的政府（有着庞大的相互制衡的官僚体系和一整套选拔、任免、监察制度);第二,中国开始资本主义化的过程,也是一个被侵略和压迫的过程,"亡国灭种"的危险和几乎不间断的战争,时时提醒中国需要一个强大的政府,来保证独立、统一和社会安定。因此,关于政府改革和职能的讨论,焦点都是集中在如何建立一个好的政府。

回顾自1840年鸦片战争到1978年改革开放前我国一百多年来的经济发展历程及其政府的作用,大致可以分为三个阶段。第一个阶段是19世纪下半叶的50多年,即从鸦片战争到"戊戌变法"前;第二个阶段是"戊戌变法"至新中国建立前的50年;第三个阶段是中华人民共和国建立至改革开放前的近30年。在上述三个阶段,在不同的基础和条件下,受不同观念的影响,政府在社会经济发展中扮演了不同的角色,经济职能差异甚大,结果也自然不同,但是总的来说,政府在经济发展过程中起着主导甚至是主宰的作用,而不是"作为合作者、催化剂和促进者而体现出来的。"①

(一)政府性质和经济职能上的"中学为体,西学为用"阶段(1840~1897年)。

从鸦片战争到"戊戌变法"前的50多年间,中国面对内忧外患,在"中学为体,西学为用"的观念下,试图将发展近代工商业依然包容在原有的封建政治体制之内,采取了"官办""官督商办",限制民间发展资本主义工商业的政策。对于政府经济职能,也是采取改革局部、维持整体的政策,其标志就是"洋务运动"。中国为什么会在50多年的时间里,在屡战屡败的情况下,依然执迷不悟,坚持"中学为体,西学为用",即仅学习西方的技术,而不学习西方的资本主义政治和经济制度呢?这是与1840年以前传统社会中政府的作用和由此形成的观念分不开的。

1840年以前的中国,是一个建立在农业文明高度发达基础上的封建社会。直到1840年以工业文明为基础的西方列强打开中国大门以前,中国社

---

① 世界银行:《1997年世界发展报告》,中国财经出版社1997年版,第1页。

会仍然按照自身的农业文明发展规律向前发展,并达到较高水平。这主要表现在以下两个方面:

1. 以传统农业为基础的社会经济高度发达,农业进入精耕细作阶段,农田的单位面积产量较高,农业的剩余可以养活大量人口,维持庞大的城市和国家机构;与农业高度发达相一致的是手工业、商业和金融业也很发达,明中叶以后大量白银内流即是一例。这种传统农业文明高度发达的另一个表现,是经济体制表现出的高级形式,即土地可以作为商品自由买卖,地主经济和大量自耕农并存,租佃制和雇佣制的普遍存在,家庭财产继承在诸子间的相对平均;国家税制的相对统一和完善。

2. 政治体制从管理效能和相互制约角度看,表现出较高级的形态。传统中国社会的政治体制经过夏商周以来三千余年的发展,就传统的农业文明社会而言,到清代已经相当完备。第一,形成了统一而庞大的政府行政管理体系。其特点是条块结合、分级管理,实行对皇帝负责的三权分立、互相制约(行政、监察、司法)。第二,政府具有较强的经济职能,即除了承担国防和维护经济秩序,承担了"治河""救灾""市政建设"等公共工程和社会事业外,还通过官营工商业和专卖制度,将工商业纳入政府控制。第三,形成了一整套官吏选拔、考评和调任制度。特别是科举制度,不仅打破了贵族和豪强垄断政府机构,而且将教育纳入了官僚选拔,"学而优则仕""白衣可致卿相",使社会的优秀人才进入政府管理阶层。

在上述基础上建立的政府机构极其官僚,不可能随着西方资本主义的入侵而迅速消失。相反,中国由于农业文明高度发达而导致的社会结构的"超稳定"性(包括政府的强大有力)和大国特点,对西方资本主义政治、文化的入侵和替代,保持了强大的排斥力。这种排斥主要来自于建立在农业文明基础上的政府和统治阶级观念(任何上层建筑都必然要维护其赖以生存的经济基础)。因此,1840年以后,清政府在西方"船坚炮利"的教训下被迫推行工业化的时候,封建统治阶级的观念自然是"中学为体,西学为用"。① 当然，近代中国对外部工业文明冲击的反应迟缓，也与清王朝经过 200 年，政治走向腐败有关（中国农业文明存在着明显的以朝代更替为标志的政治周期）。

这个阶段，在"中学为体，西学为用"主导下，如果说涉及政府经济职能的话，也是强调国家应该改变过去的"重农抑商"政策，提出"以商为国本"，"商握四民之纲"。从林则徐、魏源的"师夷长技"到曾国藩、李鸿章、张之洞等提出的兴办新式工业以"求强""求富"，都是要求政府负起责任，来兴办或督办军工和民用企业，与同期的日本鼓励和大力扶持民办企业相比，即可看出差距。②

（二）政府观念和职能由"自由"走向"统制"的阶段（1898～1949 年）

这个阶段是指"戊戌变法"到 1949 年中华人民共和国成立前的 50 年。"甲午战争"中中国惨败，宣告了"中学为体，西学为用"观念和政策的破产，日本成功的经验证明了中国不仅需要在技术上学习西方，还需要从制度上学习西方。其中就政府经济职能变革来说，最重要的一条，就是不能再由政府"包办代替"，应该鼓励私人发展工商业。"戊戌变法"的失败只是封建顽固势力的"回光返照"，随后在国际和国内的压力下，清政府在 1903 年以后也不得不推行瓦解封建政权基础的经济和政治改革。特别是 1905 年日俄战争的结果，使国人认为"君主立宪"优于"专制"，推进了清末的"立宪"运动。虽然在"戊戌变法"失败至 1911 年辛亥革命期间，在改变现有政治体制上始终存在着"革命"与"改良"的争论，但是在改行资本主义经济制度上却是一致的，无论在政治上主张共和制还是君主立宪制，在政府经济职能方面，都是主张鼓励民间自由发展资本主义经济，限制政府干预经济的权力。

---

① 参见严仲平：《中国近代经济史（1840～1894）》，人民出版社 1989 年版；夏东元：《洋务运动史》，华东师范大学出版社 1992 年版；丁伟志：《"中体西用"论在洋务运动时期的形成与发展》，《中国社会科学》1994 年第 1 期。

② 朱荫贵：《国家干预经济与中日近代化》，东方出版社 1994 年版，第 18～20 页。

辛亥革命以后，清王朝被推翻，中国名义上建立了资产阶级共和国，但是这个政权却把持在带有封建性质的军阀手中。资产阶级在经济上的软弱，必然也导致政治上的软弱。政府的频繁更替和政治动荡，固然削弱了政府对民族资本主义经济的钳制，但是也无力维持社会的安定和秩序，无力制止军阀的横征暴敛，无力抵御外国列强的欺压，换句话说，无力为经济发展提供一个良好的环境。而后者对当时的中国来说，则更为紧迫。于是，以"巴黎和会"中国"丧权辱国"为标志，先进的知识分子开始寻找比资本主义自由经济和资产阶级"共和制"更有效的制度。在这种背景下，俄国的"十月革命"对中国产生了巨大的影响，不仅导致了中国共产党的产生，也最终促成了孙中山建立强大政府、节制私人资本观念的确立。

资产阶级革命家孙中山"以俄为师"，改组了国民党。国民党于1928年形式上实现了大陆的统一。在其后的20年间，以下三个方面的因素推动了国民党政府对经济的大范围的直接干预。

1. 战争的因素。南京国民党政府统一中国后，即无日不处于外忧内患之中。在外忧方面，1928年就发生了日军阻止北伐的"济南惨案"；随后就有1931年的东北"九一八"事变，1932年的上海"一·二八"事变，1935年的华北事变，1937年的"七七"事变，日本灭亡中国的行动几乎一刻也没有停止。在内患方面，军阀林立、盗匪横行，军阀混战和共产党领导的土地革命此起彼伏，使得南京中央政府疲于应付。这种国家安全和政权危机，使得国民党政府自然要大力发展国防工业和重工业，兴修铁路、公路，并利用货币统一和改革的机会强化国家资本，控制有关国计民生的行业和物质，特别是战时的经济动员和统制，更强化了政府的经济职能和权力。

2. 政权本身的因素。南京国民党政府是建立于蒋介石背叛革命，镇压共产党和工农运动基础上的。因此，就政权的基础来说，它排斥了工、农、小资产阶级，甚至部分主张自由民主的资产阶级左翼。为了对抗共产党领导的广大人民群众，南京国民党政府就不得不依靠旧有的地主豪绅、军阀甚至地痞流氓和黑社会组织。这些人一方面不愿意变革政治，实行民主，因为这样会危及他们的利益；另一方面，他们又会搭政府的"便车"来捞取自己的经济利益,并为了捞取更多的经济利益而进一步扩张权力。国民党政府时期的苛捐杂税多如牛毛、大小官吏以权谋私、国家资本实际上变为"官僚资本",就说明政府权力的扩张还有官吏自身的原因。

3. 观念的因素。从 1912 年孙中山建立南京临时政府,宣布资产阶级政治制度建立,实行鼓励私人资本主义经济发展政策,到 20 世纪 40 年代演变成官僚资本居于统治地位,其间的巨大变化,除了前述的战争和政权本身因素外,关于政府经济职能观念的变化,也是一个重要原因。19 世纪末到 20 世纪初,西方资本主义由自由竞争进入垄断阶段,其弊病日益暴露,最突出的是第一次世界大战。由此也使中国的先进知识分子对资本主义的私人占有和自由竞争产生了批判态度,孙中山思想的变化可以说很具有代表性,他的"平均地权"和"节制资本"思想即反映出对西方古典经济学将政府视为"守夜人"理论的根本修正,应该说这种强调国家在经济发展和社会分配中处于主导地位的思想,对后来的南京国民党政府产生了一定的影响。

更重要的是,南京国民党政府统一后不久,1929 年就爆发了世界性的经济危机。此后,以美国的罗斯福新政为代表,强调国家干预的凯恩斯主义开始在西方流行起来;在这个背景下,德国、日本、意大利等则走上了法西斯主义(又称"国家社会主义")道路,对国民经济实行"统制"。至于社会主义国家苏联,则走得更远,到 1935 年建立了单一公有制和计划经济的体制。国家干预经济成为世界的主流。抛开国民党和共产党不说,就是在知识分子中,受西方和苏联的影响,绝大多数人也主张中国实行政府主导型经济。1933 年《申报》就中国现代化问题向社会各方面知名人士征文,在收到的 26 篇短论和专论中,绝大多数主张走受节制的资本主义或非资本主义道路。大体统计,主张走自由资本主义道路的仅 1 篇,倾向于社会主义方式的 5 篇,主张采取资本主义和社会主义两者之长,即混合方式的有 9 篇,其余未正面或明确回答。① 在 30 年代和 40 年代关于中国应该实行什

---

① 参见罗荣渠:《从"西化"到现代化》,北京大学出版社 1990 年版,第 14~15 页。

么样的经济体制的讨论中,绝大部分的学者,也都强调政府的主导作用,强调通过政府实施有计划的经济,强调发展国营经济。① 即使对国民党政府采取批判态度的马寅初也认为:"我们不完全采用英美资本主义自由竞争的制度,亦不完全采用苏联社会主义一切国营的制度,乃提出一种混合经济的制度,官营企业与民营企业同时并进,完全用英美式的建设,是不合时代的需求,完全用苏俄式的建设,是非中国所能办到的;故不得已采用混合制。"②

上述思想可以说是孙中山"民生主义"思想的延续和发展。当时,无论是国民党、共产党,还是中立的学者,在强调政府主导作用和发展国营经济方面都是一致的,只是焦点集中在如何建立起一个代表人民利益的、廉洁有效的政府,正是在这一点上,才是阵线分明的。

四、1949 年以来中国政府经济职能的转变和历史启示

(一)建立和完善"全能"政府阶段(1949~1978 年)。

了解中国共产党民主革命历史和理论的人,就会知道,中国共产党虽然反对国民党政府的独裁和国家资本,但这是从政权性质和代表性的角度来反对的,是前述自清末以来先进知识分子要求建立好政权思想的延续和发展。中国共产党根据马克思列宁主义原则和中国的需要,从来也不反对并致力于建立一个强大的政府和国营经济。这一点在毛泽东的《新民主主义论》《中国共产党七届二中全会决议》《共同纲领》等一系列纲领性文件中有很好的阐述。

1949 年中华人民共和国成立以后,经过 3 年的巩固政权和经济恢复,中国共产党认为具备了向苏联模式的社会主义过渡的条件。于是从 1953 年开始向单一公有制和计划经济的社会主义过渡,果不其然,到 1956 年底就

---

① 赵晓雷:《中国工业化思想及发展战略研究》,上海社会科学出版社 1995 年版,第 82~88 页。
② 《马寅初经济论文选集》上册,北京大学出版社 1981 年版,第 346 页。

顺利地实现了这个过渡，由此形成了一个在经济上的"全能型政府"①。关于过渡的原因和条件，简单地说，除了观念上的因素外，抗美援朝战争爆发后，中国的国家安全受到威胁，而国内落后的经济和众多的人口，使得提高积累率和保持社会稳定成为加速工业化的两个基本前提。在这种背景下，强大的政府自然要选择政府主导型的发展模式，而这种模式与中国共产党向社会主义过渡目标相结合，自然就走上了单一公有制和计划经济道路。②

有学者认为，"前中央计划经济国家所犯的另一个错误是，在夸大市场失灵的同时，完全忽视政府失灵的可能性，一旦发生政府失灵，其损失之大远超过市场失灵"③。对于这个问题，在中国近代社会，问题的焦点始终集中于如何建立一个好的政府，很少有人关注"政府失灵"问题。中华人民共和国建立以后，特别是当政府干预经济的范围和力度过度化以后，"政府失灵"的问题就凸显出来，最突出的问题有两个：一是宏观经济管理方面的"计划不准确"；二是微观经济管理中的"国营企业吃国家大锅饭"和对劳动者缺乏激励机制。

应该说，从新中国成立初期开始，中国共产党就看到了这个问题，特别是 1956 年以后。但是，党内对此却存在两种认识，一是以毛泽东为代表，将"政府失灵"视为"官僚主义"的产物，认为其是由于社会主义经济体制还是新生事物，尚未成熟和完善，因此判断这与单一公有制和计划经济没有必然的关系，是能够克服的。例如毛泽东多次批评计划脱离实际的问题，批评官僚主义忽视人民疾苦和压制人民群众积极性问题。为此，他几乎不间断地进行"整风"运动，开展经济建设方面的群众运动，实行"权力下放"。但是，毛泽东的这种探索和整顿，因单一公有制的制约（"一管

---

① 张丽曼将单一公有制和计划经济条件下的政府管理模式概括为"全能型政府"，我认为这个概括既贴切又生动，故这里采用了这个词。参见张丽曼：《从全能型政府到效能型政府》，吉林人民出版社 2000 年版。
② 关于原因，详见武力：《新民主主义社会提前终结的历史分析》，《党史教学与研究》2003 年第 3 期。
③ 文贯中：《市场机制、政府定位和法治——对市场失灵和政府失灵的匡正之法的回顾与展望》，《经济社会体制比较》2002 年第 2 期。

就死,一放就乱")而导致失败。另一种认识以刘少奇、邓小平、陈云等为代表,他们除了认为有官僚主义的因素外,还与体制有关,认为应该引入市场调节作为补充,特别是在农村,不妨实行将权力下放给农民的"包产到户"。就政府的经济职能来说,陈云提出的"三个主体、三个补充",李富春提出的指令性计划与指导性计划相结合都具有一定的代表性。

(二) 1978年以来政府经济职能的转变和历史启示。

1978年的改革开放,从根本上来说,一开始是对政府干预经济范围和力度过度化的修正。这种修正是由于受到来自三个方面的压力和诱导:一是开眼看世界感到落后的压力,二是人民生活贫困的压力,三是新中国成立以来自己的经验教训和整个世界市场化趋势。特别值得一提的是,如果说中国文化传统将失误归结到政权的好坏(中国共产党将其概括为政权的性质),那么在1978年中国共产党人则不能够利用这个说法,即用政权不代表人民来解释这20年的失误。因此,只能从另外的角度,即用经济体制的缺陷来解释问题,这也为正确认识单一公有制和计划经济的弊病开了方便之门。

1978~2002年的改革,从政府经济职能转变的角度来看,大致可以分为两个阶段:1978年底至1991年底为第一阶段。这个阶段是打破对单一公有制和计划经济迷信的阶段,政府在成功的指导下,逐渐缩小直接干预经济的范围和力度。改革首先是从农村开始的,首先通过"联产承包责任制"和取消"政社合一"的人民公社,政府权力退出了对农业生产的直接干预。随后,通过鼓励城乡个体经济发展和兴办"三资"企业,放开部分商品价格和经营,以及对部分生产资料实行价格"双轨制",使得市场调节的范围越来越大。尽管1987年的中共十三大提出了"政府引导市场,市场调控企业"的思想,但是从观念上来说,并没有解决计划与市场何者为基础和主体的问题,当然,这也与实际当中国有企业改革滞后、国有经济比重过高有很大关系,思想尤其是政策,往往是现实的反映。

1992~2002年为第二阶段,是政府经济职能发生转变的阶段。1992年,以邓小平"南方谈话"和中共十四大确立市场经济改革目标为标志,政府经济职能转变发生了历史性的转折。市场经济目标的确立等于瓦解了"全能型政府"的基础和工具,基础变了,作为上层建筑的政府,必然要相应地转变。这种观念上的巨大转变,是与当时的国内外环境和条件分不开的。首先,是国内10多年改革开放的成功证明放弃单一公有制和计划经济,对经济发展和政权稳固,只有好处没有坏处;第二,苏联、东欧的共产党垮台的教训证明,不改革或改革不彻底,只有死路一条;第三,1978年以来的中国经济迅速发展和财富的增加,特别是1996年以后"买方市场"的出现,为进一步改革提供了坚实的物质基础,为政府放开价格管制和改革国有企业创造了条件;第四,国际局势的缓和、和平与发展成为世界的主题,使得政府承担的国家安全压力也越来越小;第五,自20世纪80年代以来西方新古典主义经济学成为主流、苏联和东欧国家的经济转轨、绝大多数发展中国家的政府市场取向的改革,以及经济全球化趋势,都说明市场化是大势所趋,中国不能不受这种世界潮流的影响。

从90年代到本世纪初的改革,就政府经济职能转变来说,不能不说是中国历史上的一个根本性的变革。在近代,资产阶级革命没有完成中国传统封建社会向市场经济基础上的现代政府的转型,而随后的民族危机和因经济落后、资源短缺造成的人口过剩,使得人们期望政府承担起加速经济发展、保障国家安全和平等占有资源的责任。很少有人怀疑政府的能力,相信市场调节高于政府调节。直至90年代,中国人民才完全扭转了对市场经济的看法,确定了政府的经济职能。可以说,这是中国现代化过程中的重要进步。

但是,我们还应该看到,中国经济发展得非常不平衡、大量人口仍然停留在农业和农村之中,人均收入和受教育程度都还处于较低的水平,以及市场经济体制还远没有完善,这都使得中国政府经济职能的转变不仅是一个长期的过程,而且在未来50年的小康社会和中等发达国家水平阶段;其经济职能和作用也会表现出与欧美国家的现状有一定差异,这就是在人口众多、资源有限、环境脆弱的条件下,政府在提供公共物品、调控外部效应、消除自然垄断、实现社会公平等方面,将发挥更大的作用。

"全面建设小康社会"十年

1978年改革开放以来,中国经济实现了持续快速的增长。经过20多年的改革和发展,到21世纪初,中国的生产力水平迈上了一个大台阶,商品短缺情况基本结束,市场供求关系发生了重大变化;社会主义市场经济体制初步建立,市场机制在资源配置中日益明显地发挥基础性作用,经济发展的体制环境发生了重大变化;另外,全方位对外开放格局基本形成,开放型经济迅速发展,对外经济关系发生了重大变化。总之,中国经济和人民生活已经达到了小康水平,实现了温饱,创造了令世界惊奇的伟大成就。正如《中共中央关于制定国民经济和社会发展第十个五年计划的建议》所说:"这是中华民族发展史上一个新的里程碑。"[①]

但是,也正如2002年中国共产党十六大报告中所指出的那样:"必须看到,我国正处于并将长期处于社会主义初级阶段,现在达到的小康还是低水平的、不全面的、发展很不平衡的小康,人民日益增长的物质文化需要同落后的社会生产之间的矛盾仍然是我国社会的主要矛盾。我国生产力和科技、教育还比较落后,实现工业化和现代化还有很长的路要走;城乡二元经济结构还没有改变,地区差距扩大的趋势尚未扭转,贫困人口还为数不少;人口总量继续增加,老龄人口比重上升,就业和社会保障压力增大;生态环境、自然资源和经济社会发展的矛盾日益突出;我们仍然面临发达国家在经济科技等方面占优势的压力;经济体制和其他方面的管理体

[①] 中共中央文献研究室:《十五大以来重要文献选编》(中),人民出版社2001年版,第1369页。

制还不完善；民主法制建设和思想道德建设等方面还存在一些不容忽视的问题。"因此，十六大政治报告提出："我们要在本世纪头二十年，集中力量，全面建设惠及十几亿人口的更高水平的小康社会，使经济更加发展、民主更加健全、科教更加进步、文化更加繁荣、社会更加和谐、人民生活更加殷实。这是实现现代化建设第三步战略目标必经的承上启下的发展阶段，也是完善社会主义市场经济体制和扩大对外开放的关键阶段。"

本文试图对十六大至十八大期间的 10 年（2002~2012 年）的中国发展和全面建设小康社会的历史做一个概略性的梳理，以便于总结历史经验。

一、全面建设小康社会和提出科学发展观

如何在新的世纪里实现中共十六大提出的新的全面建设小康社会的发展目标，成为摆在新的领导集体面前的重要问题。而 2003 年春天出现的"非典"疫情及其防治工作，则直接促成了"科学发展观"的提出。2003 年 7 月，在全国防治"非典"工作会议上，胡锦涛同志发表讲话，他强调："我们讲发展是执政兴国第一要务，绝不只是指经济增长，而是要坚持以经济建设为中心、在经济发展的基础上实现社会全面发展。要更好地坚持全面发展、协调发展、可持续发展的发展观。"

同年 10 月召开的十六届三中全会，在审议通过的《中共中央关于完善社会主义市场经济体制若干问题的决定》中正式提出了科学发展观。全会强调：要按照统筹城乡发展、统筹区域发展、统筹经济社会发展、统筹人与自然和谐发展、统筹国内发展和对外开放的要求，更大程度地发挥市场在资源配置中的基础性作用，为全面建设小康社会提供强有力的体制保障。在这次全会上，胡锦涛同志指出，全党一定要树立和落实科学发展观，不断探索促进全面发展、协调发展和可持续发展的新思路新途径。2004 年 3 月，中央召开人口资源环境工作座谈会，胡锦涛同志讲话指出：坚持以人为本，全面、协调、可持续的发展观，是我们以邓小平理论和"三个代表"重要思想为指导，从新世纪新阶段党和国家事业发展全局出发提出的重大

战略思想。

经过四年的探索和实践，2007年召开的中共十七大，对科学发展观的内涵做出了更为全面、深刻的阐述：发展是科学发展观的第一要义；以人为本是科学发展观的核心；全面协调可持续是科学发展观的基本要求；统筹兼顾是科学发展观的根本方法。此外，中共十七大还明确地提出了要加快转变经济发展方式的要求。

科学发展观是同马克思列宁主义、毛泽东思想、邓小平理论和"三个代表"重要思想既一脉相承又与时俱进的科学理论，是21世纪中国经济社会发展的重要指导方针，是发展中国特色社会主义必须坚持和贯彻的重大战略思想。科学发展观的形成，标志着中国共产党在思想上更加成熟，中国的社会主义建设又向前迈进了一大步。

在提出科学发展观的同时，针对经济和社会发展进入社会矛盾的多发期，中国共产党还提出了建设社会主义和谐社会的任务。2004年9月，中共十六届四中全会第一次明确提出和阐述了"构建社会主义和谐社会"，并把它作为加强党的执政能力建设的五项任务之一提到全党面前。2006年10月，十六届六中全会审议通过了《中共中央关于构建社会主义和谐社会若干重大问题的决定》。全会认为，十六大以来，我们党对社会和谐的认识不断深化，明确了构建社会主义和谐社会在中国特色社会主义事业总体布局中的地位，做出一系列决策部署，推动和谐社会建设取得新的成效。经过长期努力，我们拥有了构建社会主义和谐社会的各种有利条件。构建和谐社会我们必须遵循六大原则：一是必须坚持以人为本，二是必须坚持科学发展，三是必须坚持改革开放，四是必须坚持民主法治，五是必须坚持正确处理改革发展稳定的关系，六是必须坚持在党的领导下全社会共同建设。

随着中国经济的快速发展和加入WTO后外需的扩大，特别是2003年以来出现的新一轮重化工业带头的经济扩张，使得资源和环境的压力更加突出。这种高投入、高消耗、高污染的发展方式已经成为科学发展观要解决的突出问题。因此，在提出"和谐社会"的同时，中共中央在2006年召开的十六届五中全会上又提出了建设资源节约型、环境友好型社会的概念，并首次将"节能减排"作为指令性指标列入"十一五"规划建议。2007年，胡锦涛在十七大报告中进一步提出："必须把建设资源节约型、环境友好型社会放在工业化、现代化发展战略的突出位置，落实到每个单位、每个家庭。"

二、加快政府职能转变步伐

从历史发展来看，政府职能总是随着经济社会的发展而变化的，因此，转变政府职能的指导思想也要随着经济社会发展的需求而不断发生演变。新中国建立初期到1978年改革开放前的30年，为保证国家安全、突破"贫困陷阱"和高积累下的社会稳定，中国政府实行了集中资源以优先发展重工业的计划经济，为此政府成为"全能型"政府，政府的财政也变成"建设型财政"。1978年改革开放以后，随着市场化的推进，市场主体的多元化和人民需求的多样化，政府职能也从"无所不包"的"全能型"向"有所不为"的"效能型"转变，将部分职能转让给市场和社会。但是进入新世纪以后，随着市场化的加速和市场经济框架的基本形成以及"全面建设小康社会"任务的提出，也要求政府加快职能转变，由过去的管理为主向服务为主转变，政府财政也由"建设型"向"公共型"转变。

为了进一步转变政府职能，需要进行相应的机构改革。根据十六大提出的深化行政管理体制改革的任务和十六届二中全会审议通过的《关于深化行政管理体制和机构改革的意见》，2003年3月举行的十届全国人大一次会议通过了国务院机构改革方案。这次政府机构改革的目的是进一步转变政府职能，改进管理方式，推进电子政务，提高行政效率，降低行政成本。改革的目标是逐步形成行为规范、运转协调、公正透明、廉洁高效的行政管理体制。改革的重点是深化国有资产管理体制改革，完善宏观调控体系，健全金融监管体制，继续推进流通体制改革，加强食品安全和安全生产监管体制建设。方案特别提出了"决策、执行、监督"三权相协调的要求。除国务院办公厅外，国务院29个组成部门经过改革调整为28个，不再保留国家经贸委和外经贸部，其职能并入新组建的商务部。

根据方案，国家发展计划委员会改组为国家发展和改革委员会，其任务是研究拟订经济和社会发展政策，进行总量平衡，指导总体经济体制改革。国家药品监督管理局重组为国家食品药品监督管理局，原属于国家经贸委管理的国家安全生产监督管理局改为国务院直属机构。同时，将国家计划生育委员会更名为国家人口和计划生育委员会。设立国务院国有资产监督管理委员会（简称"国资委"），以指导推进国有企业改革和重组；设立中国银行业监督管理委员会（简称"银监会"），以加强金融监管，确保金融机构安全、稳健、高效运行。

2003年8月27日，第十届全国人民代表大会常务委员会第四次会议审议通过了《行政许可法》，并决定该法于2004年7月1日起实施。《行政许可法》的实施，是党和政府推进法治型政府建设的又一重大举措，它带来了政府行政工作的深刻变革，具有重要的里程碑式的意义。它所确立的一系列新的行政理念和原则，对于防止政府对社会生活和公民个人生活的过度干预，培育社会自律机制，促进政府职能切实转变到经济调节、市场监管、社会管理、公共服务上来有积极的作用。《行政许可法》的实施，为建设服务政府、阳光政府、诚信政府、效能政府、责任政府和法治政府提供了难得的契机。《行政许可法》中对许可事项设定和实施的权限、条件、程序和范围做了严格界定，避免了政府事事管理、步步审批，以求真正发挥行政许可作为政府宏观调控手段的优越性。

从管理型到服务型的职能转变是中国政府改革的关键，而政府职能的最终转变依赖于国家公务员队伍的行为方式转变。2005年4月27日，十届全国人大常委会第十五次会议上通过了《中华人民共和国公务员法》，并决定于2006年1月1日正式实施。公务员法的颁布和实施，是我国社会主义民主法制建设史上的一件大事，标志着公务员管理进入了法制化的新阶段，标志着中国特色公务员制度已经形成。这一举措符合建设法治政府、责任政府、服务政府的要求和"形成行为规范、运转协调、公正透明、廉洁高效的行政管理体制"的要求。

三、加大解决"三农"问题力度，实现城乡统筹发展

进入 21 世纪后，中国经济社会发展进入加速转型阶段，城乡差距扩大，城乡之间及其内部都存在矛盾与冲突，"三农"问题更加突出和严峻，十六大在总结新中国成立以来改革发展经验的基础上，明确提出了实施城乡统筹发展战略："统筹城乡经济社会发展，建设现代农业，发展农村经济，增加农民收入，是全面建设小康社会的重大任务。"随着国民经济快速发展和工业化进入中后期，中国也进入了"以工补农，以城带乡"的历史阶段。农业税在中国财政收入中的比重逐步变小，2004 年已降至不到 1%。时任中共中央总书记的胡锦涛在 2003 年初召开的中央农村工作会议上明确指出：更多地关注农村，关心农民，支持农业，把解决好农业、农村和农民问题作为全党工作的重中之重。2004 年 2 月，中共中央公布"一号文件"《中共中央、国务院关于促进农民增加收入若干政策的意见》，这是中共中央在时隔 18 年后重新将解决"三农"问题作为"一号文件"。2004 年的中央一号文件出台了"两减免、三补贴"（取消除烟叶以外的农业特产税，减免农业税，对种粮农民实行直接补贴、良种补贴和购置大型农机具补贴）。3 月 5 日，温家宝总理在政府报告中宣布，中国将从 2004 年起，逐步降低农业税税率，平均每年降低 1 个百分点，5 年内取消农业税。这意味着，仅 2004 年一年的农业税率降低就可使 9 亿农业人口减轻负担 70 亿元。在 1.6 万字的政府工作报告中，温家宝总理许下四条承诺：一是农业税在五年内取消；二是农村加强基础教育，基本扫除文盲；三是建设农村卫生体制；四是切实解决农民工工资问题。这些都是解决"三农"问题、改变城乡二元结构的重要措施。2004 年为实施"两减免、三补贴"，中央财政安排了 219 亿元转移支付来补贴地方财政减收缺口。全国 29 个省、自治区和直辖市对种粮农民实施直接补贴总金额达 116 亿元。全国用于农业的国债项目资金 376 亿元，占国债项目资金总数的 34.2%。2004 年中央财政支农资金比上年增加近 300 亿元，全国财政支农资金达到 2000 亿元以上。

2005年10月，中国共产党十六届五中全会通过的关于"十一五"规划纲要的建议中提出：要按照"生产发展、生活富裕、乡风文明、村容整洁、管理民主"的要求，扎实推进社会主义新农村建设。年底召开的中央经济工作会议指出，要使社会主义新农村建设成为全党全国的共同行动。随后出台的《中共中央、国务院关于推进社会主义新农村建设的若干意见》提出："全面建设小康社会，最艰巨最繁重的任务在农村，加速推进现代化，必须妥善处理工农城乡关系。构建社会主义和谐社会，必须促进农村经济社会全面进步。……当前，我国总体上已进入以工促农、以城带乡的发展阶段，初步具备了加大力度扶持'三农'的能力和条件。"①

2006年初颁布的"中央一号"文件，进一步深刻阐述了建设新农村的重大意义、内涵，提出了推进新农村建设的总体要求和重大方针政策。2008年10月召开的十七届三中全会又强调"把建设社会主义新农村作为战略任务"。大力推进在工业反哺农业、城市支持乡村基础上的新农村建设，对于缩小城乡差距和居民收入差距发挥了重要作用。

据史料（《左传》）记载，中国的农业税始于春秋时期鲁国的"初税亩"。新中国成立以后，继续征收农业税，农民通过农业税和工农产品剪刀差的方式，支援国家的工业化。到2005年中国取消农业税前，这一古老的税种，已延续了2600年。2005年12月29日，第十届全国人大常委会第十九次会议通过《关于废止中华人民共和国农业税条例的决定》，新中国实施了近50年的农业税条例被依法废止，一个在中国延续两千多年的税种宣告终结。取消农业税这一重大举措，得民心、顺民意，充分体现了党中央对广大农民的关爱、对农村繁荣的关心、对农业发展的关注，不仅有利于促进农业、农村的发展和农民的富裕，而且关系到实现国家长治久安和民族伟大复兴。

在中央一系列"三农"政策下，"十一五"期间中国粮食生产连续五年增产，总产量连续4年稳定在1万亿斤以上，这在历史上是从未有过的。

---

① 《人民日报》2006年2月22日。

"菜篮子"产品增长迅速,供应充足,品种丰富,肉蛋奶、水产品、蔬菜、茶叶、水果等,总体上产量都在稳步增加。农民收入增长迅速,五年间平均增速超过"七五"以来各个时期,增收金额之大历史上从未有过。农业物质技术装备条件得到改善,2010年农作物耕种收综合机械化率达到52%,比2005年提高16个百分点;农业科技进步贡献率超过52%,比"十五"末期提高近5个百分点。

这十年除了城乡关系发生了历史性转变外,还是我国城镇化最快的时期。城镇化率由2002年的39.1%提高到2012年的52.6%,我国已经成为一个城市人口为主的国家,这是一个历史性的突破。

四、促进社会主义文化的发展繁荣,建设创新型国家

2000年10月,中共十五届五中全会在关于"十五"计划的建议中,第一次提出了"文化产业"的新概念。将文化建设分为文化事业和文化产业,强调发展文化产业是市场经济条件下繁荣社会主义文化、满足人民群众文化需求的重要途径,这解决了长期困扰人们的文化与市场关系的问题,打破了计划经济体制下的国家统包、统管文化建设的管理模式,提出了发挥市场在合理配置文化资源中的基础性作用。上述共识的形成,使得从20世纪80年代起步的文化体制改革取得重大突破,改革步伐大大加快。2003年6月,全国文化体制改革试点工作会议召开,确定北京、上海、广东等9个地方为改革试点地区。同年10月,明确把形成一批大型文化企业集团作为文化体制改革的目标。延续10多年的文化体制改革,实现了政府职能的转变,大力推进政企分开、政事分开和管办分离,由直接办文化向管文化改变,管的内容主要是政策调节、市场监管、社会管理和公共服务,实现由管微观向管宏观转变。

2006年,文化部颁布《国家"十一五"时期文化发展规划纲要》,国家投入文化事业和产业的经费大幅度增长,2006年全国公共财政文化体育与传媒经费支出为685亿元,"十一五"期间以年均23%的速度增长。2009

年7月，国务院常务会议审议通过中国第一部文化产业专项规划《文化产业振兴规划》，标志着文化产业已经上升为国家的战略性产业。2011年10月，中共十七届六中全会通过《中共中央关于深化文化体制改革、推动社会主义文化大发展大繁荣若干重大问题的决定》，首次将文化产业发展成为国民经济支柱性产业写入中央文件。随后中共中央办公厅、国务院办公厅印发了《国家"十二五"时期文化改革发展规划纲要》，提出推动文化产业跨越式发展，实现《规划纲要》提出的文化产业"逐步成长为国民经济支柱性产业"目标。2012年2月28日，文化部正式向社会发布了《文化部"十二五"时期文化产业倍增计划》。《倍增计划》是文化部贯彻落实十七届六中全会精神和《国家"十二五"时期文化改革发展规划纲要》的具体措施。《倍增计划》明确了"十二五"时期文化系统、文化产业指导思想、发展思路、发展目标、主要任务、重点行业和保障措施。这一规划的制定出台对"十二五"期间文化系统、文化产业发展有着重要指导意义。2012年，中国文化产业总产值突破了4万亿元。文化产业法人单位实现增加值18071亿元，与GDP的比值为3.48%，比上年增长16.5%，比同期GDP现价增速高6.8%，文化产业对当年经济总量增长的贡献为5.5%。

在文化产业大发展的同时，中央和各级地方政府还大力推进公共文化服务体系建设，落实文化惠民措施。2005年，国务院明确提出加大政府对文化事业的投入，逐步形成覆盖全社会的比较完备的公共文化服务体系。按便利、基本、均等、普惠的原则，国家投资实施文化信息资源共享工程、广播电视村村通、农家书屋、农村电影放映工程、乡镇综合文化站建设工程5项文化惠民工程，以保障人民群众看电视、听广播、读书看报、进行公共文化鉴赏、参与公共文化活动等文化权益。并且建立中央财政和地方财政合理分担的公共文化机构运行经费保障机制。据统计，"十一五"时期全国文化事业费共计1220亿元，年均增长19.3%，是改革开放以来增速最快的一个时期；人均文化事业费从2007年的15.06元增加到2011年的29.14元，增幅为93.49%。

进入新世纪以来，新一轮科技革命迅猛发展，国际经济科技竞争日趋激烈。1999年，中国提出了建设国家创新体系的设想，主要为高新技术成果商品化、产业化提供有效的体制保障，改变中国在全球化的产业价值链中的低端地位。2006年，国家发布中长期科技发展规划，正式做出增强自主创新能力的决定，建立以企业为主体，产业科技、国家科技和学院科技结合，协同创新的体系；并从财税、金融政府采购、知识产权保护、人才队伍建设等方面制定一系列政策措施，为建设创新型国家保驾护航。

中国研发投入伴随着GDP快速增长不断提高，"十一五"期间，研发投入资金平均每年以20%以上的幅度增长，从2006年的3000亿元，增长到2011年的8610亿元，占国内生产总值的比重从1.42%提升到1.83%，上升为世界的第3位。到2012年，研发经费支出达到10240亿元，比上年增长17.9%，占国内生产总值的比重则上升为1.97%。

随着科技人才和研发经费的增加（2010年，中国科技人力资源总量达5700万人，居世界首位），中国科技创新成果突出：在纳米技术标准化方面，中国已与世界同步，积极参与并部分主导了国际纳米技术标准工作。在空间遥感、信息安全、海洋装备和碳纤维材料等科研领域也取得了一系列重大突破。2000年10月，中国自行研制的第一颗"北斗导航试验卫星"发射成功；2012年，"北斗二号"完成区域组网并正式提供卫星导航服务。2007年10月24日，中国第一颗自主研制的月球探测卫星"嫦娥一号"成功发射，实现了中国人的登月梦想；2010年10月，嫦娥二号到达距地球150万公里以外的深空进行探测。2010年11月，国防科学技术大学研制的"天河一号"超级计算机以每秒2570万亿次的实测运算速度跃居世界第一。2011年11月8日，中国"萤火1号"火星探测器与俄罗斯的采样返回探测器一起发射升空，开始对火星的探测研究。"萤火1号"是中国火星探测计划中的第一颗火星探测器。2012年6月27日，中国"蛟龙号"深海载人潜水器7000米级海试最大下潜深度达7062米，再创中国载人深潜纪录。

中国实施的载人航天工程的发展代表了中国科技发展的速度。2003年10月15日，中国首飞航天员杨利伟的身影出现在浩瀚太空。2008年9月27日下午，神舟七号飞船轨道舱舱门徐徐开启，中国航天员翟志刚出舱"太空漫步",并挥舞五星红旗向人们致意,告诉世界,中国正式成为第三个掌握出舱技术的国家。2012年6月,神舟九号载人飞船与天宫一号目标飞行器顺利实现首次空间交会对接;2013年6月,中国航天员聂海胜、张晓光、王亚平驾乘神舟十号载人飞船再次成功实现与天宫一号目标飞行器自动和手动控制交会对接,巩固了空间交会对接技术。女航天员王亚平更在太空向中国的几千万中学生授课。

这十年也是中国教育投入增长最快,尤其是高等教育"井喷式"发展的阶段。全国财政性教育经费投入由2002年的3366亿元提高到2012年的22236亿元,其中2008~2012年,年均增长21.58%,占国内生产总值的比重也由2002年的3.3%提高到2012年的4.16%,终于实现了1993年《中国教育改革和发展纲要》提出的到20世纪末达到4%的目标,改变了中国财政性教育投入落后于经济发展水平的状况,这成为中国从教育大国向教育强国转变的开端。这个阶段,国家的教育资源重点向农村、边远、民族、贫困地区倾斜,教育公平取得明显进步,全面实现了城乡九年免费义务教育,惠及1.6亿学生。从2006年开始,国家全部免除西部地区农村义务教育阶段学生学杂费,2007年开始扩大到中部和东部地区,同时对贫困家庭学生免费提供教科书并补助寄宿生生活费。

这十年发展最快的是高等教育,这种人力资本的大幅度提升,不仅支撑了这十年的经济高速发展,也为后来的经济发展积累了人力资本和可持续发展能力。

2002~2012年高等教育毕业人数统计表

时间	研究生毕业生数(万人)	普通本专科毕业生数(万人)	普通本科毕业生数(万人)	普通专科毕业生数(万人)
2002年	8.1	133.7	65.6	68.2
2003年	11.1	187.7	93.0	94.8
2004年	15.1	239.1	119.6	119.5
2005年	19.0	306.8	146.6	160.2

（续表）

时间	研究生毕业生数（万人）	普通本专科毕业生数（万人）	普通本科毕业生数（万人）	普通专科毕业生数（万人）
2006 年	25.6	377.5	172.7	204.8
2007 年	31.2	447.8	199.6	248.2
2008 年	34.5	511.9	225.7	286.3
2009 年	37.1	531.1	245.5	285.6
2010 年	38.4	575.4	259.1	316.4
2011 年	43.0	608.2	279.6	328.5
2012 年	48.6	624.7	303.8	320.9

数据来源：国家统计局网站"年度数据"。

五、融入经济全球化，积极参与国际事务

进入新世纪以后，随着中国经济的快速发展和对世界经济发展的拉动作用越来越大，中国本着互利共赢的宗旨，更快、更主动地融入了世界经济全球化进程，在国际经济和国际组织中发挥着越来越大的作用。2001年4月由中国主导并发起成立了非政府、非营利性的国际组织"博鳌亚洲论坛"；同年6月成立了上海合作组织（这是在中国主导之下创立的首个政府间国际组织）；同年12月中国加入世界贸易组织（WTO）。这三件大事标志着自2001年起中国的国际地位取得了突破性进展。

2005年9月，中国国家主席胡锦涛在联合国成立60周年的首脑会议上发表题为《努力建设持久和平、共同繁荣的和谐世界》，第一次系统阐述了中国的和谐世界理念。他说，"应该从四个方面建设和谐世界：第一，坚持多边主义，实现共同安全；第二，坚持互利合作，实现共同繁荣；第三，坚持包容精神，共建和谐世界；第四，坚持积极稳妥方针，推进联合国改革。"

2008年11月，中国参加了在美国华盛顿召开的二十国集团（G20）首次首脑峰会，并在会上发挥了重要作用；2009年6月，中国参加了"金砖四国"领导人首次峰会；在此前后成立的中非合作论坛、中阿合作论坛、中国—太平洋岛国经济发展合作论坛、中国—加勒比地区经贸合作论坛，以及2009年世界银行发展委员会通过了发达国家向发展中国家转移投票权的改革方案，中国的投票权从2.77%提高到4.42%，并在2012年进一步提高到6.39%，仅次于美国和日本；2012年中国在联合国正常预算中的会费比例提高到5.15%，比1999年的0.97%提高了四倍多。都显示出中国以更加积极的姿态活跃在国际舞台上。

2008年8月，第39届奥运会在北京举行，204个国家和地区奥委会派出了代表团，有6万多名运动员、教练员和官员参加了这届奥运会，从而成为有史以来参加国别和运动员最多的运动会。全球45亿观众见证了迄今为止奥运史上规模最大的一次聚会。此外，还有80多位外国政要出席开幕式。布什是第一个在任期内出席他国举办的奥运会的美国总统。澳大利亚总理陆克文将北京奥运会称作是"中国融入世界的一个重大事件"。2010年，中国在上海举办了第41届世界博览会。这一届博览会是我国首次举办的综合性世界博览会，也是第一次在发展中国家举行的注册类世界博览会，博览会总投资达450亿人民币，创造了世界博览会史上最大规模投资纪录。同时，超越7000万的参观人数也创下了历届世博会之最。这两次国际盛会为中国赢得了荣耀，也大大提升了中国的国际地位。

六、有待解决的问题

全面建设小康社会的十年，经济发展始终是不变的主题，在抓住战略机遇期以加快发展的思想指导下，我国取得举世公认的巨大成就。2002年我国GDP总量为10.2万亿元人民币，到2012年则达到51.9万亿元，增长4倍多；同期财政收入增加到11.7万亿元（以上均为当年价格）。这是新中国60多年来经济增长最快的十年，也创造了世界大国经济增长速度的奇迹。

但是，作为一个人口多、人均资源匮乏、环境压力大、发展不平衡的发展中大国，经济转型（工业化）、体制转型（市场化）、社会转型（城市化）三重叠加的急剧变动，也使得一些发展过程中不可避免的经济和社会问题集中凸显出来。这主要表现在：①政府与市场关系尚未理顺；②经济发展方式没有实现转变，资源、环境压力增大；③收入差距过大导致消费需求不足、创新和产业升级困难、社会不和谐；④党风廉政建设成效不大。

总之，全面建设小康社会的十年，成就是主要的，为十八大以来的经济和社会发展提供了坚实的物质基础，使我国的经济发展水平上了一个大台阶；同时也为国家治理体系和治理能力现代化积累了丰富的经验。但是应该看到，这十年里，没有解决的问题也不少，其中有些是体制问题，可以通过全面深化改革加以解决，但是更多的是发展问题，是中国这个发展中大国向发达国家迈进过程中难以避免的问题，必须通过发展来解决。十八大以来党中央形成的"四个全面"战略布局，为我们解决这十年没有解决的问题提供了一个非常好的战略布局和途径。

共同富裕：社会主义在中国的实践与发展

从1949年中华人民共和国成立至今，我国的收入分配制度随着经济体制的变迁，经历了一个"否定之否定"的螺旋式变化，即从新民主主义经济体制下的多种分配方式并存（1949～1956年），通过社会主义改造，转变为计划经济体制下的单一的按劳分配（1957～1978年），又从单一的按劳分配转变为社会主义市场经济体制下的按要素分配。1949～1978年，是以社会主义工业化为目标的计划经济建立和实施高积累政策时期。这个时期又可以分为两个阶段：1949～1956年为新民主主义向社会主义过渡阶段，在单一公有制和高积累政策下，实行形式单一的按劳分配，居民的财富占有高度均等化。1979～2017年这个时期，是通过改革开放加快经济发展和建立健全市场经济体制时期，随着工业化和市场化的同时快速推进，收入分配不仅形式多样化，内容也变成按要素分配，私人之间的财富占有差距扩大。2005年以后，特别是党的十八大以来，党和政府加大了调控初次分配、扩大二次分配的力度，并制定了2020年"整体脱贫"的目标和具体措施。

一、1978年以前的经济体制与收入分配政策

1949年新中国成立后，在恢复国民经济的同时，继续完成新民主主义革命的三大经济改革，即通过没收官僚资本、土地改革和调整工商业三大举措，消灭了官僚资本主义剥削和封建剥削，限制了资本主义剥削，大大缩小了旧中国遗留下的贫富差距。如果从经济结构看，处于领导地位的国

营企业和数量比重都很大的个体经济，基本上都是按劳分配（农民家庭之间的生产资料占有差距很小，几乎为清一色的个体经济），城市的私营企业也开始实行"劳资两利"政策下的"四马分肥"。

但是1950年爆发的抗美援朝战争和随后美国派第七舰队进驻台湾，以及后来美国通过"马尼拉条约""巴格达条约"等对中国形成了包围，使得独立后的中国仍然面临着战争的威胁，国家统一受到阻碍，因此国家安全问题处于突出位置，而要应对战争威胁和保证国家安全，就必须加快发展重工业和国防工业。而1952年中国完成国民经济恢复任务后，中国工业发展水平与西方国家相比，差距是很大的，以直接关系到国防工业的钢产量来看，虽然当时的钢产量已经是1949年的3倍，但是与当时的美国相比，总量上美国是中国的57倍，人均方面美国是中国的224倍。毛泽东在1955年曾感慨地说："现在我们能造什么？能造桌子椅子，能造茶壶茶碗，能种粮食，还能磨成面粉，还能造纸，但是，一辆汽车、一架飞机、一辆坦克、一辆拖拉机都不能造。"①

1949年中国主要工业产品产量与美国比较②

产品名称	中国		美国		总产量为中国倍数	人均产量为中国的倍数
	总产量	人均产量	总产量	人均产量		
原煤*	0.32	0.06	4.36	2.92	13.63	49.47
发电量**	43	7.94	3451	2313.19	80.26	291.39
原油***	12	0.000222	24892	1.668497	2074.33	7531.46
钢***	15.8	0.000292	7074	0.474166	447.72	1625.58
生铁***	25	0.000462	4982	0.333941	199.28	723.54
水泥***	66	0.001218	3594	0.240904	54.45	197.71

---

① 《毛泽东文集》第6卷，人民出版社1999年版，第329页。
② 资料来源：国家经贸委编《中国工业五十年》第一卷，中国经济出版社2000年版，第9页。本文计算人均数量用到的人口数据来源：中国人口数据，《中国人口和就业统计年鉴》，中国统计出版社1998年版，第198页。美国人口数据参见：http://www.census.gov/population/estimates/nation/popclockest.txt。

注：＊表示在总产量栏下单位为亿吨，在人均产量栏下单位为吨；＊＊表示在总产量栏下单位为亿度，在人均产量栏下单位为度；＊＊＊表示在总产量栏下单位为万吨，在人均产量栏下单位为吨。

因此，在制订第一个五年计划时，就选择了优先快速发展重工业战略，即中国不仅要进行工业化，还要"首先集中主要力量发展重工业，建立国家工业化和国防现代化的基础"①。正如经过毛泽东亲自修订的党在过渡时期总路线宣传提纲所说："因为我国过去重工业的基础极为薄弱，经济上不能独立，国防不能巩固，帝国主义国家都来欺侮我们，这种痛苦我们中国人民已经受够了。如果现在我们还不能建立重工业，帝国主义是一定还要来欺侮我们的。"② 而此后出现的我国与周边国家的一系列紧张关系，都使得中国的国家安全问题处于突出地位，这就使得以国防工业为核心的优先发展重工业战略被过度强调，高积累政策不断强化。

当 1952 年基本完成民主革命和经济恢复任务，并从 1953 年转入大规模经济建设以后，中国同时开始向社会主义过渡，并于 1956 年底基本完成了社会主义改造。与社会主义改造完成后形成的单一公有制和计划经济体制相匹配，在收入分配方面就建立起"按劳分配"制度。按劳分配虽然没有调动人民群众的生产积极性，但是却保证了为工业化提供高积累和维护社会稳定的目标。

（一）为保证贫困条件下的高积累和社会稳定，中国确立了公有制和计划经济制度。

在新中国建立前的二百多年里，中国经济在整个世界由农业文明向工业文明转变的过程中大大落后了。于是当反帝反封建的民主革命胜利以后，实现经济赶超就成为中国这个世界上人口最多、历史最悠久大国的必然目标。

---

① 中共中央文献研究室：《建国以来重要文献选编·1953》第 4 册，中央文献出版社 1993 年版，第 353 页。
② 《为动员一切力量把我国建设成为一个伟大的社会主义国家而斗争》，1953 年 12 月。中共中央文献研究室：《建国以来重要文献选编》第 4 册，中央文献出版社 1993 年版，第 705 页。

而当 1952 年中国完成国民经济恢复任务，开始进行大规模工业化建设时，其自身的积累能力是非常有限的。作为一个人口多、经济落后的农业大国，当时人民的温饱问题还没有解决，能够用于工业化的剩余更加有限。1952 年国民经济恢复任务完成后，不仅我国第一产业就业人员占总经济活动人口的比例高达 83.5%，而且人均生产资料非常缺乏。据 1954 年国家统计局的调查，全国农户土地改革时平均每户拥有耕畜 0.6 头和犁 0.5 部，到 1954 年末也才分别增加到 0.9 头和 0.6 部，绝大多数农户缺乏扩大再生产的条件。加上人多地少，吃饭问题尚未解决，在正常年景下，每到青黄不接的春季，全国尚有两千万以上农民缺少口粮。

而在土地改革后形成的农村个体经济，不仅绝大多数发展生产困难，而且会出现贫富分化，正如毛泽东在 1955 年所说："现在农村中存在的是富农的资本主义所有制和像汪洋大海一样的个体农民所有制。大家已经看见，在最近几年中间，农村中的资本主义自发势力一天一天地在发展，新富农已经到处出现，许多富裕中农力求把自己变为富农。许多贫农，则因为生产资料不足，仍然处于贫困地位，有些人欠了债，有些人出卖土地，或者出租土地。这种情况如果让它发展下去，农村中向两极分化的现象必然一天一天地严重起来。"①

而农业合作化和人民公社化则避免了农村中出现"两极分化"和部分人因失去生产资料而陷入极端贫困从而造成社会的动荡。另外，单一公有制和计划经济，还能够保障在工业化实现前的极低收入水平下的高积累，1956～1976 年，中国的积累率始终在 20% 以上，极少数年份甚至达到 30% 以上而没有出现社会动荡，说明了这种体制具有保证高积累下的社会稳定的功能，从而保障了重工业特别是国防工业长期优先发展。

（二）公有制和计划经济下的按劳分配和计划供应，使得贫富差距极小。

单一公有制和高积累政策下的"按劳分配"，使得收入分配表现出高度

---

① 《毛泽东文集》第 6 卷，人民出版社 1999 年版，第 436～437 页。

平均的特点，其有限的差距，也主要表现在工农之间、城乡之间和地区之间。在城市，这种分配制度和政策则是在高度集中的计划体制下进行的，即中央有关部委不仅严格规定国营和集体企业的职工工资等级和总额，连奖金、补贴以及福利性收入也严格控制，国家机关和国营企事业单位及城镇集体企业职工的收入，完全被纳入国家统一规定的工资体系和级别中。当然，还有大量根据国家严格规定的隐性收入和福利，例如低廉的房租、公费医疗、教育。

在农村，土地改革后形成的几乎清一色的农民个体经济，经过农业合作化和人民公社化以后，也基本实现了按劳分配。对于农村集体经济的按劳分配，国家也有严格统一的规定，例如规定农民的口粮标准、牲畜用粮标准，种子留粮标准等，只不过口粮按人口分配、现金按"工分"分配，由于口粮在大部分农村集体经济的分配中占主要部分，因此农民的收入分配更具有平均主义的色彩。国家不仅对农业生产剩余通过统购统销提取，还严格限制非农产业的发展。

在1978年改革开放以前的这个历史时期，中国既是一个收入分配"均等化"程度很高的国家，也是一个居民人均可支配收入增长缓慢的国家。在这个历史时期，居民收入增加的速度也在不同的阶段差异很大。1950～1956年的7年里，我国城乡居民收入有较快的增长，1957年以后，随着人口的增加和持续的过高积累政策，居民的收入增长则极为缓慢，城乡居民消费水平都很低，即使城市中的高收入阶层，在计划供应和票证制度下，也往往是"持币待购"，消费需求难以满足。在此期间，我国居民的恩格尔系数始终高居不下。根据历年统计年鉴计算，改革开放前，我国城镇居民历年的恩格尔系数始终在55%之上，而农村居民的恩格尔系数更高达65%以上。从恩格尔系数可以看出居民的生活消费水平是很低的。这里需要说明的是，我国居民的恩格尔系数很高，住房、医药和教育的费用低，在消费支出中占较小比例也是一个原因。

农村居民不享受国家提供的这些优惠，但是农村居民在这三方面的费用也是很少的。首先是因为在农村住房费用要比城市低,其次农民为节省费用选择较低的居住环境。在医疗和教育方面,农民也只能选择较低的消费水平或者不消费,当时看不起病或无处看病的农民大有人在,同时在农村教育水平也很低,失学率很高。当然,当时在农村还实行过合作医疗、赤脚医生制度以及"五保户"制度,虽然保障水平是很低的,但降低了农民的一部分费用。此外,国家对教育收费也比较低。

二、1978～1991年鼓励勤劳致富的分配政策

"文革"结束以后,在"拨乱反正"过程中,就经济领域来看,重点就是针对"文革"后期出现的"限制资产阶级法权"思潮,为"按劳分配"正名,并恢复了"文革"期间取消的计件工资和奖金制度。与此同时,在提高农产品收购价格的同时,在城市也进行了1962年以来的第一次普涨工资。更为重要的是,自十一届三中全会以后,作为"按劳分配"的补充,农村家庭经营和城镇个体经济的收入分配不仅使得全社会的居民收入增加,甚至缩小了工农之间、阶层之间的收入差距。

1978～1991年作为改革开放的起步阶段,仍然是国营经济和集体经济为主,非公经济主要还是被称为"光彩事业"的个体经济。但是从经济运行机制来看,市场机制已经作为计划经济的补充发挥着越来越大的作用,而长期经济"紧运行"形成的生产和生活资料的短缺,又为市场机制发挥作用提供了非常大的空间,特别是原来处于收入底层的广大农民和城市低收入者,率先利用"放权让利"的政策和"短缺经济"环境,从事家庭经营和"搞活经济",使收入大增,一时间在知识分子阶层出现如"搞导弹的不如卖茶叶蛋的,拿手术刀的不如拿剃头刀的"等抱怨。

在这个阶段,首先是党关于收入分配的思想和政策开始突破过去20多年一直实行的平均主义束缚。邓小平在1978年12月召开的中央工作会议上就指出:"在经济政策上,我认为要允许一部分地区、一部分企业、一部分

工人农民，由于辛勤努力成绩大而收入先多一些，生活先好起来。一部分人生活先好起来，就必然产生极大的示范力量，影响左邻右舍，带动其他地区、其他单位的人们向他们学习。这样，就会使整个国民经济不断地波浪式地向前发展，使全国各族人民都能比较快地富裕起来。"①

在"开放搞活"和"放权让利"的政策下，农村家庭联产责任制的实行、城市个体经济的发展以及"包"字进城后企业实行"资产经营责任制"，改变了单一的按劳分配制度，调动了人民群众致富的积极性。"脱贫致富"成为整个80年代经济高速增长的最大动力。

在这个阶段，党和政府在改革分配制度的同时，还针对长期形成的积累与消费关系失调、轻重工业严重失衡状态，对经济发展战略也进行了调整，即由过去长期实行的"优先发展重工业"转向轻重工业均衡发展，并进行了国民经济调整。整个80年代，出于补偿前30年高积累下人民生活水平改善不多的"欠账"，轻工业得到了迅速的发展，特别是乡镇企业的"异军突起"，为改变轻重工业失衡发挥了重要作用。长期消费品短缺所形成的巨大需求也成为轻工业快速发展的重要推动力，1979～1988年，不仅农业生产上了一个大台阶，甚至在1985年出现了"卖粮难"的问题，轻工业也是持续高速发展，这几年轻工业的发展速度都超过重工业。整个80年代，是人民生活水平整体大幅度提高，城乡之间、城市阶层之间收入差距缩小的"帕累托最优"改进阶段。

三、1992～2012年要素主导分配格局的形成

1992～2012年的20年间，既是中国社会主义市场经济体制形成时期，也是中国经济持续高速增长时期，特别是进入新世纪以来的12年，是新中国65年间经济发展最快的时期，也是城乡居民人均收入提高最快的时期。

---

① 《邓小平文选》第2卷，人民出版社1994年版，第152页。

随着市场化改革的快速推进,收入分配领域最大的变化有二:一是劳动力成为商品和流动性增加;二是要素参与分配,居民的非工资性收入大幅度增加。其基础当然是市场化和所有制结构的变化。

1992年确定市场经济改革目标进一步扩大开放以后,在居民收入快速增长的同时,资本参与分配的比重不断提高并逐渐处于主导地位,居民收入差距不断拉大。另外,随着劳动力市场的形成和产业结构升级,人力资本也越来越显示出它在工薪收入中的决定性作用,高素质劳动力和管理层的供不应求,也导致了雇佣劳动者之间工资收入差距不断扩大。与此同时,原来由国家统一制订和管理的各个行业的工资标准,也在深化国企改革中被打破,带有垄断性的行业工资与普通国营企事业单位的工资差距也在拉大。此外,1997年以后买方市场出现以后,农民的收入增速大大放缓,而国有企业的"抓大放小"和"减员增效"改革,又使得部分城市居民收入下降,因此,1997年以后居民收入差距扩大的趋势更为明显。根据国家统计局的测算,1988年全国居民收入分配的基尼系数为0.341,1990年为0.343,1995年为0.389,1999年为0.397,2000年为0.417,2008年达到0.491,此后逐渐回落,到2012年为0.474。

进入新世纪以后,由于我国劳动力资源丰富和尚处于工业化中后期,随着市场化的快速推进和民营经济的发展,资本在新增财富分配方面的主导地位日益强化,而工薪收入所占比重则呈现下降趋势,社会阶层之间的收入差距呈现出扩大趋势,基尼系数长期居高不下。2000年以来,一直在0.46以上徘徊,最高的年份为2008年,曾经达到0.491,之后虽逐步回落,2016年仍然为0.465,中国已经成为世界上收入差距较大的少数国家之一。[①] 因工薪收入在国民收入中占比过低和资本在按要素分配中占比过高所导致的居民之间收入差距过大,不仅影响了社会稳定并导致阶层分化,更严重的是抑制了内需扩大和人力资本提升,从而抑制了社会创新的活力。

---

① 《统计局:2016年基尼系数为0.465,较2015年有所上升》中国新闻网2017年1月20日。

从经济发展的层面上来看，这种少数人财富积累过快的情况，固然有利于投资增加和资本形成，在短期内可以提高经济增长率，但这同时也将导致需求不足，进而导致新增投资所形成的供给能力过剩，因此一旦世界金融危机导致国外需求不足时，就出现所谓的"产能过剩"，从而迫使国民经济转入以"供给侧结构性改革"为特点的调整。

在这个时期，就微观经济方面来看，企业职工的工资和待遇被压得很低，尤其是那些刚从农村转移出来的劳动力，所谓的"富士康现象"和2008年以来的"民工荒"，即反映了这个问题。这个时期企业的发展和盈利主要不是依靠提高收入来调动在职员工的积极性，而是依靠减员增效、降低成本来提高竞争力和经济效益，职工的流动性大大增加，尤其是在低端劳动力市场上，工人的工资被压得很低，中国加入WTO后对外贸易额的大幅度提升，主要得益于劳动力的低价。从宏观经济来看，由于有效需求不足和出口因加入WTO后迅猛增长，使得全社会固定资产投资成为拉动经济增长的重要力量，以"铁公基"（即铁路、公路、基础设施）投资带动的工业发展再次呈现出"重化"倾向，这种生产资料内部的循环和中国成为"世界制造工厂"，显然不利于农民和工薪阶层收入的提高，工薪收入在整个国民收入中所占比重持续降低。尽管从2005年起政府加大了二次分配的力度，实行了工业"反哺"农业、城市支持乡村的财政政策，更加强调民生建设和社会保障，但是收入分配机制市场化、资本主导分配的基本格局并没有改变。

四、党的十八大以来消灭贫困和缩小收入差距的举措

针对改革开放以来，特别是进入新世纪以来经济高速发展、社会财富迅速增加，但是居民收入差距扩大的格局，2012年党的十八大指出："共同富裕是中国特色社会主义的根本原则。要坚持社会主义基本经济制度和分配制度，调整国民收入分配格局，加大再分配调节力度，着力解决收入分

配差距较大问题,使发展成果更多更公平惠及全体人民,朝着共同富裕方向稳步前进。"为此,党的十八大提出全面建成小康社会的战略目标,并要求在收入分配方面"实现发展成果由人民共享,必须深化收入分配制度改革,努力实现居民收入增长和经济发展同步、劳动报酬增长和劳动生产率提高同步,提高居民收入在国民收入分配中的比重,提高劳动报酬在初次分配中的比重。初次分配和再分配都要兼顾效率和公平,再分配更加注重公平。完善劳动、资本、技术、管理等要素按贡献参与分配的初次分配机制,加快健全以税收、社会保障、转移支付为主要手段的再分配调节机制。深化企业和机关事业单位工资制度改革,推行企业工资集体协商制度,保护劳动所得。多渠道增加居民财产性收入。规范收入分配秩序,保护合法收入,增加低收入者收入,调节过高收入,取缔非法收入"①。

自党的十八大确定全面建成小康社会的战略决策以来,以习近平同志为核心的党中央将缩小收入和贫富差距作为重要的经济发展目标,并在经济新常态下加以贯彻落实。

2012年12月,习近平总书记在看望慰问河北省阜平县困难群众、考察扶贫开发工作时说"小康不小康,关键在老乡",提出"没有农村的小康,特别是没有贫困地区的小康,就没有全面建成小康社会",开启了党的十八大以来消灭贫困、实现共同富裕的攻坚战。

2013年3月17日,习近平总书记在十二届全国人大第一次会议上提出:要"不断实现好、维护好、发展好最广大人民根本利益,使发展成果更多更公平惠及全体人民,在经济社会不断发展的基础上,朝着共同富裕方向稳步前进"。②

2016年9月,习近平总书记在出席2016年二十国集团工商峰会开幕式上的主旨演讲中指出:"发展为了人民、发展依靠人民、发展成果由人民共享,这是中国推进改革开放和社会主义现代化建设的根本目的。改革开放

---

① 《中国共产党第十八次全国代表大会文件汇编》,人民出版社2012年版,第14、33页。
② 习近平:《在第十二届全国人民代表大会第一次会议上的讲话》,《人民日报》2013年3月18日。

以来，中国有7亿多人口摆脱贫困，13亿多人民的生活质量和水平大幅度提升，用几十年时间完成了其他国家几百年走过的发展历程。""我们将更加注重公平公正，在做大发展蛋糕的同时分好蛋糕，从人民最关心最直接最现实的利益问题出发，让百姓有更多成就感和获得感。"①

"十三五"规划明确提出了全面建成小康社会的具体目标要求。规划贯彻以人民为本的原则和绿色、共享的发展理念，不仅要保持经济持续发展的良好势头，而且要解决长期以来由发展不平衡、不协调、不可持续所积累的民生、生态、社会等问题。因此，规划中专门列出"全力实施脱贫攻坚"一篇，以确保5575万农村贫困人口如期脱贫，并对民生保障、教育和健康、生态环境、社会主义精神文明和民主法治建设等篇都提出了更为具体的要求，以真正实现全面的、高水平的小康社会。

2016年是"十三五"规划的开局之年，脱贫攻坚战全面打响。2016年11月，国务院发布实施《"十三五"脱贫攻坚规划》。规划提出要确保农村贫困人口同步进入全面小康。为此规划提出：要建立健全产业到户到人的精准扶持机制，加大贫困地区基础设施建设，有序实施易地扶贫搬迁安置，做好贫困地区养老、医疗、教育等基本民生保障，加大财政、投资、金融、土地等政策扶持，创新政府购买服务、东西部扶贫协作、企业和社会组织帮扶等机制，形成推动脱贫奔小康的合力。2016年，全国农村贫困人口减少1240万，249万人易地扶贫搬迁建设任务如期完成；2017年计划使农村贫困人口再减少1000万人以上，完成340万人易地扶贫搬迁建设任务。②

五、历史启示

回顾新中国68年的历史可以看出，中国共产党始终致力于全体人民的

---

① 习近平：《中国发展新起点 全球增长新蓝图》，《人民日报》2016年9月4日。
② 李克强：《政府工作报告》，《人民日报》2017年3月17日。

共同富裕这个目标。20 世纪 50 年代发展国营经济和社会主义改造，目标是在单一公有制和计划经济下实现经济快速发展和共同富裕；改革开放以来，则是在多种经济成分并存和市场经济下实现经济快速发展和共同富裕。虽然环境和条件变了，方法和体制变了，但是目标始终没有变。

改革开放以来，在收入分配方面，我们打破了"大锅饭"和绝对平均主义的束缚，充分调动了人民群众的积极性和创造性，充分开发利用了人力资源丰富的比较优势，在不到 40 年的时间里创造出惊人的财富。但是也应该看到，市场经济必然导致居民收入差距和财富占有的悬殊，关键是如何将其限制在一定的合理的范围内。改革开放以来出现的居民收入和财富占有差距的扩大，既有合理的成分，也有不合理的成分，市场机制虽然具有扩大收入和财富占有差距的本质，但是市场经济体制的不完善和政府监管不力，则将这种差距扩大到不合理的程度，应该说这是继续深化改革的问题；还有发展中的问题，例如城乡之间、地区之间发展的不平衡。从时间阶段上看，也是利弊得失不同的，在改革开放初期普遍贫困、温饱是主要问题时，为"搞活经济"和打破平均主义，鼓励一部分人先富起来是对的，这样不仅促进了改革开放，也提升了全体居民生活水平；在 90 年代，为建立市场经济和加快经济发展，对于稀缺的资本和人群给予较高的收入回报，也是合理的；但是当市场经济确立、买方市场形成和人均收入达到中等水平后，政府对于资本主导收入分配的问题就应该加以控制和限制，并通过二次分配加以调节，这项工作虽然自 2004 年以后因"三农"问题严重而开始做，但是总的来说力度不够，具体的方法和步骤还在探索中，确定 2020 年消灭贫困和实行"精准扶贫"就是党的十八大以来的探索成果；同样，对供给侧结构性改革中的下岗职工实行社会政策"兜底"也是消灭城市贫困的有效办法。

总之，收入差距扩大是至今全世界都没有解决的难题，而对于中国来说，还是一个发展过程中的阶段性问题，中国是一个人均资源匮乏、经济发展不平衡的发展中国家，工业化尚未完成，赶上和超过发达资本主义国家仍然是最重要的目标。实践已经证明，在现有的生产力水平下，单一公有制和计划经济虽然能够实现按劳分配，但是却不能够加快经济发展，不能实现富裕，中国要发展并赶上和超过发达资本主义国家，必须利用市场机制；资本主义的卡夫丁峡谷可以跨过，但是市场经济的卡夫丁峡谷却不能迈过，因为它是人类社会生产方式发展的必经阶段。现在问题的关键，是怎样在市场经济条件下，实现社会主义共同富裕的目标，而这是需要我们进一步探索和解决的问题。

中国特色社会主义进入新时代

习近平总书记在十九大报告中庄严宣示:"经过长期努力,中国特色社会主义进入了新时代,这是我国发展新的历史方位。"这一重要论断,来自于对我国国内形势和国际地位变化的准确把握。中国将在习近平新时代中国特色社会主义思想的指导下,向着社会主义现代化强国的伟大目标阔步前进。

一、 国内主要矛盾和发展方略的历史性变化

中国特色社会主义进入新时代的最重要标志,是我国社会的主要矛盾发生了变化。主要矛盾是在一个社会的诸多矛盾之中,处于支配地位,对社会发展起决定作用的矛盾,抓住主要矛盾是对国情最本质的把握,也是制定发展战略和规划的依据。

1979 年,邓小平在《坚持四项基本原则》的讲话中指出:"我们的生产力发展水平很低,远远不能满足人民和国家的需要,这就是我们目前时期的主要矛盾。"这一判断源于对国情的深刻认识。改革开放之初,单一公有制和计划经济保证了"集中力量办大事"和高积累下的社会稳定,从而完成了为新中国建立独立工业体系、保障国防安全的历史使命,但同时也日益陷入僵化低效,中国仍未摆脱贫困。1978 年,我国的国内生产总值为 3678.7 亿元,仅占世界经济的 1.7%,外汇储备只有 1.67 亿美元;人均国民收入 385 元,全国全民所有制单位职工平均工资仅比 1957 年增加 7 元,

全国8亿农民中,尚有3亿人人均年纯收入低于60元;全国居民平均消费水平为184元,仅比1957年增加76元;城镇居民消费水平处于温饱阶段,住房和生活设施落后,而农村居民消费水平则普遍处于贫困阶段。中国与发达国家的差距不但没有缩小,反而扩大了。在"文革"结束以后,迅速改变贫穷落后面貌是全国人民的强烈愿望。因此邓小平在那时再三强调:"社会主义经济政策对不对,归根到底要看生产力是否发展,人民收入是否增加。这是压倒一切的标准。"

为了调动一切积极因素发展生产力,中国选择了改革开放,对内利用市场机制,鼓励所有地区、所有经济主体凭借资源优势参与生产,按效率优先的原则参与分配;对外积极吸引外资,充分利用国际资源和国际市场。在区域政策上,改变了原来均衡发展和生产力布局向内地倾斜的政策,鼓励沿海地区先发展起来,再逐步向内地推进的梯度发展政策。在收入分配上,改变了原来单纯按劳分配和平均主义的政策,"允许一部分地区、一部分企业、一部分工人农民,由于辛勤努力成绩大而收入先多一些,生活先好起来",通过先富带动后富,使整个国民经济不断地、波浪式地向前发展,最终使全国人民都能比较快地富裕起来。

改革开放最大限度地释放了所有主体、所有要素的发展潜能,经济呈现出百舸争流、千帆竞渡的空前活力,社会生产力水平迅速提高。1978~2016年,中国的国内生产总值从3678.7亿元增至744127亿元,一跃成为世界第二大经济体,人均GDP由156美元增至8123美元,步入中等偏上收入国家行列。不到40年的时间里,中国实现了从贫穷到整体富裕的历史飞跃。

党的十八大以来,改革开放和社会主义现代化建设进展更加突出,社会生产力水平总体上显著提高,社会生产能力在很多方面已经进入世界前列。生产力落后的问题退居次要地位,人民群众生活中"有"和"量"的问题基本解决了,买方市场已经形成,不少产品甚至出现严重的产能过剩,但是人民群众的需求也升级为追求更美好的生活,对消费的品质要求成为突出问题,中国游客到日本大量购买电饭煲和马桶盖,就从一个侧面反映出人民群众消费需求的升级,这也反映出我们的产业结构目前尚处于中低端、不能满足人民群众生活品质提高的需要,供求矛盾的上述变化,反映出经济发展不平衡、不充分开始成为制约中国前进的主要因素。党的十八大以来的供给侧改革就是要适应这种变化而推行的。总之,我们不仅要实现经济发展由高速度向高质量的转变,而且要实现民主法治、公平正义、精神文明、社会和谐、生态宜居、资源永续等全面进步;不仅要追求全体人民共同富裕,而且要成为综合国力和国际影响力领先世界的国家。因此,习近平总书记在党的十九大上庄严宣告:"我国社会主要矛盾已经转化为人民日益增长的美好生活需要和不平衡不充分的发展之间的矛盾。"从新中国历史来看,这是自1956年社会主义制度基本建成至今,社会主要矛盾的第一次转化,标志着以十九大为新起点,中国特色社会主义事业将进入更高发展阶段的新时代。

二、 中国国际地位和国际战略的历史性变化

2008年以来,国际格局发生了有利于中国的变化。为应对世界金融危机,各国政府都采取了经济刺激政策,虽然避免了急剧衰退,但也造成了流动性泛滥、债务率高企、产能过剩、贫富分化加剧等问题。解决这些问题的关键在于从供给侧进行改革,升级产业结构、提升技术实力、转变发展方式,并相应地对收入分配制度、社会治理模式、公共服务体系等进行全面改革。然而发达资本主义国家却面临着深层危机与战略收缩。资本的本质是追求利润最大化,为此它要在全球范围内配置资源,这就会与国家利益发生矛盾。对于发达国家,资本在实现其发展的同时,也留给了该国"先发劣势"。人力成本上升、资源环境约束、利益集团均势等阻碍着基础设施和产业结构的升级换代,迫使产业资本转而寻求成本更低的投资地点,从发达国家流向发展中国家。2008年以来,发达国家经济活力下降,呈现"产业空心化"状态。为鼓励投资,主要发达国家都采取了减税、量化宽松等经济刺激政策,但效果并不显著。发达国家正面临着人口老龄化、人力资本升级趋缓、基础设施陈旧、社会制度阻力增加等一系列根本性问题,

经济增长缺乏活力和潜力。尽管发达国家正在寻求再工业化，但多年的货币宽松政策对投资的刺激作用已愈发微弱，财政扩张又面临着债务上限约束、社会福利开支刚性增加、利益集团干扰扯皮等阻碍，狭窄的施政空间对消费和投资的刺激作用并不显著，更难以支撑庞大的工业振兴计划。资本主义的深层矛盾刺激了保护主义、民粹主义的抬头，美国退出 TPP 和《巴黎协定》、英国脱欧、意大利修宪公投、西班牙加泰罗尼亚"公投"都是具体体现。老牌资本主义国家对世界经济的影响力和控制力开始减弱，传统国际经济秩序日渐松动。

而另一方面，中国崛起的步伐日益坚定。2016 年，中国已稳居世界第二位大经济体，成为货物贸易第二大国，服务贸易第二大国，第三大吸收外资国，第二大对外直接投资国和对最不发达国家的最大投资国，对全球经济增长贡献超过 30%。凭借经济实力，中国也成为全球化的最有力推动者：在 APEC 北京峰会上倡导重启亚太自贸区建设；在 G20 杭州峰会上推动峰会从危机应对机制转型为长效治理机制；在 2017 年世界经济论坛上成为全球化最有力的捍卫者；在金砖国家厦门峰会上开启"金砖+"的全球合作新模式。特别是"一带一路"倡议涵盖了 60 多个国家和地区的 44 亿人口，成为人类历史上影响最广、包容性最强、财力最雄厚的综合性发展项目，它的意义不仅在于拉动经济增长，而且可能使沿线许多国家之间的关系，由对抗为主转向合作为主，对世界和平发展的意义之深远不可估量。中国还提出了构建人类命运共同体的理念，并在应对气候变化、维护世界和平、消除贫困、人道救援等方面承担起了越来越多的国际责任，向世界展示了一个和平崛起的大国形象，也向世界展示了一条合作共赢的全球化新路。

崭新的国际地位意味着中国对外战略也进入了一个新时代。20 世纪 90 年代初，面对复杂的国内国际形势，邓小平及时提出了冷静观察、稳住阵脚、沉着应付、韬光养晦、善于守拙、决不当头、有所作为的对外关系指导方针。既强调中国永远不称霸，不当头；又强调中国在推动建立国际政治经济新秩序上要有所作为。他指出："我们再韬光养晦地干些年，才能真正形成一个较大的政治力量，中国在国际上发言的分量就会不同。"此后，经过全党全国人民二十多年的艰苦奋斗,当今的中国正在全世界汇聚起一股和平发展的磅礴力量。基于中国特色社会主义的道路、理论、制度和文化自信,中国将步入一个大有作为的新时代。因为中国有信心坚持打开国门搞建设,推动建设开放型世界经济;也有能力推动建设相互尊重、公平正义、合作共赢的新型国际关系;更有勇气继续发挥负责任的大国作用,积极参与全球治理体系改革和建设,为世界贡献中国智慧和力量。

三、 理论创新的重大成果

伟大的时代催生伟大的思想,伟大的理论指导伟大的实践。新时代中国特色社会主义思想的确立,标志着党和国家各项事业进入了一个在系统理论指导下全方位自觉推进的新境界。

中国特色社会主义事业始于对计划经济体制的改革,是在旧体制外通过试点和增量改革的方式逐步扩大起来的。由于国情的特殊性和问题的复杂性,改革伊始的中国采取的是"摸着石头过河"的方针。邓小平指出:"我们现在所干的事业是一项新事业,马克思没有讲过,我们前人没有做过,其他社会主义国家也没有干过。所以,没有现成的经验可学,我们只能在干中学,在实践中摸索。"随着实践的不断拓展,中国逐步闯出了一条前无古人的中国特色社会主义道路。1982年,邓小平在十二大开幕词中第一次提出,"把马克思主义的普遍真理同中国的具体实际结合起来,走自己的道路,建设有中国特色的社会主义"。此后,从十三大到十八大,"中国特色社会主义"始终是党代会主题中的核心词,而"中国特色社会主义"的内涵也随着波澜壮阔的改革开放和社会发展实践而不断丰富,最终开辟出中国特色社会主义道路,形成了中国特色社会主义理论体系,确立了中国特色社会主义制度。特别是党的十八大以来的五年里,在以习近平总书记为核心的党中央领导下,不忘初心、锐意进取,全面推进"五位一体"建设和"四个全面"战略布局,形成了习近平新时代中国特色社会主义思想,这标志着中国共产党的思想理论发展也达到了一个新的高度,中国进入了一个用新的思想指导实践的新阶段。

回顾近四十年中国特色社会主义事业的发展，中国共产党遵循"解放思想、实事求是"的思想路线，实践探索始终在为理论建设开辟道路。习近平总书记在政治局第二次集体学习时也明确指出："摸着石头过河，是富有中国特色、符合中国国情的改革方法。摸着石头过河就是摸规律，从实践中获得真知。摸着石头过河和加强顶层设计是辩证统一的。"中国共产党不仅善于从实践中总结经验、升华理论，而且善于在科学的理论指导下进行更加自觉的实践。习近平总书记在党的十九大报告中阐述的新时代中国特色社会主义思想，不仅是对改革开放实践经验的深刻总结，而且是着眼于党和国家发展的长远目标而提出的极具前瞻性和指导意义的重大理论创新。

这种前瞻性的理论创新和飞跃并不是第一次出现。翻开历史，以毛泽东为代表的中国共产党人在民主革命时期进行了一系列理论创新，最终形成了毛泽东思想并将其确立为党的指导思想，实现了马克思主义中国化的第一次历史性飞跃，从而指导中国新民主主义革命胜利，建立了中华人民共和国，实现了中华民族"站起来"。1978年以后，以邓小平为核心的党的第二代领导集体，解放思想、实事求是，根据国内主要矛盾和国际形势的变化，为解放和发展生产力，实行了改革开放，形成了中国特色社会主义理论，实现了马克思主义中国化的第二次历史性飞跃，从而调动了各种积极因素，使国民经济和社会获得了令世界称奇的高速发展，实现了"富起来"。十八大以来，以习近平总书记为核心的党中央在五年的时间里，勇于探索和创新，解决了我党长期想解决而没有解决的问题，形成了新时代中国特色社会主义思想，实现了马克思主义中国化的第三次历史性飞跃，使中国的发展站在了新的历史起点，进入了新的发展阶段。

新时代中国特色社会主义思想作为马克思主义中国化的又一次历史性飞跃，它的提出标志着中国共产党对中国特色社会主义建设规律和马克思主义执政党执政规律的认识成熟化，对中国特色社会主义建设事业的领导能力成熟化。中国特色社会主义从此将进入理论创新为实践探索指引方向的新时代。

后 记

2015年11月23日，习近平同志在主持中央政治局第二十八次集体学习时指出，学习马克思主义政治经济学，是为了更好指导我国经济发展实践，既要坚持其基本原理和方法论，更要同我国经济发展实际相结合，不断形成新的理论成果。以上重要论述，对于我们进一步推动中国特色社会主义经济理论创新，尤其是建设中国特色社会主义政治经济学，既是鼓舞，也具有重要指导意义。

自从1859年马克思的《〈政治经济学批判〉序言》面世到今天，马克思主义政治经济学已经经历了170余年的发展。在中国，马克思主义政治经济学也经历了一个曲折发展的过程，特别是经过1978年以来的理论探索和实践，基本形成了中国社会主义政治经济学。但是，就中国的社会主义政治经济学来看，还需要进一步完善。笔者作为研究新中国经济史的学者，更加感到中国社会主义政治经济学的建设除了要从充满活力的实践中汲取营养，还需要从历史中汲取养分。这样才能使其理论体系更加完整，更有说服力和影响力。已故著名经济史学家吴承明先生曾经说："经济史是经济学的源而不是其流。"马克思主义政治经济学就诞生于对人类社会历史的分析之中。

中国特色社会主义政治经济学的建设离不开对新中国近70年历史的研究和总结，特别是对改革开放以来的实践经验的总结。1949年新中国成立以后，中国共产党就开始探索一条符合中国国情的社会主义发展道路以及与之相配套的制度和理论。中国的社会主义经济建设，是在贫穷落后的传统农业国基础上开始的,因此,它首先要完成本来应该由资本主义来实现的工业化、市场化和城市化,然后在此生产社会化的基础上建设社会主义,但是中国民主革命道路和国情都决定了中国不可能再经历一个资本主义的发展阶段。因此,中国的社会主义经济建设就同时肩负起工业化和社会主义共同富裕的双重任务,而这种任务的艰巨性和复杂性是此前的马克思主义政治经济学无论在理论上还是实践上都没有遇到过的。正如邓小平同志所指出的:"我们现在所干的事业是一项新事业……没有现成的经验可学,我们只能在干中学,在实践中摸索。"①

列宁曾指出:"政治经济学的基础是事实,而不是教条。"② 传统的社会主义政治经济学和西方经济理论由于其实践基础不是中国特色社会主义经济,因此不可能与中国特色社会主义道路、制度、理论自洽,也就不可能发挥理论的指导作用。显然,我们应当认真总结新中国建立以来,特别是改革开放以来的实践经验,如此才能不断创新发展中国特色社会主义政治经济学。

改革开放以来,我们在解放思想、实事求是的思想路线指导下,"摸着石头过河",突破了传统社会主义政治经济学对于计划经济、公有制、按劳动分配以及"两个世界市场"等问题的认识,形成了中国特色社会主义经济发展道路。当前,我国改革已经进入深水区,需要通过"顶层设计"进行整体推进,在理论上则迫切需要建立能够阐释中国经济发展道路,并指导未来现代化建设的中国特色社会主义政治经济学。

这次承蒙中国社会科学院当代中国马克思主义政治经济学创新智库的王立胜同志和山东城市出版传媒集团·济南出版社张元立同志的热情鼓励和大力支持,将我过去所写的有关新中国经济发展与制度变迁的论文整理出版,以作为研究中国特色社会主义政治经济学的历史背景材料,列入"社会科学院当代中国马克思主义政治经济学创新智库文库",在此深表感

---

① 《邓小平文选》第3卷,人民出版社1993年版,第258~259页。
② 《列宁全集》第58卷,人民出版社1990年版,第86页。

谢。古人说"愚者千虑，必有一得"，但愿这本书能够给读者提供点有用的历史知识和启发某些思考。至于书中可能出现的错漏，则由本人负责，同时也欢迎批评指正。

在这里还要感谢为此付出劳动的经济研究所的张彩云同志和出版社的编辑们。

武　力

2018 年 12 月 28 日